D1985467

Levi

Das Wassermann Evangelium von Jesus dem Christus

Levi

Das Wassermann Evangelium von Jesus dem Christus

Die philosophische und praktische Grundlage der Religion des Wassermann-Zeitalters und der universalen Kirche, aus der Akasha-Chronik, dem Buch göttlicher Erinnerungen, entnommen und aufgeschrieben von Levi

KAILASH

KAILASH
Eine Buchreihe herausgegeben von Hajo Banzhaf

Die Originalausgabe erschien unter dem Titel
The Aquarian Gospel of Jesus the Christ
© Levi Dowling, 1908
© Leo W. Dowling, 1964

Die Deutsche Bibliothek – CIP-Einheitsaufnahme
Levi:
Das Wassermann-Evangelium von Jesus dem Christus : die philosophische und praktische Grundlage der Religion des Wassermann-Zeitalters und der universalen Kirche, aus der Akasha-Chronik, dem Buch göttlicher Erinnerungen / entnommen und aufgeschrieben von Levi. [Einzige autoris. Übers. von Walter Ohr und G. Schmidt-Curtius]. – 10. Aufl. – München : Hugendubel, 1993
(Kailash)
Einheitssacht.: The aquarian gospel of Jesus the Christ ⟨dt.⟩
ISBN 3-88034-699-2
Vw: Dowling, Levi [Wirkl. Name] → Levi

10. Auflage 1993
© der deutschsprachigen Ausgabe
Heinrich Hugendubel Verlag, München 1980
Alle Rechte vorbehalten

Umschlaggestaltung: Zembsch' Werkstatt, München,
unter Verwendung eines Ausschnitts des »Wassermann«-Bildes von Johfra
Produktion: Tillmann Roeder, München
Satz: A. Busch, Bad Tölz
Druck und Bindung: Wiener Verlag, Himberg
Printed in Austria

ISBN 3-88034-699-2

Inhaltsangabe der 182 Kapitel

Einführung

von
EVA S. DOWLING A. Ph. D.
Levi's Mitarbeiterin

DAS BUCH

Der vollständige Titel dieses Buches lautet eigentlich: »Das Evangelium des Wassermann-Zeitalters über Jesus den Christus vom Fische-Zeitalter.« Der kritisch eingestellte Leser mag hierzu eine Anzahl berechtigter Fragen stellen. Unter diesen vielen zu erwartenden Fragen sind vielleicht die wichtigsten:

1. Was ist ein Zeitalter?
2. Was ist das Fische-Zeitalter?
3. Was ist das Wassermann-Zeitalter?
4. Was versteht man unter dem Christus, im Sinne dieses Buches?
5. Welche Beziehung besteht zwischen Jesus von Nazareth und dem Christus?
6. Wer ist Levi, der Vermittler dieses Buches?
7. Was ist die Akasha-Chronik?

1. Was ist ein Zeitalter?

Die Astronomie lehrt, daß unsere Sonne mit ihren Planeten um eine Zentralsonne in außerordentlich weiter Entfernung kreist, und daß diese Umkreisung etwas weniger als 26 000 Jahre dauert. Von der Zentralsonne aus gesehen, durchwandert unser Sonnensystem den Zodiak oder Tierkreis, welcher in zwölf Abschnitte eingeteilt ist. Es sind die bekannten Tierkreiszeichen: Widder – Stier – Zwillinge – Krebs – Löwe – Jungfrau – Waage – Skorpion – Schütze – Steinbock – Wassermann und Fische. Unser Sonnensystem benötigt daher etwas mehr als 2 100 Jahre, um jeweils eines dieser Tierkreiszeichen zu durchlaufen. Einen solchen Zeitablauf nennt man ein Zeitalter. Aufgrund der ›Präzession des Äquinoktium‹ (Vorrücken des Frühlingspunktes) geht die Bewegung der Sonne durch die Zeichen des Zodiak in umgekehrter Reihenfolge.

Welches ist nun der genaue Zeitpunkt für den Beginn eines Zeitalters? Die Astronomen sind verschiedener Ansicht, doch wir wollen hier ihre diesbezüglichen Argumente nicht verfolgen, denn es gibt genügend authentische Fakten, die unsere eigenen Ansichten stützen. Kritische Forscher nehmen an, daß die Sonne in das Tierkreiszeichen Stier eintrat zu Zeiten des biblischen Adam und in das Tierkreiszeichen Widder, zu Abrahams Zeiten. Als das römische Weltreich seinen Höhepunkt erreichte, trat die Sonne in das Tierkreiszeichen Fische, und Jesus von Nazareth lebte zu Beginn des Fische-Zeitalters.

2. Was ist das Fische-Zeitalter?
Diese Frage erfordert weitgehende Überlegungen. Das Fische-Zeitalter fällt mit der christlichen Kulturperiode zusammen. Das Tierkreiszeichen Fische ist ein ›wäßriges‹ Zeichen und das Fische-Zeitalter hängt mit dem Element Wasser zusammen. Beide, Johannes der Täufer und Jesus, begannen mit dem Ritus der Wassertaufe, der bis zum heutigen Tag in allen christlichen Kirchen und Kultusgemeinschaften fortdauert. Wasser ist das Symbol der Reinigung. Jesus sagte zu Johannes, bevor dieser ihn taufte: »Die ganze Menschheit muß gewaschen werden, als Symbol der Reinigung der Seele.« (Kap. 64. Vers 7).
Der Fisch ist ein christliches Zeichen. In den frühen Jahrhunderten des Christentums wurde der Fisch überall als Symbol gebraucht. Didron sagt in seinem bemerkenswerten Buch, ›Christliche Ikonographie‹: »Nach Ansicht der Altertumsforscher ist der Fisch das Symbol für Jesus Christus. Man findet den Fisch auf vielen christlichen Monumenten und ganz besonders auf christlichen Särgen, wie auch auf Medaillen, die den Namen unseres Erlösers tragen, und auf Steinskulpturen. Man findet ihn auf Amuletten, die von Kindern getragen wurden, und auf Gläsern und Lampen. Taufsteine waren ganz besonders häufig mit Fischen verziert. Auf den Abendmahltischen war ein Fisch unter den Broten auf einer Platte in der Mitte des Tisches zur Schau gestellt.«
In den Schriften Tertullians finden wir diesen Ausspruch: ›Wir sind kleine Fische in Christo, unserem großen Fisch‹.
Die vergangenen 2 100 Jahre des Fische-Zeitalters waren eine Zeitepoche des Wasser-Elementes, in welchem dieses eine bedeutende Rolle spielte. Fluß-, See- und Meernavigation waren zu einem hohen Grad entwickelt worden.

3. Was ist das Wassermann-Zeitalter?
Die Menschheit steht heute am Übergang vom Fische- ins Wassermann-Zeitalter. Wassermann ist ein ›luftiges‹ Zeichen, und die neue Zeit ist bereits durch namhafte Erfindungen auf dem Gebiet der Luft, der Elektrizität und des Magnetismus gekennzeichnet. Der Mensch navigiert den Luftraum wie der Fisch das Meer. Gedanken werden mit Lichtgeschwindigkeit um die Erde gesendet.
Das Wort, Aquarius = Wassermann, kommt aus dem lateinischen Wort aqua und dieses heißt Wasser. Aquarius ist der Wasserträger, und das Symbol dieses elften Tierkreiszeichens ist ein Mann, der in seiner rechten Hand einen Krug Wasser trägt. Jesus spricht vom Beginn des Wassermann-Zeitalters in diesen Worten: »Dann wird der Wasserträger einen Himmelsbogen weiterschreiten. Das Signet des Menschensohnes wird im Osten stehen. Die Weisen werden ihre Häupter heben; wissen werden sie, daß die Erlösung dieser Erde naht.« (Kap. 157. Vers 29 und 30).

Das Wassermann-Zeitalter ist in erster Linie ein geistiges Zeitalter. Der geistige Aspekt der großen Lehre, die Christus der Welt gab, wird nun von der Mehrheit der Menschen verstanden, denn diese Mehrheit kommt jetzt in eine fortgeschrittene Phase geistigen Bewußtseins. Daher bedeutet der Buchtitel ›Wassermann-Evangelium‹, Geistiges Evangelium.

In der Welt der Cherubim und Seraphim ist die Übertragung der Herrschaft von einem Zeitalter auf das nächste ein wichtiges Ereignis. Unter Levis Manuskripten fanden wir eines, das die Übertragung dieser Herrschaft vom Fische- auf das Wassermann-Zeitalter beschreibt. Es läßt sich nicht erkennen, ob es sich hierbei um eine prophetische Schau oder um einen Tatsachenbericht handelt. Wir geben das Manuskript ungekürzt wieder:

DER ÜBERGANG DER ZEITALTER

›Im Geiste ward ich ins Akasha-Reich geführt. Ich stand allein im Mittelpunkt der Sonne. Dort fand ich den Schlüssel, der das Tor zu Weisheit und Verständnis öffnet. Ich trat ein — und wußte. Und ich sah die vierundzwanzig Cherubim und Seraphim, die Engel, die den Sonnenkreis bewachen. Diese Mächtigen sah ich, von alters her als Meister eingesetzt — ›die vierundzwanzig Ältesten‹. Man nannte mir die Namen dieser hohen Engelwesen, und ich lernte, daß die Tierkreiszeichen je von einem Cherubim und einem Seraph beherrscht sind. Dann stand ich an jenem Punkt, wo sich die Zeiten treffen. ›Fische‹ war vorbei und ›Wassermann‹ beginnt. Ich sah die beiden Fische – Wächterengel Cherub Ramasa und Seraph Wacabiel. Ich sah die beiden Wächterengel für die Zeit des Wassermannes, Cherub Archer und Seraph Sakamaquil. Diese großen Geister Gottes standen nahe beieinander an dem Übergang der Zeiten, in der Gegenwart der Dreiheit Gottes — Allmacht — Weisheit — Liebe. Und in ihrer Gegenwart wird nun das Zepter der Regentschaft, Weisheit, Macht und Liebe überreicht. Ich hörte Gottes Auftrag, doch ich darf ihn jetzt noch nicht verkünden.

Und ich hörte auch vom Cherub und Seraph der Fische-Zeit den Ablauf der Ereignisse berichten, doch wie ich die Feder nahm, um alles dieses festzuhalten, rief Ramasa: »Noch nicht, mein Sohn, noch nicht. Du magst es niederschreiben, wenn der Mensch das heilige Gesetz der Bruderschaft, des Friedens und des guten Willens allen lebenden Geschöpfen gegenüber voll und ganz begriffen hat.«

Dann hörte ich den Cherub und Seraph des Wassermann das Evangelium des Zeitalters der Weisheit und des Menschensohnes proklamieren. Als die Krone von Ramasas Haupt auf Archers Haupt gesetzt, und als das königliche Zepter aus der Hand Wacabiels in die des Sakamaquil gegeben wurde — herrschte tiefe Stille in den Himmelsräumen. Hiernach sprach die Göttin der Weisheit, während sie mit ausgestreckter Hand den Segensgruß des Heiligen Odems auf die Häupter dieser neuen Herrscher goß. Ich darf die Worte, die sie sprach, nicht niederschreiben, doch ich darf das Evangelium der Neuen Zeit verkünden, wie es Archer sprach, als er die Herrschaft übernahm. Ich darf den Lobgesang von Sakamaquil den Menschen wiedergeben, den sie sang, als sie das Zepter in Empfang genommen hatte. Dieses Evangelium will ich verkünden — diesen Lobgesang in alle Länder aller Menschenrassen dieser Erde jubeln.‹

4. Was versteht man unter dem Christus, im Sinne dieses Buches?
Das Wort Christus stammt von dem griechischen Wort Christos und heißt der ›Gesalbte‹. Es ist gleichbedeutend mit dem hebräischen Wort Maschiach. Das Wort Christus als solches ist nicht an eine bestimmte Person gebunden. Jeder Gesalbte ist ein Christus. Wenn jedoch der Artikel ›der‹ vor dem Wort Christus steht, dann ist damit eine ganz bestimmte Persönlichkeit gemeint, und zwar eine aus der Dreieinigkeit — der Sohn, welcher mit Vater-Mutter vereint war, ehe die Welt in Erscheinung trat.
Nach den Lehren aller alten Meister ist dieser Sohn die Liebe. So ist Christus die Liebe, und Liebe ist Gott, da Gott Liebe ist.
Ein weiteres sehr bemerkenswertes Schriftstück, das in Levis ›Akashamappe‹ gefunden wurde, vermittelt ein einmalig klares Bild von Christus oder der Gottesliebe. Man muß annehmen, daß dieses Schriftstück eine direkte Übertragung aus der Akasha-Chronik ist. Es erscheint uns derart wichtig, daß wir es hier ungekürzt wiedergeben möchten.

DER CHRISTUS

›Vor den Schöpfungstagen wandelten der Christus, Vater Gott und Mutter Gott im Reiche der Akasha. Christus ist der Sohn, der einzige, erschaffen vom Allmächtigen, dem Gott der Weisheit, der Gedanken und der Kraft – und Christus ist der Gott der Liebe.
Ohne Christus war kein Licht; durch Christus wurde alles Leben sichtbar. Alle Dinge wurden so durch ihn erschaffen. Ohne ihn ward keine Welt geformt und keine Welt bevölkert.
Christus ist der Logos der Unendlichkeit. Durch sein Wort allein sind Kräfte und Gedanken Form geworden. Gottes Sohn, genannt der Christus, Sohn der Liebe, wurde vorgesehen und ermächtigt, Herr und Schöpfer, Allerhalter und Erlöser aller Dinge allen Seins zu werden.
Durch den Christus haben Protoplasma, Erde, Pflanzen, Tiere, Menschen, Engel hinauf zum Cherub, in ihren Sphären ihren Platz erhalten. Durch den Christus werden sie bewahrt, und wenn sie fallen, ist es stets der Christus, der sie hebt. Und wenn sie sich der Sünde überlassen, ist es wiederum der Christus, der erlöst.
Der Christus, der die Liebe ist, durchdringt die Räume der Unendlichkeit. So ist Liebe überall und ohne Ende. Von dem großen Herzen seiner Liebe wurden ungezählte Geister ausgeschickt, die Höhe, Weite, Tiefe und die Schrankenlosigkeit der Liebe demonstrieren sollen. Allen Welten, jeder Sonne, jedem Mond und jedem Stern ward eine Meisterseele dieser Liebe Gottes zugesandt. Die Meister wurden mit dem Öl der Hilfsbereitschaft und des Heils gesalbt, und jeder wurde so zum Christus. Herrlich ist ein solcher Christus in der Majestät der Liebe, wenn er seinen reinen,

weißen Mantel über alle Sphären breitet – die der Erde, die der Himmel, die der Gräber.
Im Verlauf der Zeit verkauften Protoplasma, Erde, Pflanzen, Tiere und die Menschen ihr Geburtsrecht an die Sünde – doch der Christus kam, sie zu erlösen. Wohlgeborgen an der heiligen Stätte der Unendlichkeit befindet sich das Pergament, auf welchem Gottes Plan verzeichnet steht. Dort lesen wir: Vollkommenheit ist Endziel allen Lebens. Jeder Same ist perfekt, solange er ein Same bleibt. Sein Ziel jedoch ist, aufzugehen und zu wachsen. In die Scholle jeder Sphäre wurden die Gedanken Gottes – Samen gleich – gesenkt, in Protoplasma, Erde, Pflanzen, Tiere, Menschen, Engel, bis hinauf zu den Cherubim. Der, welcher durch den Christus all die Samen säte, hat verfügt, daß sie im Erdreich dieser Sphären keimen, wachsen und gedeihen sollen. Nach unendlich vielen Jahren eigenen Bemühens, kehren sie zurück zur großen Scheune der Gedanken Gottes – jeder in Vollkommenheit.
In grenzenloser, segensreicher Liebe ward der Mensch zum Herrscher über Protoplasma, Erde, Pflanzen und Getier gesetzt, denn Christus sprach: Der Mensch soll herrschen über alles Sein auf diesen Lebensebenen – und so geschah es. Der die Herrschaft übergab, erklärte, daß der Mensch durch Liebe herrschen soll. Doch jener wurde grausam und verlor die Macht zu herrschen. Protoplasma, Erde, Pflanzen und die Tiere wurden so des Menschen Feinde. Sein Erbe ging verloren.
Doch der Christus kam, ihn zu erlösen. Vergessen hat der Mensch sein Rechtsempfinden, und vergessen war die grenzenlose, segensreiche Liebe. Nur sein eigen Selbst und Dinge, die mit diesem Selbst zusammenhängen, sieht er – doch der Christus kam, um die Verlorenen zu retten. Um den Menschen nah zu sein auf ihren Lebenswegen, und damit der Mensch die Macht der Liebe voll verstehen könne, nahm der Christus Aufenthalt in einem reinen Körper. Dieser war in vielen Leben vorbereitet worden, um der Liebe eine Wohnung anzubieten, die des Menschen Augen sehen und des Menschen Ohren hören konnten. Auf diese Weise ward der Liebe Macht den Menschen kundgetan. Doch schnell vergißt der Mensch, und so muß sich der Christus stets von neuem offenbaren. Seit der Mensch im Erdenkörper lebt, hat sich der Christus offenbart im Fleisch, am Anfang jeder Zeitepoche.‹

5. Welche Beziehung besteht zwischen Jesus von Nazareth und dem Christus? Orthodoxe christliche Kirchengelehrte meinen, daß Jesus von Nazareth und Christus ein und dieselbe Person seien, und daß der wahre Name dieser so bedeutenden Persönlichkeit ›Jesus Christus‹ sei. Sie sagen, daß dieser Mann aus Galiläa der wahre ewige Gott, gekleidet in das Fleisch des Menschen, war, auf daß der Erdenmensch seine Herrlichkeit schauen und erkennen kann. Diese Doktrin ist gänzlich verschieden von den Lehren Jesu und seiner Apostel. Die Meister des Wassermann-Zeitalters haben eine Antwort auf dies Frage

formuliert, welche die notwendigen Erklärungen in so meisterhafter Art wiedergibt, daß wir sie ungekürzt dem Leser unterbreiten:

›Jesus war ein Jude, geboren in Bethlehem in Judäa. Seine Mutter Maria war eine schöne jüdische Jungfrau. Als Kind unterschied sich Jesus wenig von anderen Kindern. Doch in einem war er ihnen voraus. In vergangenen Leben hatte er seine irdischen Neigungen derart überwunden, daß er den Versuchungen, die an jeden herantreten, nicht mehr erlag. Paulus sagt im Hebräer Kap. 4, Vers 15, Zürcher Bibel:
»Denn wir haben nicht einen Hohenpriester, der mit unseren Schwachheiten nicht Mitgefühl haben könnte, vielmehr einen, der in allem auf gleiche Weise versucht worden ist wie wir, doch ohne Sünde.«
Jesus litt, wie alle Menschen leiden und wurde durch das Leiden vervollkommnet, denn dies ist der einzige Weg zur Vollkommenheit. Sein Leben ist ein Beispiel, wie man durch den Weg des Kreuzes zur Vollendung gelangt. Wiederum war es Paulus, als er im Hebräer Kap. 2, Vers 10 Zürcher Bibel, richtig sagt:
»Denn es geziemte sich für ihn, um dessentwillen alles und durch den alles ist, nachdem er viele Söhne zur Herrlichkeit geführt hatte, den Anfänger ihres Heils durch Leiden hindurch zur Vollendung zu führen.«
In mancher Hinsicht war Jesus aber doch ein besonders bemerkenswertes Kind, denn während einer jahrtausende langen Vorbereitung hatte er sich zum Avatar, zu einem Welterlöser entwickelt. So war er von Kindheit an mit höchstem Wissen ausgerüstet und wußte, daß er fähig war, die Menschheit auf einen höheren Weg geistigen Lebens zu führen. Er war sich aber auch voll bewußt, daß er die Meisterschaft nur durch Prüfungen, Bedrängnis, Versuchungen und Leiden erreichen konnte. Sein ganzes Leben war auf das Erlangen dieser Meisterschaft ausgerichtet. Nach seiner Kreuzigung, Grablegung und Auferstehung erschien er in Ägypten in materialisierter Form im Tempel zu Heliopolis vor der ›Stillen Bruderschaft‹ und sagte: »Mein ganzes Erdenleben gab ich hin, um Einklang zwischen meinem Willen und dem Willen Gottes zu erlangen. Als ich dieses Ziel erreichte, war mein Werk vollbracht. Ihr wißt auch, daß mein ganzes Leben ein dramatisches Geschehen und ein Vorbild für die Menschensöhne war. Ich lebte, um des Menschen Möglichkeiten aufzuzeigen. Das, was ich tat, können alle Menschen tun, und das was ich bin, werden alle Menschen sein.« Kap. 178, Vers 43, 45, 46.
Jesus war der Name des Nazareners und es war der einzig richtige Name, denn Jesus heißt ›Erlöser‹, und der Nazarener war mehr als nur in einem Sinne ein Erlöser. Das Wort Christus heißt der Gesalbte, außerdem ist es ein offizieller Titel. Er bedeutet, ›Meister der Liebe‹. Wenn wir sagen, Jesus der Christus, dann meinen wir den Mann und sein Amt. Genauso ist es wenn wir sagen, Eduard der König, oder Lincoln der Präsident. Eduard war nicht immer König, Lincoln nicht immer Präsident und Jesus war nicht immer Christus. Jesus errang seine

Christusmeisterschaft durch ein anstrengendes Leben. In Kapitel 55 haben wir einen Bericht über das Ereignis, als er diesen Rang erhielt. Da wurde er gekrönt von der höchsten irdischen Autorität als der ›Christuskönig‹, besser gesagt, als ›Meister der Liebe‹. Nachdem dies geschehen war, trat er seine Mission in Galiläa und Judäa an.

Wir anerkennen die Tatsache, daß Jesus ein Mensch war und daß Christus ein Gott ist. So ist in Wahrheit Jesus der Christus der ›Gottmensch des Zeitalters‹. In Kapitel 68, Vers 10–14 erklärt Jesus selber die Frage. Als er einst in Bethanien zu einer Versammlung sprach, nannte ihn das Volk König, und er stand auf und sagte:

»Ich bin nicht gekommen, um auf Cäsars Thron zu sitzen und wie Cäsar zu regieren. Sagt dem Herrscher dieses Volkes, daß ich seinen Thron und seine Krone nicht begehre. Christus nennt man mich, und Gott hat dieses Amt bestätigt. Nicht ein Mensch – All-Liebe ist der Christus, der die Welt regiert. Ich, Jesus, bin ein Mensch wie ihr, geprüft durch viele überstandene Versuchungen. Ich bin der Tempel für die Christuskraft. So hört, ihr Männer Israels, schaut nicht auf Jesus – Jesus ist nicht König. Schaut auf Christus, der im Innern lebt und der sich auch in jedem Einzelnen von euch verwirklicht, wie in mir. Wenn ihr das Herz durch eure Glaubenskraft gereinigt habt, dann zieht der König ein, und schauen werdet ihr Sein Angesicht.‹

Deutlicher kann man es kaum sagen. Jesus war ein Mensch. Christus ist die Göttliche Liebe – die Liebe Gottes, und nach dreißig Jahren eines tätigen Lebens hatte dieser Mensch seinen Körper so vorbereitet, daß er der Tempel des Heiligen Odems wurde und die Liebe Besitz von ihm ergreifen konnte. Johannes sagte es so: Und das Wort ist Fleisch geworden und hat unter uns gewohnt, und wir sahen die Herrlichkeit des eingeborenen Sohnes des Vaters, erfüllt von Hingabe und Wahrheit.

6. Wer ist Levi, der Vermittler dieses Buches?

Über die Person Levis dürfen wir nur weniges mitteilen. Es soll genügen, daß er amerikanischer Staatsbürger war und von Kindheit an die Weltreligionen studierte. Schon als Knabe war er von der sensitiven Feinheit höherer Ebenen stark beeindruckt und glaubte, daß es sich hierbei um empfindliche Platten handle, die in der Lage seien, Töne und Gedanken aufzuzeichnen. Mit Eifer trat er in die tieferen Studien über Ätherschwingungen ein, bemüht, die Geheimnisse der Himmel für sich zu ergründen. Vierzig Jahre verbrachte er mit Studieren und stiller Meditation und befand sich dann in jenem Stadium höheren geistigen Bewußtseins, welches ihm erlaubte, in den Bereich der feinsten Äther vorzudringen und mit ihren Geheimnissen vertraut zu werden. Bald wurde er gewahr, daß seine Knabenträume auf Tatsachen beruhten und daß jeder Gedanke eines jeden lebenden Geschöpfes registriert ist.

In seinem Manuskript, das den Titel ›Der Übergang der Zeitalter‹ trägt und aus welchem wir bereits zitierten, finden wir die nachstehenden Worte, die Levi für seinen Auftrag von Visel, Göttin der Weisheit, oder dem Heiligen Odem, erhielt.

LEVIS AUFTRAG

›Visel, die hehre Göttin, tritt hervor und sagt: »O Levi, Sohn der Menschen, höre, du bist aufgerufen, Botschafts-Überbringer für die Neue Zeit des Geistes und der Segnungen zu sein. So merke auf, mein Sohn, denn du sollst wissen, wie notwendig es für alle Menschen ist, den Christus in der Liebe Gottes zu erkennen. Diese Liebe ist der beste Balsam für der Menschen mannigfache Wunden, ist die beste Medizin für alle Kranken. Ausgerüstet werden soll der Mensch mit Weisheit und mit Kraft, und einem Herzen voll Verständnis. Siehe die Akasha-Chronik. Siehe Visels große Galerie, wo jeder einzelne Gedanke, jedes Wort und jede Tat von allen lebenden Geschöpfen aufgeschrieben ist. Des Menschen Nöte und Bedürfnisse sind mannigfaltig, und er sollte sie alle kennen. Merke meine Worte, Levi, gehe hin in die geheimnisvolle Galerie und lies, denn dort wirst du die Botschaft finden für die Welt, für alle Menschen und für jedes lebende Geschöpf. Laß dich vom Heil'gen Odem angehaucht und inspiriert sein, daß du fähig wirst zu unterscheiden und die Lehren der Akasha zu erkennen, die den Menschen für die Neue Zeit bestimmt sind. Diese Neue Zeit wird eine Zeit des Lichtes und der Fülle werden, denn es ist des Heil'gen Odem Zeitepoche, und der Heil'ge Odem wird erneut für Christus, für den Logos ew'ger Liebe zeugen.

Am Beginne einer jeden Zeitepoche inkarniert der Logos sich, so daß der Mensch die Liebe Gottes sehen, fühlen und verstehen kann. Zwölfmal in jedem großen Sonnenjahr wird diese Christusliebe Gottes inkarniert. In der Akasha-Chronik kannst du alle wunderbaren Lehren dieser hohen Meister lesen. Doch du sollst den Menschen nichts berichten von den Lehren jener alten Meister. Nun denn, Levi, Botschafts-Überbringer dieser Neuen Zeitepoche, nimm die Feder auf und schreibe. Schreibe die Geschichte Christi, daß sie fest verankert sei im großen Sonnenjahr des Christus, der den Menschen längst bekannt ist als der große Eingeweihte Henoch. Schreibe denn von seinen Werken als Prophet, als Seher und als Priester. Schreibe über ihn, wie er sein Leben nur als Liebe und als Reinheit lebte – und den Fleischeskörper in den Geistesleib verwandeln konnte, ohne daß er durch die Todespforte schreiten mußte. Schreiben darfst du von Melchisedek, der Christus war zu Zeiten Abrahams, den Menschen jener Zeit den Weg des Opfers zeigte, und sich selber für sie opferte.

So schreibe denn vor allem die Geschichte von dem Prinz des Friedens, der in Bethlehem geboren wurde und dieselben Wege ging, die alle Menschen gehen müssen. Angespieen wurde er, verachtet und verhöhnt, gekreuzigt und ins Grab gelegt. Doch auferstanden ist er, als ein Todesüberwinder, um der Menschheit alle ihre Möglichkeiten aufzuzeigen. Tausendmal hat er erklärt: ›Ich kam, um euch des Menschen Möglichkeiten aufzuzeigen. Das, was ich tat, können alle Menschen tun, und das, was ich bin, können alle Menschen sein‹. Die Christuslehren sind umfassend, denn sie geben ein getreues Bild von Leben, Tod und Auferstehung, und sie zeigen auch den Geistesweg der Seele, bis der Erdenmensch und Gott für immer Eins geworden sind.«

In Kap. 7. Vers 25—28 hat vor ca. 2 000 Jahren Elihu, welcher eine Schule für Propheten in Zoan, Ägypten unterhielt, auf Levi wie folgt hingewiesen:
»Dies Jahrtausend wird nur weniges begreifen von dem großen Werk der Reinheit und der Liebe. Dennoch geht kein einzig Wort verloren, denn in Gottes großem Buche der Erinnerung ist jedes Wort und jede Tat und alles, was gedacht wird, eingetragen. Wenn die Welt bereit ist für das große Werk, dann wird die Gottheit einen Boten senden, der die Fähigkeit besitzt, das große heil'ge Buch zu öffnen und aus ihm die ganze Botschaft von der Liebe und der Reinheit zu entziffern. Dann wird jeder Erdenmensch die Worte in der Sprache seiner Heimat lesen können, wird das Licht erschauen und im Lichte wandeln und wird selber Licht sein. Wieder eins sein wird der Mensch mit Gott.«
Weitere Einzelheiten, die Person Levis betreffend, scheinen überflüssig, denn es ist ohne Belang zu wissen, wer er war. Sein Werk, die Übertragung des Wassermann-Evangeliums über Jesus den Christus, ist unantastbar. Die Lehren, die in diesem Werk enthalten sind, tragen alle den Stempel des Nazareners, denn niemand anders als der größte aller Meister konnte die hohen Akkorde göttlicher Liebe und Weisheit so anschlagen, wie es auf den Seiten dieses wunderbaren Buches geschehen ist.

7. Was ist die Akasha-Chronik?

Akasha ist ein Wort aus dem Sanskrit und heißt ›Ursubstanz‹, aus welcher alle Dinge geformt werden. Nach der Wassermann-Philosophie ist sie die erste Stufe der Kristallisation des Geistes. Nach dieser Lehre ist alle ursprüngliche Substanz geistiger Art. Materie ist Geist in langsamer Schwingung und wird, wie einer der Meister es ausdrückt — ein Coagulum (Gerinnsel). Akasha, oder die Ursubstanz, ist von außerordentlich feiner Struktur und so sensitiv, daß die geringsten Schwingungen eines Äthers aus irgendeinem Teil des Universums einen bleibenden Eindruck in ihr hinterlassen. Diese Ursubstanz ist nicht an irgendeine Stelle des Universums gebunden, sondern ist überall gegenwärtig. Sie ist in Wahrheit das universelle Gedächtnis, von dem die Metaphysiker reden. Wenn der Geist des Menschen mit dem Universalen Geist vollkommen übereinstimmt, tritt er in bewußtes Erkennen der Akasha-Chronik. Er kann ihre Fakten sammeln und in irgendeine Erdensprache übersetzen, mit der er vertraut ist.
In Gottes ewiger Einheit finden wir die Attribute: Kraft — Weisheit — Liebe. Ein Mensch mag in Einklang mit einem dieser Gottesattribute stehen und mit

den anderen nicht. Er mag sich ganz mit dem Geist der Kraft Gottes verbinden und vom Geist der Weisheit gar nicht beeindruckt sein, oder er kann ganz vom Geist göttlicher Liebe gefangen und gleichzeitig weit entfernt von Weisheit und Kraft sein. Ein bestimmter Mensch kann voll in das Bewußtsein des Heiligen Odems, oder der Höchsten Intelligenz eindringen, und überhaupt nichts von Liebe und Kraft wissen wollen. Kenntnisse kann niemand durch den Geist der Liebe, oder durch den Geist der Kraft gewinnen, sondern einzig durch den Universalen Geist, oder die Höchste Intelligenz, von orientalischen Gelehrten die Akasha-Chronik genannt. Die hebräischen Meister nennen sie das Buch von Gottes Erinnerungen. Nur daraus können Kenntnisse irgendwelcher Art bezogen werden.

Wir unterscheiden drei Phasen des Bewußtseins:

1. Das Bewußtsein von der Allmacht Gottes und des Menschen.
2. Das Christusbewußtsein oder das Bewußtsein Göttlicher Liebe.
3 Das Bewußtsein des Heiligen Odems oder der Höchsten Intelligenz.

Wir dürfen nicht vergessen, daß eine dieser Bewußtseinsstufen nicht unbedingt einer der beiden anderen folgen muß. Man findet viele Menschen, die völlig von der Liebe Gottes erfüllt sind. Weit voran im Christusbewußtsein, sind sie dennoch unwissend, daß sie nicht die geringste Vorstellung von den natürlichen oder geistigen Gesetzen haben, folglich auch nicht in Verbindung treten können mit dem großen Lehrer, dem Heiligen Geist.

Die Akasha-Chronik befindet sich ganz im Bereich der Höchsten Intelligenz, oder des Universalen Geistes, und derjenige, der darin lesen will, muß in so engem Kontakt mit dem Heiligen Geist, oder dem Heiligen Odem (ein von den alten Meistern geprägter Ausdruck) stehen, daß augenblicklich jede Gedankenschwingung in allen Fasern seines Seins gefühlt wird. Da der gesamte Raum der Akasha-Chronik von Gedankenschwingungen aller Art erfüllt ist, muß man sich fragen, wie derjenige, der in ihr lesen will, die Gedankenströme und die Lebensgeschichte einer einzelnen Person oder einer Gruppe von Personen herausschälen kann. Jede einzelne Persönlichkeit hat ihre ganz besondere Schwingung. Wenn der Leser das Gesetz der Unterscheidung voll beherrscht, ist sein ganzes Wesen auf eine ganz bestimmte Schwingung eingestellt. Jede andere Schwingung macht nicht den leisesten Eindruck auf ihn. Dieses Prinzip läßt sich am Beispiel der Radiotelegraphie sehr gut erkennen.

Levi brauchte viele Jahre, das Gesetz der Unterscheidung zu erlernen und in Kontakt mit den Schwingungen von Jesus von Nazareth, Henoch, Melchisedek und ihren Brüdern zu kommen. Doch mit Hilfe des Geistes der Höchsten Intelligenz vervollkommnete er sich derart, daß er imstande war, die feinsten Schwingungen, die von diesem großen Mittelpunkt ausgehen, in seinem Wesen zu fühlen und so in seinen Schriften auszudrücken.

DER MENSCH

»Was ist doch der Mensch, daß du seiner gedenkst? Und des Menschen Kind, daß du dich seiner annimmst?« (Zürcher Bibel Psalm 8, Vers 5)

Dies ist die ernsthafte Frage von David, dem Psalmisten, und der achte Psalm ist ganz der Betrachtung des Menschen, als Krönung der sichtbaren Schöpfung gewidmet.
Unter den vielen Werken, welche Levi der Akasha-Chronik entnahm, befand sich eines, welches den Abstieg der Menschheit in die physische Materie und ihren Wiederaufstieg in die ewige Einheit mit Gott so plastisch wiedergibt, daß es seinen ungekürzten Platz in dieser Einführung verdient.

›Ewig ist der Mensch. Gäbe es den Zeitpunkt eines Anfangs, käme auch der Zeitpunkt eines Endes. Gottes ewige Gedankenwelt ist unbeschreiblich groß. Kein endliches Gehirn kann das Unendliche erfassen. Alle Dinge endlicher Natur sind stetem Wechsel unterworfen, enden müssen sie, weil sie dereinst begonnen haben. Leib und Seele sind vergänglich, und vom Standpunkt endlichen Geschehens aus betrachtet, kommt der Zeitpunkt, da sie nicht mehr sind. Der wahre Mensch ist nicht sein Leib und auch nicht seine Seele – sondern Geist und daher Teil von Gott. Der Weltenschöpfer hauchte diesem Menschengeist die Seele ein, damit er in der Seelensphäre wirken kann, und gab ihm einen Erdenleib, damit er in der Erdensphäre tätig sei. Warum tat dies der Weltenschöpfer, und warum gab Er dem Geist des Menschen eine Seele, und der Seele einen Leib? Hört ihr Welten, Reiche, Mächte, Throne! Hört ihr Cherubim und Seraphim, ihr Engel und ihr Menschen! Höre Protoplasma, höre Erde, hört ihr Pflanzen und ihr Tiere! Hört ihr kriechendes Gewürm, ihr Fische, die ihr schwimmt, ihr Vögel, die ihr fliegt, ihr Winde, die ihr weht, ihr Blitz und Donner in den Lüften. Hört ihr Feuer-, Erde-, Luft- und Wassergeister! Hört ihr alle, die ihr wart und seid und werdet, denn die Weisheit redet aus den höchsten Geistessphären:
»Der Mensch ist ein Gedanke Gottes. Alle Gottgedanken sind unendlich, ewig, nicht zu messen mit dem Maß der Zeit. Die Dinge, die mit dem Begriff der Zeit zusammenhängen, kommen und vergehen. Die Gedanken Gottes weilen in der immerwährenden Vergangenheit und in der Zukunft, die kein Ende nimmt. So ist der Menschengeist unsterblich. Der Mensch, wie jeder Gottgedanke, gleicht dem Samenkorn, das alle Eigenschaften Gottes in sich trägt, so wie das Samenkorn die ganze Pflanze tief in seinem Innern birgt. Im Menschengeist, dem Samen Gottes, schlummern alle Möglichkeiten seines Schöpfers. Samen sind vollkommen, so vollkommen, wie der Kern, aus dem sie stammen, denn sie haben sich noch nicht entwickelt auf dem materiellen Lebensplan. Das Kind im Mutterschoß ist so vollkommen wie die Mutter. Tief muß sich der Menschensame in die Erde senken, um sich zu entfalten wie die Knospe, die zur Blüte wird. Er kommt aus Gottes Herzen und ist ausersehen zum Regenten in der Seelenwelt, und zum Regenten in der Erdensphäre. So hat Gott, der Schöpfer aller Dinge, Seine Menschensamen in die Seelenwelt gesät. Dort wuchs der Same lange Zeit, bekam

sein Seelenkleid und wurde zum Regenten. Hört nun, alle Kreatur! Im Grenzbereich des Geistes sank die Schwingung, und die Seelenebene entstand. Im neuen Rhythmus dieser Sphäre trat das Leben in Erscheinung. Duft und Glanz, Empfindungen und Liebe formten sich zum Leib der Schönheit. Eine Vielzahl von Lektionen muß der Mensch in dieser Seelensphäre lernen. Lange Zeitepochen weilt er hier, bis seine Seele reif ist für die nächste Stufe. Auch im Grenzbereich der Seelenwelt begann der Schwingungsrhythmus abzusinken, bis zum Rhythmus, den die Erde kennt, und nun trat materielles Leben in Erscheinung. Duft und Glanz, Empfindungen und Liebe wurden in den Erdenleib gekleidet. Auch der Mensch erhielt sein Erdenkleid. Wer die Vollkommenheit erstrebt, der muß durch alle Lebenswege gehen. Deshalb hat er seinen Erdenleib bekommen, einen Leib aus Fleisch und Blut.

Ohne Feinde kennen die Soldaten ihre Stärke nicht. Dasselbe gilt für die Gedankenkraft. Sie muß durch unermüdliche Betätigung erstarken. Des Menschen irdische Natur ward ihm zum Feind, den er bekämpfen muß, um sich zur Gottnatur empor zu ringen. Hört ihr lebenden Geschöpfe, hört! Der Mensch ist Herrscher und Regent auf dem gesamten Erdenplan, vom Protoplasma bis zum Tier. Jedoch sein Herrscherrecht hat er verwirkt, indem er seinen Leidenschaften folgte. Dieses Herrscherrecht, sein Erbe, wird er neu zurückgewinnen. Nicht mit Worten kann man die Konflikte schildern, die dabei des Menschen Herz bedrängen. Eine Vielzahl von Versuchungen und Prüfungen muß jeder Einzelne erdulden. Aber wissen soll der Mensch, daß Cherubim und Seraphim, des Tierkreises Regenten, und daß hohe Geister Gottes, die Herrscher der Planeten, seine Führer und Beschützer sind und ihm zum Sieg verhelfen.

Endlich ist der Mensch erlöst von allem Leid im Erden- und im Seelenreich, errettet und vollkommen. Wenn das Irdische bezwungen ist, dann hat der Erdenkörper seinen Dienst erfüllt und ist nicht mehr. Nun steht er unerschüttert auf der Seelenebene, wo er den Sieg vollenden muß. Hier trifft er ungezählte Feinde, die er einen nach dem anderen zu überwinden hat. Das Licht der Hoffnung scheint ihm ungetrübt. Da Gott des Menschen Seele leitet, gibt es keinen Fehlschlag, und der Sieg ist sicher.

Nimmer stirbt der Mensch. Sein Geist ist eins mit Gott, und Gott lebt ewig. So kann auch der Mensch nicht sterben. Hat er alle seine Feinde auf der Seelenebene bezwungen, ist der Same aufgegangen und im Heil'gen Odem voll erblüht. Das Seelenkleid hat seinen Dienst erfüllt, vergeht und ist nicht mehr. Dann wird der Mensch den Segen der Vollkommenheit erreichen – und wird Eins mit Gott«.

TEIL I

ALEPH

Geburt und Jugend von Maria, der Mutter Jesu

Marias Geburt, Einsegnung und Tempelaufenthalt. Des Hohenpriesters Prophezeiung.

1 Zu Rom regiert Augustus – in Jerusalem Herodes Antipas.
2 Das Land der Juden ist in drei Provinzen unterteilt: Judäa, Galiläa und Samaria.
3 Joachim ist ein Meister jüdischer Gesetze, ist ein reicher Mann, und seine Heimatstadt ist Nazareth in Galiläa. Anna aus dem Stamme Juda ist sein Eheweib.
4 Ein schönes, gutes Kind wird diesem Paar geboren, eine Tochter, über welche sie sehr glücklich sind. Maria ist ihr Name.
5 Zu Ehren seiner Tochter gibt Joachim eine Festlichkeit. Doch nicht die Großen, nicht die Reichen, nicht die Würdenträger lädt er ein. Es sind die Armen, die Verachteten, die Blinden und Gelähmten. Einem jeden seiner Gäste wird noch eine Extragabe zugeteilt, von Kleidern, Nahrungsmitteln oder anderweitig nützlichen Geschenken aller Art.
6 Joachim sagt: »Der Herr hat diesen Reichtum mir beschert, Verwalter bin ich und in Seiner Gnade. Gäbe ich den Ärmsten nichts, mein Reichtum würde mir zum Fluch.«
7 Im Alter von drei Jahren wird Maria von den Eltern in den Tempel von Jerusalem gebracht, wo sie eingesegnet wird.
8 Der Hohepriester ist ein Seher und Prophet. Er sieht das Kind und spricht:
9 »Das Mägdlein wird die Mutter eines großen Mannes werden, eines Meisters des Gesetzes, eines sehr geachteten Propheten. Deshalb möge sie im Heiligtum des Herrn verbleiben.«
10 Maria bleibt, und Hillel, Oberster des Sanhedrin, belehrt sie in den Satzungen der Juden. Unter Gottes Worten blüht sie auf.
11 Und wie Maria nun ins Frauenalter kommt, wird sie dem Joseph, einem Zimmermann aus Nazarett, vermählt.
12 Ein aufrichtiger Mann ist Joseph und dem Orden der Essener treu ergeben.

TEIL II

BETH

Geburt und Kindheit von Johannes dem Täufer, sowie von Jesus

Gabriels Botschaft an Zacharias, Elisabeth und Maria. Geburt des Johannes.

2 Im Hügelland Judäa, in der Nähe Hebrons, leben Zacharias und Elisabeth.
2 Sie sind gerecht und fromm und lesen täglich die Propheten, Psalmen und Gesetze. Daher wissen sie, daß einer kommen wird mit mächtiger Erlöserkraft. Sie warten auf den König.
3 Zacharias zelebriert als Priester ab und zu den Gottesdienst im Tempel von Jerusalem.
4 Als Zacharias, Weihrauch brennend, am Altar des Herr verharrt, geschieht es, daß der Engel Gabriel vor ihm erscheint.
5 Da fürchtet sich der Priester, denn er meint, es müsse seinem Volk ein Unglück widerfahren.
6 Doch der Engel spricht: »Mann Gottes, fürchte nichts. Ich bringe dir und so der ganzen Welt die frohe Kunde: Friede sei auf Erden allen Menschen welche guten Willens sind.
7 Oh sieh, der Friedensfürst, der König, den du suchst, ist nah.
8 Dein Weib wird einen Sohn gebären, einen Heiligen, von dem geschrieben steht durch den Propheten:
9 ›Seht, ich schicke euch Elias wieder, ehe noch der Herr erscheint. Und Hügel macht er flach, und Täler füllt er aus, denn dem, der als Erlöser kommt, will er die Wege ebnen.‹
10 Seit Anbeginn der Zeiten hieß dein Sohn Johannes. Dies besagt: ›des Herren Gnade‹. Deshalb sei Johannes wiederum sein Name.
11 Hoch geehrt ist er in Gottes Angesicht, kein Wein kommt über seine Lippen, und von Kindheit an erfüllt der Heil'ge Odem seine Seele.«
12 Dann erscheint der Engel vor Elisabeth in deren stillem Heim und wiederholt die Worte, die er kurz vorher zu Zacharias in Jerusalem gesprochen hatte.
13 Nach vollbrachtem Tempeldienst geht Zacharias heim und freut sich ob der guten Nachricht.
14 Gabriel erscheint fünf Monde später bei Maria. Seine Worte sind:
15 »Heil dir Maria, Heil! Gesegnet seiest du im Namen Gottes. Zwiefach Heil, im Namen aller heil'gen Geister. Dreifach Heil im Namen Christi. Du bist die Erwählte, einen Sohn wirst du gebären, dessen Name sei Immanuel.
16 Auch Jesus nennt man ihn, denn er erlöst sein Volk von allen Sünden.«
17 Josephs Tagesarbeit ist getan. Er kehrt nach Hause, und Maria wiederholt ihm alle Worte Gabriels und

Freude breitet sich in ihren Herzen aus. Sie glauben an die Wahrheit, die der Engel prophezeite.
18 Maria eilt zu ihrer Freundin. Sie berichtet die verheißungsvollen Worte Gabriels, und große Freude herrscht bei allen.
19 Neunzig Tage bleibt Maria bei Elisabeth in deren trautem Heim, bevor sie ihre Schritte heimwärts lenkt.
20 Elisabeth und Zacharias wird ein Sohn geboren, Zacharias spricht:
21 Gepriesen sei der Name Gottes, denn der Segensquell ist Seinem Volke Israel geöffnet worden.
22 Gott macht Sein Versprechen wahr, und was Propheten alter Zeit verkündeten, erfüllt sich jetzt.
23 Auf seinen Sohn Johannes schauend, sagt er:
24 ›Der Prophet des Herrn‹ so wirst du heißen, denn du gehst voraus und ebnest ihm den Weg.
25 Du wirst dem Volke Israel die Kenntnis über die Erlösung nahebringen und das Evangelium der Buße und Vergebung aller Sünden predigen.
26 Wohlan, bald kommt der ›Tagesstern des Höchsten‹. Hell erleuchten wird er dann die Wege derer, die im Land des Schattens gehen. Er geleitet unsre Schritte auf dem Pfad des Friedens.«

Geburt Jesu. Magier und Hirten.

3 Die Zeit der Niederkunft ist nahe, und Maria sehnt sich nach der Freundin. Deshalb lenken Joseph und Maria ihre Schritte in das Hügelland Judäa.
2 Als sie Bethlehem erreichen, geht der Tag zur Neige. Ratsam ist es, über Nacht zu bleiben.
3 Bethlehem jedoch ist überfüllt mit Volk, das unterwegs ist nach Jerusalem. In keinem Heim und keiner Herberge ist eine Unterkunft zu finden. Joseph und Maria haben nur noch Platz in einer Höhle, die den Tieren Obdach gibt. Dort ruhen sie.
4 Um Mitternacht ertönt der Ruf: »Ein Kind ist dort geboren, wo man Tiere hält. Der lang ersehnte Menschensohn ist da!«
5 Und Fremde sind es, die das Kindlein in Marias feine Leinen hüllen, die sie hierfür vorbereitet hat. Dann legen sie das Kind in eine Krippe, die der Fütterung der Tiere dient.
6 Drei Männer in schneeweißen Kleidern treten ein. Sie stehen vor dem Kind und sagen:
7 »Alle Liebe, alle Macht und alle Weisheit seien dein, Immanuel!«
8 Die Hirten hüten anvertraute Schafe auf den Feldern rings um Bethlehem.
9 Und fromme Leute sind es, Männer des Gebetes. Wie so viele warten sie auf einen starken König und Erlöser, welcher kommen soll.
10 Zur selben Stunde, als das Kind geboren war, erscheint den Hirten auf dem Feld ein Mann in strahlend weißem Kleid. Die Hirten sind erschrocken und voll Angst. Jedoch der Mann im weißen Kleid hebt an und spricht:
11 »Habt keine Furcht, denn seht, ich bringe frohe Kunde. Um Mitternacht zu Bethlehem ist euch der König und Prophet geboren, welchen ihr schon lang erwartet habt.«
12 Und da die Hirten diese Worte

hören, freuen sie sich sehr und sehen staunend, daß die Hügel rings umher voll lichter Wesen sind, die jubilieren:

13 Ehre sei Gott in der Höhe. Friede, Friede allen Menschen, welche guten Willens sind.«

14 Die Hirten eilen zu der Höhle, wo das Kindlein liegt, um ihn, Immanuel zu ehren.

15 Am nächsten Tag gibt eine Hirtenfrau, die in der Nähe wohnt, Maria, Joseph und dem Kindlein Unterkunft in ihrem Heim. Dort bleiben sie gar manche Tage.

16 In Eile sendet Joseph einen Boten, welcher Zacharias meldet, daß das Kind in Bethlehem geboren sei.

17 Da kommen Zacharias und Elisabeth mit ihrem Sohn Johannes nach der Ortschaft Bethlehem und bringen ihre besten Segenswünsche.

18 Maria und Elisabeth erzählen sich von all dem Wunderbaren, das sich zugetragen hat. Mit ihnen loben viele Menschen Gott.

19 Nach altem Brauch der Juden findet die Beschneidung statt. Als man die Mutter fragt, wie denn der Knabe heißen soll, da sagt Maria: »Jesus ist sein Name, denn der Engel hat es so gewünscht.«

Einsegnung Jesu. Simon und der Witwe Prophezeiungen.

4 Wie Jesus vierzig Tage alt geworden ist, bringt ihn Maria in den Tempel zu Jerusalem. Das Kind wird eingesegnet durch den Priester.

2 Nach dem Brauch der Juden bringt Maria für sich selber reinigende Opfergaben dar, zwei junge Turteltauben und ein Lamm.

3 Ein frommer Jude namens Simon ist im Tempel zu derselben Stunde.

4 Von Jugend an erwartet er den lang versprochenen Immanuel. Täglich betet er, daß seine Augen noch, bevor er sterben müsse, den Messias sehen dürfen.

5 Nunmehr, da er Jesus sieht, ruft er voll Freude: »Jetzt bin ich bereit zu scheiden, denn mit meinen Augen sehe ich den König.«

6 Und er nimmt das Kind in seinen Arm und spricht: »Du bringst dem Volke Israel und auch der ganzen Welt das Schwert. Doch dann wirst du das Schwert zerbrechen, und auf Erden gibt es keine Kriege mehr.

7 Des Meisters Kreuz erblicke ich auf deiner Stirn, in diesem Zeichen wirst du siegen.«

8 Eine Witwe, vierundachtzig Jahre alt, kniet betend Tag und Nacht im Tempel.

9 Kaum hat sie das Kind erblickt, da ruft sie voller Freude aus: »Es ist Immanuel, ich sehe auf seiner Stirn das Kreuzeszeichen des Messias.«

10 Und niederkniend betet sie ihn an, Immanuel, als ›Gott mit uns‹. Doch seht, ein Meister, weiß gekleidet, steht vor ihr und spricht:

11 »Halt ein, o gute Frau, besinn dich, was du tust. Knie nicht vor Menschen hin, um Menschen anzubeten. Treibe keinen Götzendienst.

12 Ein Mensch ist dieses Kind, ein Menschensohn, und wert, daß man ihn achte. Keinen sonst sollst du verehren, keinem andern sollst du dienen und zu keinem andern sollst du beten, als zu Gott.«

13 Da neigt die Frau in Dankbarkeit

ihr Haupt, steht auf und lobt den Herrn.
Maria aber nimmt ihr Kind und kehrt nach Bethlehem zurück.

Herodes und die Flucht nach Ägypten.

5 Weit im Osten wohnen Magier, weise Männer, die in Sternen lesen können. Deshalb wissen sie, ein Meister ist geboren, denn sein Stern steht hell im Westen.
2 Unter diesen Magierpriestern sind drei Weise, die den ›Meister einer neuen Zeit‹ begrüßen und verehren wollen. Gaben möchten sie ihm bringen, und so ziehen sie denn westwärts, ihn zu suchen, um dem neuen König ihre Ehrerbietung zu erweisen.
3 Gold wird ihm der erste bringen, als Symbol des Adels. Myrrhen will der zweite überreichen, als Symbol der Macht, und Weihrauch schenkt der dritte, als Symbol der Weisheit.
4 Als die Weisen aus dem Morgenland Jerusalem erreichen, wundert sich das Volk, wer diese seien und warum sie kommen.
5 Da die Fremden außerdem noch fragen, wo das Kind zu finden sei, das sie als König ehren wollen, scheint es fast, als wanke selbst Herodes' Thron.
6 Ein Höfling bringt die Weisen an den Hof des Herrschers.
7 Vor Herodes stehend, fragen sie erneut: »Wo ist der neue König? Während wir noch an des Euphrats Ufern weilten, sahen wir des Kindes Stern erscheinen. Nun sind wir hierher gekommen, um den Neugeborenen zu ehren.«
8 Da erbleicht der König. Argwohn schöpfend fragt er sich, ob diese Priester ohne ihn das Reich der Juden umgestalten wollten, und beschließt, daß er erfahren muß, wo dieses Kind zu finden sei, das seinen Thron gefährde.
9 »Bleibt noch eine kurze Weile in der Stadt, ihr Herren, und ich will euch alles melden, was man über jenen König weiß.«
10 Dann ruft Herodes alle Schriftgelehrten in den Rat und fragt: »Was haben die Propheten alter Zeit geweissagt über solch ein Kind?«
11 Die Meister der Gelehrsamkeit besprechen sich und melden dann dem König: »Israels Propheten haben ausgesagt, daß einer kommt, der über alle Stämme herrschen wird, und dieser längst erwartete Messias wird in Bethlehem geboren.
12 Ein Prophet der Juden namens Micha schrieb: ›O Bethlehem, du kleiner Ort in Judas Hügelland, aus dir wird einer kommen, der mein Volk regieren wird, ja einer, der in alten Zeiten, ja in längst vergangener Epoche lebte.‹«
13 Später läßt Herodes noch einmal die Fremden zu sich kommen und berichtet ihnen, was die Schriftgelehrten sagten.
14 »Geht nach Bethlehem, sagt er, und sucht das Kind, und wenn ihr es gefunden habt, dann kehrt zurück und sagt es mir, auf daß auch ich ihm Ehrerbietung zeigen kann.«
15 Da gehen sie und finden in des Hirten Heim Maria und das Kind.
16 Sie huldigen dem Kind und bringen reiche Gaben mit, nebst Weihrauch, Gold und Myrrhen.
17 Diese Magierpriester können in

der Menschen Herzen lesen. Deshalb wissen sie, wie falsch und bös das Herz Herodes' ist, und daß er bei sich schwur, das Kind zu töten.
18. Diese mörderische Absicht teilen sie den Eltern mit und raten ihnen: »Flieht, so daß dem Kind und euch kein Leid geschehe.«
19 Darauf wenden sich die Weisen ihrer Heimat zu, Jerusalem vermeidend.
20 In derselben Nacht verlassen Joseph und Maria mit dem Kind ihr Heim und fliehen in das ferne Land Ägypten, wo sie bei den Freunden Elihu und Salome im alten Zoan Zuflucht finden.

Der Kindermord. Rettung des Johannes. Zacharias' und Herodes' Tod.

6 Als nun die Weisen nicht mehr zu Herodes kommen und er keine Kunde von dem Kind erhält, das einst regieren soll, entbrennt in ihm ein heller Zorn.
2 Und es berichten ihm die Höflinge von einem zweiten Kind in Bethlehem, dem Wegbereiter, der das Volk auf seinen neuen König vorbereiten soll.
3 Da steigert sich die Wut des Herrschers bis zum höchsten Grad. Er ruft die Wache und gebietet ihr, nach Bethlehem zu ziehen und die Knaben Jesus und Johannes zu ermorden.
4 »Ich will sicher sein«, so sagt er, »daß die beiden, die den Thron gefährden, sterben. Daher tötet alle Knaben, die noch nicht zwei Jahre alt geworden sind.«
5 Die Wache geht und tut, wie ihr befohlen ward.
6 Elisabeth weiß nichts von der Gefahr, in der Johannes schwebt. Noch weilen sie in Bethlehem. Doch kaum bemerkt sie, was ihr droht, entflieht sie mit Johannes in das Hügelland.
7 Sie wird verfolgt. Die Wache ist auf ihrer Spur. Sie kennt die vielen Höhlen in den Hügeln, flüchtet schnellen Fußes und verbirgt sich mit Johannes in der tiefsten dieser Höhlen, wo sie sicher ist vor den Verfolgern.
8 Die Mordtat ist getan. Die Wache kehrt zurück und meldet den Vollzug.
9 Die Männer sagen aus: »Erschlagen haben wir den Knaben Jesus, der den Thron beansprucht, aber seinen Wegbereiter, den Johannes, konnten wir nicht finden.«
10 Der König ist erzürnt. Er läßt die Männer im Gefängnisturm in Ketten legen.
11 Nunmehr schickt er Wächter aus zu Zacharias, der im Tempel seinen Dienst verrichtet. Sie verlangen auf Befehl des Herrschers, daß er ihnen das Versteck des Sohnes melde.
12 Zacharias aber weiß es nicht und sagt: »Ich bin ein Diener Gottes, amte hier im heil'gen Tempel zu Jerusalem. Wie könnt' ich wissen, wo man meinen Sohn verborgen hält?«
13 Kaum daß Herodes diese Worte hört, gerät er wiederum in Wut und sagt zu seinen Wächtern:
14 »Geht und laßt den schlauen Priester wissen, daß er ganz und gar in meinen Händen ist und daß er sterben muß, wenn er nicht augenblicklich das Versteck bekannt gibt.«
15 Die Männer melden Zacharias diese Worte.
16 Zacharias sagt: »Ich kann nicht

mehr als sterben um der Wahrheit willen, Gott wird meine Seele retten, wenn Herodes meuchelmörderisch mein Blut vergießt.«
17 Die Wache kehrt zurück und teilt dem König mit, was Zacharias sprach.
18 Der Priester steht im Heiligtum und betet am Altar.
19 Da schleicht ein Wächter sich heran und streckt den Priester mit dem Dolche nieder. Vor dem Vorhang am Altar stirbt Zacharias.
20 Als die Stunde naht, in welcher nach dem Brauch der Priester seinen Segen spenden soll, da kommt er nicht.
21 Nach langem Warten gehen alle Priester in das Heiligtum und finden seinen Leichnam am Altar.
22 Und Trauer, tiefe Trauer geht durchs ganze Land.
23 Herodes sitzt bewegungslos. Es kommen seine Höflinge, er rührt sich nicht. Ein toter Herrscher sitzt vor ihnen auf dem Thron. Die Söhne übernehmen die Regierung.

TEIL III

GIMEL

Marias und Elisabeths Schulung in Zoan

Maria und Elisabeth mit ihren Kindern in Zoan. Elihus Einführungsrede.

7 In Jerusalem regiert Herodes' Sohn, der selbstsüchtige Archelaus. Niemand bleibt vor seiner Meuchelhand verschont, der ihm nicht schmeicheln kann.
2 Er ruft den Rat der weisen Männer Israels zusammen und erkundigt sich nach dem Verbleib der Knaben, die als Thronanwärter gelten.
3 Man versichert ihm, daß beide Kinder, Jesus und Johannes, tot sind. So ist er zufrieden.
4 Jesus, Joseph und Maria sind in Zoan in Ägypten, doch Johannes weilt mit seiner Mutter immer noch im Hügelland Judäa.
5 Elihu und Salome entsenden deshalb Boten, um Johannes und Elisabeth zu suchen. Diese finden sie und bringen sie nach Zoan.
6 Maria und Elisabeth sind immer wieder voll des Lobes über ihre wunderbare Rettung.
7 Elihu hingegen sagt: »Es ist nicht allzusehr verwunderlich, denn Zufall gibt es nicht, und alles, was geschieht, wird ausgelöst durch göttliches Gesetz.
8 Von alters her war es beschlossen worden, daß ihr beide zu uns kommen sollet, um an diesem Ort geschult zu werden.«
9 In der heil'gen Grotte werden nun die beiden Frauen unterwiesen.
10 Elihu beginnt zu sprechen: »Dreifach liegt der Segen Gottes über euch, denn ihr seid auserwählte Mütter, deren Söhne längst erwartet wurden.
11 Diese sind vorausbestimmt, in festem Felsen einen Grundstein einzumauern, über welchem dann der Tempel des vollkommenen, erwachten Menschen stehen soll. Ein Tempel, welcher ewig währt.
12 Wir messen Zeit in Zyklen, in Jahrtausenden. Das Tor zu jedem Zyklus ist ein Meilenstein in der Entwicklung jeder Rasse.
13 Ein Jahrtausend ist vergangen, und das nächste öffnet seine Tore durch den Fingerdruck der Zeit. Es ist die Vorbereitungszeit der Seele, ist das Königreich Immanuel, ist ›Gott im Menschen‹.
14 Diese eure Söhne sind die ersten, welche diese gute Nachricht künden und das Evangelium des Guten Willens predigen, daß Friede sei auf Erden.
15 Ihrer harrt ein großes Werk. Der Erdenmensch verschmäht das Licht. Er liebt die Dunkelheit, und wenn das Licht im Dunkeln scheint, kann er es nicht begreifen.

16 Wir nennen eure Söhne ›Lichtenthüller‹. Doch sie müssen erst das Licht in sich erschauen, eh sie es enthüllen können.

17 Ihr sollt eure Söhne unterrichten, sollt in ihren Herzen Liebe säen und in ihren Seelen heil'gen Eifer zünden. Überzeugen sollt ihr sie von ihrer heil'gen Mission an allen Menschensöhnen.

18 Unterrichtet sie, daß Gott und Menschheit einstmals eine Einheit waren, daß der Mensch durch seine irdischen Gedanken, bösen Worte und durch seine üblen Werke sich von seinem Gott entfernte und erniedrigte.

19 Belehrt sie, daß der Heil'ge Odem Gott und Mensch erneut zusammenführt und Harmonie und Friede wieder herstellt.

20 Lehrt sie, daß es Liebe ist, die dieses Wunder wirkt, und daß die Gottheit so den Menschen liebt, daß sie ihren Sohn schickt, damit die Welt verstehen möge.

21 Liebe ist die Rettung dieser Welt, und Jesus, Sohn Marias, ist erwählt, den Menschensöhnen diese Liebe vorzuleben.

22 Sinnvoll aber ist dies erst, wenn alle Wege hierfür vorbereitet sind. Und nichts kann so die Wege ebnen, Felsen sprengen, Hügel niederreißen, Schluchten überbrücken als die Reinheit.

23 Doch des Lebens Reinheit kann der Mensch noch nicht verstehen. Daher muß die Reinheit kommen in Gestalt.

24 Gesegnet seiest du Elisabeth, denn sieh, Johannes ist die Reinheit in Gestalt, und Reinheit ist es, welche für die Liebe alle Wege ebnet.

25 Dies Jahrtausend wird nur weniges begreifen von dem großen Werk der Reinheit und der Liebe. Dennoch geht kein Wort verloren, denn in Gottes großem Buche der Erinnerung ist jedes Wort und jede Tat und alles, was gedacht wird, eingetragen.

26 Wenn dann die Welt bereit ist für das große Werk, dann wird die Gottheit einen Boten senden, der die Fähigkeit besitzt, das große heil'ge Buch zu öffnen und aus ihm die ganze Botschaft von der Liebe und der Reinheit zu entziffern.

27 Dann wird jeder Erdenmensch die Worte in der Sprache seiner Heimat lesen können, wird das Licht erschauen und im Lichte wandeln und wird selber Licht sein.

28 Wieder Eins sein wird der Mensch mit Gott.«

Elihus Lektionen.

8 Wiederum trifft Elihu die beiden Schülerinnen in der heil'gen Grotte.

2 »Kein Mensch auf dieser Erde«, sagt er, »kann für sich allein und ohne alle anderen Geschöpfe leben, denn er ist mit allen Wesen und mit aller Kreatur durch Schwingungsfäden feinster Art verknüpft.

3 Gesegnet sind, die reinen Herzens sind, denn ohne daß sie Gegenliebe fordern, lieben sie.

4 Sie würden Menschen niemals etwas tun, was sie nicht wünschten, daß man ihnen täte.

5 Es gibt zwei Selbst. Ein höheres und auch ein niederes.

6 Das höhere, genannt das Hohe-

Selbst, ist Menschengeist, in eine Seele eingekleidet und in Gottes Ebenbild gestaltet.

7 Anders ist das niedere, das Erden-Selbst, der Träger aller Wünsche, welches nur das Spiegelbild des Hohen-Selbst ist, doch verzerrt durch irdische Gelüste aller Art.

8 Das Erden-Selbst ist Illusion und wird vergehen. Doch das Hohe-Selbst ist Gott im Menschen und wird nicht vergehen.

9 Das Hohe-Selbst ist Wahrheit in Gestalt. Das Erden-Selbst ist Wahrheit, umgekehrt ins Gegenteil, und somit ist es Irrtum in Gestalt.

10 Das Hohe-Selbst ist Liebe, Gnade und Gerechtigkeit und Recht. Das Erden-Selbst ist alles das, was nicht das Hohe-Selbst ist:

11 Haß, Verleumdung, Mord und Diebstahl, und was sonst alles noch dem Nächsten Leid bedeutet. Mutter aller Tugenden und Harmonie des Lebens ist das Hohe-Selbst.

12 Das Erden-Selbst ist reich an allen möglichen Versprechungen und arm an Friede und an Segnungen. Es bietet Freude und Vergnügen und zufriedenstellenden Gewinn, doch Unrast, Unglück, Leid und Tod sind sein Gefolge.

13 Wie ein fauler Apfel ist es, angenehm im Duft und lieblich für das Auge, doch sein Kern ist voller Bitternis und Galle.

14 Würdet ihr mich fragen, was ihr lernen solltet, sagen würde ich: ›Erkenne dich selbst!‹ Und würdet ihr dann später nochmals fragen, gäbe ich zur Antwort wiederum: ›Erkenne dich selbst!‹

15 Wer sein Erden-Selbst genügend kennt, der kennt die Illusionen dieser Welt, der kennt die Dinge, die vergehen. Wer sein Hohes-Selbst genügend kennt – kennt Gott und Dinge, welche nie vergehen.

16 Gesegnet ist der Mensch, der sich die Liebe und die Reinheit ganz zu eigen macht. Sein Lösegeld hat er bezahlt und ist befreit von allen Schrecknissen des Erden-Selbst.

17 Erlösung sucht der Mensch von seinem Übel und er wähnt, dies Übel sei ein Dämon aus der Unterwelt. Denn viele Götter hat der Mensch, und jeder ist als Dämon gut getarnt. Gar mächtig sind sie, voller Haß und Eifersucht und Trieb.

18 Und kaufen muß man ihre Gunst durch reiche Opfergaben, Früchte, Vögel, Tiere, ja selbst Menschen werden nicht verschont.

19 Und dennoch haben diese Götter keine Augen, um zu sehen, keine Ohren, um zu hören, keine Herzen, die in Mitleid fühlen, und vor allem keine Macht zu retten, zu erlösen.

20 Dieses Übel ist ein Mythos. Diese Götter sind aus Luft, in Schatten von Gedanken eingehüllt.

21 Von einem Dämon muß der Mensch sich lösen. Dieser ist sein Selbst, sein Erden-Selbst. Wer seinen Teufel finden will, der muß nach innen schauen — Selbst — das ist sein Name.

22 Wer erlöst sein will, muß den Erlöser in sich selber finden. Wenn der Teufel Selbst entthront ist, dann kann der Erlöser Liebe auf den Thron der Macht gelangen.

23 Reinheit ist der lichte David, der den dunklen Riesen Goliath schlägt und den Erlöser Liebe auf den Thron hebt.«

Salomes Lektionen.

9 Salome gibt die Lektion des Tages und beginnt zu sprechen: »Ungleich sind die Zeiten. Heute mögen Männerworte gelten, morgen können Frauenworte führen.

2 Auf den Lebenswegen aber sollten Mann und Frau gemeinsam gehen. Jeder Teil für sich ist nur die Hälfte. Dennoch tut ein jeder seine eigene Verrichtung.

3 Alle Werke aber zählen. Jedes Werk hat seine Zeit und seinen Rhythmus. Mond und Sonne haben ihre eigenen Lektionen für den Menschen. Jeder dieser Himmelskörper lehrt zu seiner Stunde.

4 Die Lektion der Sonne sinkt ins Menschenherz wie welkes Laub ins Wasser, wenn sie in die Zeit des Mondes fällt, und so ergeht es der Lektion von Mond und Sternen.

5 Heute mögt ihr traurig sein, betrübt und deprimiert, und morgen schon seid ihr erfüllt mit Freude.

6 Heute scheint der Himmel voller Hoffnung, voll des Segens, morgen ist die Hoffnung flüchtig, und vereitelt werden alle Pläne.

7 Heute möchte man das Fundament, auf dem man steht, verfluchen, morgen ist man voller Dankbarkeit und Liebe.

8 Heute ist man neidisch, zornig, haßerfüllt, selbst eifersüchtig auf sein Kind, das man doch liebt, und morgen ist man hoch erhaben über alle Schwachheit, strahlt nur Freude aus und guten Willen.

9 Tausendmal fragt sich der Mensch, warum in seinem Leben dieser Wechsel zwischen Hoch und Tief besteht. Der Frohsinn und die Schwermut finden sich in jedem Menschenleben.

10 Die Menschen wissen nicht, daß viele gottgesandte Lehrer da sind, um die Wahrheit unaufhörlich in des Menschen Herzen einzuflößen.

11 Aber dies steht fest, daß jede Seele die Lektion erhält, die sie benötigt.

12 Maria sagt: In ganz besonders guter Stimmung bin ich heute, und mein Denken, ja mein ganzes Wesen ist erhöht. Wie kommt das nur?

13 Und Salome gibt ihr zur Antwort: Heute ist ein Tag von ganz besonderer Bedeutung, denn an diesem Tag des Lobes und Gebetes kann man seinem Vater Gott auf eine ganz bestimmte Weise näherkommen.

14 Deshalb wollen wir uns Gott in aller Demut nähern. Gott dem Einen, Gott dem Dreifachen und Gott dem Siebenfachen.

15 Zu Anbeginn der Welten waren alle Dinge eins, sie waren Geist und Odem.

16 Dann begann der Geist zu atmen. Alles, was gestaltlos war, ward Feuer und Gedankenkraft vom Himmel — Vater-Gott und Mutter-Gott.

17 Als Feuerkraft und Weisheit dann im Gleichklang atmeten, da ward ihr Sohn, ihr einziger, geboren. Liebe ist Sein Name — Christus nennen ihn die Menschen.

18 Weisheit wird von manchen Menschen Heil'ger Geist genannt.

19 Und als die Dreiheit Feuer-Weisheit-Liebe dann im Gleichklang atmete, da standen sieben Geister vor dem Thron. Es sind die sieben Elohim, des Universums Schöpfungsgeister.

20 Diese waren es, die sagten: ›Menschen wollen wir erschaffen.‹ Und in ihrem Bildnis ward der Mensch gestaltet.

21 In dem Reich der Mitte und in alten Zeiten nannte man des Universums Odem: Tao. In den alten Büchern jenes Landes lesen wir:
22 Gestaltlos ist das Große Tao. Dennoch schuf Es alle Himmel und die Erde.
23 Keine Neigung hat das Große Tao, und läßt dennoch Sonne, Mond und Sterne unentwegt in ihren Bahnen ziehen.
24 Keinen Namen hat das Große Tao, dennoch läßt Es alle Dinge wachsen und gedeihen. Es bestimmt den Rhythmus zwischen Saat und Ernte.
25 Am Anfang war das Große Tao eins. Aus eins ward zwei. Aus zweien wurden drei. Aus dreien wurden sieben. Diese sieben Geister schufen alle Wesen aller Welten.
26 Allem, was erschaffen wurde, hat das Große Tao Gut und Böse einverleibt. Und auch die Blumenpracht, den Sonnenschein, den Regen und den Tau erschuf Es. Von der Fülle Seiner Gaben werden alle satt.
27 Im selben alten Buche lesen wir: Der Mensch hat einen Geist, der mit dem Großen Tao eng verknüpft ist. Der Mensch hat eine Seele, welche innerhalb der sieben Odem Taos lebt. Der Mensch hat einen Körper, dessen Wünsche mit dem Irdischen verwurzelt sind.
28 Der Geist liebt Reinheit, Güte, Wahrheit, und der Körper mit den vielen Wünschen stellt sein selbstsüchtiges Selbst zur Schau. Die Seele wird zum Kampfplatz zwischen Geist und Körper.
29 Segen liegt auf jenem Menschen, dessen Geist den Kampf gewinnt. Sein Erden-Selbst hat sich gewandelt. Derart rein ist seine Seele, daß sie zum Beratungsort für Taos Engelwesen werden kann.«
30 So endet die Lektion von Salome.

Weitere Lektionen Elihus.

10 Elihu der Lehrer spricht: »In alten Zeiten und in einem Land des Ostens war ein Volk, das seinen Gott den Einen ehrte. Brahma war sein Name.
2 Die Bewohner dieses Landes lebten nach Gesetz und Recht, in Frieden und in Eintracht. Weisheit war ihr Ziel. In ihrem Inneren erblickten sie das Licht.
3 Doch Priester kamen an die Macht mit weltlichen Gelüsten, änderten Gesetz und Recht nach ihrem Sinn und luden schwere Bürden, Recht und Wahrheit schmähend, auf des Volkes Schultern. So versanken die Brahmanen mehr und mehr in Korruption.
4 Doch in der Finsternis der Zeiten standen große Meister unbeirrt. Sie liebten Brahmas Namen. Weithin in die Lande leuchtete ihr Schein.
5 Die Weisheit Brahmas wurde unauslöschlich aufbewahrt, und finden könnt ihr diese Weisheit in den heil'gen Büchern der Brahmanen.
6 Auch in Caldäa kannte man Gott Brahma. Terah, ein Brahmane, fromm und gottesfürchtig, lebte dort in Ur. Sein Sohn war so dem Glauben Brahms ergeben, daß man ihm den Namen A-Brahm gab.
7 Terah nahm sein Weib und seine Söhne, wie auch alle seine Herden und sein Gut, und zog nach Westen. Dort in Haran starb er.

8 Abram zog danach mit seiner ganzen Sippe weiter westlich.
9 Bei den Eichen Morahs, in dem Lande Kanaan, schlug er die Zelte auf und blieb.
10 Doch eine Hungersnot brach aus, und Abram zog mit Sippschaft, Vieh und Herden nach Ägypten, wo er in der reichen Ebene von Zoan seine Zelte aufschlug.
11 Noch heute kennt man diesen Ort. Dort drüben über jener Ebene könnt ihr ihn sehen.
12 Es gibt noch einen zweiten Grund, daß Abram sich Ägypten wählte. Denn Ägypten ist das Wiegenland der Eingeweihten. Alle heil'gen Dinge wurzeln tief in diesem Land, in das so viele Meister kommen.
13 Abram war ein Lehrer in der Wissenschaft der Sterne, und in jenem Tempel dort erlernte er die Weisheit von den Weisen.
14 Als er alles aufgenommen hatte, was zu lernen war, zog er mit seiner Sippe, Vieh und Herden wiederum nach Kanaan, und in der Ebene von Mamre schlug er seine Zelte auf. Dort lebte er und starb auch dort.
15 Sein Leben und sein Werk, das Leben seiner Söhne und der Stämme Israels, sind in der Juden heil'gen Büchern überliefert und erhalten.
16 In dem alten Land der Perser war Gott Brahma wohlbekannt und auch gefürchtet. Jene Menschen sahen Ihn als Einheit — ursachlose Ursach alles Seienden. So heilig war Er ihnen, wie das Große Tao jenem andern Volk des Ostens.
17 Friedlich war das Volk der Perser, und Gerechtigkeit regierte.
18 Wie in andern Ländern wurden auch die Priester Persiens überheblich. Ihre Ich-Gelüste, ihre Selbstsucht warfen Hohn und Spott auf Recht, Gesetz und Liebe.
19 Die Religion versank in Korruption. Zu Götzenbildern wurden Schlangen, Vögel, wie auch anderes Getier.
20 Doch Zarathustra, eine hohe Seele, ward zur rechten Stunde inkarniert.
21 Er sah den ursachlosen Geist, erhaben über allem, sah die Ohnmacht der von Menschenhand geformten Götzen.
22 Als Zarathustra sprach — da horchte Persien auf. Und als er sagte: ›Ein Gott, ein Volk, ein Schrein‹ – da zerfielen die Altäre falscher Götter – Persien war erlöst.
23 Doch Menschen müssen ihren Gott mit Menschenaugen sehen. Zarathustra sprach:
24 Der größte aller Geister, das ist Ahura Mazda, nah an Gottes Thron. Er zeigt sich in der Sonne Glanz.
25 Und alle Perser sahen Ahura Mazda in der Sonne, fielen vor ihm nieder und verehrten ihn in Sonnentempeln.
26 Persien ist das Land der Magier, wo die Weisen wohnen, die den Stern entdeckten. Diesem Sterne folgten sie nach Westen, wo Marias Sohn das Licht der Welt erblickte. Auch die ersten waren sie, die ihn als Friedensfürst begrüßten.
27 Zarathustras Lehren und Gesetze sind in der Avesta uns erhalten, die ihr lesen, die ihr euch zu eigen machen könnt.
28 Doch wissen sollt ihr, daß die Worte nichts bedeuten, ehe sie lebendig werden, ehe seine Lehren Teil von Herz und Haupt geworden sind.

29 Wohl ist die Wahrheit wahr, doch niemand kennt die Wahrheit ganz, bis er zur Wahrheit selbst geworden ist. In einem alten Buche steht:
30 Die Wahrheit ist wie Hefe in den Händen Gottes. Sie verändert alles Leben, bis es selbst zur Wahrheit wird. Und wenn das Leben Wahrheit ist, dann ist es auch der Mensch.«

Fortsetzung der Lektionen Elihus.

11 Wiederum lehrt Elihu und spricht: »Bestechlich wurden Indiens Priester, und vergessen war Gott Brahma in den Straßen. In den Staub getreten war das Recht des Volkes.
2 Einer kam, ein großer Meister und ein Buddha der Erleuchtung, der von Reichtum, Gold und Ehren Abschied nahm, und in der Einsamkeit die Stille seiner Seele fand. Der Segen Gottes lag auf ihm.
3 Er predigte das Evangelium des hohen Lebens und belehrte Menschen, wie man Menschen achtet.
4 Keine Glaubenssätze über Götter lehrte er. Doch große Menschenkenntnis war ihm eigen. Deshalb war Gerechtigkeit, Wahrhaftigkeit und Liebe sein Bekenntnis.
5 Aus den Weisheitssprüchen Buddhas greife ich einige heraus:
6 ›Ein böses Wort ist Haß. Wenn dich ein Mitmensch haßt, beachte nicht den Haß. Mit Leichtigkeit verwandelst du den Haß in Liebe und Verzeihung, wenn du guten Willens bist, und die Verzeihung ist so groß und weit wie alle Himmel.
7 Gutes ist genug für alle da. Mit Gutem sollst du Schlechtes überwinden. Gib mit voller Hand, und schamrot wird der Geiz. Mit Wahrheit mach' die krummen Wege grade, die der Irrtum geht, denn Irrtum ist nichts anderes als Wahrheit irrgeleitet und verzerrt.
8 Wenn einer übel handelt oder übel redet, folgt der Schmerz ihm auf dem Fuß so sicher, wie das Wagenrad dem Lenker.
9 Wer sein Selbst besiegt, ist größer als der Held, der tausend Männer auf dem Schlachtfeld tötet.
10 Edel ist nur jener Mensch, der selber ist, was er von anderen als selbstverständlich annimmt.
11 Wenn einer dir ein Unrecht tut, dann gib ihm deine reinste Liebe, und er unterläßt es, schlecht zu sein, denn reine Liebe reinigt Herzen, die geliebt sind, wie auch Herzen, welche lieben.‹
12 In den heil'gen Büchern Indiens sind die Weisheitsworte Buddhas aufgezeichnet. Lest darin, denn sie sind Teil des Heil'gen Odems.
13 Ägypten ist das Land geheimer Dinge.
14 In seinen Tempeln, seinen Schreinen sind Mysterien aus alter Zeit verborgen und verwahrt.
15 Zu allen Zeiten und aus allen Ländern kommen Meister her, um hier zu lernen. Sind dann eure Söhne Männer, ist auch ihre Studienzeit in diesem Land beendet.
16 Nun habe ich genug gesagt, und morgen bei der Sonne ersten Strahlen sehen wir uns wieder.«

Fortsetzung von Salomes Lektionen. Schlußworte Elihus.

12 Als am nächsten Tag die Sonne aufgeht, treffen sich die Meister und die Schülerinnen in der heil'gen Grotte.

2 Salome ergreift zuerst das Wort: »Oh schaut der Sonne Glanz! Sie spendet Gottes Kraft. Durch Sonne, Mond und Sterne redet Gott zu allen Menschen.

3 Und Er spricht zu uns durch Seine Blumen, Seine Sträucher, Seine Bäume, Seine Täler, Seine Hügel und durch Seiner Berge Pracht.

4 Gott gibt sich kund durch Vogelstimmen, Harfenklänge und durch den Gesang aus Menschenmund. In Regen, Wind und Donner redet Seine Stimme. Sollten wir nicht niederknien und andachtsvoll zu Seinen Füßen beten?

5 Auch zu jeder Seele redet Gott, und jede Seele soll sich deshalb zu Ihm wenden. Dies heißt beten.

6 Wenn du aber kniend oder stehend und mit lauter Stimme Gott der Menschen Sünden klagst, dann ist dies kein Gebet.

7 Es ist auch kein Gebet, Gott Vater vorzuschmeicheln, wie erbarmungsvoll, wie groß, wie stark, wie gütig daß Er sei.

8 Nicht wie ein Mensch ist Gott, den du durch Lob dir kaufen kannst.

9 Gebet ist doch der heiße Wunsch, daß jeder Lebensweg durchlichtet sei. Daß jede Tat zum Besten werde, und daß jedes lebende Geschöpf durch unsern Dienst gedeihen möge.

10 Edle Taten, wie auch Worte, welche helfen können, sind Gebete. Das ist wirksames und andachtsvolles Beten.

11 Des Gebetes wahre Quelle liegt im Herzen. Durch Gedanken, nicht durch Worte wird das Herz zu Gott erhoben, und der Segen strömt auf euch herab. So laßt uns denn vereint sein im Gebet.

12 Sie beteten – kein Wort ward laut. In dieser heil'gen Stille ist ein jedes Herz gesegnet.

13 Nun spricht Elihu und sagt zu beiden Frauen: Unsre Arbeit ist getan, ihr braucht nicht länger hier zu weilen, denn es kam der Ruf – die Wege sind geebnet, und ihr könnt nunmehr zurück in eure Heimat ziehen.

14 In euren Händen liegt ein großes Werk. Ihr sollt den Willen eurer Söhne, welche das Geschick der Erde lenken werden, formen.

15 Auserwählt sind sie, den Menschengeist zu rechtem Denken, rechtem Reden, rechtem Handeln hinzuführen,

16 ihm der Sünden üble Folgen klarzumachen, ihn von seinem Erden-Selbst und seinen Illusionen wegzuführen, hin zu seinem Hohen-Selbst, das fähig ist, mit Christi Geist in Gott zu leben.

17 Manche dornenreiche Wege müssen eure Söhne gehen, als Vorbereitung für ihr großes Werk.

18 Mancherlei Versuchungen und Prüfungen, wie alle Menschen sie erleiden, bleiben ihnen nicht erspart. Nicht leicht sind ihre Bürden, deren Last sie oftmals schwach und mutlos macht.

19 Durst und Hunger bringen ihnen Schmerz, und grundlos wird man sie verhöhnen, peinigen und in den Kerker werfen.

20 Viele Länder sehen sie und vie-

len Meistern sitzen sie zu Füßen. Lernen müssen sie wie alle Menschen.
21 Nunmehr haben wir genug gesagt. Des höchsten Gottes Segenswunsch, des Drei- und Siebenfachen vor dem Thron, sei mit euch immerdar.«
22 So enden die Lektionen Elihus und Salomes. Drei Jahre lang belehrten sie die Mütter in der heil'gen Grotte. Würde alles aufgeschrieben – wahrlich wäre es ein großes Buch. Ein Auszug nur sind diese Worte.
23 Maria, Joseph und Elisabeth, mit Jesus und Johannes, ziehen ihrer Heimat zu, Jerusalem vermeidend, denn es herrscht dort immer noch der König Archelaus.
24 Auf einem Umweg übers Tote Meer erreichen sie die Hügel von Engedi. Dort, im Heim von Joshua, der einer ihrer Sippe ist, verweilen sie.
25 Joseph, Jesus und Maria wandern später durch das Jordantal. Nach kurzer Zeit erreichen sie ihr Heim in Nazareth.

TEIL IV

DALETH

Kindheit und frühe Erziehung von Johannes dem Täufer

Elisabeth und Matheno belehren Johannes.

13 Elisabeth ist reich gesegnet. Ihre ganze Liebe widmet sie Johannes und erzieht ihn nach den Weisungen von Elihu und Salome.
2 Begeistert ist Johannes von den Lehren, die er hört, und von der wilden Gegend seiner Heimat, die er liebt.
3 Die hügelreiche Landschaft birgt gar viele Höhlen. Davids Höhle ist nicht weit. Dort lebt ein Eremit.
4 Es ist Matheno, Oberpriester aus dem Tempel Sakara.
5 Nach der Vollendung seines siebten Jahres zieht Johannes zu Matheno in die Höhle Davids.
6 Tag um Tag belehrt Matheno seinen Schüler, unterrichtet ihn in den Geheimnissen des Lebens, und Johannes folgt mit ganzer Seele.
7 Er liebt das wilde Land, liebt seinen Meister und das anspruchslose Leben. Früchte, Nüsse, wilder Honig und Johannisbrot sind ihre Nahrung.
8 Da Matheno strenger Jude ist, besucht er regelmäßig alle Feste in Jerusalem.
9 Johannes, nun neun Jahre alt, darf mit ihm gehen.
10 Der arge König Archelaus ist entthront und in ein fernes Land verbannt, denn seine Grausamkeit und Selbstsucht überstiegen jedes Maß. Johannes braucht nichts mehr zu fürchten.
11 Sehr beeindruckt ist er von Jerusalem. Den Tempeldienst der Juden, Sinn und Zweck des Opfers und der Riten, alles dies erklärt Matheno seinem Schüler.
12 Doch Johannes will es nicht begreifen, daß des Menschen Sünden durch die Opferung von Tieren am Altar des Herrn getilgt sein sollen.
13 Matheno sagt: »Der Gott des Himmels und der Erde braucht ein solches Opfer nicht. Das alte, mitleidslose Ritual stammt von den Götzendienern fremder Länder.
14 Niemals kann die Sünde durch ein Tier-, ein Vogel-, oder Menschenopfer als gesühnt betrachtet werden.
15 Sünde ist des Menschen Torheit, blindlings in die Schlingen lasterhafter Bosheit und Verlockungen hinein zu stürmen. Wer von Sünde frei sein will, muß seine Schritte wenden, um der Bosheit und Verlockung zu entrinnen.
16 Wer sich ändert und sein Herz durch Liebe und Gerechtigkeit zu reinigen vermag, dem kann vergeben werden.
17 Dieses ist die Botschaft, welche du als Wegbereiter Israels zu bringen hast.«

18 »Was ist Vergebung?« fragt Johannes.
19 Und Matheno sagt: »Vergebung ist Begleichung aller Schulden. Wenn ein Mensch den Bruder schädigt, kann ihm nur vergeben werden, wenn er diesen Schaden wiedergutmacht.
20 In den Veden findet man die Worte: ›Niemand kann ein Unrecht tilgen als nur der, der es verschuldet hat.‹«
21 Johannes sagt: »Wenn dem so ist, wo hat dann die Vergebung Platz, es sei denn ihre Macht erstreckt sich auf den Übeltäter. Kann ein Mensch sich selbst vergeben?«
22 Mathenos Antwort ist: »Die Tore der Vergebung stehen weit geöffnet, wenn der Mensch zum Recht zurückgefunden hat.«

Fortsetzung von Mathenos Belehrungen.

14 Matheno und Johannes sprechen über heil'ge Bücher alter Zeiten und die wunderbaren Regeln, die darin enthalten sind. Johannes sagt:
2 »So wundervoll sind diese Regeln! Deshalb frage ich, was brauchen wir noch andere solch heil'ger Bücher?«
3 Matheno sagt: »Die heil'gen Geister Gottes lenken alles so, daß jedes Ding zu seiner vorbestimmten Stunde kommt und geht.
4 In ihrer eigenen Bewegung geht die Sonne auf und unter, die Planeten ziehen ihre Bahn. Der Mond hat seinen Lauf, nimmt zu, nimmt ab. Der Regen rauscht hernieder, und die Winde wehen nach den eigenen Gesetzen.
5 Saat und Ernte ziehen schnell vorüber — Menschen kommen — Menschen gehen.
6 Diese großen Geister heben Völker aus der Wiege, führen sie zu Macht und Ruhm, und sind die Werke allesamt getan, dann werden diese Völker eingehüllt in Totentücher und ins Grab gelegt.
7 So viele Dinge sind im Leben eines Volkes, wie im Leben eines Menschen, die zu ihrer Zeit nicht gut geheißen werden, doch am Ende des Geschehens kann man klar erkennen. Alles was geschah – geschah zum Besten aller.
8 Die Menschen sind erschaffen worden für ein edles Ziel. Jedoch als freie Menschen, aber die zugleich die Macht, die Wahrheit und die Weisheit in sich tragen, konnten sie noch nicht erschaffen werden.
9 Hätte man sie eingezäunt, in vorgeschriebene Geleise eingeengt, sie wären Puppen, die an Fäden tanzen.
10 Deshalb gaben ihnen Gottes Schöpfergeister einen Willen und die Macht zur freien Wahl.
11 So kann ein Mensch zur höchsten Höhe steigen, aber auch zur tiefsten Tiefe fallen. Was auch immer er erreichen will, er kann es erringen.
12 Strebt er Macht und Herrschaft an — er hat die Kraft, sie zu erringen. Seine Ziele aber kann er nur erlangen, wenn er alle Widerstände überwindet. Macht wird nie im Müßiggang gewonnen.
13 Somit wird der Mensch vom Strudel vielerlei Konflikte jäh erfaßt und muß sich nun aus eigner Kraft befreien.
14 Durch jeden einzelnen Konflikt gewinnt der Mensch an Stärke. Jede

Überwindung bringt ihn höher. Jeder neue Tag bringt neue Pflichten.
15 Keine Hilfe wird er erhalten, seine Feinde zu besiegen. Niemand leitet ihn mit Sicherheit an abgrundtiefer Schlucht vorbei. Er selber ist sein Heer, sein Schwert und Schild. Der Feldherr seiner Truppen ist allein er selbst.
16 Der Weg jedoch ist hell. Der Mensch entbehrte nie das Licht der Führung.
17 Immer hielt er eine Fackel in den Händen, welche ihm die turbulenten Ströme, abgrundtiefen Schlünde und gefährlich steilen Felsen hell beleuchtete.
18 Die Schöpfergeister haben daher längst vorausgesehen, daß, wann immer auch die Menschheit neues Licht benötigt, eine Meisterseele auf die Erde kommen muß, um dieses Licht zu bringen.
19 Schon in alten Zeiten gab es heil'ge Bücher, die den Weg erhellten. Als die Menschen nun vermehrte Führung brauchten, wurden die Avesta, und die Veden und das Buch Tao-te-King geschrieben, um die Wege heller zu beleuchten.
20 Später kam die Bibel der Hebräer mit den Psalmen, den Propheten und Gesetzen.
21 Jahre sind vergangen, und der Mensch von heute braucht erneut vermehrtes Licht.
22 Und jetzt beginnt der Tagesstern des Herrn zu leuchten. Jesus ist der inkarnierte Bote Gottes, welcher dieses Licht den Menschen bringen soll.
23 Und du mein Schüler, du bist auserwählt, die Wege ihm zu ebnen.
24 Wichtig hierfür ist, daß du die Reinheit deines Herzens, die du jetzt noch hast, bewahren kannst. So mußt du deine Lampe denn am Feuer des Altars der heil'gen Schöpfergeister selbst entzünden.
25 Deine Lampe wird dann umgewandelt in ein grenzenloses Feuer, und du selber wirst zur Fackel, deren Licht weit in die Runde scheint, wo immer Menschen wohnen.
26 In den Tagen, die noch kommen werden, wird die Menschheit höher steigen, werden Lichter kommen, die noch heller leuchten.
27 Dann, dann endlich wird die mächtigste der Meisterseelen auf die Erde kommen, um den Weg zu weisen, der zum Throne des vollkommenen, erwachten Menschen führt.«

Mathenos Belehrungen über den Tod und die Taufe. Mission und weitere Ausbildung von Johannes.

15 Johannes hat das zwölfte Jahr erreicht, da stirbt Elisabeth, die treue Mutter. Nachbarn legen sie in die Familiengruft in Hebron, nah bei Zacharias Grab.
2 Johannes weint, sein Herz ist tief betrübt. Matheno tröstet ihn und sagt: »Es ist nicht gut, die Toten zu beweinen,
3 denn der Tod ist nicht des Menschen Feind. Er ist sein Freund, und wenn das Lebenswerk getan ist, schneidet er die Silberschnur entzwei, damit des Menschen Boot sich von der Erde lösen kann, um dann in sanften Meeren angenehm zu segeln.
4 Keine Sprache kann den Wert der Mutter nennen. Deiner Mutter Wert

ist wahrhaft groß. Sie wurde nicht hinweggerufen, eh ihr Werk vollendet war.

5 Der Ruf zum Tod erfolgt zum Besten aller, denn wir können unsere Probleme gleichermaßen lösen hier wie dort. Man weiß es selbst, wo dies am besten zu geschehen hat.

6 Reine Selbstsucht ist es, wenn man sich die heimgekehrte Seele wiederum zurück zur Erde wünscht.

7 So lasse deine Mutter denn in Frieden ziehen, und ihr edles Wesen sei dir Kraft und Intuition und Mut.

8 Die Krise deines Lebens naht.

9 Die Weisen aller Zeiten nennen dich den Wegbereiter. Die Propheten kündeten von dir: Er ist Elias, welcher wiederkehrt.

10 Dein Werk auf Erden ist es, vor Messias herzugehen, seinen Weg zu ebnen und die Menschen aufzurufen, ihren König zu empfangen.

11 Hierzu braucht es Herzensreinheit. Nur ein reines Herz erkennt den König.

12 Wer die Menschen Reinheit lehren will, muß selbst im Herzen rein sein, rein in Worten und in Taten.

13 Ein Gelöbnis in der Kindheit machte dich zum Nazariten. Daher darfst du dir das Haupthaar und den Bart nicht schneiden. Weder Wein noch feurige Getränke sollen deine Lippen kosten.

14 Was die Menschen brauchen, ist ein Vorbild für ihr Leben. Folgen wollen sie — nicht führen.

15 Wer am Kreuzweg steht, die Richtung weist und diesen Weg nicht selber geht, der ist ein Richtungsweiser, weiter nichts. Ein Holzblock kann dasselbe tun.

16 Der Meister geht den Weg. Auf jedem Wegstück sieht man deutlich seine Spur, und alle wissen, daß er Meister diesen Weg gegangen ist.

17 Der Mensch erkennt sein Innenleben durch sein Tun und Lassen. Form und Zeremonie helfen ihm auf seinem Weg zu Gott.

18 Wenn du dem Menschen zeigen willst, wie er durch Lebensreinheit seine Sünden tilgen kann, dann gib ihm einen Ritus, der symbolisch wirkt.

19 Mit Wasser wasche jene, die von Sünde frei sein wollen und nach Lebensreinheit streben.

20 Diese Waschungen sind nur ein Vorbereitungsritus. Alle, die sich so gereinigt haben, sind die ›Kirche reinen Lebens‹.

21 Sagen sollst du: ›Hört ihr Menschen, wandelt euch und reinigt euch. Ihr werdet so zu Söhnen wahrer Reinheit und erlangt Vergebung.‹

22 Diese Reinigung ist ein Symbol für Seelenreinheit durch ein reines Leben. Diese Kirche reinen Lebens steht symbolisch für das Königreich der Seele, welches nicht in äußerlichem Glanz erscheint — es ist vielmehr die Kirche in des Menschen Herzen.

23 Du wirst nie die Richtung zeigen können, nie der Menge sagen können, was sie tun soll, ohne daß du selber dies zuvor getan hast. Gehe stets voran und weise ihr den Weg.

24 Da du Reinheit predigst, mußt du selber rein sein, als Symbol für deine reine Seele.«

25 »Worauf warten wir« entgegnet ihm Johannes, »gehen wir sogleich und waschen uns im Jordan.«

26 »Gut so, laßt uns gehen«, sagt Matheno. Und sie gehen hin ins Jor-

dantal, dort wo der Fluß zur Furt sich weitet, dort bei Jericho, wo ehedem die Herden Israels das Land betraten.

27 Dort am Fluß erklärt Matheno ihm den tiefen Sinn des Rituals der Reinigung und wie er selbst sich waschen muß, und wie das Volk.

28 Johannes wäscht sich rein im Jordan. Darauf kehren sie zurück in ihre Wildnis.

29 In den Hügeln von Engedi ist Mathenos Werk getan. Ägypten ist ihr nächstes Ziel. Sie rasten nicht, bis sie den Tempel Sakara im Tal des Nils erblicken.

30 Viele Jahre war Matheno Meister in der Bruderschaft des Tempels. Als er nun dem Hierophanten aus dem Leben seines Schülers und von dessen heilger Mission Bericht erstattet hatte, wird Johannes freudig aufgenommen und erhält den Namen ›Bruder Nazarit‹.

31 Achtzehn Jahre lebt und wirkt Johannes hier, bezwingt sein Erden-Selbst, wird Meister und erlernt die Pflichten eines Wegbereiters.

TEIL V

HE

Kindheit und Jugenderziehung Jesu

Jesu Belehrung und Traum. Annas Traumdeutung. Jesu Geburtstagswunsch.

16 Josephs Heim befindet sich am Marmionweg in Nazareth. Maria unterrichtet ihren Sohn nach Elihus und Salomes Belehrungen.
2 Besonders liebt er die Gesänge der Avesta und der Veden. Auch die Psalmen Davids und die Weisheitssprüche Salomons erfüllen ihn mit Freude.
3 Mehr als alles aber schätzt er die Prophetenbücher Israels. Mit sieben Jahren kennt er ihren Inhalt Wort für Wort.
4 Joachim gibt ein Fest zu Ehren seines Enkels Jesus. Alle aus der Sippschaft sind geladen.
5 Jesus steht vor ihnen und erzählt: »Ich hatte einen Traum. In diesem Traum stand ich am Meeresstrand.
6 Die Wogen wurden hochgepeitscht vom Sturm.
7 Von oben gab mir jemand einen Zauberstab. Mit ihm berührte ich den Sand und siehe, jedes Sandkorn ward verwandelt in ein Lebewesen, und der ganze Strand war Schönheit und Gesang.
8 Mit meinem Zauberstab berührte ich die Wogen, und verwandelt ward das Meer in Bäume, Blumen, Gras und Vogelsang und alle priesen Gott.
9 Und einer sprach zu mir, den ich nicht sah, doch dessen Stimme ich vernahm: ›Den Tod, den gibt es nicht.‹«
10 Gerührt ist Anna, denn sie liebt den Enkel. Ihre Hände legt sie auf sein Haupt und spricht: »Ich sah dich stehn am Meeresstrand. Berühren sah ich dich den Sand und auch das Meer und sah, wie alles dann sogleich lebendig wurde, und ich weiß den Traum zu deuten.
11 Stürmisch ist das Meer des Lebens. Hochgepeitscht die Leidenschaft. Die Menschenmassen aber harren träge, müßig, haltlos, wankelmütig und verzagt, wie toter Sand am Meer.
12 Dein Zauberstab ist Wahrheit, und mit dieser Wahrheit änderst du die ganze Menschheit. Jeder Mensch wird so zum lichten Boten heil'gen Lebens.
13 Du berührst die Wogen auf dem Meer des Lebens, und ihr Tosen schweigt. Die Winde wandeln sich zum Lobgesang.
14 Den Tod, den gibt es nicht. Dein Zauberstab der Wahrheit wandelt Totes in Lebendiges und Sumpfgebiet in Blumenfelder. Mißklang wandelt er in Harmonie und Lob.«
15 Joachim sagt zu seinem Enkel: »Heute überschreitest du den siebten

Meilenstein auf deinem Lebensweg. Du bist nun sieben Jahre alt, und zur Erinnerung an diesen Tag darfst du dir etwas wünschen, das dir Freude macht.«

16 »Ich möchte kein Geschenk«, sagt Jesus, »denn ich bin zufrieden. Wenn ich aber eine Menge Kinder heute glücklich machen könnte, wäre es für mich die größte Freude.

17 Viele solcher Kinder gibt es hier in Nazareth, die immer hungrig sind. Sie würden gern die Mahlzeit und die Freude dieses Tages mit uns teilen.

18 Deshalb wäre meine schönste Gabe euer Einverständnis, all die Hungrigen zu suchen und hierher zu bringen, um mit uns zu speisen.«

19 »Gut denn«, sagt Joachim, »lauf und bring die Kinder her, wir wollen für die Mahlzeit sorgen.«

20 Jesus eilt. Er geht in jede kleinste Hütte und in jedes Heim. Mit wenig Worten lädt er sie zum Fest.

21 Nach einer kleinen Weile folgt ihm eine frohgelaunte, arg zerlumpte Kinderschar zum Marmionweg,

22 wohl hundertsechzig an der Zahl. Die Gäste machen Platz. Die Halle ist zum Bersten voll, und Jesus und Maria helfen beim Bedienen.

23 Nahrung ist genügend da, aus aller Augen strahlt das Glück. So wurde der Geburtstagswunsch zur Krone der Gerechtigkeit.

Jesu Gespräch mit dem Rabbiner von Nazareth.

17 Der Rabbi Barachia von der Synagoge unterstützt Maria in der religiösen Unterweisung ihres Sohnes.

2. Eines Morgens nach dem Gottesdienst, da sie gedankenvoll noch beieinander sitzen, fragt der Rabbi seinen Schüler: » Welches ist das größte der Gebote?«

3 Jesus überlegt und sagt: »Ich denke, keines ist das größte. Einen Silberfaden sehe ich, der sich durch alle zehn Gebote windet, sie zusammenhält und so zur Einheit macht.

4 Es ist die Liebe. Sie gehört zu jedem Wort der zehn Gebote.

5. Wenn man voller Liebe ist, dann preist man nur noch Gott, denn Gott ist Liebe.

6 Wenn man voller Liebe ist, kann man nicht töten, kann nicht falsches Zeugnis reden, kann nicht fremdes Gut begehren und will weiter nichts, als Gott und Menschen ehren.

7 Wenn man voller Liebe ist, dann braucht es keinerlei Gebote.«

8 Rabbi Barachia sagt zu Jesus: »Deine Worte sind gewürzt mit Weisheit, welche dir der Himmel eingegeben hat. Wer ist der Lehrer, der dich diese Weisheit lehrte?«

9 Jesus meint: »Ich weiß von keinem Lehrer, der mir diese Weisheit eingegeben hätte, und es scheint mir, daß die Wahrheit nie verschlossen war. Sie liegt für alle offen da, ist eins und überall zu finden.

10 Wenn wir unsere Seelenfenster öffnen, strömt die Wahrheit ein und bleibt in uns. Sie findet ihren Weg durch jede Ritze, jedes Fenster, jede Tür.«

11 »Sag Knabe«, fragt der Rabbi, »welche Hand ist stark genug, der Seele Tore weit zu öffnen, um die Wahrheit einzulassen?«

12 Jesus sagt: »Es scheint mir, daß die Liebe, jener Silberfaden, der die

zehn Gebote einigt, stark genug ist, Menschenherzen aufzutun, daß Wahrheit und Verstehen darin wirken können.«
13 Am Abend sitzen Jesus und Maria beieinander, und der Knabe sagt:
14 »Ich glaube fast, der Rabbi denkt, daß Gott parteiisch sei, daß Ihm die Juden lieber sind als fremde Völker.
15 Gott ist doch gerecht, wie könnte Er dem Volk der Juden vor den anderen den Vorzug geben?
16 Sind die Römer und die Griechen nicht genausogut die Kinder Gottes wie die Juden?
17 Israel jedoch hat eine Wand um sich erstellt und sieht nicht mehr, was jenseits davon ist.
18 Es weiß nicht mehr, daß dort auch Blumen blühen, Saat- und Erntezeit dieselben sind wie hier.
19 Es wäre gut, wir könnten diese Wand durchbrechen, und die Juden könnten sehen, daß Gott viele Kinder hat, die ebenso gesegnet sind wie sie.
20 Ich würde gern mein Heimatland verlassen, um den Brüdern zu begegnen, die in fremden Ländern wohnen.«

Jesu Kummer über die Tieropfer. Sein Appell an Hillel.

18 Das große Fest der Juden naht, und Joseph, Jesus und Maria, mit noch vielen ihrer Sippe ziehen nach Jerusalem. Der Knabe ist zehn Jahre alt.
2 Er sieht die Priesterschlächter Opfertiere töten, um ihr Fleisch im Namen Gottes auf Altären zu verbrennen.
3 Tief erschüttert ist sein zartes Herz, daß solche Grausamkeit zum Schauspiel wird. Er fragt den Priester nach dem Sinn und Zweck des Schlachtens und Verbrennens am Altar des Herrn.
4 Der Priester gibt ihm Auskunft: »Dies ist unser Opfer für begangene Vergehen. Gott hat uns geheißen, dies zu tun. Er sagt, daß solches Opfer Sünden tilgt.«
5 »Wollt ihr mir sagen«, fragt der Knabe, »wann erklärte unser Vater, daß man seine Sünden tilgen könne durch ein Opfer irgendwelcher Art?
6 Hat König David nicht gesagt, daß Gott kein Sühneopfer wolle, daß es vielmehr Sünde sei, verbrannte Opfergaben vor Sein Angesicht zu bringen? Sagte nicht Jesaiah ganz genau dasselbe?«
7 »Bist du nicht bei Sinnen«, fragt der Priester. »Weißt du besser über Gott Bescheid als alle Priester Israels? Das hier ist nicht der Ort, wo Knaben ihre Klugheit zeigen können.«
8 Jesus aber kümmert nicht des Priesters Spott. Er geht zu Hillel, dem Ältesten des Sanhedrin, und sagt zu ihm:
9 »Rabboni, darf ich mit euch sprechen? Tief beunruhigt mich der Gottesdienst des Passahfestes. Unsern Tempel wähnte ich ein Haus der Liebe und der Güte.
10 Hört ihr nicht den Todesschrei der Tiere? Hört ihr nicht die Lämmer blöken und die Todesangst der Tauben, welche jene Männer schlachten? Riecht ihr nicht den schrecklichen Gestank verbrannten Fleisches?
11 Wie können Männer gut und edel sein, wo Grausamkeit regiert?
12 Ein Gott, der Freude hat an Op-

ferfleisch und Blut, ist nicht mein Vater-Gott.
13 Ich möchte einen Gott der Liebe finden. Ihr mein Meister, ihr seid weise. Ihr könnt mir doch sicher sagen, wo ich jenen Gott der Liebe finden kann.«
14 Doch Hillel weiß dem Knaben keine Antwort. Tief bekümmert ist sein Herz. Er ruft ihn näher, legt die Hände auf sein Haupt und weint.
15 »Es muß doch einen Gott der Liebe geben«, sagt er. »Komm, wir wollen Hand in Hand Ihn suchen gehen.«
16 Jesus sagt: »Wohin denn gehen, ist Er denn nicht überall? Oh, könnten wir das Herz von Grausamkeit und allem schlechten Denken reinigen, so daß in ihm ein Tempel sei, darin der Gott der Liebe wohnen kann!«
17 Bei diesen Worten wird der Älteste des Sanhedrin zum Kind, denn vor sich sieht er den Rabboni, Meister eines höheren Gesetzes.
18 Bei sich selber denkt er, dieses Kind ist ein Prophet, von Gott gesandt.
19 Hillel sucht die Eltern Jesu auf und fragt sie, ob der Knabe bei ihm bleiben könne, um die Regeln des Gesetzes und den Tempeldienst der Priester zu erlernen.
20 Die Eltern geben die Erlaubnis. Jesus bleibt im Tempel zu Jerusalem, und Hillel unterrichtet ihn.
21 Der Meister lernt von Jesus vieles aus der Welt des höheren Bewußtseins.
22 Für die Dauer eines Jahres bleibt der Knabe in Jerusalem und kehrt dann heim nach Nazareth, wo er mit Joseph werkt als Zimmermann.

Der zwölfjährige Jesus im Tempel.

19 Joseph, Jesus und Maria ziehen nach Jerusalem zum großen Fest. Der Knabe ist zwölf Jahre alt.
2 Aus vielen Ländern sind zum Judentum Bekehrte nach Jerusalem gekommen.
3 Jesus sitzt mit Priestern und mit Schriftgelehrten in der Tempelhalle,
4 nimmt ein Buch der Prophezeiungen und liest:
5 »Wehe, wehe Ariel, du Stadt, in welcher David lebte! Ich will Ariel zerstören. Stöhnen wird die Stadt und weinen.
6 Rings mit Feindesheeren will Ich sie belagern.
7 Niederzwingen will Ich sie, so daß sie aus der Erde spricht, gleich einem Spukgeist mit gedämpfter Stimme. Flüstern soll sie ihre Rede.
8 Ungezählte Feinde überziehen diese Stadt wie Wüstensand.
9 Der Herr der Himmelsscharen sucht sie heim mit Blitz und Donner, Feuer, Sturm und Beben.
10 Seht, wie alle diese Menschen Mich verlassen haben. Seht, sie wenden sich an Mich mit großem Wort und ehren Mich mit ihren Lippen, da ihr Herz sich längst von Mir gewendet hat. Sie fürchten sich vor Mir, und diese Furcht ist Menschenwerk.
11 Ein Hauch von Gift umgebe Israel, Mein Volk. Die Weisheit ihrer Weisen wird verloren gehen, und die Einsicht ihrer klugen Männer findet man nicht mehr.
12 Mein Volk sucht seine Handlungsweise vor Mir zu verbergen, so daß seine Werke nicht zu sehen sind. Es meint, daß man sie mit der Dun-

kelheit der Nacht verdecken könne. Höhnend ruft es laut: ›Wer sieht uns jetzt? Wer kennt uns nun?‹
13 Ihr armen Toren! Kann denn das Erschaffene von seinem Schöpfer sagen: ›Er ist nicht, ich schuf mich selber?‹
14 Oder kann der Topf zum Töpfer sagen: ›Du hast kein Talent und keine Kenntnis?‹
15 Dieses aber wird nicht ewig währen. Libanon wird wieder fruchtbar werden und gedeihen.
16 Taube werden wiederum die Worte Gottes hören, Blinde wiederum im Buche der Erinnerungen lesen.
17 Kranke werden wiederum gesund, und große Freude herrscht. Wer etwas braucht, erhält, was er benötigt. Dann geschieht es, daß die Toren weise werden.
18 In die Heimat kehrt das Volk zurück und lobt den Herrn aus tiefstem Herzen.«
19 Jesus endet, legt das Buch hinweg und fragt: »Ihr Meister des Gesetzes und ihr Schriftgelehrten, wer von euch kann diese Worte des Propheten deuten?«
20 Hierauf meldet Hillel sich zum Wort: »Vielleicht will unser junger Meister des Propheten Worte selber deuten.«
21 Jesus spricht: »Ich meine, Ariel ist unser eigenes Jerusalem.
22 Durch Grausamkeit und Eigennutz ist dieses Volk zum stinkenden Morast im Angesicht der Elohim geworden.
23 Diese Vorschau hatte der Prophet gesehen, über diese Zeit hat er berichtet.
24 Priester, Pharisäer und Doktoren unterdrücken unser Volk und leben selber in verschwenderischem Reichtum.
25 Opferriten sind ein Greuel vor dem Herrn. Das eine, wahre Opfer, welches Gott verlangt – ist Opferung des Erden-Selbst.
26 In Anbetracht der Grausamkeiten und der Ungerechtigkeit von Mensch zu Mensch hat Gott von diesem Staat gesagt:
27 ›Sieh zu, Ich stürz' dich um. Oh ja, Ich stürz' dich um. Du wirst wahrhaftig umgestürzt und du wirst nicht mehr sein, bis der kommt, dessen Recht es ist, dich zu regieren. Ich will dich in seine Obhut geben.
28 Ein Gesetz des Rechtes herrscht in allen Welten. Wer es bricht, muß leiden. Gott ist die Gerechtigkeit.‹
29 Israel hat sich verirrt, hat weder die Gerechtigkeit geübt, noch Menschenrecht geachtet. Gott verlangt von Israel Reform und Rückkehr auf den Weg des Heils.
30 Wenn unser Volk der Stimme Gottes taube Ohren bietet, werden fremde Heere vor den Toren stehen und Jerusalem zerstören, seinen Tempel niederreißen und sein Volk in fremdes Land verschleppen.
31 Doch ewig dauern wird dies nicht. Die Völker Judas müssen wandern hin und her. Zerstreut sind sie, in allen Ländern dieser Erde, Schafen gleich, die ohne ihren Hirten sind.
32 Die Zeit jedoch wird kommen, da der Herr Sein Volk nach Hause führt, denn Israel kehrt heim und wird in Frieden leben.
33 Viele Jahre später wird der Tempel neu errichtet werden. Dann wird einer kommen, hoch geehrt von Gott. Er wird den Menschen reinen Herzens eine wahre Freude sein. Das

Gotteshaus wird er verherrlichen und in Gerechtigkeit regieren.«

34 Jesus endet so und tritt beiseite. Alle sind erstaunt und sagen: »Dieser wahrlich ist der Christus.«

Suche nach dem vermißten Jesus. Symbolische Bedeutung der Zimmermannswerkzeuge.

20 Zu Ende ist das Passahfest. In Gruppen wandert man zurück nach Nazareth.

2 Doch als Samaria erreicht ist, fragt Maria: »Wo ist Jesus, hat denn niemand meinen Sohn gesehen?«

3 Joseph sucht ihn bei der Sippschaft und bei allen, welche unterwegs nach Galiläa sind, doch niemand weiß, wo Jesus ist.

4 So kehren Joseph und Maria mit dem Sohn des Zebedäus wieder nach Jerusalem zurück. Doch Jesus können sie nicht finden.

5 Erst als sie zum Tempeleingang kommen und die Wächter fragen: »Habt ihr unsern Sohn gesehen, blond mit blauen Augen und zwölf Jahre alt,«

6 erhalten sie zur Antwort: »Ja, ein solcher Knabe disputiert im Tempel mit den Schriftgelehrten.«

7 Maria eilt und findet ihn, genau wie es die Wächter sagten.

8 »Jesus«, ruft sie aus, »wir hatten große Angst um dich. Zwei Tage suchten wir nach dir und dachten schon, ein Unglück hätte dich ereilt.«

9 »Oh Mutter, weißt du nicht, daß ich hierher gekommen bin, um meines Vaters Werk zu tun?«

10 Dann gibt er jedem Schriftgelehrten seine Hand und sagt: »Ich hoffe auf ein Wiedersehen.«

11 Hierauf kehren sie nach Nazareth zurück und Jesus wirkt als Zimmermann bei Vater Joseph.

12 Als Jesus eines Tages seine Handwerkzeuge sammelt, sagt er:

13 »Dieses Werkzeug mahnt mich an Geräte, die man in der Geisteswerkstatt braucht, wo Formen aus Gedankenkraft geschaffen und wo Charaktere ausgebildet werden.

14 Das Winkelmaß verwenden wir, um Ziele anzustreben und die Krümmungen des Weges auszugleichen. Unsere Verhaltensweise wird dann maßgerecht im Winkel stehen.

15 Den Zirkel brauchen wir, um Leidenschaften und Begehren einzukreisen, daß sie in den Grenzen ethischen Verhaltens bleiben.

16 Die Axt gebrauchen wir, um krüppelhafte, häßliche und unerwünschte Teile wegzuschlagen, so daß der Charakter Symmetrie und Harmonie erhält.

17 Der Hammer wird gebraucht, um Wahrheit einzuhämmern, bis sie Teil von jedem Teilchen ist.

18 Den Hobel brauchen wir, um Flächen, Kanten, Rillen des Gebälkes und der Fliesen glatt zu hobeln, die zum Bau des Tempels dienen, der die Wahrheit birgt.

19 Säge, Wasserwaage, Winde und das Senkblei haben in der Geisteswerkstatt ihre eigene Bedeutung.

20 Und die Leiter mit der Trinität der Stufen — Glaube, Liebe, Hoffnung, führt uns aufwärts in den Dom der Lebensreinheit.

21 Dann gelangen wir auf der Zwölf-Stufenleiter zu dem wahren Ziel. Es gilt, den Tempel des vollkommenen, erwachten Menschen zu errichten.«

TEIL VI

VAU

Leben und Wirken Jesu in Indien

Prinz Ravanna hört Jesus im Tempel disputieren und nimmt ihn mit nach Indien.

21 Ravanna von Orissa, königlicher Prinz aus Indien, weilt mit einer Schar von Priestern, Weisheit suchend, in Jerusalem.
2 Er ist ein reicher und gerechter Mann.
3 Wie Jesus vor der Priesterschaft im Tempel aus den Schriften liest und diese deutet, ist Ravanna auch dabei. Er hört den Knaben reden und ist höchst erstaunt.
4 Er wendet sich dem Oberpriester zu und fragt, woher der Knabe komme, wer er sei und Hillel sagt:
5 »Wir nennen ihn den ›Tagesstern des Höchsten‹, denn er ist gesandt, den Menschen Licht, das Licht des Lebens nahzubringen, um die dunklen Wege zu erhellen und um Israel, sein Volk von seinen Sünden zu erlösen.«
6 Dann berichtet Hillel Prinz Ravanna, was er über Jesus weiß, erwähnt die alten Prophezeiungen, erzählt ihm von den Wundern jener Nacht zu Bethlehem und dem Besuch der Magier aus dem Morgenland.
7 Und weiterhin berichtet Hillel, wie der Knabe aus der Mörderhand der Finsternis errettet worden war, berichtet von der Flucht ins Land Ägypten und wie Jesus nun in Nazareth als Zimmermann dem Vater hilft.
8 Ravanna ist begeistert und erkundigt sich, wie man nach Nazareth gelangen kann, um Jesus als den Gottessohn zu ehren.
9 So gelangt der Prinz mit seinem Prachtgefolge in das Städtchen Nazareth in Galiläa.
10 Er findet Josephs Sohn bei seiner Arbeit.
11 Als Ravanna ihn erblickt, steht Jesus auf der Leiter, in den Händen hält er Zirkel, Winkelmaß und Axt.
12 »Sei mir gegrüßt, du Sohn des Himmels«, ruft der Prinz.
13 Hernach gibt er zu Jesu und der Eltern Ehren in der Stadt ein Fest, und alle Bürger sind geladen.
14 Später ist Ravanna Gast in Josephs Heim am Marmionweg. Vergeblich müht er sich, die Quelle zu ergründen, aus der Jesus seine Weisheit schöpft. Es scheint ihm alles zu gewaltig, zu erhaben.
15 So fragt er denn die Eltern: »Wollt ihr mir erlauben, daß ich Jesu Mentor werde, ihn in meine Heimat bringe, wo er der Brahmanen Weisheit lernen kann?«
16 Und Jesus freut sich über dieses Angebot. Die Weisheit fremder Völker lockt ihn sehr. Doch erst nach vielen Tagen sind die Eltern mit der Reise einverstanden.

17 Stolzen Herzens tritt Ravanna nun die Heimkehr an. Nach manchem Tag erreichen sie, den Sind durchquerend, die Provinz Orissa und gelangen zum Palast des Prinzen.
18 Froh willkommen heißen Brahmas Priester ihren Prinzen, und mit Gunst empfangen sie den Fremdling.
19 Jesus wird im Tempel Jagannath als Schüler aufgenommen. Dort studiert er eifrig die Gesetze Manus und die Veden.
20 Brahmas hohe Priester sind verwundert über Jesu klares Denkvermögen. Über alle Maßen aber staunen sie, als Jesus ihnen Sinn und Weisheit der Gesetze deutet.

Gespräche zwischen Jesus und Lamaas.

22 Lamaas Bramas, einer aus der Priesterschar des Tempels Jagannath, ist Jesus sehr ergeben.
2 Eines Tages, als die beiden ganz allein im Tempelgarten auf und nieder gehen, da fragt Lamaas Bramas seinen Freund: »Mein junger Meister, was ist Wahrheit?«
3 Jesus gibt zur Antwort: »Wahrheit ist das einzige, das sich niemals ändert.
4 Alles in der Welt kann man in Wahrheit und in Irrtum unterteilen. Wahrheit ist – und Irrtum scheint zu sein.
5 Wahrheit – das ist alles. Sie ist ursachlos, und dennoch Ursache von allen Dingen.
6 Irrtum – das ist nichts, und dennoch ist er die Erscheinungsform von allem.
7 Alles was entsteht, vergeht auch wieder. Was beginnt, das muß auch wieder enden.
8 Alle Dinge, welche sichtbar sind, sind nur Erscheinungsformen, nur Gestalt, und daher nichts, und müssen drum vergehen.
9 Die Dinge, die wir sehen, sind nur Spiegelbilder, und wir sehen sie, weil sie im Sichtbereich des Menschen schwingen. Ändert sich ihr Schwingungszustand, dann verschwinden sie.
10 Der Odem Gottes – das ist Wahrheit, denn Er war, Er ist und immer wird Er sein. Er wird sich niemals ändern noch vergehen.«
11 Lamaas Bramas sagt: »Vorzüglich formuliert. Nun sag, was ist der Mensch?«
12 Und Jesus spricht: »Der Mensch ist Wahrheit wie auch Irrtum, seltsam eng vermischt.
13 Der Mensch ist Gottes Odem – Fleisch geworden. So sind Wahrheit wie auch Irrtum fest in ihm verankert. Beide kämpfen miteinander: Irrtum weicht – der Mensch als Wahrheit bleibt.«
14 Und wiederum fragt Lamaas Bramas: »Freund, was sagst du von der Macht?«
15 Und Jesus gibt zur Antwort: »Macht ist nur ein Spiegelbild, ist Widerschein von Kraft. Sie ist ein Nichts, ist Illusion und weiter nichts. Die Kraft ist unveränderlich. Doch Macht verändert sich, wenn sich die Schwingung ändert.
16 Kraft ist Willensausdruck Gottes und allmächtig. Macht ist Wille in Erscheinung, gottgelenkt.
17 Im Wind ist Macht, im Wellengang und auch im Blitz, im Arm des Menschen und in seinem Auge.

18 Schwingungen im Äther rufen diese Mächte auf den Plan, und Menschen, Engel, Elohim und andere begabte Wesenheiten lenken durch Gedankenkräfte deren Stärke. Ist die Arbeit dann getan, verschwunden ist die Macht.«

19 Und wieder fragt der Priester: »Sprich, was hast du über die Verständigung zu sagen?«

20 Jesu Antwort ist: »Sie ist der Fels, auf dem die Menschheit sich entwikkeln kann – ist Gnosis von Allgegenwart und Nichts, von Wahrheit und von Irrtum.

21 Sie ist das Erkennen von des Menschen niederer Natur, das Einfühlungsvermögen in die Kräfte, die im andern wirken.«

22 Weiter fragt der Priester: »Was ist Weisheit?«

23 Jesus sagt: »Die Weisheit ist Bewußtsein von des Menschen Allgewalt. Der weise Mensch ist eins mit Gott.

24 Er weiß, daß es das Nichts nicht gibt, daß Macht nur Illusion ist, und daß Erde, Himmel, Hölle weder oben, ringsherum noch unten, sondern inwendig im Menschen sind. Im Lichte der Allgegenwart zerrinnen sie zu nichts, denn Gott ist alles.«

25 Nun fragt Lamaas Bramas: »Was ist Glaube?«

26 Jesus spricht: »Der Glaube ist das absolute Wissen um die Allmacht Gottes und des Menschen, ist die sichere Gewißheit, daß die Menschen Göttlichkeit erlangen werden.

27 Erlösung ist die Jakobsleiter, welche von des Menschen Herzen bis zum Herzen Gottes reicht.

28 Drei Stufen hat die Leiter. Meinung heißt die erste Stufe. Meinung ist, was man für Wahrheit hält.

29 Der Glaube folgt. Im Glauben weiß der Mensch, was Wahrheit ist.

30 Erfüllung ist die dritte Stufe, und das ist der Mensch, zur Wahrheit selbst geworden.

31 Die Meinung geht im Glauben unter, Glaube löst sich auf in der Erfüllung. Ist die Göttlichkeit erreicht, dann ist der Mensch erlöst, und Gott und Mensch sind eins.«

Jesus bei Udraka. Udrakas Lehren.

23 Jesus und sein Freund, der Priester Lamaas, ziehen durch das Land Orissa und durch das Gebiet des Ganges, Weisheit suchend bei den Sudras, Visyas und den Meistern.

2 In Benares, einer Stadt der Wissenschaften und Kultur, verweilen die Rabboni viele Tage lang.

3 Und Jesus wird der Schüler Udrakas, dem weisesten der Hinduheiler, um von ihm die Heilkunst zu erlernen.

4 Udraka belehrt ihn über den Gebrauch von Wässern, Kräutern, Erden, Wärme, Kälte, Licht und Dunkel.

5 »Die Naturgesetze«, sagt er, »sind dieselben, wie die Regeln der Gesundheit. Wer nach diesen beiden lebt, wird niemals krank.

6 Wer diese Regeln übertritt, versündigt sich, und wer sich so versündigt, der wird krank.

7 Wer den Gesetzen folgt, bewahrt sein Gleichgewicht in allen Dingen. Gleichgewicht ist Harmonie, und

Harmonie Gesundheit. Mißklang führt zu Krankheit.
8 Was im Menschen Harmonie bewirkt, ist Medizin und sichert ihm Gesundheit.
9 Des Menschen Körper ist wie eine Harfe. Sind die Saiten allzu locker oder allzu straff gespannt, dann ist das Instrument verstimmt — der Mensch ist krank.
10 In der Natur ist alles das zu finden, was dem Menschen dient. In den Geheimnissen der Heilkunst kann dies alles zubereitet werden.
11 Gibt des Menschen Harfe eine Dissonanz, so muß man lediglich die großen Weiten der Natur durchforschen, und für jede Krankheit findet sich das Mittel zur Gesundung.
12 Doch des Menschen Wille wirkt als oberstes Gesetz. Wird dieser Wille kraftvoll eingesetzt, dann kann man eine allzu straffe Saite seiner Harfe lösen, eine allzu schlaffe spannen. Also heilt der Mensch sich selber.
13 Wenn ein Mensch den Punkt erreicht hat, wo er Glaube und Vertrauen in den Schöpfer, in sich selber und in die Natur besitzt, dann weiß er um das Wunderwort der Kraft. Wie Balsam ist sein Wort für alle Wunden, und dem mannigfachen Leid des Lebens bringt es Heilung.
14 Der ist wahrlich gottgesandt, der Glauben und Vertrauen gibt. Die Zunge mag zum Ohr des Kranken reden, aber Seelen werden nur erreicht von Seelen, die mit Seelen sprechen.
15 Kraftvoll ist der Mensch mit einer weiten Seele, der in Seelen dringen kann, um Hoffnung dort zu bringen, wo die Hoffnung fehlt, und Glauben einzuflößen, wo kein Glaube ist an Gott, an die Natur und an den Menschen.
16 Wundermittel aber gibt es nicht für solche, die der Menschen ausgetretene Geleise gehen.
17 Ein Mensch wird krank durch tausend Dinge, welche seine Harmonie erschüttern — und tausend Dinge sind geeignet, ihn zu heilen.
18 Das, was für den einen Medizin ist, ist für einen andern Gift. Den einen heilt, was einen andern tötet.
19 Ein bestimmtes Kraut mag diesen heilen, ein bestimmtes Wasser einen zweiten. Höhenluft errettet einen dritten, welcher hoffnungslos darniederlag.
20 Kohlenfeuer oder Lehm sind für den einen gut, ein anderer hingegen muß sich in bestimmten Wässern waschen, um gesund zu werden.
21 Die Kraft der Hand sowie des Atems mögen tausend weitere von Krankheit heilen. Liebe aber ist die Krönung; und Gedanken, die durchdrungen sind von Liebe, sind der Wunderbalsam Gottes.
22 Riß und Mißklang schlecht gestimmter Saiten quälen oft die Seele. Böse Geister, die der Mensch nicht sieht, sind hier am Werk. Nur allzu oft verleiten sie den Ahnungslosen, Gottgesetze und Naturgesetze zu mißachten.
23 Diese Mächte wirken auf den Menschen wie Dämonen, reden unaufhörlich, reißen ihn in Stücke, und Verzweiflung ist die Folge.
24 Der Wahre Heiler ist ein Meister in der Welt der Seele. Seine Willenskraft kann üble Geister bannen.
25 Doch es gibt auch starke Mächte unter diesen bösen Geistern, allzu stark für Menschenkraft allein. Daher

gab Gott dem Menschen Himmelswesen, die er rufen kann, die stärksten der Dämonen zu vertreiben.«
26 Diese Worte sprach der große Arzt, und Jesus neigt sein Haupt in Anerkennung solcher Weisheit und verläßt den Meister.

Jesu Kritik am Brahmanentum. Seine Vertreibung aus dem Tempel.

24 Vier Jahre lang verbleibt der Judensohn im Tempel der Brahmanen.
2 Eines Tages, als er bei den Priestern sitzt, sagt er: »Erklärt mir bitte Indiens Kastenwesen, und warum nach eurer Religion die Menschen ungleich sind vor Gott.«
3 Da steht ein Meister des Gesetzes auf und sagt: »Der Höchste, den wir Brahma nennen, schuf die Menschen sich nach seiner Wahl, und wir, die Kinder Brahmas, sollten uns damit zufriedengeben.
4 Zu Beginn des Lebens sprach der große Brahma, und vier Menschen standen vor dem Gott.
5 Der erste kam aus seinem Munde. Er war weiß, und Brahman ward sein Name, denn er war wie Brahma selbst.
6 Er steht in Ansehen und Ehren hoch, und Arbeit kennt er nicht.
7 So wurde er zum Priester Brahmas und vertritt den Gott in allen irdischen Belangen.
8 Es kam der zweite dieser vier aus Brahmas Hand, und rot war seine Farbe. Shatriya nennt man ihn.
9 Er ist ein Krieger, Ritter oder König, und sein höchstes, ehrenvollstes Amt ist Schutz der Priesterschaft.
10 Der dritte dieser vier entstammt den Eingeweiden Brahmas. Visya nennt man ihn,
11 und gelb ist seine Farbe. Seine Arbeit ist es, Felder zu bestellen, Nahrung zu beschaffen und das Vieh zu weiden.
12 Aus den Füßen Brahmas kam der vierte. Er war schwarz, man nennt ihn Sudra.
13 Niedrig von Geburt ist er, der Diener aller Menschenrassen. Rechtlos ist er. Nicht einmal das Recht, die heil'gen Veden anzuhören, steht ihm zu, und sterben muß er, wenn er in das Antlitz eines Priesters oder eines Herrschers blickt. Vom Los der Niedrigkeit befreit ihn erst der Tod.«
14 Da steht der Jüngling auf und sagt: »Wenn dies so ist, gelehrter Priester, dann ist Brahma nicht der Gott des Rechts und der Gerechtigkeit, weil er mit seiner starken Hand den einen Menschen hoch erhebt, den anderen im Staub der Erde tief erniedrigt.«
15 Dann spricht Jesus nicht mehr zu den Priestern, sondern schaut empor und sagt:
16 »Mein Vater-Gott, Du warst und bist und immer wirst Du sein. In Deinen Händen hältst Du stets die Waage der Gerechtigkeit.
17 In Deiner grenzenlosen Liebe hast Du alle Menschen gleich erschaffen. Weiße, rote, gelbe wie auch schwarze Menschen dürfen alle in Dein Antlitz schauen. Sagen dürfen sie – mein Vater-Gott.
18 Du Schöpfer aller Menschenrassen – Deinen Namen preise ich.«
19 Brahmas Priester sind empört

durch Jesu Worte. Sie ergreifen ihn und hätten ihm ein Leid getan.

20 Doch Lamaas Bramas hebt die Hand und ruft: »Ihr Priester, haltet ein, ihr wißt nicht, was ihr tut. Oh wartet zu, bis ihr den Gott versteht, den dieser Jüngling so verehrt.

21 Ich sah ihn beim Gebet. Ein Glanz, wohl heller als die Sonne, spielte um sein Haupt. Oh hütet Euch. Ihr wißt nicht, ob sein Gott nicht mächtiger als Brahma ist.

22 Wenn dieser Jüngling recht hat und die Wahrheit spricht, dann könnt ihr ihn zum Widerruf nicht zwingen. Sollte aber er im Unrecht sein und ihr im Recht, dann wird sein Wort zu nichts, denn Recht ist Macht und wird am Ende siegen.«

23 Da lassen Brahmas Priester von ihm ab, doch einer unter ihnen spricht:

24 »Geschändet hat er unsern Tempel und gelästert hat er unsern Gott, und das Gesetz verkündet, wer den Namen Brahmas schmäht, muß sterben.«

25 Lamaas fleht um Jesu Leben. So geschieht es, daß die Priester Peitschen holen und den Jüngling aus dem Tempel jagen.

26 Jesus zieht dahin und findet Obdach bei den gelben und den schwarzen Menschen, bei den Bauern und den Sudras.

27 Diese sind es nun, die von des Jünglings Lippen erstmals von dem Evangelium der Gleichheit hören, von der Bruderschaft der Menschen und von Gottes Vaterschaft.

28 Mit Jubel und mit Dank im Herzen hört das Volk ihm zu und betet: ›Unser Vater-Gott, der Du im Himmel bist‹.

Das Gleichnis vom Edelmann und seinen vier Söhnen.

25 Wie Jesus all die Menschen sieht, die ihn umdrängen, um sein Wort zu hören, spricht er dieses Gleichnis:

2 »Ein reicher Edelmann besitzt ein großes Gut. Er hat vier Söhne und er möchte sie erfolgreich sehen durch den Einsatz ihrer Fähigkeiten.

3 Einem jeden gibt er daher einen Anteil seines Reichtums und ersucht sie, ihres Wegs zu gehen.

4 Der Älteste ist überheblich, voller Ehrgeiz, flink im Denken und verschlagen.

5 Er denkt bei sich: ›Ich bin der Älteste und werde meine Brüder mir zu Dienern machen.‹

6 Deshalb ruft er sie zu sich. Dem ersten gibt er Thron und Schwert und heißt ihn, Land und Eigentum zu schützen.

7 Ackerland und Herden, Vieh und Quellen übergibt er seinem zweiten Bruder und gebietet ihm zu pflügen und zu säen, wie zu ernten und zu schlachten. Für sich selber aber wolle er die besten Stücke haben.

8 Zum letzten Bruder sagt er dann: ›Du bist der jüngste Sohn. Das Gut ist aufgeteilt. Für dich ist nichts mehr da, und du bist ohne jedes Recht.‹

9 Dann nimmt er eine Eisenkette, schmiedet seines Bruders Fuß an einen nackten Ödlandfels.

10 ›Als ein Sklave‹, sagt er, ›kamst du auf die Welt und ohne Recht, du mußt damit zufrieden sein, und nur der Tod wird dich von deinem Los befreien.‹

11 Nach vielen Jahren kommt der Tag der Abrechnung. Der Vater ruft

die Söhne, um von ihnen Rechenschaft zu fordern.
12 Als er wahrnimmt, daß der Älteste das ganze Gut an sich gerissen hat, und von den Brüdern Sklavendienst verlangte,
13 da packt er seinen Ältesten, zerreißt ihm seine Priesterkleider und verbannt ihn in den Kerker, um die große Schuld zu sühnen.
14 Hierauf wirft der Vater Thron und Rüstung seines zweiten Sohnes wie ein Spielzeug in die Luft, zerbricht das Schwert und schickt auch ihn in Kerkerhaft.
15 Nun ruft er seinen dritten Sohn herbei und fragt, warum er seinen jüngsten Bruder nie von dessen Schmach befreit hat.
16 Dieser gibt ihm keine Antwort, und der Vater nimmt ihm Land und Quellen, Vieh und Herden weg
17 und schickt ihn in die Wüste, um die Schuld zu sühnen.
18 Hierauf geht der Vater hin und findet seinen jüngsten Sohn mit einer Kette an den Fels geschmiedet. Er zerreißt die Kette mit der Hand und sagt: ›Zieh hin in Frieden.‹
19 Lange währt die Zeit der Buße, bis die Schuld getilgt ist. Wiederum versammeln sich die Brüder vor dem richterlichen Vater.
20 Sie hatten die Lektion gelernt und gut gelernt. Der Edelmann verteilt erneut den Reichtum.
21 Jedem seiner Söhne gibt er den gleichen Teil, ermahnt und bittet sie, Gerechtigkeit und Recht zu achten und in Frieden miteinander auszukommen.«
22 Jesus schweigt. Ein Sudra tritt hervor und fragt: »Wie können wir, die wir nur Sklaven sind und wie das Vieh behandelt werden, um die Laune eines jeden Priesters zu befriedigen, wie können wir denn jemals hoffen, daß ein Starker kommen wird, der diese Sklavenfesseln sprengt und uns die Freiheit bringt?«
23 Und Jesus tröstet ihn und sagt: »Der Vater aller will, daß Seine Kinder frei sein sollen. Jede Erdenseele ist ein Gotteskind.
24 Ein Sudra wird so frei sein wie ein Priester. Hand in Hand mit seinem König wird der Bauer gehen. Alle Menschheit wird sich in der Bruderschaft der Menschen üben.
25 Auf ihr Männer! Seid euch eurer Macht bewußt. Wer will, muß nimmer Sklave sein.
26 Lebt so, wie ihr euch wünscht, daß alle leben sollen. Öffnet euch, wie es die Blumen alle Tage tun, denn euer ist die Erde, euer ist der Himmel. Sicher wird euch Gott in euer Eigentum erheben.«
27 Da ruft die Menge: »Zeige uns den Weg, damit wir uns entfalten wie die Blumen und damit wir das erhalten, was uns zusteht.«

Jesus spricht über das Brandopfer und das wahre Opfer.

26 Jesus lehrt das Volk in allen Städten der Provinz Orissa, und bereits in Katak sind es Tausende von Menschen, die ihm folgen.
2 Eines Tages kommt ein Wagen aus dem Tempel Jagannath vorüber, den Betrunkene begleiten. Jesus sagt:
3 »Oh schaut die leere Form, die hier vorüberzieht, ein Körper ohne Seele und ein Tempel ohne Opferfeuer.

4 Dieser Wagen Krishnas ist ein leerer Schrein, denn Krishna ist hier nicht zu finden.
5 Nichts als ein Idol ist er, für Männer, die betrunken sind vom Wein, berauscht durch fleischliche Genüsse.
6 Gott lebt nicht im Lärm der Stimmen. Kein Idol von einem Schrein führt euch zu Ihm.
7 Der Treffpunkt zwischen Gott und Mensch ist nur im Herzen jedes Einzelnen zu finden. Denn mit leiser Stimme redet Gott zu ihm, und wer Ihn hören will, muß stille sein.«
8 Die Menge bittet Jesus: »Lehre uns, auf daß wir jenen Einen kennenlernen, der im Herzen spricht mit leiser Stimme.«
9 Jesus sagt: »Gott könnt ihr nicht mit Menschenaugen schauen, auch die Wesenheiten nicht, die den Erhabenen umgeben.
10 Doch in Seinem Bildnis ward der Mensch erschaffen. Wer in seines Bruders Antlitz schaut, erblickt das Bild des Einen, der im Herzen redet.
11 Wenn einer seinen Bruder ehrt, dann ehrt er Gott, und was der Mensch dem Menschen tut, das tut er Gott.
12 Und seid euch stets bewußt, daß jener Mensch, der seinem Bruder in Gedanken, Worten oder Taten übel will, dem Schöpfer unrecht tut.
13 Wer seinem Schöpfer dienen will, der diene seinem Nächsten. Aber auch dem Nachbarn diene er, sowie dem Fremdling, der am Tore steht, und auch dem Feinde, der ihm übel will.
14 So helft den Armen und den Schwachen. Begehret nicht nach fremdem Gut. Tut niemandem ein Leid.
15 Alsdann wird Gott durch eure Zungen reden, wird durch eure Tränen lächeln, wird aus eurem Antlitz strahlen und vor allem wird er euer Herz mit Frieden füllen.«
16 Die Menge fragt: »Wem sollen wir die Opfer bringen, wem die Gaben spenden?«
17 Jesus gibt zur Antwort: »Unser Vater-Gott wünscht nicht, daß Lämmer, Tauben, Frucht und Korn verschwendet werden.
18 Das, was ihr auf irgendeinem Opferstein verbrennt, vergeudet ihr. Kein Segen liegt auf dem, der Hungernden die Nahrung vorenthält, um sie als Opfergabe zu verbrennen.
19 Wer Gott ein Opfer bringen will, der tue dies, indem er Speis und Trank den Armen gibt.
20 Von solchem Opfer steigt ein Weihrauch auf, der segensreich zu ihm zurückkehrt.
21 Reißt Idole nieder, denn Idole haben taube Ohren. Bringt die Opferstätten selbst den Flammen dar.
22 Und dann macht Menschenherzen zu Altären, und verbrennt die Gaben eures Geistes mit dem Feuer eurer Liebe.«
23 Hell begeistert ist das Volk. Als Gott verehren möchte es den Jüngling. Jesus aber spricht:
24 Ich bin ja nur der Bruder, der gekommen ist, den Weg zu Gott zu weisen. Nicht den Menschen sollt ihr ehren, sondern Gott allein – den Allerhöchsten.«

Das Gleichnis von den krummen und geknickten Ähren.

27 Der junge Jesus ist im ganzen Land berühmt. Von nah und fern kommt man herbei, um seine Weisheitsworte zu vernehmen.

2 Viele Tage hält er sich in Behar auf, am heil'gen Fluß der Inder.
3 Ein reicher Mann von Behar, namens Ach, veranstaltet ein Fest zu Ehren Jesu. Viele sind geladen.
4 Unter diesen weilen Kurtisanen, Wucherer und Diebe. Jesus sitzt bei ihnen und belehrt sie. Doch die Freunde sind betrübt, daß er mit solchen Leuten spricht.
5 Sie sagen vorwurfsvoll zu ihm: »Rabboni, weiser Meister, dieser Tag bringt Unheil, fürchten wir.
6 Man wird dich meiden, wie man eine Natter meidet, wenn man hört, daß du dich abgegeben hast mit Kurtisanen, Wucherern und Dieben.«
7 Jesus sagt: »Ein Meister schont sich nicht des Ruhmes und der Geltung wegen.
8 Ohne Wert sind Ruhm und Geltung wie die momentane Gunst. Sie wogen auf und ab, wie leere Flaschen in bewegtem Wasser. Illusionen sind sie, die verschwinden, eh man es gewahr wird.
9 Der Gedankenlose denkt, sie seien ein Beweis von Größe, dabei sind sie weiter nichts als Lärm. Der schale Mensch beurteilt das Verdienst nach diesem Lärm.
10 Gott jedoch bewertet einen Menschen nur nach seinem eigentlichen Wert, und nicht nach seinem Schein, nach Ruhm und Geltung.
11 Jene Kurtisanen, Wucherer und Diebe sind genauso Kinder meines Vaters. Ihre Seelen sind in Seiner Sicht genauso wertvoll wie die euren und wie die der Priester Brahmas.
12 Sie alle schaffen doch an ihrem Karma ebenso wie ihr, die ihr euch brüstet, an Moral und Ansehen viel wertvoller zu sein als sie.
13 Das Los von einigen von ihnen ist viel härter als das eure, die ihr nur zu gerne mit Verachtung auf sie schaut.
14 Ja, Sünder sind sie wohl, und sie bekennen sich zu ihrem Tun. Doch ihr seid immerfort gesonnen, eure Sünden zu verbergen.
15 Wie wäre es, wenn ihr, die ihr euch besser dünkt als jene Kurtisanen, Wucherer und Trunkenbolde, die ihr wähnt, ein reines Herz zu haben und im Lebenswandel tadellos zu sein, – wie wäre es, wenn ihr nach vorne kommen wolltet, daß man sehe, wer und was ihr seid?
16 Die Sünde liegt im Wunsch und im Verlangen — nicht im Tun.
17 Den anderen mißgönnt ihr Schönheit und Besitz, doch tief in eurem Herzen sitzt die Gier danach.
18 Betrug und Hinterlist sind euch Gewohnheit, und der Wunsch nach Ehre, Gold und Ruhm beherrscht euch ganz — erfüllt das selbstsüchtige Selbst.
19 Der Mann, der anderen ihr Gut mißgönnt, der ist ein Dieb. Die Frau, die nach den Männern schaut, ist eine Kurtisane. Wer von euch sich frei von diesen Übeln wähnt, der trete vor und rede.«
20 Keiner tritt hervor, die Kläger schweigen.
21 Jesus sagt: »Ihr schweigt – das ist Beweis genug und klagt den Kläger an.
22 Wer reinen Herzens ist, der klagt nicht an. Wer üblen Herzens ist und seine Schuld mit Weihrauch und mit Schöntun zu verdecken sucht, verachtet Kurtisanen, Trunkenbolde, Wucherer und Diebe.
23 Wer Verachtung fühlt und Zorn

empfindet, der wird zum Gespött, denn würde man dem Moralisten sein mit Gold verbrämtes Mäntelchen vom Leibe reißen, müßte man entdecken, daß er üblen Lastern ausgeliefert ist und mancher Heimlichkeit und Sünde frönt.

24 Wer Zeit hat, anderen ihr Unkraut auszureißen, findet keine Zeit, in seinem Garten Unkraut zu entdecken. So erstickt man seine schönste Blumenpracht, und nichts als Nesseln bleiben.«

25 Nun erzählt der Jüngling dieses Gleichnis: »Ein Bauer hat ein Feld mit reifem Korn, doch wie er näher hinschaut, sieht er viele krumme und geknickte Ähren.

26 Heimgekommen, schickt er seine Schnitter aus und sagt: ›Ich möchte weder krumme noch geknickte Halme in der Scheune sehen.

27 Deshalb geht und mäht das Korn, und zündet dann ein Feuer an, um die geknickten Halme zu verbrennen.‹

28 Später geht der Bauer in die Scheune, um sein Korn zu wiegen, aber nicht ein Körnchen ist zu finden.

29 ›Wo ist mein Korn‹, fragt er die Schnitter.

30 ›Herr, wir taten, wie du sagtest. Alle krummen und geknickten Halme haben wir verbrannt. Kein Halm blieb für die Scheune.‹«

31 Jesus sagt: »Wenn Gott nur jene Menschen retten wollte, die vollkommen sind, wie viele blieben ihm?«

32 Da senken alle schamvoll ihre Häupter. Seines Weges geht der junge Meister.

Udrakas Fest. Jesus spricht über die Einheit allen Lebens.

28

Benares ist die heil'ge Stadt der Inder. Jesus wohnt bei Udraka und lehrt das Volk.

2 Zu Ehren seines Gastes gibt der weise Udraka ein Fest, und viele Schriftgelehrte wie auch hohe Hindupriester sind geladen.

3 Jesus spricht: »Es ist mir eine Ehre, daß ich von der Großen Bruderschaft berichten darf.

4 Eine große Einheit ist der Gott des Universums – dennoch mehr als Einheit. Alles, was da ist, ist Gott, und alles, was da ist, ist Eins.

5 Durch Seinen Odem ist das ganze Leben eine Einheit. Wer nur eine Faser eines Lebewesens willentlich berührt, schickt eine Schwingung von der Mitte bis zum Rand des Lebens.

6 Wer mit seinem Fuß den kleinsten Wurm zertritt – erschüttert Gottes Thron, und beben wird das Schwert der göttlichen Gerechtigkeit in seiner Scheide.

7 Vögel singen ihre Lieder voller Freude, und die Menschen stimmen ein in ihre Melodie.

8 Bienen bauen ihre Waben, Ameisen ihre Burgen, Spinnen weben ihre Netze und die Blumen spenden ihren süßen Duft, damit sich and're daran laben können.

9 Mensch und Tier, Insekt und Wurm sind Gottesfunken, einverleibt in Fleischesform. Wie wagt es da der Mensch zu töten?

10 Solche Grausamkeit verdirbt die Welt, und hat der Mensch einmal gelernt, daß er sich selber weh tut, wenn er Leben schändet, dann wird er der

Gotteskreatur kein Haar mehr krümmen, nie mehr töten wollen.«

11 Ein Rechtsgelehrter fragt den Meister: »Sagt uns, junger Mann, wer ist der Gott, von dem ihr redet? Wer sind seine Priester, wo die Tempel und die Schreine?«

12 Jesus sagt: »Den Gott, von dem ich künde, findet man im ganzen Universum. Niemand kann Ihn hinter Mauern sperren. Nirgends läßt Er sich durch Grenzen irgendwelcher Art in Schranken halten.

13 Alle beten nur zu einem Gott, doch jeder sieht Ihn anders in Gestalt und Form.

14 Dieser eine Gott ist Weisheit, Willenskraft und Liebe.

15 Nicht jeder Mensch erkennt im Schöpfer diese drei Aspekte. Einer schaut Ihn als den Gott der Macht, ein zweiter als den Gott der Weisheit und ein dritter als den Gott der Liebe.

16 Des Menschen Ideal ist Gott. Und wie der Menschheit Idealbild sich entwickelt, so entfaltet sich ihr Gott. Der Gott von heute ist ein anderer als der von morgen.

17 Die Völker dieser Erde sehen Gott aus den verschiedenartigsten Aspekten. Darum scheint Er stets ein anderer zu sein.

18 Der Einzelne begreift nur einen Teil der Gottheit, und für ihn ist dieser Teil der ganze Gott. Und jedes Volk erkennt nur einen Teil der Gottheit und gibt diesem einen Namen.

19 Ihr Brahmanen nennt Ihn Brahma, in Ägypten heißt er Thot. In Griechenland nennt man Ihn Zeus, Jehovah nennen Ihn die Juden. Überall jedoch ist Er die wurzellose Wurzel und die ursachlose Ursach', aus welcher alles andere hervorgeht.

20 Wenn der Mensch beginnt, vor seinem Schöpfer sich zu fürchten und im Vater nicht mehr einen Freund sieht, sondern einen Feind – dann setzt er Männer in Ornaten ein und nennt sie Priester.

21 Diese müssen für ihn beten, um den Zorn des Feindes zu beschwichtigen. Genügt dies nicht, dann kauft er sich die Gunst des Gottes durch den Opfertod von Tieren.

22 Sieht er Gott als Vater und ist eins mit Ihm, dann braucht er keinen Priester, keinen Mittelsmann, der für ihn betet.

23 Dann geht er geradewegs zu Ihm und sagt: Mein Vater-Gott! Dann legt er seine Hand in Gottes Hand, und es ist gut.

24 Das ist der wahre Gott. Ihr alle seid ja Priester – jeder für sich selbst. Ein solcher Gott will keinen Opferschrein und auch kein Blut.

25 In opferfreudiger Bereitschaft gebe jeder Mensch sein Leben an das Allumfassende, das große Leben hin, und das ist wahrer Gottesdienst.«

26 Als Jesus so geendet hat, tritt er zur Seite. Höchst verwundert sind die Gäste, doch sie streiten miteinander.

27 Manche sagen: »Brahma selber hat ihn inspiriert«, doch viele halten ihn für einen Narren. Andere hingegen äußern sich: »Er ist besessen, denn er redet, wie ein Dämon redet.«

28 Jesus aber geht von hinnen. Unter jenen Gästen war ein Landmann, eine große Seele und ein Wahrheitssucher, den die Worte tief ergriffen haben. Jesus geht mit ihm aufs Land und wohnt in seinem Heim.

Nächtlicher Besuch Ajainins bei Jesus.

29 Ajainin, ein Priester aus Lahore, weilt als Gast im Tempel zu Benares.

2 Händler hatten ihm Bericht erstattet über Jesu Weisheitsworte, und so hatte er sich auf den Weg gemacht, um Jesus selbst zu hören und zu sehen.

3 Brahmas Priester zu Benares aber weigern sich, die Wahrheit anzunehmen, und sind sehr verärgert über Jesu kritische Bemerkungen am Fest des Udraka.

4 Die Mehrzahl jener Priester haben Jesus nie gesehen noch gehört und möchten nun vernehmen, was der fremde Jüngling zu berichten weiß. So laden sie ihn ein, als Gast in ihren Tempel.

5 Jesus aber sagt: »Das Licht ist stark und scheint für alle. Wer das Licht begehrt, der komme selbst zum Licht.

6 Wollt ihr die Botschaft hören, welche der Erhabene mir für die Menschheit gab, dann kommt zu mir.«

7 Die Priester sind empört.

8 Doch Ajainin schickt einen Boten in das Landhaus, wo der Jüngling weilt. Er schreibt — ein kostbares Geschenk begleitet seinen Brief.

9 »Ich bitt' euch, Meister, hört auf meine Worte. Das Gesetz verbietet Brahmas Priestern, Menschen einer niedereren Kaste aufzusuchen. Euch jedoch steht nichts im Weg, zu uns zu kommen.

10 Viele Priester Brahmas wollen eure Weisheit hören. Daher kommt und speist mit uns.«

11 Doch Jesus gibt dem Boten diese Antwort mit: »Bei Gott sind alle Menschen gleich. Das Haus, das meinem Wirt gehört, ist gut genug für alle, die Belehrung suchen.

12 Sollte euch der Kastenstolz verbieten herzukommen, seid ihr nicht des Lichtes wert. Mein Vater-Gott schaut nicht auf menschliche Verbote.

13 Eure Gabe sende ich zurück. Ihr könnt die Weisheit Gottes nicht mit Gold erkaufen.«

14 Diese Worte ärgern mehr und mehr die Priester, welche nunmehr Pläne schmieden, wie man den Hebräersohn vertreiben könne.

15 Ajainin jedoch hält sich vom Ränkeschmieden fern, verläßt den Tempel in der Nacht und sucht das Haus des Landmanns auf.

16 Jesus sagt zu ihm: »Bei Nacht und Nebel scheint die Sonne nicht. Ich habe keine Botschaft, die das Licht des Tages scheuen müßte. Nur im vollen Licht wird alles offenbar.«

17 Der Priester sagt: »Ich komme von der fernen Stadt Lahore, um die alte Weisheit von dem Königreich des Höchsten aus direkter Quelle von euch selbst zu hören.

18 Sagt, wo ist dies Königreich? Wo ist der König? Wo die Untertanen? Welcher Art sind die Gesetze?«

19 Jesus sagt: »Das Königreich ist nah, doch Menschenaugen können es nicht sehen, denn es ist im Herzen jedes Menschen.

20 Sucht den König nicht zu Land, zu Wasser oder in der Luft. Dort ist er nicht zu finden. Er ist überall. Er ist der Christus Gottes und All-Liebe.

21 Das Tor zu seinem Reich ist nicht sehr hoch, und wer hindurch gelangen will, der muß auf seine Knie niedergehen, denn das Tor ist auch nicht breit. Wer schwere Erdenkoffer schleppt, kommt nicht hindurch.

22 Wer durch das Tor gelangen will, der muß sein Erden-Selbst zuvor ins Hohe-Selbst verwandeln. Waschen muß er seinen Leib im Lebensstrom der Reinheit.«
23 Ajainin stellt nun die Frage: »Wie kann ich ein Untertan des Königs werden?«
24 Jesus sagt: »Ihr selber seid der König. Tretet durch die Pforte ein und werdet so zum Untertan des Königs aller Könige.
25 Legt ab das priesterliche Kleid, dient nicht mehr Gott für eitel Gold, setzt vielmehr euer Leben ein und alles, was ihr habt, und dient dem Bruder.«
26 Jesus schweigt und weiter sagt er nichts. Der Priester geht, und wenn er auch die große Wahrheit nicht versteht, so sieht er doch – was er zuvor noch nie erkannt,
27 ein neues Reich des Glaubens, das sich vor ihm öffnet. Kleine Samenkörner brüderlicher Liebe finden Eingang in sein Herz.
28 Und wie er so nach Hause geht, ist ihm, als würd' er schlafend durch die dunkelste der Nächte wandern. Als er aufwacht, scheint die Sonne der Gerechtigkeit in seiner Brust. Er hat das Königreich gefunden. Viele Tage lang bleibt Jesus in Benares und belehrt das Volk.

Jesu Trostbrief an seine Mutter anläßlich des Vaters Tod.

30 Eines Tages, als der junge Meister in Benares predigt, nähert sich ein Mann von einer Karawane,
2 tritt heran und spricht zu Jesus: »Schlechte Nachricht bringe ich aus deiner Heimat.
3 Joseph lebt nicht mehr. Maria, deine Mutter, trauert sehr, und keiner kann sie trösten. Sehnsucht hat ihr Herz nach dir, nicht wissend, ob du selber noch am Leben bist.«
4 Gedankenvoll neigt Jesus da sein Haupt und schreibt dann einen Brief:
5 Geliebte Mutter, edelste der Frauen, Kunde kommt aus Nazareth, daß Vater heimgegangen ist und du sehr traurig und untröstlich seiest.
6 Meine Mutter, alles ist doch gut – ist gut für Vater und ist gut für dich.
7 Sein Werk in diesem Leben ist getan, und es ist gut getan.
8 Niemals hat ihm irgend jemand Falschheit oder schlechte Absicht unterschieben können.
9 Manche schwere Bürde ward ihm auferlegt in diesem Leben. Nunmehr geht er gut geschult von dieser Erdenwelt, um die Probleme in der Seelenwelt zu lösen.
10 Unser Vater-Gott wird mit ihm sein, so wie er mit ihm war auf Erden. Engel werden seine Schritte leiten, straucheln wird er nimmer.
11 Weine nicht, denn Tränen können Trauer niemals trösten. Trauer birgt auch keine Kraft, ein wundes Herz zu heilen.
12 Trauern kann nur der, der müßig ist. Wer in der Arbeit Fülle steckt, vergißt die Trauer.
13 Droht sie dennoch dir ans Herz zu greifen, dann verliere dich in Liebestätigkeit, und Trauer ist nicht mehr.
14 Dein Werk sei Liebesdienst – nach Liebe sehnt sich doch die ganze Welt.
15 Oh laß Vergangenes vergangen

sein. Erhebe dich und stehe über deinen Sorgen. Gib dein Leben ganz den Lebenden.

16 Und solltest du im Liebesdienst dein Leben lassen, wiederfinden wirst du es im Morgensonnenglanz, im Abendtau, im Sternenglanz der Nacht, im Sang der Vögel und in der Blumen Pracht.

17 Eine kleine Weile noch, und die Probleme deines Erdenwirkens lösen sich. Sind alle deine Taten ausgeglichen, wird es eine unaussprechlich große Freude für dich sein, weit größere Gefilde zu betreten, um die höheren Probleme in der Seelenwelt zu meistern.

18 Laß Zufriedenheit in deine Seele strömen. Eines Tages kehre ich zurück und bringe Schätze mit von großem Wert, weit größer noch als Gold und Edelsteine.

19 Sicher wird Johannes für dich sorgen. Mit dir bin ich alle Zeit, Jehoshua.

20 Den Brief gibt Jesus einem Kaufmann mit, der heimwärts zieht.

Mordversuch und Flucht nach Kapivastu.

31 Die Lehren und das Wirken Jesu bringen Unrast in das Land.

2 Er hat das Volk zum Freund. Es glaubt an ihn und folgt in dichten Scharen.

3 Furcht ergreift die Priester und die Herrscher. Ihre Herzen zittern, wenn sein Name fällt.

4 Die Bruderschaft des Lebens predigt er. Für alle fordert er das gleiche Recht. Er sagt, daß Opferriten wie auch Priester überflüssig seien.

5 Es schwankt der Boden des Brahmanentums. Er reißt die Masken von den Götzenbildern, lehrt, daß Tiereschlachten Sünde sei, und Schreine und Altäre sind vergessen.

6 Furcht befällt die Priesterschaft, die Menge könnte ihre Tempel stürmen und die Priester töten, wenn der Volksaufwiegler Jesus weiterhin im Land verbliebe.

7 Boten senden sie durchs Land, und viele Priester folgen ihrem Ruf. Die Eiferglut des Fanatismus lodert in Benares.

8 Lamaas Bramas, aus dem Tempel Jagannath, der Jesu Innenleben kennt, befindet sich in ihrer Mitte, und der Priester Tun und Treiben läßt ihn Böses ahnen.

9 Deshalb steht er auf und ruft: »Ihr Brüder, seid auf eurer Hut, bedenkt den nächsten Schritt. Die Stunden sind entscheidungsschwer und ernst,

10 denn das Brahmanentum steht vor Gericht – die Welt schaut zu.

11 Wenn wir von Vorurteilen und von Leidenschaft uns lenken lassen und zu tierischer Gewaltanwendung greifen, wenn die Hände sich mit Blut beflecken, das in Brahmas Augen rein und schuldlos ist,

12 wenn wir dies tun, dann könnte Brahmas Rache unsre Häupter treffen, und der Felsengrund, auf dem wir stehen, müßte unter uns zerspringen, und das Priestertum wie die Altäre wären dem Verfall geweiht.«

13 Doch weiter kommt er nicht in seiner Rede. Brahmas zornerfüllte Priester werfen ihn zu Boden, speien auf den Bruder, schlagen auf ihn ein

und schleudern ihm ›Verräter‹ ins Gesicht. Dann werfen sie ihn blutbesudelt auf die Straße.
14 Chaos herrscht. Zu einer zügellosen Meute wird die Priesterschaft. Das Blut am Boden drängt zur Teufelstat und ruft vermehrt nach Blut.
15 Die Oberpriester fürchten Schlimmes, finden Jesus auf dem Marktplatz, wo er ruhig zu der Menge redet.
16 Sie beschwören ihn, Benares zu verlassen, um sein Leben nicht aufs Spiel zu setzen. Jesus aber weigert sich.
17 So suchen sie denn einen Grund, ihn zu verhaften, doch sie finden keinen.
18 Falsche Zeugen werden aufgeboten. Eine Schar von Häschern zieht hinaus, um Jesus vor Gericht zu bringen. Doch die Häscher fürchten, daß das Volk getreulich zu dem jungen Lehrer steht.
19 Die Priester sind verblüfft und nehmen Zuflucht zum Verrat.
20 Sie dingen einen Mörder, der des Nachts die üble Tat vollbringen soll.
21 Doch Lamaas Bramas hört von diesem Plan und sendet einen Boten aus, den Freund zu warnen. Da beeilt sich Jesus, von Benares wegzukommen.
22 Er verläßt die Stadt bei Nacht und wendet sich gen Norden. Überall auf seinem Wege steh'n ihm Händler, Bauern und die Sudras bei.
23 Nach vielen Tagen kommt er ins Gebirge, und in Kapivastu, Stadt der schneegekrönten Himalaya-Berge, ruht er aus.
24 Die Priester Buddhas öffnen ihm die Tore ihrer Tempel.

Jesus widerlegt die buddhistische Seelenwanderung.

32 Barata, ein junger Buddhapriester, hat die Weisheit in den Worten Jesu rasch erkannt.
2 Jesus und Barata lesen miteinander die Propheten und die Psalmen Israels, die Veden, die Avesta und die Weisheitslehren Gautamas.
3 Indem sie lesen und sich unterhalten, was des Menschen Möglichkeiten seien, sagt Barata:
4 »Mir scheint, im Kosmos ist der Mensch ein reines Wunder, denn er ist ein Teil von allem, und auf allen Lebensebenen hat er sein Dasein.
5 Am Anfang war der Mensch noch nicht. Dann wurde er im Lauf der Zeit Substanz, doch ohne Form, und später Protoplasma.
6 Durch das kosmische Gesetz wird alles Leben aufwärts zur Vollkommenheit gebracht. Das Protoplasma wird zum Wurm, der Wurm wird zum Reptil, zum Vogel, und so geht es aufwärts durch das ganze Tierreich bis zum Menschen.
7 Der Mensch jedoch ist Geist, und dieser soll durch immer wiederkehrende Erfahrung zur Vollkommenheit gelangen. Meistens kleidet sich der Geist in jene Form, die seinem momentanen Wachstum förderlich erscheint. So nimmt er denn Gestalt von Würmern, Vögeln, Tieren oder Menschen an.
8 Es kommt einmal die Zeit, da alles Leben sich emporentwickelt hat. Dies ist der Status der Vollkommenheit.
9 Ist der Mensch vollkommen, wird er sich zu Höherem entfalten.«
10 Jesus sagt: »Barata, woher willst

du wissen, und wer lehrte dich, daß Menschengeist sich einverleiben kann in Tiergestalt von irgendwelcher Art?«

11 »Von alters her ist dies den Priestern Brahmas überliefert worden«, sagt Barata, »deshalb muß es wahr sein.«

12 »Erleuchteter Barata, du, ein Meister, solltest wissen, daß der Mensch durch Überlieferungen niemals weise werden kann.

13 Der Mensch mag glauben, was er hört, doch Wissen ist das nicht. Ein wahrlich Wissender muß sein, was er zu wissen vorgibt.

14 Erinnerst du dich, lieber Freund, daß du ein Wurm, ein Affe oder Vogel warst?

15 Solang du keine besseren Beweise hast als das, was alte Manuskripte melden oder Priester sagen, weißt du nichts und rätselst nur.

16 Beachte nicht, was andere zu sagen haben und was in den Schriften steht. Vergessen wollen wir das Irdische. So laß uns auf dem Pfad des Geistes, wo Erinnerungen wach sind, in das Land des reinen Geistes dringen.

17 Rückwärts durch Äonen kann die Meisterseele ihre Spur verfolgen. Das ist wahres Wissen.

18 Niemals gab es eine Zeit, in der der Mensch nicht war.

19 Was einmal anfing, muß auch einmal enden. Gab es anfangs keinen Menschen, wird es auch am Ende keinen geben.

20 In Gottes Chronik lesen wir: ›Die Gottheit haucht – und sieben Geister steh'n vor Ihrem Antlitz.‹ Elohim – so nennen die Hebräer diese Geister Gottes.

21 Diese sind es, welche nun in unbegrenzter Macht die Dinge schaffen, welche waren oder sind.

22 Die sieben Geister Gottes schweben in der Sphäre endlos weiten Raumes und erschaffen sieben Schwingungsstufen. Alle diese Stufen haben ihre eigene Gestaltungsart.

23 Gedanken Gottes sind es, eingekleidet in die Feinsubstanzen ihrer Sphäre.

24 Reiche nennnt der Mensch die sieben Schwingungsstufen: Protoplasma, Mineralreich, Pflanzenreich und Tierreich, Menschenreich, das Reich der Engel und das Reich der Cherubim.

25 Für Menschenaugen waren diese sieben Reiche mit der Mannigfaltigkeit von Gottgedanken unsichtbar. So fein war die Substanz, daß ihre Schwingungszahl des Menschen Sehvermögen nicht erreichen konnte. Dennoch bilden sie den Seelenkern der Dinge.

26 Nur mit Seelenaugen können Seelenwesen diese sieben Stufen mit den mannigfachen Lebensformen schauen.

27 Alle diese Kreaturen sind Gedanken Gottes, und aus diesem Grunde haben sie ein Denkvermögen, einen Willen, und im Rahmen ihres Reiches haben sie die Freiheit, selbst zu wählen.

28 Die Wesen sind versorgt mit Nahrungsmitteln aus den Stoffen ihres Reiches.

29 Lange Zeit blieb es bei diesem Zustand, bis der Wille zum erschlafften Willen wurde. Da begannen fünf der sieben Stufen, nämlich, Protoplasma, Mineralien, Pflanzen, Tiere, Menschen, schwingungsmäßig abzusinken.

30 Immer dichter wurde die Substanz

und deshalb auch der Wesen Hüllen. Und so kam es zu der irdisch groben Hülle, die des Menschen Auge sehen kann. Die Welt der physischen Materie war entstanden.

31 Man nennt es auch den Sündenfall. Es fiel nicht nur der Mensch, denn Tier und Pflanze, Mineral und Protoplasma fielen auch.

32 Die Cherubim und Engelwesen fielen nicht, denn stark geblieben war ihr Wille. Ihre Schwingungszahl vermochten sie mit Gott in Harmonie zu halten.

33 Als die Dichte, wie sie heute ist, erreicht war und die Wesen ihre Nahrung sich erringen mußten, da begann der Lebenskampf. Fortan gilt das Gesetz, daß nur der Stärkste überleben wird.

34 Der Starke nährt sich von dem Schwachen, und das irdische Gesetz der Artentwicklung hat begonnen.

35 Der Mensch in seiner Hemmungslosigkeit erschlägt das Tier. Das Tier verzehrt die Pflanze und die Frucht. Die Pflanze nährt sich von der Erde und die Erde absorbiert das Protoplasma.

36 Diese typisch irdische Entwicklung ist im Reich der Seele unbekannt. Das große Werk der Meister ist es nun, den Menschen in das Reich, das er verloren hat, zurückzuführen, um ihn in sein Erbe einzusetzen.

37 Die Gedanken Gottes bleiben, wie sie sind. Die mannigfachen Lebensformen einer jeden Stufe aber geh'n und kommen und gelangen so zur letzten Reife ihrer Art. Da die Gedanken Gottes nie vergehen, sind die Wesen auf den sieben Schwingungsebenen der sieben Geister des Erhabenen unsterblich.

38 Daher kann die Erde niemals Pflanze sein, und Tier und Wurm und Vogel niemals Mensch. Es kann der Mensch somit auch nie zum Tier, zum Wurm, zum Vogel werden.

39 Kommen wird die Zeit, da alle sieben Schwingungsstufen wieder absorbiert sind. Mensch und Tier und Pflanze, wie auch Mineral und Protoplasma sind erlöst.«

Barata ist verblüfft. Die Weisheit Jesu ist ihm Offenbarung.

41 Vidyapati, Weisester der Weisen, Oberhaupt des Tempels Kapivastu, war bei diesem Zwiegespräch zugegen, hatte Jesus zugehört und spricht:

42 »Ihr Priester Kapivastus, hört mich an. Wir stehen heute an der Wende einer neuen Zeit. Sechs Zeiten sind es her, daß eine Meisterseele auf die Erde kam, den Menschen Licht zu bringen. Jetzt steht hier im Tempel Kapivastus mitten unter uns ein großer Meister.

43 Dieser Jüngling der Hebräer ist der Morgenstern der Weisheit, ein Prophet, von Gott gesandt. Er bringt uns Kenntnis der verborgenen, geheimnisvollen Dinge. Alle Welt wird seine Worte hören, nach denselben leben und den Namen Jesu preisen.

44 Hört, ihr Priester, schweigt und lauscht, wenn Jesus spricht. Er ist das lebende Orakel Gottes.«

45 Alle Priester sind von Dankbarkeit erfüllt und preisen ihren Buddha der Erleuchtung.

Das Gleichnis vom verborgenen Schatz.

33 Jesus sitzt in stiller Andacht und Versunkenheit am Brunnenrand. Es ist der Tag der Ruhe, und viel Volk geringer Kaste ist zugegen.

2 Jesus sieht die harten Züge schwerer Arbeit auf Gesicht und Händen dieser Menschen. Nicht ein einziges Gesicht erstrahlt in Freude. Keiner denkt an etwas anderes als nur an harte Arbeit.

3 Jesus redet einen von den Männern an: »Warum seid ihr so traurig? Ist in eurem Leben keine Freude?«

4 Jener sagt: »Wir kennen die Bedeutung dieses Wortes kaum. Wir schaffen, um zu leben. Nur auf Arbeit hoffen wir. Gelobt der Tag, an dem die Arbeit ruht und wir in Buddhas Totenstadt uns niederlegen können.«

5 Das Herz des jungen Meisters ist von Mitleid für die Ärmsten dieser Armen tief bewegt. Er sagt zu allen, die es hören:

6 »Arbeit sollte keinen Menschen traurig stimmen. Arbeit soll im Gegenteil des Menschen Glück bedeuten. Ist der Arbeitstag mit Liebe und mit Hoffnung angefüllt, dann ist das Leben Glück und Friede. Dieses ist der Himmel. Wißt ihr nicht, daß solch ein Himmel euch beschieden ist?«

7 Da sagt der Mann: »Vom Himmel haben wir gehört. Doch der ist weit von hier, und viele Leben müssen noch vergehen, ehe wir dorthin gelangen.«

8 Jesus sagt: »Mein Bruder, falsch ist dein Gedankengang. Der Himmel ist nicht weit entfernt. Er ist kein Ort mit festen Grenzen, ist kein Land, in das man reist. Er ist vielmehr ein Zustand deiner Seele.

9 Gott hat deinen Himmel, deine Hölle nicht erschaffen. Du allein bist Schöpfer deines Himmels, deiner Hölle.

10 Oh, öffnet weit die Fenster eures Herzens, und das Himmelsglück strömt wie die Fülle hellen Lichtes in euch ein und bringt euch grenzenlose Freude. Arbeit ist dann nie mehr Last.«

11 Die Menschen rings umher sind sehr erstaunt und drängen sich heran, um mehr zu hören.

12 Sie bestürmen ihn, daß er noch mehr von jenem Himmel, den man sich auf Erden schaffen kann, und von der grenzenlosen Freude und dem Glück berichten möge.

13 Da erzählt der junge Meister dieses Gleichnis, und die Menge lauscht: »Ein Mann besitzt ein Feld. Sehr hart und steinig ist der karge Grund.

14 Er müht sich ab und kann doch kaum genügend Nahrung ernten, um die Not zu lindern.

15 Eines Tages geht ein Mann vorüber, der die Gabe hat zu schauen, was im Erdreich tief verborgen ist. Er sieht den müden Bauern und sein unfruchtbares Feld.

16 Da ruft er ihn herbei und sagt: ›Mein Bruder, weißt du nicht, daß unter deinem Feld ein reicher Schatz verborgen ist?

17 Du pflügst und erntest viel zu wenig. Tag für Tag betritt dein Fuß den Boden, unter welchem Gold und Edelsteine schlummern.

18 Würdest du die harte Erde und die vielen Steine auf die Seite schaffen und sehr tief im Erdreich graben – aller Hunger wäre dann vorbei.‹

19 Der Bauer glaubt dem Mann und denkt, wer solche Gabe hat, der muß es wissen. Ich will tun, wie er mir rät, um jenen Schatz zu finden.

20 Unermüdlich schafft er alle Steine fort. Er gräbt, so tief er kann, und

schließlich findet er den Schatz.«

21 Nach einer kleinen Weile sagt der Meister: »Seht, da mühen sich die Menschen ab auf hartem Boden, heißem Sand und steinbesäter Scholle – tun, was ihre Väter taten – und vergessen, daß man tiefer schürfen kann.

22 Ein Meister kommt und redet von versteckten Schätzen, und daß unterhalb der harten Scholle irdischer Belange unzählbare Edelsteine eingeschlossen sind.

23 Im Herzen aber sind die schönsten dieser Steine, und wer willens ist, geht hin und findet sie.«

24 Die Leute rufen: »Zeige uns den Weg, auf daß wir jenen Reichtum finden, der im Herzen schlummert.«

25 Jesus ebnet ihren Weg, die Menschen sehen einen neuen Sinn in ihrem Leben, und die Arbeit wird zur Freude.

Das Gleichnis vom Weinberg und vom Winzer.

34 Es ist ein Galatag in Kapivastu. Eine große Schar von Gläubigen versammelt sich zum Fest.

2 Aus allen Teilen Indiens kommen Priester und Gelehrte, die mit vielen Worten wenig Weisheit künden.

3 Da begibt sich Jesus in den alten Teil der Stadt und lehrt. Er spricht vom Vater-Mutter-Gott und redet von der Bruderschaft des Lebens.

4 Volk und Priester, die ihn hören, sind erstaunt und fragen sich: Ist dies nicht Buddha inkarniert? Kein anderer vermöchte außer ihm mit solcher Einfachheit und Kraft zu reden.

5 Jesus führt ein Gleichnis an und spricht: »Ein Weinberg ist in schlechtem Zustand, seine Blätter, seine Reben wuchern wild.

6 Nur wenig Sonnenlicht dringt durch der Blätter Fülle. Spärlich sind die kleinen, säuerlichen Trauben.

7 Eines Tages kommt der Winzer. Mit dem scharfen Messer schneidet er die Zweige ab. Kein Blatt verbleibt, nur Stock und Wurzeln sind noch übrig.

8 Wie die Nachbarn nun den kahlen Weinberg sehen, sind sie sehr bestürzt und rufen: ›Oh du Tor! Der Weinberg ist dahin.

9 Welch Anblick der Verwüstung, alle Schönheit ist geschwunden. Wenn zur Erntezeit die Pflücker kommen, sind dann keine Trauben da.‹

10 Der Winzer aber sagt: ›Gebt euch zufrieden, Leute. Kommt zurück zur Erntezeit und schaut.‹

11 Zur Herbstzeit kommen alle Nachbarn wiederum herbei und staunen, denn die Reben haben ausgeschlagen.

12 Schwere, reife Trauben beugen jeden Zweig zur Erde nieder.

13 Freude herrscht bei allen Pflückern, wie sie Tag um Tag die reiche Ernte zu der Presse tragen.

14 Seht, die ganze Erde ist der Weinberg Gottes.

15 Menschliches Gebaren und Getue sind die Reben, menschliches Geschwätz die Blätter. Diese haben so gewuchert, daß kein Sonnenstrahl ins Menschenherz gelangen konnte und somit auch keine Frucht zur Reife kam.

16 Schaut her – der Winzer kommt herbei, und mit der zwiefach scharfen Klinge schneidet er die Reben des Gebarens und die Blätter des Geschwätzes ab.

17 Und nichts bleibt übrig als das nackte Menschenleben.
18 Eitle Priester und gelehrte Herren türmen Spott und Hohn auf den, der schneidet, und versuchen, ihn an seinem Werk zu hindern.
19 Keine Schönheit sehen sie am kahlen Strunk des Menschenlebens, keinen Ansatz einer Frucht.
20 Die Ernte naht, und die, die höhnten, sind nun sehr erstaunt, den Weinstock Mensch, der leblos schien, mit Früchten reich behangen vorzufinden.
21 Mißgelaunt vernehmen sie der Pflücker Freudenrufe, denn die Ernte ist besonders groß.«
22 Die Priester, die dies hören, sind nicht sonderlich erbaut von Jesu Gleichnis, doch sie schweigen, um die Menge nicht herauszufordern.

Gespräch zwischen Jesus und Vidyapati über das kommende Zeitalter.

35 Der junge Jesus und der weise Vidyapati kommen oft zusammen und besprechen die Probleme und Bedürfnisse der Menschen und der Völker. Über heil'ge Schriften reden sie und diskutieren, welche Formen, welche Riten sich am besten eignen würden für die neue Zeit.
2 An einem Bergpaß sitzend, sagt der junge Meister eines Tages: »In der neuen Zeit wird sicher kein Bedürfnis mehr für Priester, Tempeldienst und Opferung von Tieren sein.
3 In Opfern solcher Art liegt keine Kraft, und sie tun nichts dazu, den Menschen heiliger zu machen.«
4 Vidyapati sagt: »Die Formen und die Riten sind Symbole für des Menschen Tun und Lassen im Bereiche seiner Seele.
5 Gott verlangt von uns, daß wir aus freiem Willen unser Leben für den Nächsten geben. Alle sogenannten Opfergaben auf Altären und in Schreinen sind seit Urbeginn Symbole, um zu zeigen, wie der Mensch dem Bruder dienen soll, um diesen zu erlösen.
6 Wenn der Mensch dereinst vollkommen ist, dann braucht er weder Formen, Riten, noch die Opferung von Fleisch. Der nächste Zeitenzyklus aber ist noch nicht vollkommen. Deshalb sind noch Schaubelehrungen und Riten nötig.
7 In der großen Religion, die du den Menschen bringen wirst, sind einfache Erinnerungs- und Waschungsriten angebracht. Die Götter wollen nicht, daß Tiere für den Tempeldienst geopfert werden.«
8 Jesus sagt: »Wie muß doch unserm Gott der Priester Prunk und Schein ein Dorn im Auge sein.
9 Wenn Männer sich in bunte Roben hüllen, um zu zeigen, daß sie Diener Gottes sind, wenn sie sich stolz wie Pfauen drehen, daß man sie bewundern kann, wenn ihre Frömmigkeit zum bloßen Schauspiel wird, dann wird sich Gott bestimmt von ihnen wenden.
10 Alle Menschen sind doch gleichermaßen Diener Gottes. Sie sind Könige und Priester.
11 Müßte nicht die neue Zeit die Abschaffung der Priesterkaste und das ganze Kastenwesen fordern, so daß alle Ungleichheit verschwindet?«
12 Vidyapati sagt: »Der nächste Zyklus bringt noch nicht das Leben rei-

nen Geistes. Lange wird der Mensch noch stolz der Priester Prunkgewänder tragen, fromme Lieder singen und den Schein der Heiligkeit verbreiten.
13 Deine schlichte Religion wird nur von denen recht verstanden, die dir folgen, bis ihr hoher Glanz den Prunk der Priester Brahmas überstrahlt.
14 Es ist dies ein Problem, das nur der Mensch von sich aus lösen kann.
15 Wenn jeder Mensch ein Priester ist, dann hat der Zeitenzyklus der Vollkommenheit begonnen. Keiner braucht dann mehr ein Meßgewand, um seine Frömmigkeit zur Schau zu stellen.«

TEIL VII

ZAIN

Leben und Wirken Jesu in Tibet und im westlichen Indien

Jesus in Tibet. Heilung eines Kindes. Gleichnis vom Königssohn.

36 In Lhasa, Hauptstadt Tibets, steht ein Meistertempel reich an Manuskripten alter Weisheit.
2 Vidyapati kennt die Mehrzahl der darin enthaltenen geheimen Lehren und hat seinem Freund schon viel davon berichtet. Jesus aber will die Manuskripte selber lesen.
3 Meng-tse heißt der weise Oberpriester jenes Tempels.
4 Über Himalajas hohe Pässe führt von Kapivastu aus ein Pfad nach Tibet. Jesus unternimmt die Reise in Begleitung eines treuen Führers.
5 Vidyapati gibt den beiden ein Empfehlungsschreiben an die Priesterschaft von Lhasa mit.
6 Nach vielen Tagen und Beschwerlichkeiten mancher Art gelangen sie nach Lhasa.
7 Meng-tse öffnet weit der Tempel Tore für den Jüngling der Hebräer, und die Priesterschaft heißt ihn willkommen.
8 Der Zugang zu den heil'gen Schriften ist ihm nicht verwehrt, er liest sie alle.
9 Meng-tse unterhält sich viel mit seinem Gast. Sie reden von der neuen Zeit und von den Zeremonien, die sich für die Menschen jener Zeit am besten eignen könnten.
10 In der Hauptstadt Tibets redet Jesus nicht zum Volk. Die Studienzeit in Lhasa kaum beendet, lenkt er seine Schritte westwärts. Er verweilt nur kurz in manchem Dorf und lehrt.
11 Dann überschreitet er den Paß und kommt nach Leh im Staate Ladak, wo das Volk, die Händler und die Mönche ihn mit Gunst empfangen.
12 Bei den Mönchen wohnt und lehrt er. Auf dem Marktplatz redet er zum Volk.
13 Nicht weit von jenem Platz wohnt eine Frau mit ihrem kranken Kind. Die Ärzte hatten ihr erklärt, daß keine Hoffnung auf Genesung sei.
14 Die Mutter hört von Jesus, glaubt, daß er von Gott gesandt ist und die Macht besitzt, ihr Kind zu retten.
15 Eilends sucht sie mit dem todeskranken Kind den Fremdling auf.
16 Als Jesus sieht, wie groß ihr Glaube ist, erhebt er seine Augen himmelwärts und sagt:
17 »Mein Vater, gib, daß Deine Kraft mich voll durchströmt und daß Dein Odem dieses Kind berührt, auf daß es weiterleben kann.«
18 Dann legt er seine Hände auf des Kindes Haupt und spricht vor allem Volk:
19 »Gesegnet bist du, gute Frau, dein großer Glaube hat gesiegt.« Und augenblicklich ist das Kind gesund.
20 Verwundert ist das Volk und ruft:

»Es muß der Höchste selber sein. Ein Mensch kann niemals solche Wunder tun.«

21 Nun bringen viele ihre Kranken, Jesus spricht das Wort und heilt sie alle.

22 Viele Tage lang weilt Jesus noch in Leh. Er lehrt die Menschen, wie man Kranke heilt und seine Schwächen überwindet. Und er lehrt, wie jeder Einzelne sich auf der Erde eine Welt der Freude schaffen kann.

23 Die Menschen lieben ihn um seiner Worte, seiner Werke willen. Als der Abschied naht, da trauern alle, so wie Kinder trauern, wenn die Mutter geht.

24 Am Abschiedsmorgen stehen viele Menschen da und schütteln ihm die Hand.

25 Da spricht der junge Meister noch ein Gleichnis. Er erzählt: »Ein König liebt sein Volk und sendet seinen Sohn zu ihm mit reichen Gaben.

26 Der Königssohn zieht rings im Land umher und teilt dem Volk mit beiden Händen Edelsteine aus.

27 Doch Priester, welche fremden Göttern dienen, stehen auch dabei und sehen es nicht gerne, daß die Gabe ohne ihre Hilfe unters Volk gelangt.

28 So sagen sie zum Volk: ›Die Edelsteine sind gefälscht und ohne Wert.‹

29 Wie das die Leute hören, werfen sie die Edelsteine weg, und Haß erfüllt sie gegen ihren Prinzen. Nun bespeien sie sein Antlitz, schlagen ihn und jagen ihn aus ihrer Mitte.

30 Jener aber achtet nicht auf ihre Schmähungen und Schläge, sondern betet: Vater-Gott, verzeihe Deiner Kreatur. Es sind nur Sklaven, die nicht wissen, was sie tun.

31 Und da sie ihn noch immer schlagen, gibt er ihnen Brot und segnet sie in grenzenloser Liebe.

32 In vielen Städten aber wird der Prinz mit Gunst empfangen. Gerne hätte er sich dort ein wenig länger aufgehalten, um den Segen in ein jedes Heim zu bringen. Doch er darf nicht rasten, weil er seine Gaben überall im Königreich verteilen muß.«

33 Das Gleichnis ist zu Ende, und der Meister sagt zum Volk, das lauschend um ihn steht: »Mein Vater-Gott ist König über alle Menschen. Mit dem großen Reichtum Seiner grenzenlosen Liebe hat Er mich zu euch gesandt,

34 damit ich Seiner Gaben volles Maß — das Wasser und das Brot des Lebens — allen Menschen bringen kann.

35 Verlassen muß ich euch, ihr Lieben, doch wir sehen uns erneut. In meines Vaters Haus ist Raum für alle. Dort bereite ich für euch den Platz, der euch gebührt.«

36 Und Jesus hebt die Hand in stillem Gruß und geht von dannen.

Jesu Reise nach Lahore zu Ajainin. Die Wandermusikanten.

37 Eine Karawane zieht durchs Kashmirtal gen Süden. Jesus geht desselben Weges nach Lahore im Fünfstromland.

2 Händler dieser Karawane hatten ihn in Leh zum Volke sprechen hören und die Wunder miterlebt. Nun freuen sie sich sehr, da sie ihn treffen.

3 Wie sie nun von ihm erfahren, daß er nach Lahore, weiter durch den Sint

nach Persien, und von dort noch weiter westwärts reisen möchte, aber ohne Reittier sei,
4 da geben sie ihm ein mit Sattel und mit Zaumzeug ausgerüstetes sehr edles Tier. So schließt er sich der Karawane an.
5 Als Jesus in Lahore ankommt, heißen ihn die Priester Brahmas und besonders Ajainin willkommen.
6 Ajainin war jener Priester, welcher Jesus in Benares einmal heimlich in der Nacht besuchte und die Wahrheit hörte.
7 Jetzt ist Jesus Gast des Priesters, lehrt ihn manches und vertraut ihm die Geheimnisse der Heilkunst an.
8 Er zeigt ihm auch, wie man die Feuer-, Wasser-, Luft- und Erdengeister sich gefügig macht. Er unterweist ihn in der Gnadenlehre der Vergebung und der Schuldentilgung.
9 Eines Tages sitzen beide unterm Eingang von Lahores Tempel. Eine Schar von Wandermusikanten kommt herbei und singt und spielt.
10 Sowohl die Stimmen als auch die Musik sind höchste Kunst, und Jesus sagt: »Von keinem kultivierten Menschen dieses Landes habe ich solch süße Stimmen, so vollendete Musik gehört, wie hier von diesen wilden Kindern der Natur.
11 Woher so viel Talent und so viel wirkungsvolle Kraft? In einem kurzen Leben kann man niemals eine solche gnadenreiche Stimme und so große Kenntnisse in Harmonie und Ton gewinnen.
12 Wunderkinder nennt man solche Menschen. Wunderkinder aber gibt es nicht, denn alles ist das Resultat natürlicher und kosmischer Gesetze.
13 Diese Leute sind nicht jung, und keine tausend Jahre hätten hier genügt, um einen solchen Ausdruck in der Stimme, solche Reinheit in Gebärde und in Tönen zu verleihen.
14 Diese lieben Künstler hier beherrschten schon vor zehn mal tausend Jahren das Gesetz von Harmonie und Klang. Bereits in alter Zeit betraten sie den Weg des Lebens, fingen sich der Vögel zarte Melodien ein und spielten auf vollendet schönen Harfen.
15 Wieder sind sie hier auf Erden, um noch mehr Melodien von dem großen Notenpult des Lebens zu erlauschen.
16 Diese Wandermusikanten sind ein Teil des großen Weltorchesters, und im Lande der Vollendung horchen Engelscharen voll Entzücken ihrem Spiel und ihrem Singen.«
17 Jesus lehrt das Volk der Stadt Lahore, heilt die Kranken und erklärt, wie man durch Hilfsbereitschaft alle Dinge besser machen kann.
18 Er sagt: »Man wird nicht reich an dem, was man erwirbt. Nur Dinge, die man gibt – kann man behalten.
19 Wer das makellose Leben leben will, der muß sein Leben für den Nächsten geben.«
20 Jesus aber kann nicht länger in Lahore bleiben. Er besteigt sein edles Tier und reitet westwärts durch den Sint, nachdem er allen seinen Freunden Lebewohl gesagt hat.

TEIL VIII

CHETH

Leben und Wirken Jesu in Persien

Jesus in Persien. Begegnung mit drei Magiern und drei Meistern.

38 Vierundzwanzig Jahre alt ist Jesus, als er Persien auf der Reise in das Heimatland betritt.
2 Nur kurze Zeit hält er sich auf in mancher Stadt und manchem Dorf, wo er die Menschen lehrt und Kranke heilt.
3 Die Magistraten und die Priester sehen ihn nicht gern, denn er bezichtigt sie der Grausamkeit am armen Volk.
4 Die Menschenmassen folgen ihm.
5 Von Zeit zu Zeit bedrohen ihn die Amtspersonen und verbieten ihm, zu reden und zu heilen. Jesus aber achtet ihrer nicht. Er lehrt das Volk trotz Drohung und Gefahr und heilt die Kranken.
6 Dann kommt er nach Persepolis, der Stadt, in welcher Persiens Könige begraben sind. Auch Hor und Lun und Mer, die Magier, wohnen dort.
7 Es sind dieselben Weisen, welche — vierundzwanzig Jahre ist es her — den Stern von Bethlehem gesehen hatten und nach Westen ausgezogen waren, um den neuen König aufzusuchen.
8 Damals ehrten sie das Kind als Meister einer neuen Zeit und brachten Weihrauch, Gold und Myrrhen dar.
9 Die Magier wissen, wie nur Meister wissen können, daß der junge Jesus nahe ist. So machen sie sich auf den Weg und gehen ihm entgegen.
10 Als sie beieinander stehen, da umstrahlt ein Licht die vier Gestalten, heller als das Licht des Tages. Zeugen sagen später aus, sie seien ganz verklärt gewesen — Göttern gleich — nicht Menschen.
11 Hor und Lun sind sehr betagt, und Jesus hebt sie auf sein edles Tier. Er selber geht voran mit Mer.
12 Im Heim der Magier angekommen, sind sie voller Freude. Dann erzählt der junge Mann die spannende Geschichte seines Lebens. Schweigend hören ihm die Magier zu, die Augen himmelwärts gerichtet. Ihre Herzen preisen Gott.
13 Drei Weise aus dem Norden, Kaspar, Zara und Melzone, sind zur selben Zeit im Heim von Hor und Lun und Mer, und Kaspar ist der Weiseste von ihnen und der Weiseste im ganzen Land.
14 Sieben Tage sprechen diese sieben Meister nicht ein Wort. Sie sitzen schweigend in der Halle — mit der Stillen Bruderschaft in enger Kommunion.
15 Sie erbitten Offenbarung, Licht und Kraft. Die neue Zeitepoche fordert ihren ganzen Einsatz, und besonders nötig ist die Weisheit aller Meister in der Welt.

Jesus befaßt sich mit der Lehre Zarathustras.

39 Es ist ein Fest zu Ehren von Persiens Gottheit. Viele Leute sind versammelt in Persepolis.
2 Am Galatag des Festes sagt der Oberste der Magier: »Freiheit herrscht in diesen heil'gen Hallen und wer reden will, der rede.«
3 Jesus tritt aus den Versammelten hervor und spricht zu allen: »Meine Brüder, meine Schwestern – wir sind alle Kinder Gottes.
4 Gesegnet seid ihr unter allen Völkern dieser Zeit, denn eure Auffassung von Gott und Mensch ist gut und richtig.
5 Die Reinheit eures Tempeldienstes und die Reinheit eures Lebens sind der Gottheit wohlgefällig. Lob gebührt dem Meister Zarathustra.
6 Wohldurchdacht ist euer Glaube, daß es einen Gott gibt, welcher sieben Geister schuf, die ihrerseits den Himmel und die Erde schufen. Diese großen Geister offenbaren sich in Sonne, Mond und Sternen.
7 In euren heil'gen Büchern lesen wir, daß zwei von diesen Geistern überragend große Macht besitzen. Einer schuf das Gute und der andere das Böse.
8 »Sagt, geehrter Meister, wie denn kann aus Gutem Böses kommen?«
9 Ein Magier tritt hervor und spricht: »Wenn ihr mir eine gute Antwort gebt, ist das Problem gelöst.
10 Wir alle anerkennen wohl die Existenz des Bösen, und was existiert, das muß auch einen Ursprung haben. Wenn es Gott nicht war, der Böses schuf, wer war es dann?«
11 Die Antwort Jesu ist: »Was immer Gott der Eine schuf, ist gut. Da Gott, der Urgrund, gut ist – sind auch Seine sieben Geister gut. So ist auch alles gut, was jene schufen.
12 Alles, was erschaffen ist, hat seine Farbe, Form und seinen Klang. Gewisse Töne, welche einzeln angeschlagen rein und klar erklingen, werden, wenn man sie vermischt, zur Dissonanz.
13 Gewisse Dinge, welche einzeln gut und edel sind, ergeben, wenn man sie vermischt, ein disharmonisches Gefüge, wenn nicht Gift. Man nennt sie böse Dinge.
14 Böses ist daher nichts anderes als unharmonische Verbindung guter Dinge.
15 Der Mensch ist nicht allweise, dennoch hat er einen Eigenwillen. Macht hat er und übt die Macht auch aus, um Gottes gute Dinge tausendfältig miteinander zu vermischen. Täglich schafft er sich auf diese Weise Dissonanz und Böses.
16 Jeder Ton und jede Form, egal ob gut, ob böse, wird zu einem Lebewesen, einem guten oder bösen Geist.
17 So schafft der Mensch sich seine eigenen Dämonen, fürchtet sich vor ihnen und ergreift die Flucht. Diese werden kühn, verfolgen ihn und stürzen ihn zuletzt in Qual und Feuersglut.
18 Teufel und Dämonen sind des Menschen Werk, und niemand anders als der Mensch alleine kann das Feuer löschen und die Teufelsbrut verjagen.«
19 Jesus tritt beiseite. Keiner von den Magiern sagt ein Wort.

Jesus spricht über die Stille und das Bewußtsein. Der Schrein des Herrn.

40 Der nächste Morgen sieht den jungen Meister wieder in denselben Hallen. Er belehrt das Volk und heilt die Kranken. Um ihn scheint ein heller Glanz, als wäre eine hohe Wesenheit in ihm.

2 Ein Magier sieht den Glanz. Er nimmt den Meister still beiseite und befragt ihn, was der helle Glanz bedeute und woher er seine Weisheit habe.

3 Jesus gibt zur Antwort: »Einen Ort der Stille gibt es, wo die Seele ihrem Gott begegnen kann. Der Quell der Weisheit ist an jenem Ort zu finden, und wer dorthin geht, der ist in Licht gebadet, ist erfüllt mit Weisheit, Macht und Liebe.«

4 Der Magier bittet: »Wollt ihr mir ein wenig mehr von jener Stille, jenem Licht berichten. Gerne ginge ich und würde dort verweilen.«

5 Jesus aber sagt: »Die Stille ist kein Ort, den man beschreiben kann, kein Felsental, in das man geht, kein Haus, das man betritt und auch kein Platz, vom Schwert der Wächter streng bewacht.

6 Im Menschen tief verborgen ist der Ort, wo er zu jeder Stunde seinem Gott begegnen kann.

7 Wo auch immer sich der Mensch befindet, sei's auf Bergeshöh', im tiefen Tal, beim Lärm der Märkte oder in der Ruhe seines Heimes — jederzeit kann er die Tore öffnen und die Stille finden, denn sie ist die Wohnung Gottes in des Menschen Seele.

8 Ist jedoch der Lärm der Städte, das Geschwätz der Menschen und der Wirrwarr der Gedanken allzu groß, dann ist es besser, in die Einsamkeit der Berge oder in ein stilles Tal zu gehen.

9 Wenn die Last des Lebens auf die Seele drückt, dann ist es um so wichtiger, sich an den Ort der Stille zu begeben, um zu meditieren und zu beten.

10 Die Stille ist das unsichtbare Königreich der Seele.

11 Oft erscheinen in der Stille Spukgestalten, gaukeln lautlos hin und wieder. Doch sie sind dem Willen untertan. Die Meisterseele spricht — sie müssen weichen.

12 Willst du deine Seelenstille finden, mußt du selbst den Weg bereiten. Nur wer reinen Herzens ist, der findet Eingang in die Stille.

13 Du mußt auch alle Spannung des Gemütes meiden, jeden Zweifel, jede Furcht und alle sorgenden Gedanken an Geschäft und Arbeit niederlegen.

14 Dein Menschenwille muß vom Willen Gottes aufgenommen werden — dann erlangst du göttliches Bewußtsein.

15 So wirst du gewahr, daß du ins Heiligtum des Höchsten eingetreten bist, wo der Altar von Kerzen hell erleuchtet ist.

16 Wenn du die Kerzen brennen siehst, dann blicke tief in deine Welt des Denkens, und du wirst sie hell und strahlend finden.

17 Von Kopf bis Fuß sind Kerzen an der rechten Stelle aufgestellt und warten, daß sie von der Liebe Flamme angezündet werden.

18 Siehst du alle diese Kerzen brennen, schaue näher, und du wirst mit Seelenaugen sehen, daß die Wasser aus dem Quell der Weisheit sprudeln. Trinke und verweile.

19 Darauf öffnet sich der Vorhang, und du bist im Innersten des Heiligtums, wo du den Schrein der Gottheit schaust. Sein Polster ist der Sitz der Gnade.
20 Fürchte nicht den heil'gen Bord zu öffnen, wo im Schreine die Gesetzestafeln eingeschlossen sind.
21 Nimm sie hervor und lies, was dort geschrieben steht, denn sie enthalten die Gebote und die Regeln, die der Mensch benötigt.
22 Griffbereit für deine Hand, liegt in der Lade auch der Zauberstab der Prophetie. Er ist der Schlüssel zum geheimen Wissen der Vergangenheit, der Gegenwart und Zukunft.
23 Weiter siehst du dort das Manna, das geheimnisvolle Brot des Lebens. Wer von ihm genießt, wird nimmer sterben.
24 Cherubim haben dieses Heiligtum für jede Seele treu bewacht. Wer kommen will, der komme, um sein Erbe anzutreten.«
25 Kaspar ist herbeigekommen, hört des Meisters Worte und ruft aus: »Die Weisheit Gottes wahrlich ist zu uns gekommen!«
26 Jesus geht, und in der heil'gen Grotte Cyrus lehrt er Tag um Tag das Volk und heilt die Kranken.

Der Heilquell von Persepolis. Das Mädchen und sein Glaube.

41 Eine Quelle, die das Volk den Heilquell nennt, ist nahe bei Persepolis.
2 Es herrscht der Glaube, daß zu einer ganz bestimmten Zeit des Jahres Persiens Gottheit jene Quelle segne und daß Kranke, welche darin baden, heil aus ihrem Wasser steigen.
3 Um die Quelle ist viel Volk versammelt in Erwartung dieses Wunders.
4 Blinde, Lahme, Taube, Stumme und Besessene sind auch darunter.
5 Jesus, der in ihrer Mitte weilt, ruft aus: »Oh seht den Quell des Lebens! Worauf wartet ihr? Meint ihr, daß euer Gott herabsteigt und dem Wasser seinen ganz speziellen Segen gibt?
6 Von woher kommt das Heil? Warum ist eure Gottheit ungerecht mit ihrer Gabe, segnet heute, um den Segen morgen wieder wegzunehmen?
7 Ein Gott im Vollbesitz der Macht kann doch den Quell an jedem Tag mit Heilkraft füllen.
8 Hört mich an, ihr Ungetrösteten und Kranken. Nimmer ist der Segen dieser Quelle eine Gabe Gottes, die nur kurz bemessen ist.
9 Glaube ist die Heilkraft eines jeden Wassertropfens aus der Quelle.
10 Wer mit seinem ganzen Herzen glaubt, daß er gesund wird, wenn er sich in diesem Wasser wäscht – der wird geheilt, und waschen kann er sich zu jeder Zeit.
11 Wer solchen Glauben hat an Gott und an sich selbst, der möge allsogleich in dieser Quelle baden.«
12 Viele stürzen sich nach diesen Worten Jesu in das klare Wasser und – sind heil!
13 Da gibt es ein Gedränge, denn die Menge ist vom Glauben angefeuert. Jeder sucht dem Nächsten schnell zuvorzukommen, eh die Kraft versiegt.
14 Und Jesus sieht ein kleines Mäd-

chen, schwach und hilflos. Einsam sitzt es fern der Menge. Niemand ist zugegen, ihm die Hand zu bieten, um zur Quelle zu gelangen.

15 Jesus sagt: »Mein Kleines, worauf wartest du? Warum stehst du nicht auf und eilst zum Heilquell, um gesund zu werden?«

16 Da schaut das kleine Mädchen zu ihm auf und sagt: »Ich brauche nicht zu eilen, denn der liebe Gott mißt seinen Segen nicht mit kleinen Bechern. Gott vergißt mich nimmermehr. Die Heilkraft schwindet nicht, sie bleibt.

17 Wie schwach ist doch der Glaube jener Leute, welche eilen, eh ihr Glaube ganz vergeht. Wenn sie dann allesamt gebadet haben, wird für mich das Wasser noch genauso kraftvoll sein.

18 Sodann kann ich in aller Ruhe gehen und sehr lange in der heil'gen Quelle baden.«

19 Jesus sagt ergriffen: »Wahrlich, eine Meisterseele, die zur Erde kam, auf daß sie ihren Menschenbrüdern zeigen kann, wie stark die Macht des Glaubens ist.«

20 Und Jesus nimmt das kleine Mädchen auf den Arm und sagt: »Warum auf irgend etwas warten? Sieh, sogar die Luft ist angefüllt mit Lebensbalsam. Atme tief die Heilkraft dieses Balsams ein und glaube an die Wirkung. So wirst du gesund.«

21 Das Mädchen atmet tief und glaubt. Sie ist gesund und heil.

22 Die Menge staunt gewaltig über das Geschehene und ruft: »Gewiß ist dieser junge Mann der inkarnierte Gott des Heilens.«

23 Jesus aber sagt: »Der Quell des Lebens ist kein kleiner Teich. Er ist so weit wie alle Himmel.

24 Liebe ist das Wasser dieser Quelle – Glaube ihre Kraft, und wer mit starkem Glauben tief hineinspringt in den Lebensquell, hat seine Schuld getilgt und ist befreit von Sünde.«

TEIL IX

TETH

Leben und Wirken Jesu in Assyrien

Jesus spricht zu den Nachkommen Abrahams in Ur. Er bereist mit Ashbina die Länder Assyriens.

42 Die Arbeit Jesu bei den Persern ist getan. Er setzt nun seine Reise in die Heimat fort.
2 Die Weisen von Persepolis begleiten ihn zum Euphrat, wo sie von einander Abschied nehmen. In Ägypten wollen sie sich wieder treffen.
3 Während Kaspar in sein Heimatland nach Norden zieht, gelangt der junge Meister nach Chaldäa, dem Geburtsland Israels.
4 In Ur, wo Abraham geboren war, hält er sich auf, und als die Leute hören, wer er ist, da eilen sie herbei von nah und fern, mit ihm zu reden.
5 Jesus sagt zu ihnen: »Alle sind wir aus derselben Sippe, denn vor zweimal tausend Jahren lebte unser Vater Abraham in Ur. Er betete zu Gott dem Einen und belehrte seine Brüder in den heil'gen Hainen.
6 Gottes Segen lag auf ihm, dem Vater aller Stämme Israels.
7 Obschon es viele Jahre her ist, seit auf diesen Wegen Abraham und Sarah gingen, blieb nach ihrem Auszug eine kleine Sippe hier in Ur zurück.
8 In ihrem Herzen ist Jehovah immer noch der Allgewaltige, und Glaube und Gerechtigkeit sind nach wie vor der Fels, auf dem sie bauen.
9 Schaut das Land! Es ist nicht mehr das fruchtbeladene, das Abraham so liebte. Nicht mehr fällt der Regen wie in alter Zeit. Die Feigenbäume welken und der Wein ist nicht mehr, wie er früher war.
10 Doch dieser Zustand soll nicht ewig währen, denn die Zeit wird kommen, da die Blumen wieder blühen, Reben schwer beladen ihre Zweige beugen und die Hirten wieder singen.«
11 Jesus lehrt das Evangelium des Guten Willens und des Friedens, lehrt die Bruderschaft des Lebens, spricht von den geheimen Kräften, die im Menschen schlummern, und vom Königreich der Seele.
12 Wie der junge Meister lehrt und redet, kommt der größte aller Weisen aus Assyrien.
13 Er, Ashbina, ist beim Volk gar wohl bekannt, denn oftmals lehrte er die Menge in den heil'gen Hainen und den heil'gen Hallen. Große Freude herrscht bei seinem Anblick.
14 Er beginnt zu reden: »Leute aus Chaldäa hört mich an. Ein segensreicher Tag ist heute. Ein Prophet des Allerhöchsten ist zu uns gekommen.
15 Hört auf diesen jungen Meister. Was er sagt, sind wahrlich Gottes Worte.«
16 Jesus und der Weise reisen durch Chaldäas Städte und durch jene Lande,

die vom Euphrat und vom Tigris eingeschlossen sind.

17 Und Jesus heilt die Kranken.

Jesus und Ashbina in den Ruinen Babylons. Jesu Heimkehr nach Nazareth.

43 Die Ruinen Babylons sind nah. Durch seine Tore und zertrümmerten Paläste wandern Jesus und Ashbina.

2 Über Wege gehen sie, auf welchen Israel in würdeloser Knechtschaft diente.

3 Lange stehen sie an jener Stelle, wo die Söhne und die Töchter Judas ihre Harfen an die Weiden hingen und sich weigerten zu singen.

4 Weiter sehen sie den Ort, wo Daniel und die Kinder Zions arg bedrängt dem Glauben ihre Treue hielten.

5 Jesus hebt die Arme, deutet rings umher und ruft: »Oh seht, das Werk der Menschen liegt im Staub.

6 Die Könige von Babylon zerstörten unsern Tempel zu Jerusalem, sie legten Feuer an die heil'ge Stadt, versklavten meine Brüder und mein Volk und schleppten es nach Babylon.

7 Doch die Vergeltung naht, denn was der Mensch dem Menschen tut, das wird durch richtende Gerechtigkeit ihm selbst einst widerfahren.

8 Die Sonne Babylons versank, und der Gesang der Freude ist verstummt in ihren Mauern.

9 Nur noch Geier, Schlangen und Skorpione finden ihren Unterschlupf in ihren Trümmern.«

10 Lange stehen Jesus und Ashbina schweigend in den Tempelhallen Belus.

11 Dann sagt Jesus: »Schaut dies Monument der Schande und der Torheit!

12 Hier versuchten Menschen Gottes Thron zu stürzen. Hier versuchten Menschen einen Turm zu bauen, der zum Himmel reichen sollte. Doch der Herr verwirrte ihre Sprache, als sie ihre Macht mit großen Worten rühmten.

13 Dort auf jenen Höhen stand das Bildnis Baals, von Menschenhand gemeißelt.

14 Tiere, Menschen, ja auch kleine Kinder wurden dort im Opferwahn der Priesterschaft geschlachtet und verbrannt.

15 Diese sind nicht mehr. Altar und Statue Baals sind jäh zerfallen, und die Stätte ist verödet.«

16 Nun verbringen Jesus und Ashbina sieben Tage in der Nähe Shinars, wo sie lange meditieren, was der Menschheit nützlich sei und wie die Weisen dieser Welt der Neuen Zeit am besten dienen könnten.

17 Dann geht Jesus seinen Weg. Nach vielen Tagen kommt er an den Jordan, überquert ihn und erreicht sein Heim in Nazareth.

18 Seiner Mutter Herz ist voller Freude. Alle Freunde und Verwandte lädt sie ein zum großen Fest der Wiederkehr.

19 Die Brüder Jesu aber sind nicht sehr erfreut, daß solche Ehre dem gezollt wird, den sie einen Abenteurer nennen. Deshalb meiden sie das Fest.

20 Sie lachen und verspotten ihren Bruder, sagen, er sei voller Ehrgeiz, falsch und nutzlos. Er sei einer, der nach Glück, nach Ruhm und Ehre jagt und dann nach vielen Jahren ohne

Gold und Reichtum zu der Mutter heimkehrt.

21 Jesus aber achtet ihres Spottes nicht. Maria, seine Mutter, wie auch deren Schwester Mirjam, diesen beiden nur berichtet er von seiner Reise nach dem Osten.

22 Er erzählt von den Lektionen, die er lernte, und von all den Werken, die er tat. Doch andere erfahren nichts davon.

TEIL X

JOD

Leben und Wirken Jesu in Griechenland

Jesus unter den Gelehrten Athens und seine Ansprache im Amphitheater.

44 Tiefe Weisheit liegt in Griechenlands Philosophie, und Jesus sehnt sich sehr, dieselbe zu erforschen.
2 So verläßt er seine Heimatstadt und überquert den Karmel, um per Schiff nach Griechenland zu segeln.
3 Athens Gelehrte hatten schon von ihm gehört. Sie kennen ihn als Lehrer und als Philosophen. Freudig nehmen sie ihn auf, um seine Wahrheitsworte von ihm selbst zu hören.
4 Apollo ist ein Meister unter den Gelehrten Griechenlands. Sein Titel ist ›Verteidiger des Delphischen Orakels‹, und in vielen Ländern gilt er als der ›Weise Griechenlands‹.
5 Er öffnet Jesu alle Pforten griechischer Gelehrsamkeit, und jener hört im Areopag die Weisesten der Weisen reden.
6 Jesus aber bietet ihnen eine Wahrheit, die weit größer ist. Somit wird er zum Lehrer aller.
7 Eines Tages sind die Weisen von Athen versammelt, und Apollo bittet Jesus, daß er spreche. Jesus sagt:
8 »Ihr Meister von Athen! Vor langer Zeit entdeckten weise Männer, wohl vertraut mit den Gesetzen der Natur, den Ort, auf dem die Stadt noch heute steht.
9 Ihr wißt, daß es bestimmte Stellen gibt auf Erden, wo der Pulsschlag des Planeten machtvoll aus dem Innern dringt, und Ätherwellen aufwärts schickt, die sich mit Ätherwellen aus dem Kosmos treffen.
10 Dort strahlt helles Licht und geistiges Verständnis, wie bei Nacht die Sterne leuchten.
11 Auf dem großen Erdenrund ist keine Stelle derart sensitiv, wie jener Ort, auf welchem eure Stadt errichtet wurde.
12 Segen ruht auf eurem Land. Kein anderes hat solch große Männer, solches Schrifttum der Gelehrsamkeit und solche Kunst hervorgebracht.
13 Oh, welche großen Meisterwerke in Philosophie, in Wissenschaft, in Poesie und Kunst sind hier in Griechenland zur Welt gekommen. In der Wiege reinen Denkens wurden sie gehegt und aufgezogen.
14 Ich bin nicht gekommen, um den Künsten und der Wissenschaft das Wort zu reden. Hier seid ihr die großen Meister.
15 Aber alle eure Werke sind nur Stufen, welche aufwärts führen in ein Reich, das jenseits dieser Welt der Sinne liegt. Es sind nur Schatten, welche auf der Wand der Zeit vorüberhuschen.
16 Sprechen möchte ich zu euch von einer Welt, die jenseits und in eurem

Innern liegt, und sprechen möchte ich vom wahren Leben, welches niemals endet.
17 Weder in den Wissenschaften noch in Kunst, Philosophie und Poesie liegt eine Kraft, die so gewaltig wäre, daß der Mensch sich selbst erkennen oder mit Gott reden könnte.
18 Ferne sei es mir, die Welle eurer flutenden Gedanken aufzuhalten. Doch ich möchte sie in eine Richtung lenken, die der Seele dient.
19 Vom Odem Gottes unbeeinflußt, kann der Intellekt nur jene Dinge und Probleme lösen, die dem Auge sichtbar sind — die andern nicht.
20 Des Menschen Sinne sind erschaffen worden, um die Bilder aus der Umwelt dem Bewußtsein nahzubringen. Diese Sinne können wahre Wirklichkeiten nicht erfassen und begreifen nicht das ewige Gesetz.
21 Der Mensch jedoch besitzt in seiner Seele etwas, das den Schleier teilt, so daß er in die Welt der wahren Dinge schauen kann.
22 Wir nennen es das ›geistige Bewußtsein‹, das in jeder Menschenseele schlummert und nicht eher wach wird, bis der Odem Gottes ein erwünschter Gast geworden ist.
23 Der Heil'ge Odem klopft an jeder Seele Tür, doch nur des Menschen Wille kann sie öffnen.
24 Keine Kraft besitzt der Intellekt, den Schlüssel umzudrehen. Philosophie und Wissenschaften haben sich bemüht, den Schleier zu durchdringen — doch vergebens.
25 Öffnen läßt sich diese Türe nur durch Reinheit in der Lebensführung, heilige Gedanken und Gebet.
26 Du Strom von Griechenlands Gedankengut, vermische deine klaren Wasser mit der Flut des Geisteslebens. Dann wird geistiges Bewußtsein nicht mehr schlafen. Wissen wird der Mensch, und Gott wird mit ihm sein.«
27 Als Jesus so geredet hat, tritt er still beiseite. Griechenlands Gelehrte sind erstaunt ob so viel Weisheit — doch sie schweigen.

Das Orakel zu Delphi.

45 Während vieler Tage hören die Gelehrten Griechenlands den weisen, klaren Worten Jesu zu. Sie können zwar nicht alles, was er sagt, verstehen, doch sie sind beglückt und nehmen seine Lehren an.
2 Eines Tages, als Apollo und der junge Meister an den Strand des Meeres wandeln, kommt in Eile ein Kurier aus Delphi. Meister, sagt er, das Orakel wünscht mit euch zu reden.
3 Und zu Jesus spricht Apollo: Freund, wenn ihr das Delphische Orakel hören wollt, so mögt ihr mich begleiten.
4 Jesus nimmt das Anerbieten an, und eilends machen sie sich auf den Weg nach Delphi. Dort herrscht spannende Erwartung.
5 Apollo steht vor dem Orakel. Dieses spricht:
6 »Apollo, Meister Griechenlands, die Weltenuhr schlägt zwölf. Die Mitternacht der Zeitenwende ist gekommen.
7 Zeitepochen werden stets im Schoße der Natur gezeugt. Getragen und geboren werden sie in Herrlichkeit bei Sonnenaufgang. Geht die Weltensonne unter, sterben sie.
8 Die Zeitepoche Delphis war ein

Zyklus voller Herrlichkeit und Ruhm. Die Götter reden zu den Menschen durch Orakel, deren Heiligtum aus Edelsteinen, Gold und Holz gefertigt ist.

10 Die Götter werden dann durch Menschenmund zu Menschen reden. Heute schon befindet sich das lebende Orakel unter uns in dieser heil'gen Grotte, denn der Logos aus den Höhen ist gekommen.

11 Meine Macht und Weisheit wird von nun an schwinden, und die Macht Immanuels und seine Weisheit sind im Kommen.

12 Bleibt, ihr Meister, und vernehmt, wie alle Kreatur ihn hört und ehrt – Immanuel.«

13 Vierzig Tage lang schweigt das Orakel. Volk und Priester sind erstaunt. Von nah und ferne kommen sie herbei, der Götter Weisheit durch den Mund des lebenden Orakels zu vernehmen.

14 Hiernach kehren Jesus und Apollo nach Athen zurück, und Jesus redet vierzig Tage lang im Heim Apollos als ›lebendiges Orakel‹.

15 Eines Tages, als sie ganz alleine beieinander sitzen, fragt Apollo seinen jungen Freund: »Gar manchen weisen Rat hat das Orakel seinem Volk bisher gegeben.

16 Bitte sagt mir, wer es ist, der spricht. Ist es ein Engel oder Mensch? Ist es am Ende gar ein Gott?«

17 Und Jesus sagt: »Es ist kein Engel, ist kein Mensch und auch kein Gott. Es ist die Weisheit aller Weisen Griechenlands, vereint in einer Meisterseele.

18 Dieses weise Wesen hat sich die Substanz der Seelensphäre einverleibt und denkt und hört und spricht.

19 Es wird genauso lange eine Seele sein, solange Meister es mit Hoffnung, Glaube, Weisheit und Gedanken nähren.

20 Wenn dann die Meister nicht mehr sind, so hört auch dieses Wesen auf zu sein, und schweigen wird für alle Zeiten das Orakel.«

Der Sturm. Jesus erklärt die Beziehung zwischen menschlichem Einsatz und göttlicher Hilfeleistung bei Naturereignissen. Abschied von Griechenland.

46

Es ist ein Feiertag, und Jesus wandelt am Gestade von Athen.

2 Ein Sturm ist aufgekommen. Boote werden von den Meereswogen spielend umgeworfen.

3 Fischer und Matrosen finden einen jähen Tod. Der Strand liegt voller Leichen.

4 Jesus hilft mit ganzer Kraft und bringt so manchen totgeglaubten Mann zurück ins Leben.

5 Am Ufer sind Altäre und Idole aufgestellt, geweiht den Göttern, die das Meer beherrschen sollen.

6 Unbekümmert um die Schreie der Ertrinkenden, drängt sich das Volk an die Altäre, fleht und ruft die Götter an um Hilfe.

7 Nach geraumer Zeit hat sich der Sturm gelegt, das Meer ist still geworden und die Menschen können wieder denken. Jesus sagt:

8 »Ihr Götzendiener, konntet ihr den Sturm durch euer Flehen nur ein wenig mildern?

9 Wo ist denn die Macht der sturm-

zerzausten Götterbilder, angetan mit Krone und Schwert geblieben?

10 Ein Gott, der eingeschlossen wäre in solch kleinem Schrein, vermöchte wahrlich keiner Fliege mehr gebieten, und wer könnte da noch hoffen, daß er Macht besäße über Wind und Wellen?

11 Unsichtbare Himmelsmächte leihen ihre Hilfe nicht, bevor der Mensch sein Bestes hergegeben hat. Sie schreiten dann erst ein, wenn Menschenkraft allein nicht mehr genügt.

12 Mit eurem feigen Beten habt ihr Männer sterben lassen, die ihr hättet retten können.

13 Seht, der Gott, der rettet, wohnt in jeder Seele, und durch eurer Glieder Muskelkraft, durch eurer Hände Tätigkeit tut Er sich kund.

14 Im Müßiggang liegt keine Stärke. Kraft kommt niemals, wenn ihr wartet, bis ein anderer die Lasten trägt und eure Arbeit tut.

15 Doch wenn ihr euer Bestes gebt, die Lasten aufnehmt und die Arbeit selber tut, dann bietet ihr ein Opfer an, das eurem Vater wohlgefällig ist.

16 Dann bläst der Heil'ge Odem mächtig in die Gluten eures Opferwillens, bis die Flamme hell auflodernd eure Seelen ganz mit Hilfsbereitschaft, Kraft und Licht erfüllt.

17 Die wirkungsvollste Art des Betens ist des Menschen Hilfsbereitschaft dort, wo Hilfe nötig ist, denn was ihr andern tut, das tut Gott euch.

18 Auf solche Art hilft Gott den Menschen.«

19 Jesu Werk in Griechenland ist nun getan. Ägypten ist sein nächstes Ziel. Apollo mit den höchsten Meistern Griechenlands und viele Leute aus dem Volk befinden sich am Ufer, um dem jungen Meister der Hebräer Lebewohl zu sagen. Jesu Abschiedsworte sind:

20 »Der Menschensohn besuchte viele Länder, stand in manchen Tempeln fremder Götter, predigte das Evangelium des Friedens und des guten Willens,

21 war mit Gunst empfangen worden in so manchem Heim – doch ihr bei weitem seid der königlichste Wirt.

22 Die Tiefe griechischer Gedankenwelt, die Weite griechischer Philosophie, die Höhe seines selbstlos guten Strebens machten dieses Volk zum Streiter für die Freiheit und das Recht.

23 Ein übles Kriegsgeschick hat Griechenland geknechtet, denn es hatte nur auf seine Muskelkraft und seinen Intellekt vertraut, und es vergaß die Kraft des Geistes, die ein Volk an seinen Urquell bindet.

24 Nicht für ewig aber wird das Volk der Griechen in der Finsternis des Schattens bleiben, nicht für immer fremden Herrschern dienen.

25 Erhebt das Haupt, ihr Männer Griechenlands. Die Zeit wird kommen, da das Land den Heil'gen Odem wieder atmet und zur Antriebskraft des neuen Geistes auf der Erde wird.

26 Doch Gott soll euer Schutz und Schild und eure große Stärke sein.«

27 Sodann ruft Jesus: »Lebet wohl!« Apollo hebt die Hand zum stillen Segensgruß, und viele weinen.

28 Mars, ein Segelschiff der Griechen, bringt den jungen Meister nach Ägypten.

TEIL XI

CAPH

Leben und Wirken Jesu in Ägypten

Jesus in Ägypten. Aufnahme in den Sonnentempel von Heliopolis.

47 Ägyptens Küste ist erreicht, und Jesus eilt nach Zoan, wo vor fünfundzwanzig Jahren Elihu und Salome in ihrer heil'gen Schule seine Mutter unterwiesen hatten.
2 Freude herrscht bei seiner Ankunft. Lange ist es her, seitdem Marias Sohn als Kind zum letzten Mal die heil'ge Grotte sah.
3 Erwachsen ist er nun, gereift durch Schicksalsschläge mancher Art, ein Lehrer, der die Völker vieler Länder in Bewegung brachte.
4 Er erzählt den hochbetagten Freunden die Geschichte seines Lebens, spricht von seinen Reisen, redet über die Gespräche mit den Meistern fremder Länder und berichtet, wie er von den Massen immer herzlich aufgenommen wurde.
5 Elihu und Salome vernehmen mit der größten Anteilnahme seine spannende Erzählung, und zum Himmel blickend sagen sie:
6 »O Vater Gott, laß Deine Magd und Deinen Knecht nunmehr in Frieden ziehen, denn sie haben jetzt die Herrlichkeit des Herrn gesehen
7 und mit ihm, dem Boten, der die Liebe und den Frieden und den guten Willen bringt, gesprochen.
8 Gottes Segen kommt durch ihn, Immanuel, auf alle Völker dieser Erde.«
9 Jesus bleibt in Zoan viele Tage lang und zieht dann weiter in die Stadt der Sonne – Heliopolis. Am Tempeltor der heil'gen Bruderschaft bewirbt er sich um Eintritt in den Orden, und der Rat gewährt die Bitte.
10 Dann steht Jesus vor dem Hierophanten, und auf dessen Fragen gibt er klar und kraftvoll Antwort.
11 Jener ruft erstaunt: »Rabboni der Rabbiner – was führt euch zu unserm Orden? Eure Weisheit ist die Weisheit aller Götter! Weshalb sucht ihr diese Weisheit bei den Menschen?«
12 Jesus gibt zur Antwort: »Alle Wege dieses Erdenlebens möchte ich betreten. Alle Schulen möchte ich besuchen und in ihren heil'gen Hallen lauschen. Jede Höhe, die ein Mensch erreicht hat, möchte ich erreichen.
13 Was auch immer Menschen leiden müssen – will ich leiden und verstehen möchte ich die Schmerzen, die Enttäuschungen und die Versuchungen der Menschenbrüder, daß ich alle, die nach Trost verlangen, trösten kann.
14 Ich bitte euch, ihr Brüder, laßt mich in die tiefsten Grüfte steigen, denn ich will die schwersten Prüfungen bestehen.«

15 Nunmehr sagt der Hierophant: »So leiste denn den Eid der heil'gen Bruderschaft«, und Jesus schwört den Eid.
16 Und wieder spricht der Hierophant: »Die höchste Höhe kann nur der erreichen, der die tiefste Tiefe kennt – so steig in diese Tiefe denn hinab.«
17 Ein Bruder zeigt den Weg, und Jesus badet sich im Tempelbrunnen. Später steht er in der vorgeschriebenen Bekleidung vor dem Hierophanten.

Jesus besteht die erste Prüfung: ›Aufrichtigkeit‹.

48 Ein Papyrus nimmt der Meister von der Wand. Auf diesem stehen Zahl und Name der Charaktereigenschaften.
2 »Der Kreis«, sagt er, »ist das Symbol für den vollkommenen, erwachten Menschen. Seine Zahl ist Sieben.«
3 Der Logos ist vollkommen, ist das Wort, das stets erschafft, erhält und wiederum zerstört.
4 Dieser Meister der Hebräer ist der Logos des Erhabenen, der Kreis der Menschenrassen und die Siebenzahl der Zeit.
5 Und somit wird der Ordensname Jesu: ›Logos-Kreis-Sieben‹ in das große Buch des Tempels eingetragen.
6 Wieder spricht der Hierophant: »So höret, Logos, was ich sage. Niemand kann ins Licht gelangen, eh er nicht sich selbst gefunden hat. So geht und sucht, und wenn ihr eure Seele kennt, dann kehrt zu mir zurück.«
7 Der Tempeldiener führt den Kandidaten in ein düsteres Gewölbe, spärlich hell, wie Morgendämmerung.
8 Die Wände dieses Raumes sind bedeckt mit Zeichen, Hieroglyphen und mit heil'gen Texten. Jesus ist für viele Tage ganz allein.
9 Er liest die Texte, sucht den Sinn der Hieroglyphen zu verstehen und sucht seine Seele zu begreifen, wie der Hierophant ihm riet.
10 In einer Offenbarung lernt er seine Seele kennen, findet sich und ist nicht mehr allein.
11 Eines Nachts, es war zur zwölften Stunde, tritt ein Priester, in ein düsteres Gewand gehüllt, durch eine bisher unbemerkte Türe in den Raum und sagt:
12 »Verzeihe mir, mein Bruder, wenn ich zu solch später Stunde deine Studien unterbreche, doch ich will dein Leben retten.
13 Opfer bist du einer schändlichen Verschwörung, denn die Priester dieses Tempels neiden dir den Ruhm. Lebendig wirst du diese Grüfte nicht verlassen können.
14 Denn die Oberpriester wollen nicht, daß diese Welt durch dich ververbessert wird. Sie möchten dich dein Leben lang zum Tempeldienst verdammen.
15 Willst du frei sein, Bruder, mußt du diese Priester überlisten. Sage ihnen, daß es dir gefallen würde, hier zu bleiben.
16 Hast du dann erreicht, was du erreichen willst, dann komme ich und zeige dir geheime Gänge, die dich in die Freiheit führen.«
17 Jesus sagt: »Mein Bruder, bist du hergekommen, um mich Hinterlist zu lehren, und bin ich in diesen heil'gen

Hallen, um Betrug und Falschheit auszuüben?
18 Nimmer! Gott verabscheut Falschheit und Betrug, und ich bin hier, um seinen Willen auszuführen.
19 Hintergehen soll ich diese Priester? Nein, das tu ich nicht, solange die Sonne scheint. Den Eid, den ich geleistet habe, will ich halten. Treu ergeben bin ich ihnen, Gott und mir.«
20 Der eifrige Verführer geht, und Jesus wird allein gelassen. Nach geraumer Weile kommt ein zweiter Priester, weiß gekleidet und begrüßt ihn mit den Worten:
21 »Wohl getan! Der Logos hat gesiegt. In diesem Raum wird Ehrlichkeit geprüft.« Erneut kommt Jesus vor den Richterstuhl.
22 Die Brüder steh'n im Kreis. Der Hierophant legt seine Hand auf Jesu Haupt und gibt ihm einen Papyrus in die Hand, auf welchem nur das eine Wort geschrieben steht: Aufrichtigkeit. Alle schweigen.
23 Wieder kommt der Tempeldiener, führt den Logos an die Schwelle eines großen Raumes, angefüllt mit allem, was ein Lernender sich wünscht, und bittet ihn zu warten.

Jesus besteht die zweite Prüfung: ›Gerechtigkeit‹.

49 Der Logos sagt: »Warum soll ich in diesem Raume warten? Ruhe brauch' ich keine, und die Arbeit meines Vaters drängt.
2 Ich möchte vorwärts kommen, die Lektionen lernen und die Prüfungen bestehen. Jedesmal, wenn ich das Erden-Selbst bezwingen kann, wird mir vermehrte Kraft zuteil.«
3 Da kommt der Tempeldiener wieder und geleitet Jesus in ein anderes Gemach, so finster wie die Nacht, und läßt ihn dort allein. In tiefer Einsamkeit vergehen viele Tage.
4 Jesus schläft. Da öffnet sich zur Nachtzeit eine Tür. Zwei Männer, priesterlich gekleidet, treten ein. Sie halten flackernde Laternen in den Händen.
5 Näher tretend sagt der eine: »Junger Mann, mein Herz ist traurig, denn ich fühle, wie du leiden mußt in diesem finsteren Verlies. Als Freunde kommen wir zu dir. Wir bringen Licht und können dir den Weg zur Freiheit weisen.
6 Einstmals waren wir, wie du, in diesem dunklen Loch gefangen und vermeinten auch, daß diese trüben Wege uns zu Heiligkeit und Macht verhelfen könnten.
7 Doch wir hatten Glück, denn mit der Kraft der Jugend brachen wir die Ketten und erkannten, daß die Priester dieses Tempels allesamt Verbrecher sind, in Falschheit und Korruption geübt.
8 Sie brüsten sich mit ihren Opferriten. Ihren Göttern bringen sie lebendige Geschöpfe, nicht nur Tiere, ja auch Menschen dar.
9 Nun haben sie auch dich gefangen, um dich zur vorausbestimmten Stunde ihrem Gott zu opfern.
10 Fliehe, Bruder, komm mit uns. Ergreife die Gelegenheit. Die Freiheit winkt.«
11 Doch Jesus sagt: »Der trübe Schein von euren kleinen Lampen zeigt mir an, welch schwaches Licht ihr bringt. Wer seid ihr denn? Die Worte eines Menschen sind nicht höher einzuschätzen als er selbst.

12 Wie ist es euch gelungen, in den Tempel einzudringen, dessen Mauern doch so hoch und unbezwingbar sind?«
13 »Geheime Gänge gibt es unter diesen Mauern«, sagt der Mann, und wir, die wir einst Priester waren, kennen alle, denn wir haben lange Zeit in diesem Labyrinth verbracht.«
14 »Verräter seid ihr«, ruft der Logos. »Wer Verrat übt, ist ein Feind. Wer andere verraten hat, dem kann man nicht mehr trauen.
15 Wer den Verrat nicht überwunden hat, der liebt die Falschheit und wird seinen besten Freund verraten, wenn es seinen Plänen dient.
16 Ihr Männer hört, wer immer ihr auch seid, die Worte, die ihr redet, wiegen leicht.
17 Wie könnte ich an mir und jenen Priestern zum Verräter werden und ein Urteil fällen — nur auf eure leeren Worte hin?
18 Für mich kann keiner Richter sein, und müßt' ich selber richten, ehe alle Zeugen einvernommen sind, ich könnt' mich irren.
19 Nein, ihr Männer. Geht denselben Weg, den ihr gekommen seid, zurück. Die Dunkelheit des Grabes ist mir lieber als das falsche Licht, das ihr mir bringt.
20 In mir herrscht mein Gewissen, hören will ich, was die Brüder mir zu sagen haben. Die Entscheidung fäll' ich erst, wenn die Beweise da sind. Ihr könnt mich nicht richten — ich nicht euch.
21 So geht ihr Männer, geht, und überlaßt mich einem Licht, das heller strahlt. Wenn hier auch keine Sonne scheint — so ist in meiner Seele doch ein Licht, das heller leuchtet als die Sonne und der Mond.«
22 Mit einer Drohung, ihn zu Fall zu bringen, lassen die Verführer von ihm ab und Jesus bleibt allein zurück.
23 Nach einer kleinen Weile kommt der Weißgekleidete und führt den Logos wiederum zum Hierophanten.
24 Alle schweigen. In die Hände Jesu legt der Meister ein Papyrus mit dem einen Wort: Gerechtigkeit. Die Hirngespinste von Verrat und Vorurteil sind überwunden.

Jesus besteht die dritte Prüfung: ›Demut‹.

50 Der Tempeldiener führt nach sieben Tagen Jesus in die reichgeschmückte ›Ruhmeshalle‹, die durch Gold- und Silberlampen hell erleuchtet ist.
3 Die Regale sind gefüllt mit Meisterwerken. Statuen und Gemälde zeigen höchste Kunst.
4 Der Logos ist beeindruckt von der Eleganz der Halle und von ihrer großen Pracht. Er liest die heil'gen Bücher und studiert den Sinn der Hieroglyphen und Symbole.
5 Eines Tages, als er in Gedanken tief versunken seinen Studien nachgeht, kommt ein Priester auf ihn zu und sagt:
6 »Fürwahr, ein herrlich schöner Raum. Mein Bruder, du bist reich gesegnet, wenig Menschen auf der Erde, die so jung sind, haben solchen Ruhm erreicht.
7 Wenn du dein Leben nicht vergeuden willst mit eitler Suche nach geheimen Dingen, die der Mensch doch nie begreifen wird, dann kannst

du der Begründer einer Lebensschule werden, welche deinen Ruhm verbürgt.
8 Deine Weisheit ist viel tiefer als die Weisheit Platos. Deine Lehre überzeugt weit mehr als die des weisen Sokrates.
9 Warum suchst du das Licht der Mystik hier in diesen altertümlichen Gemäuern? Gehe in die Welt, geselle dich den Menschen, denke mit den Menschen, und sie werden dich verehren.
10 Außerdem, wer weiß, vielleicht sind diese Einweihungen nichts als Mythos, und die Hoffnung, der Messias Israels zu werden, nichts als Illusion.
11 So rate ich, den ungewissen Dingen abzuschwören. Wähle doch die breite Straße, die mit Sicherheit zu Ruhm und Ehre führt.«
12 So singt der Priester, ein verkappter Dämon, das Sirenenlied des Ruhmes. Jesus denkt sehr lange und sehr gründlich über das Gehörte nach.
13 In seinem Herzen tobt der Kampf, denn König Ehrgeiz ist ein böser Feind und Gegner.
14 Vierzehn Tage ringt das Hohe-Selbst mit seinem Erden-Selbst. Dann endlich ist der Sieg errungen.
15 Demut triumphiert, und Hochmut weicht.
16 Ehre, Ruhm und Reichtum dieser Welt sind weiter nichts als Blasen, welche platzen und vergehen.
17 Wenn diese kurze Spanne Erdenleben abgelaufen ist, dann sinken mit des Menschen Knochen seine kühnsten Träume in die Gruft.
18 Was wir für unser selbstsüchtiges Ego tun, ist wertlos für die geistige Entwicklung unsrer Seele.
19 Doch das Gute, das ein Mensch für seinen Nächsten tut, wird ihm zur Himmelsleiter. Seine Seele steigt auf ihr zu Gottes Reichtum, Macht und Ehre, welche nie vergehen.
20 Gebt mir der Menschen Armut, das Bewußtsein, meine Pflicht in Liebe gut getan zu haben, und das Lob des Vaters — dann will ich zufrieden sein.
21 Und Jesus schaut zum Himmel auf und sagt:
22 »Mein Vater-Gott, ich danke Dir für diese Stunde. Nimmer will ich Deine Herrlichkeit begehren. Lieber möchte ich ein Wächter Deiner Tempeltore sein und meinen Brüdern dienen.«
23 Wiederum steht Jesus vor dem Hierophanten. Wieder fällt kein Wort, und wieder legt der Meister eine Rolle in die Hände Jesu — Demut — steht darauf geschrieben.
24 Jesus neigt das Haupt in demütigem Dank und geht von dannen.

Jesus besteht die vierte Prüfung: ›Barmherzigkeit‹.

51 Tage später führt der Tempeldiener Jesus in den ›Saal der Lustbarkeit‹, in einen Raum, der reichlich ausgestattet ist mit allem, was das Erdenherz begehrt.
2 Die auserlesensten Gerichte und die besten Weine stehen auf den Tischen. Dienerinnen, hübsch gekleidet, bieten diese anmutsvoll und lächelnd dar.
3 Die reichgekleideten und frohgelaunten Gäste beiderlei Geschlechtes nippen übermütig an den Bechern mannigfacher Freuden.

4. Jesus schaut dem wilden Treiben eine Zeitlang schweigend zu. Da tritt ein Mann, es scheint ein Philosoph zu sein, an ihn heran und sagt: »Am glücklichsten ist der, der Honig schlürfen kann aus jedem Kelch.

5 Ein weiser Mensch ist der, der das Vergnügen sucht und überall auch finden kann.

6 Im besten Falle ist des Menschen Erdenleben kurz. Er stirbt und geht und weiß doch nicht wohin.

7 So laßt uns essen, trinken, tanzen, singen und die Lebenslust genießen, denn der Tod kommt jäh und schnell.

8 Ein Tor ist, wer sich opfert für die andern. Alle sterben wir und liegen in derselben kühlen Erde. Keiner zeigt dem andern seine Dankbarkeit.«

9 Doch Jesus gibt ihm keine Antwort. Stumm betrachtet er die wilde Lustbarkeit der bunten, lebensfrohen Paare.

10 Da gewahrt er in der Menge einen Mann in grobem Tuch. An Kopf und Händen sieht man Spuren harter Arbeit und Entbehrung.

11 Einige der Angetrunkenen mißhandeln ihn. Man drückt ihn an die Wand und lacht und spottet seiner.

12 Dann erblickt der junge Meister eine schlampige Person. Ihr Ausdruck zeigt die Spur von Scham und Sünde. Ohne Mitleid wird sie angespuckt, verhöhnt und aus dem Saal getrieben.

13 Schüchtern kommt ein kleines Kind herein und bittet um ein Stückchen Brot.

14 Auch es wird ungetröstet und erbarmungslos hinausgewiesen, und der Freudentaumel in dem Saal geht unvermindert weiter.

15 Wie die frohgelaunten Gäste nunmehr Jesus drängen, sich den Lustbarkeiten anzuschließen, ruft der junge Meister aus:

16 »Wie kann ich glücklich sein, wenn Menschen darben, und wie könnt ihr denken, daß ich mich der guten Dinge, die das Leben gibt, erfreue, während Kinder hungrig sind und während Menschen, die im Sumpf der Sünde leben, hier bei euch vergeblich Sympathie und Liebe suchen.

17 Nie und nimmer will ich solches Unrecht dulden, denn wir sind doch allesamt verschwistert und ein Teil des großen Ganzen.

18 Ich bin ein Teil von jenem Mann, den ihr so herzlos an die Wand gedrückt,

19 ein Teil von jener Frau, die euch um Liebe bat und die ihr grausam wieder in ihr Lasterleben stießet,

20 und ein Teil des Kindes, das ihr lieblos in den kalten Wind der Nacht verwiesen habt.

21 Ich sage euch, ihr Männer, was ihr diesen, meinen Nächsten zugefügt – das habt ihr mir getan.

22 Hier in euren Räumen habt ihr mich beleidigt. Bleiben will ich nicht bei euch. Ich will hinaus, um jenes Kind zu suchen, jene Frau und jenen Mann, und ihnen helfen, bis mein Lebensblut verströmt ist.

23 Meine Freude soll es sein, den Hilfesuchenden zu helfen, Hungrige zu laben, Nackte zu bekleiden, Kranken Linderung zu bringen und Ermutigungen denen zuzurufen, welche mutlos ,ungeliebt und traurig sind.

24 Was ihr Vergnügen nennt, ist nur ein Nachtphantom, ist weiter nichts als eine bunte Bilderfolge, durch das Feuer eurer Leidenschaften auf die Wand der Zeit geworfen.«

25 Und während Jesus also redet,

kommt der Weißgekleidete herein und sagt: »Der Rat der Priester wartet.«
26 Wiederum steht Jesus vor den Richtern. Wieder wird kein Wort gesprochen. In die Hände Jesu legt der Meister einen Papyrus mit dem Wort: Barmherzigkeit.
27 Jesus hat gesiegt. Sein Erden-Selbst ist überwunden.

Jesus besteht die fünfte Prüfung: ›Tapferkeit‹.

52 Mit Monumenten, Statuen, heil'gen Schreinen sind die Tempelgärten reichlich ausgestattet. Jesus liebt es, hier zu wandeln und zu meditieren.
2 Vierzig Tage unterhält er sich mit der Natur.
3 Dann kommt der Tempeldiener, bindet ihn an Hand und Fuß und wirft ihn ins Verlies zu wilden Tieren, Geiern und Reptilien.
4 Dunkel wie die Nacht ist das Verlies. Die Tiere brüllen wild, die Geier krächzen, und die Schlangen zischen.
5 Jesus sagt: »Warum hat man mich so gefesselt und warum habe ich geduldet, daß man mich in Ketten legte?
6 Niemand hat das Recht, die Menschenseele so zu binden. Sagt — aus was bestehen diese Ketten?
7 Jesus sammelt seine ganze Willenskraft. Was er für starke Ketten hielt, ist nichts als Strohgeflecht, das bei dem leisesten Versuch, es zu zerreißen, reißt.
8 Und lachend sagt er zu sich selbst: ›Die Ketten, die den Menschen an die Erdenhülle binden, kommen aus der Werkstatt eines Trödlerladens, sind aus Luft und in der Glut der Illusion geschweißt.
9 Wenn sich der Mensch ermannen wollte, seine Macht des Willens einzusetzen — alle Ketten würden von ihm fallen wie zerfetzte Lumpen, denn der Wille und der Glaube sind weit stärker als die stärkste Kette.«
10 Aufrecht steht der junge Meister unter all den wilden Tieren, Geiern und Reptilien. »Was ist diese Finsternis, die mich umhüllt?« sagt er.
11 Sie ist nur dort zu finden, wo kein Licht ist. Was ist Licht? Es ist der Odem Gottes, der im Rhythmus höherer Gedanken schwingt.«
12 Und dann sagt er: »Es werde Licht!« Und mit der Macht des Willens wirkt er auf den Äther ein, bis dessen Schwingungszahl mit der des Lichtes übereinstimmt. So ward Licht.
13 Die Finsternis des Kerkers wird zur Helligkeit des Tages.
14 Jesus schaut umher, doch nirgends sieht er wilde Tiere, Geier und Reptilien.
15 »Warum sich fürchten?« sagt er, »Furcht ist das Gefährt, in welchem wir zu Grabe fahren.
16 Sind wir angelangt in unsrer Totengruft — begreifen wir, daß wir verraten sind. Ein Mythos nur ist das Gefährt — ein Trugbild ist der Tod.
17 Doch eines Tages hat die Menschheit alles, was sie lernen soll, erlernt. Dann wird sie aus dem Kerker steigen, um im Licht zu wandeln.«
18 Nun sieht Jesus eine Leiter, ganz aus Gold. Er steigt auf ihr empor. Der Weißgekleidete erwartet ihn.
19 Wieder steht der Logos vor den Richtern. Wieder wird kein Wort gesprochen. Wieder streckt der Hierophant die Hände aus zum Segen.

20 Einen Papyrus reicht er Jesus mit dem Wort: Tapferkeit.
21 Der Logos war der Furcht und ihren Schrecknissen begegnet, und als Sieger ging er aus dem Kampf hervor.

Jesus besteht die sechste Prüfung: ›Göttliche Liebe‹.

53 In ganz Ägypten gibt es keine Hallen, welche reicher ausgestattet sind als jene Räume innerhalb des Sonnentempels, die der Schönheit dienen.
2 Wenige der Schüler haben sie bisher betreten, und die Priester nennen sie mit Ehrfurcht ›Hallen der Mysterien‹.
3 Der eben erst erreichte Grad der Tapferkeit gibt Jesus nun das Recht, die Hallen zu betreten, und der Tempeldiener weist den Weg.
4 Nachdem sie durch gar manchen reich geschmückten Raum hindurchgegangen sind, erreichen sie den ›Saal der Harmonie‹, und Jesus wird allein gelassen.
5 Unter all den Instrumenten, die sich hier befinden, sieht er eine Harfe. Jesus setzt sich nieder und betrachtet sie gedankenvoll, als eine wunderschöne Maid mit leichtem Fuß den Saal betritt.
6 Sie scheint den in Gedanken tief Versunkenen nicht wahrzunehmen,
7 wendet sich zur Harfe, schlägt die Saiten an und singt die altvertrauten Weisen Israels.
8 Und Jesus ist verzaubert. Solche Anmut hat er nie zuvor geschaut und solche Stimme nie zuvor gehört.
9 Die Maid singt ihre Lieder. Scheinbar weiß sie nicht, daß jemand lauscht, und leise geht sie wieder aus dem Saal.
10 Der Logos fragt sich: »Welchen Sinn hat das Erscheinen dieser Maid? Ich wußte nicht, daß so viel Schönheit, so viel königliche Anmut unter Menschenkindern anzutreffen ist.
11 Ich wußte nicht, daß je ein' Irdische mit solcher Engelsstimme singt und daß so himmlische Musik von Menschenlippen tönt.«
12 Für Tage ist der Logos wie verzaubert. Die Gedanken kreisen nur in einer Richtung. An die Sängerin und ihre Lieder muß er denken.
13 Sehnsucht rührt an seine Seele. Tage später kommt sie wieder, spricht mit ihm und legt die Hände auf sein Haupt.
14 Und tief erschüttert die Berührung sein Gemüt. Vergessen ist das große Werk, für das er kam.
15 Nur wenig Worte sagt die Maid und geht. Das Herz des jungen Meisters ist ergriffen.
16 Vor die schwerste Prüfung seines Lebens sieht er sich gestellt, denn heiß in seiner Seele flammt die Liebe auf.
17 Er kann nicht essen, kann nicht schlafen. Die Gedanken, die sich nur noch um die Jungfrau drehen, wollen nicht mehr weichen. Laut ruft seine irdische Natur nach ihrer Gegenwart und ihrer Liebe.
18 Dann jedoch besinnt er sich und sagt: »Ich habe jeden Feind, dem ich begegnet bin, besiegt – und soll ich jetzt der Sinnenliebe unterliegen?
19 Mein Vater hat mich doch gesandt, damit ich dieser Welt die Macht der Liebe Gottes demonstriere, jener

Liebe, welche alles, was lebendig ist, umfaßt.

20 Soll nun die Sinnenliebe dieser Welt die reine Gottesliebe ganz verdrängen? Soll ich alle Kreatur vergessen und mich an die Maid verlieren? Wäre sie doch nicht die edelste, die reinste und die schönste aller Frauen!«

21 Seine Seele ist in ihrer tiefsten Tiefe aufgewühlt, und lange, lange kämpft er mit dem Engelsbild in seinem Herzen, dem Idol, das ihn zu Fall zu bringen droht.

22 Doch wie der Kampf verloren scheint, erhebt sich machtvoll und gebieterisch sein Hohes-Selbst. Er findet sich erneut und sagt:

23 »Obwohl mein Herz in dieser härtesten der Prüfungen zerbrechen will, darf ich nicht unterliegen. Sieger will ich bleiben auch in diesem Kampf.«

24 Zum dritten Mal erscheint die schöne Maid, um ihm ihr Herz und ihre Hand zu schenken.

25 »Edle Jungfrau«, sagt er, »deine Gegenwart erfüllt mich mit Entzükken. Deine Stimme ist wie Balsam für mein Herz. Mein ganzes Sein fliegt dir entgegen, und in deiner Liebe fände ich Zufriedenheit und Glück.

26 Doch schau, die Welt verlangt nach einer Liebe, welche zu verwirklichen ich hergekommen bin.

27 So bitte ich dich denn zu gehen. Sicher werden wir uns wiedersehen, unsre Lebenswege trennen sich nicht ganz.

28 Ich sehe dich im hastenden Gedränge dieser Erde als den Engel reiner Liebe, und ich höre deine Stimme im Gesang. Der Menschen Herzen werden höher schlagen.«

29 Schmerzbewegt, mit tränenvollen Augen geht die Maid, und Jesus ist erneut allein.

30 Da fangen alle Tempelglocken an zu läuten, und der Chor der Priester singt ein Jubellied. Im Lichterglanz erstrahlen alle Räume.

31 Diesmal kommt der Meister selber und begrüßt den Jüngling mit den Worten: Heil dir, Logos, Heil! Du hast die Erdenliebe überwunden. Siegreich stehst du auf der Höhe.

32 Die Papyrusrolle, welche Jesus nun empfängt, enthält die Worte: Göttliche Liebe.

33 Hell erleuchtet ist die große Tempelhalle, wo ein Fest bereitet ist zu Jesu Ehren.

Jesus besteht die siebte Prüfung bei seiner Arbeit in der Totenhalle.

54 Der Weg zum Studium des letzten Grades ist nun offen. Jesus wird vom Hierophanten selber unterrichtet.

2 Nunmehr lernt er die Mysterien Ägyptens kennen, die Geheimnisse von Tod und Leben und der Welten außerhalb des Sonnenkreises.

3 Nach Beendigung der Studienzeit beginnt er seine Arbeit in der Totenhalle, wo er lernt, wie man der Menschen Körper vor Verwesung schützt.

4 Der Leichnam eines Säuglings wird gebracht, und klagend folgt die Mutter, eine Witwe, ihrem einzigen geliebten Sohn, denn groß ist ihre Trauer.

5 Jesus sagt zu ihr: »O gute Frau, so trockne deine Tränen. Schau, du folgst ja nur der leeren Hülle. Hierin ist dein Sohn nicht mehr zu finden.

6 Du weinst, weil er gestorben ist,

doch ›Tod‹ ist ein Begriff, der in die Irre führt. Dein Sohn kann nimmer sterben.

7 Ein bestimmtes Werk im Erdenkörper hatte er zu tun. Er kam, er tat das Werk und legte dann den Körper wieder ab. Er braucht ihn jetzt nicht mehr.

8 Verborgen deinem Blick verrichtet er nun eine neue Tätigkeit und tut sie gut. Dann schreitet er zu weiteren Verpflichtungen, um nach und nach die Krone eines Lebens in Vollkommenheit zu tragen.

9 Was dein Sohn getan hat und noch tut, das tun wir alle.

10 Wenn du deinen Kummer pflegst und deiner Seele Qualen Ausdruck gibst, dann wachsen beide Tag um Tag. Dann dauert es nicht lange, und dein ganzes Leben wird von Leiden überwuchert und von Tränen überschwemmt.

11 Statt deinem Sohn zu helfen, treibst du ihn in Schmerz und Leid durch deinen hemmungslosen Kummer. Trost sucht er auch jetzt bei dir zu finden. Froh ist er, wenn du dich freust, und traurig, wenn du trauerst.

12 Geh, vergrabe deinen Schmerz und lächle über deinen Gram. Vergiß dich selbst, indem du anderen die Tränen trocknest.

13 Vollbrachtes Werk bringt Glück und Freude. Dann herrscht Fröhlichkeit im Herzen derer, die dahingegangen sind.«

14 Da wendet sich die Witwe von der Bahre, geht und findet Glück in Hilfsbereitschaft. Tief vergräbt sie ihren Schmerz in Liebestätigkeit.

15 Dann bringt man eine Mutter in die Totenhalle. Ihre kleine Tochter folgt der Bahre.

16 Wie sich nun der Trauerzug der Pforte nähert, sieht das Mädchen einen wunden Vogel, der, vom Pfeile eines Jägers in die Brust getroffen, mühsam flattert.

17 Da verläßt sie ihre tote Mutter, um dem lebenden Geschöpf zu helfen.

18 Liebevoll und zart birgt sie das Tier an ihrer Brust und eilt der Bahre nach.

19 Und Jesus fragt das Kind: »Warum bist du von deiner Mutter Bahre weggeeilt und drückst den wunden Vogel an dein Herz?«

20 Das Mädchen sagt: »Für einen toten Körper kann ich nichts mehr tun, doch helfen kann ich, wo noch Leben pulst. Die Mutter hat mich dies gelehrt.

21 Sie sagte stets, daß Trauer, Eigenliebe, Furcht und Hoffnung nichts als Spiegelbilder aus dem Erden-Selbst des Menschen sind.

22 Nur kleine Wellen sind es auf der großen Lebenswoge.

23 Flüchtig und vergänglich.

24 Tränen fließen nur aus Erdenherzen, denn der Geist weint nie. Ich sehne mich nach jenem Tag, an dem ich wandeln kann im Licht und Tränen nicht mehr sind.

25 Die Mutter lehrte mich, daß alle Leidenschaften nichts als Gischt sind, welcher von des Menschen Liebe, Furcht und Hoffnung sprüht. Sie meinte, nur wer seine Leidenschaften überwunden hat, gelangt ins Glück.«

26 Da neigt der Logos ehrerbietig vor dem Kind das Haupt und sagt:

27 »Seit Tagen, Monaten und Jahren habe ich die allerhöchste Wahrheit zu verstehen mich bemüht, und nun hat dieses kleine Kind die ganze

Wahrheit in der Kürze eines Atemzuges ausgesprochen.
28 Nicht verwunderlich, daß König David sagte: ›Herr, o Herr, wie herrlich ist Dein Name in den Landen. Singen will ich Dir ein Lob aus Kindermund.‹
30 Und nun legt Jesus seine Hände auf das Haupt des kleinen Mädchens. Liebevoll sagt er zu ihr: »Der Segen meines Vaters ruht auf dir, mein Kind, für alle Zeiten.«

Jesus erreicht den siebten und höchsten Grad – Die Christusweihe.

55 Die Arbeit Jesu in der Totenkammer ist getan. Im purpurroten Saal des Tempels steht er vor dem Hierophanten.
2 Purpurrot ist sein Gewand. Die Brüder stehen ehrerbietig. Sich erhebend sagt der Meister:
3 Heute ist ein königlicher Tag für alle Völker Israels. Wir wollen nun das Passah-Fest zu Ehren dieses auserwählten Sohnes feiern.«
4 Dann zu Jesus hingewendet, sagt er: »Bruder, der du unter allen Menschen ausgezeichnet bist, die Ordensprüfungen hast du bestanden.
5 Sechsmal wurdest Du vor unsern Richterstuhl geleitet. Sechsmal hast du dir die höchste Ehre, die ein Mensch vergeben kann, verdient. Du stehst nun hier, den höchsten Grad der Weihe zu empfangen.
6 Dieses Diadem soll deine Stirne krönen. In der Großen Loge aller Himmel und der Welt bist du fortan der Christus.
7 Heute ist dein großes Passah-Fest. Ein Meister bist du nun. Die Zeit des Lernens ist vorüber.
8 Menschen können nichts mehr für dich tun, doch Gott wird reden. Er wird dir den Titel und den Grad, den du erworben hast, bestätigen.
9 So ziehe deiner Wege, denn du sollst das Evangelium des guten Willens und daß Friede sei auf Erden, predigen. Du sollst Gefängnistore öffnen und Gefangene in Freiheit setzen.«
10 Wie der Hierophant so redet, läuten alle Tempelglocken. Eine weiße Taube schwebt herab auf Jesu Haupt.
11 Und eine Stimme, die den Tempel zum Erbeben bringt, ruft: »Dieses ist der Christus!« Alle Lebewesen auf der Erde sagen Amen.
12 Die großen Tempeltore öffnen sich – der Logos zieht als Überwinder in die Welt.

TEIL XII

LAMED

Der Rat der sieben Weltweisen

Zusammenkunft der sieben Weisen in Alexandrien. Die drei ersten Ansprachen.

56 Am Anfang einer jeden Zeitepoche leben sieben Weise auf der Erde.

2 Den Entwicklungsstand der einzelnen Nationen zu betrachten, kommen sie zusammen.

3 Sie notieren sich, wie weit die Menschheit in bezug auf Liebe, Rechtsempfinden und Gerechtigkeit vorangeschritten ist.

4 Gemeinsam formulieren sie die religiösen Postulate, die Gesetzesparagraphen und Regierungsformen, welche für die neue Zeit am ehesten geeignet scheinen.

5 Ein Jahrtausend ist vergangen, und ein anderes beginnt. Die Weisen müssen nun erneut beraten.

6 Hier, in Alexandrien, dem Zentrum der Gelehrsamkeit, im Haus des Philo, treffen sich die sieben Weisen.

7 Meng-tse kommt von China, Vidyapati kommt von Indien, Kaspar kommt von Persien und Ashbina kommt von Syrien. Apollo kommt von Griechenland, Matheno aus Ägypten. Philo, Herr des Hauses, ist ein Meister israelischen Gedankengutes.

8 Während sieben Tagen sitzen diese sieben Weisen schweigend beieinander.

9 Meng-tse ist der erste, welcher spricht: »Das Rad der Zeit hat sich gedreht. Die Menschenrasse steht nunmehr auf einer höheren Gedankenstufe.

10 Die Gewänder, welche unsre Väter wirkten, haben ausgedient. Der Cherub der neuen Zeit hat uns sein himmliches Gewebe in die Hand gelegt, und wir, der Rat der sieben Weisen, müssen nun den Menschen neue Roben fertigen.

11 Vermehrtes Licht verlangt der Mensch. Er ist nicht mehr zufrieden mit den alten Göttern, die aus Ton geformt, aus Stein gemeißelt sind. Er sucht sich einen Gott, der nicht aus Menschenhand hervorgegangen ist.

12 Die Morgenröte eines neuen Tages sieht er, doch er kann sie nicht verstehen.

13 Die Zeit ist reif – wir müssen beste Arbeit leisten.

14 Laßt uns neue Kleider für Gerechtigkeit, für Gnade, für die Wahrheit und die Liebe machen, um die Nacktheit zu verbergen, wenn das Licht des neuen Tages dämmert.«

15 Vidyapati sagt: »Die Priester Indiens sind verwirrt, sie sehen nur Dämonen in der Wildnis. Ihre Lampen schleudern sie nach dieser Illusion. So haben sie kein Licht mehr für die Menschen.

16 Dunkel ist die Nacht. Das Herz des Volkes schreit nach Licht.
17 Die Priesterschaft kann nicht gerettet werden, sie ist tot. Nur Grabgewölbe und der Totenlieder Klang verbleiben ihr.
18 Nach Freiheit ruft die neue Zeit. Nach jener Freiheit, die aus jedem Menschen einen Priester macht und ihn befähigt, ohne Hilfe seine Opfergaben auf den Schrein zu legen.«
19 Kaspar sagt: »Das Volk von Persien fürchtet sich. Das Gute tut es nur aus Angst, es könnte Böses tun.
20 Der Teufel ist die größte Macht in diesem Land. Obgleich ein Mythos nur, wiegt er auf seinen Knien jung und alt.
21 Das Land ist finster, und im Finstern wächst das Übel.
22 Furcht verbreitet sich mit jedem Hauch und lauert ihrem Opfer auf in jedem Lebewesen.
23 Furcht vor Bösem ist ein Mythos, eine Illusion und eine Schlinge. Doch die Furcht wird weiterleben, bis es einer großen Macht gelingt, des Äthers Schwingung zu der Ebene des Lichtes zu erheben.
24 Wenn dies geschieht, dann wird das Land der Magier wieder leuchten. Persiens Seele schreit nach Licht.«

Die Ansprachen von Ashbina, Apollo, Matheno und Philo.

57 Ashbina sagt: »Assyrien ist ein Land des Zweifels. Das Gespann, in welchem man am meisten fährt, heißt ›Zweifel‹.
2 Babylon, die Stadt des Glaubens, war in alten Zeiten hell und licht. Sie war in weiße, leuchtende Gewänder eingehüllt, so übermächtig strahlend rein, daß Furcht die Menschen packte.
3 Die Furcht begann das Rad zu drehen. Zweifel kämpfte gegen Glaube. Glanz und Reinheit wurden aus dem Land verbannt und kehrten nie zurück.
4 Die Menschen beten Gott den Einen nur in der Gebärde an, in ihren Herzen aber zweifeln sie an seiner Existenz.
5 Der wahre Glaube glaubt an einen unsichtbaren Gott, jedoch der Zweifler will ihn sehen.
6 Was Assyrien braucht, ist Glaube, ein Glaube, welcher alles, was da ist, durchdringt.«
7 Apollo sagt: »Die Griechen brauchen wahre Gotterkenntnis.
8 Ohne Führung sind die Götter Griechenlands. Leicht macht man aus Gedanken Götter, und als Götter betet man sie an.
9 Die Welt des Denkens ist gewaltig groß und voller Widersprüche. Deshalb ist der Götter Sitz von Feindschaft, niederen Intrigen und von Krieg umgeben.
10 Griechenland benötigt eine Meisterseele, welche über seinen Göttern steht und fähig ist, der Menschheit Denken von den vielen Göttern zu dem einen Gott zu lenken.
11 Über jenen Hügeln dämmert schon das Licht des neuen Tages. Möge bald sein Glanz erstrahlen.«
12 Matheno sagt: »Ägypten ist das Land der Totenkulte und Mysterien.
13 Von alters her sind unsre Tempel ein Versteck für Dinge, die verborgen liegen. Finster sind die Tempel, Krypten und Gewölbe.

14 Wo das Licht herrscht, gibt es kein Geheimnis, und die Sonne bringt versteckte Wahrheit an den Tag. Wo Gott ist, gibt es das Geheimnis nicht.
15 Die Sonne steigt empor, und ihre Strahlen dringen ein durch alle Tore, ja durch jede Ritze der geheimen Krypten Mizraims.
16 Wir grüßen dich, o Licht! Ägypten sehnt sich nach dem neuen Tag.«
17 Und Philo sagt: »Das Leben und das Denken der Hebräer ruft nach Freiheit.
18 Die Propheten, Seher und Gesetzesgeber waren Männer, groß an Macht und heiligen Gedanken. Ideal war Jahves Religion. Sie war geeignet und war stark und gut, das Volk der Juden zur Vollkommenheit zu führen.
19 Doch der niedere Verstand verwarf Vollkommenheit und Heiligkeit. Der Egoismus in der Priesterschaft nahm überhand. Zum Mythos ward die Herzensreinheit. Heute ist das Volk versklavt.
20 Die Priester sind der Fluch des Landes. Wenn er kommt, der kommen muß, dann wird er die Befreiung proklamieren. Israel wird frei sein von Versklavung.
21 Gott hat Weisheit, Licht und Liebe in die Welt gesandt. Sein Name ist Immanuel.
22 Es wurden ihm die Schlüssel überreicht, mit welchen er die Tore öffnen kann, und hier, als Mensch, ist er mit uns.«
23 Bei diesen Worten öffnet sich die Türe, und der Logos tritt herein.
24 Die sieben Weisen und der Logos meditieren sieben Tage lang in stiller Andacht.

Niederschrift der Postulate. Die ersten vier Postulate.

58 Die sieben Weisen öffnen nun nach ihrer Ruhezeit das Buch des Lebens.
2 Die Geschichte von des Menschen seelischer Entwicklung lesen sie, von Kampf und Leid, und was er im Verlauf der Zeit verloren und gewonnen hat. Im Licht vergangener Ereignisse und wissend, was der Mensch benötigt, suchen sie zu formulieren, was für ihn das Beste ist.
3 Sie wissen um die Regeln und Gebote, welche in der Zukunft Geltung haben sollen, und erkennen jenes höchste Gottesideal, das von der Menschheit eben noch begriffen werden kann.
4 Sie wollen sieben Postulate schreiben, die als Grundstein dienen sollen, für die Weltanschauung und den Gottesdienst der neuen Zeit.
5 Der Älteste der Weisen, Meng-tse, spricht zuerst und sagt:
6 »Noch ist der Mensch nicht reif genug, daß er allein im Glauben leben könnte. Die Dinge, die er nicht mit Augen sieht, begreift er nicht.
7 Noch ist der Mensch ein Kind und braucht Belehrung durch Symbole, Bilder, Riten und Modelle.
8 Er benötigt einen Gott, der Menschenzüge trägt. Im reinen Glauben kann er Ihn nicht schauen.
9 Auch regieren kann er sich nicht selbst. Der König soll regieren, dienen muß der Mensch.
10 Die übernächste Zeitepoche ist die Zeit des wahren Menschen und des wahren Glaubens.
11 Ohne seine Fleischesaugen wird der Mensch in jener segensreichen

Zeitepoche schauen, ohne Ohren hören können, und erkennen wird er Gott als Geist.

12 Die nächste Zeit ist eine Vorbereitungszeit, und Schulung, Bildung, Kirchenrituale und Regierungsformen müssen einfach sein, so daß sie allgemein verstanden werden.

13 Noch ist der Mensch nicht schöpferisch. Er baut nach Mustern, die er sieht. So müssen wir in diesem Rat Modelle schnitzen für die neue Zeit.

14 Wir wollen nun die Gnosis christlicher Erkenntnis für das Reich der Seele formulieren, und auf sieben Postulaten soll sie stehen.

15 Jeder schreibe eines dieser Postulate. Diese seien Fundamente für die Glaubenssätze, bis die Zeitepoche der Vollkommenheit herangekommen ist.«

16 Meng-tse formuliert das erste dieser sieben Postulate:

17 »Alle Dinge sind Gedanken. Alles Leben ist Gedankenkraft in Tätigkeit, und alle Wesen sind verschiedenartigste Erscheinungsformen des ursprünglichen Gedankens. Gott ist Allgedanke.«

18 Vidyapati formuliert das zweite Postulat:

19 »Der Urgedanke Gottes bildet eine Einheit, doch in seinem Wesen ist er zwiefach: Macht und Weisheit. Wenn sie beide atmen, wird das Kind geboren. Dieses Kind ist Liebe.

20 So entsteht die Dreiheit – Vater-Mutter-Kind.

21 Diese Dreiheit Gott ist Eins, doch auch die Sieben ist in ihr enthalten.

22 Als die Dreiheit Gottes wieder atmete, da standen sieben Geister – schöpferisch begabte Wesen – vor dem Angesicht der Gottheit.

23 Schöpfergeister nennt man sie. Nach ihrem Bilde schufen sie den Menschen.«

24 Kaspar schreibt das dritte Postulat:

25 »Der Mensch ist ein Gedanke Gottes, in der Form der Siebenheit gestaltet und in die Substanz der Seelenwelt gekleidet.

26 Stark im Wünschen, trachtet er auf allen Ebenen des Lebens seine Fähigkeiten anzuwenden, und erbaut sich einen Körper aus der Ätherschwingung irdischer Materie. So steigt er herab zur Erdensphäre.

27 Sein Geburtsrecht büßt er ein bei diesem Abstieg. Er verliert die Harmonie mit Gott, und Dissonanz in den Akkorden allen Lebens ist die Folge.

28 Dissonanz und Übel sind identisch, deshalb ist das Übel eine Machenschaft des Menschen.«

29 Ashbina schreibt das vierte Postulat:

30 »Ein Same kann im Licht nicht keimen, deshalb braucht er dunkles Erdreich, um zu wachsen und sich vor dem Licht zu schützen.

31 Gleich dem Samen ist der Mensch für die Unsterblichkeit geschaffen, doch das Licht der hohen Sphären Gottes war zu hell für ihn.

32 So fand er in der Dunkelheit der Erdensphäre seinen Platz.

33 Hier schlägt er Wurzel und gedeiht.

34 Der Baum des Lebens breitet nunmehr seine Äste allgewaltig über alle Erdenschwere und erreicht durch die Naturgesetze seine formvollendete Gestalt.

35 Man braucht den Zauberstab der Gottheit nicht, um einen Menschen von der dunklen Erde in das Licht

der Geisteshöhen zu erheben, denn er wächst wie eine Pflanze, um, wenn seine Zeit gekommen ist, Vollendung zu erreichen.
36 Reinheit ist die Eigenschaft der Seele, welche es dem Menschen möglich macht, in Gottes Sphären aufzusteigen.«

Die drei letzten Postulate. Der Segen.

59 Apollo schreibt das fünfte Postulat:
2 »Die Menschenseele wird zum Licht emporgezogen von vier weißen Pferden. Diese heißen: Wille, Glaube, Hilfsbereitschaft, Liebe.
3 Wer etwas will, hat auch die Kraft, es durchzuführen.
4 Hinter dieser Kraft steht Glaube. Wenn der Glaube tätig wird, beginnt die Seele ihren Höhenflug.
5 Der selbstsüchtige Glaube bringt die Seele nicht zum Licht. Ein Pilger, welcher lichtwärts strebt, ist niemals einsam. Nur wer anderen zum Licht verhilft, gelangt ins Licht.
6 Das vierte Pferd, das uns zur höchsten Höhe bringt, ist Liebe, reine, selbstlos-große Liebe.«
7 Matheno schreibt das sechste Postulat:
8 »Die reine, selbstlos-große Liebe, über die Apollo sprach, entstammt der Weisheit und dem Willen Gottes. Gott hat diese Liebe in die Welt gesandt, damit die Menschheit wissend werde.
9 Die allumfassend große Liebe, die wir meinen, ist der Christus.
10 Das größte der Mysterien aller Zeiten ist, daß Christus in des Menschen Herzen lebt.
11 Er kann nicht wohnen in den engen Höhlen weltlicher Gedanken. Sieben Kämpfe müssen ausgefochten, sieben Siege voll errungen werden, ehe Ängste, selbstsüchtige Wünsche und Gefühle, Emotionen, Haß und niedere Gedanken überwunden sind.
12 Ist dies erreicht, dann wird der Christus in der Seele herrschen, und vollendet ist das Werk, denn Mensch und Gott sind eins.«
13 Und Philo schreibt das siebte Postulat:
14 »Ein Mensch in der Vollkommenheit! Ein Wesen so wie ihn vor die Dreieinigkeit zu bringen, ist der Schöpfung Krone.
15 Die Vereinigung von Gott und Menschen ist die höchste Offenbarung der Mysterien des Lebens.
16 Wenn der Wesensinhalt der Materie umgewandelt ist in Seelenenergie und wenn der Wesenskern der Seele Gott zurückgegeben wird, dann ist der Mensch zum Gott geworden, und das Schöpfungsdrama ist zu Ende. Das ist alles.«
17 Amen, sagen alle sieben Weisen.
18 Meng-tse spricht: »Gott sandte einen Meister, der durch unermüdliche Bemühungen Erleuchtung fand und Menschendenken leiten kann.
19 Wir grüßen ihn, den Mann aus Galiläa, Jesus, anerkannt von allen Meisterseelen dieser Erde und des Himmels. Wir verehren ihn als Meister aller Weisen dieser Welt.
20 In Anerkennung seiner Weisheit, welche er den Menschen übermittelt, krönen wir ihn mit dem Lotuskranz.
21 Mit unser aller Segen senden wir ihn in die Welt.«
22 Mit diesen Worten legen alle sieben Weisen ihre Hände auf das Haupt

des Nazareners. »Lob und Dank dem Vater«, tönt es wie aus einem Munde.
23 »Weisheit, Ehre, Macht und Reichtum, Kraft und Segen seien dein, o Christus.«
24 ›So sei es‹, rufen alle Lebewesen.
25 Und die sieben Weisen meditieren wieder sieben Tage lang.

Jesu Ansprache im Rat der sieben Weisen.

60 Die sieben Tage schweigender Betrachtung sind vorüber. Jesus spricht:
2 »In diesen sieben Postulaten ist der Werdegang der Menschheit festgehalten. Sie bedeuten sieben Hügel, und auf diesen soll die heil'ge Stadt errichtet werden.
3 Diese sieben Postulate sind die Fundamente, und auf ihnen soll die Neue Kirche stehen.
4 Der Schmerzen und Gefahren, denen ich auf meinem Weg begegnen werde, bin ich mir bewußt, und bitter ist der Kelch, der mir gereicht wird. Leicht kann da die menschliche Natur verzagen.
5 Meinen Willen habe ich dem Willen Gottes unterstellt. So gehe ich denn meinen Weg. Ich rede und ich handle, wie der Heil'ge Odem mir zu reden und zu handeln eingibt.
6 Die Worte, die ich spreche, sind nicht meine Worte, sondern Gottes Worte, dessen Werke ich verrichte.
7 Die Menschheit ist noch nicht genügend vorbereitet, die von allen anerkannte Kirche zu begreifen. Deshalb ist die Gründung dieser Kirche nicht der Auftrag, den der Vater mir gegeben hat.
8 Ich bin Erbauer des Modells der Neuen Kirche. Gott hat mich gesandt, ein Muster dieser Kirche anzufertigen, ein Muster, das dem Menschen dieser Zeit verständlich ist.
9 In meiner Heimat muß ich das Modell erbauen. Auf der Wahrheit, daß die Liebe Sohn der Gottheit ist und ich es bin, der diese Liebe bringt — auf diese Wahrheit soll die Musterkirche stehen.
10 Aus dem Volk will ich zwölf Männer wählen. Sie repräsentieren zwölf unsterbliche Gedanken. Diese sind die Neue Kirche.
11 Meine Sippschaft, Judas Stamm, begreift nur wenig von den Lehren, die ich aller Welt zu bringen habe.
12 Sie werden mich verachten, meiner Werke spotten, fälschlich mich verklagen, meine Hände binden, mich zum Stuhl des Richters führen, und den Tod am Kreuz muß ich erleiden.
13 Die Wahrheit aber kann der Erdenmensch nicht töten. Wenn sie auch verbannt ist, machtvoll wird sie wiederkehren. Unterwerfen wird sie sich die Welt.
14 Die Musterkirche wird bestehen. Wenn die Menschen auch aus Egoismus ihre heiligen Gesetze, Riten und Symbole schänden und ihr Gottesdienst nur äußerliches Schauspiel ist, so werden doch die Wenigen das Königreich der Seele in ihr finden.
15 Wenn das schon erwähnte bessere Jahrtausend kommt, dann wird die Kirche Christi nach dem reif gewordenen Modell erbaut und auf den sieben Postulaten aufgerichtet werden.
16 Mit der Macht des Glaubens und der Kraft, die ich von euch erhalten habe, wende ich mich nach Jerusalem.
17 Im Namen Gottes, unsres Vaters,

wird das Königreich der Seele auf den sieben Hügeln aufgerichtet.

18 Alle Völker dieser Erde, welchem Stamme, welcher Sprache sie auch angehören, mögen Eingang finden in das Königreich.

19 Der Prinz des Friedens wird dann seinen Thron der Macht besteigen. Die Dreieinigkeit wird sein das All-im-All.«

20 Die sieben Weisen sagen Amen.

21 Jesus geht nun seines Weges nach Jerusalem und dann nach Galiläa.

TEIL XIII

MEM

Die Tätigkeit Johannes des Täufers

Der Täufer in der Wildnis und im Tempel. Ankündigung des Königs.

61 Nach langer Studienzeit im Tempel Sakara, im Lande der Ägypter, kehrt Johannes, Sohn von Zacharias und Elisabeth, ins Heimatland zurück und hält sich kurze Zeit in Hebron auf.

2 In Davids Höhle richtet er sich häuslich ein. Dort war er einst als Knabe von Matheno dem Ägypter unterrichtet worden.

3 Man nennt ihn jetzt den Eremiten von Engedi und den wilden Mann der Hügel.

4 Felle wilder Tiere sind ihm Kleidung. Früchte, Rüben, Nüsse, wie auch wilder Honig sind die Nahrung, die er liebt.

5 Johannes ist jetzt dreißig Jahre alt, begibt sich nach Jerusalem und während sieben Tagen sitzt er schweigend auf dem Marktplatz.

6 Pharisäer, Schriftgelehrte, Priester und viel Volk versammeln sich in Scharen, um den stummen Eremiten aus der Wildnis zu betrachten. Keiner hat die Kühnheit, ihn zu fragen, wer er sei.

7 Nach Ablauf dieser stummen Fastenzeit erhebt er sich und ruft:

8 »Der König ist gekommen. Die Propheten haben längst von ihm berichtet, und die Weisen haben lange nach ihm ausgeschaut.

9 Bereite dich, o Israel, bereite dich, den König zu empfangen.«

10 Weiter sagt er nichts, er geht und niemand weiß, wohin er sich gewendet hat.

11 Beunruhigt ist die Stadt. Die Magistraten hören die Gerüchte, die im Umlauf sind.

12 Sie senden Boten aus, den Eremiten nach dem König zu befragen, doch die Boten können ihn nicht finden.

13 Nach geraumer Zeit erscheint der Eremit erneut. Die ganze Stadt kommt, ihn zu hören.

14 »Keine Angst, ihr Herrscher, denn der neue König ist kein Gegner«, sagt er, »und auf keinen Herrschersitz erhebt er Anspruch.

15 Prinz des Friedens, König der Gerechtigkeit und Liebe ist er. Im Bereich der Seele ist sein Königreich.

16 Doch unsichtbar ist es dem Menschenauge. Nur wer reinen Herzens ist, gelangt dahin.

17 Bereite dich, o Israel, bereite dich, den König zu empfangen!«

18 Um der Menge, die ihm folgen möchte, zu entgehen, tarnt Johannes magisch seinen Körper und wird unsichtbar für Menschenblicke.

19 Tage später feiert Israel ein Fest. Die Stadt Jerusalem ist voll von Ju-

den und von Andersgläubigen aus aller Welt. Der Eremit steht mitten unter allem Volk und ruft:
20 »Bereite dich, o Israel, bereite dich, den König zu empfangen.
21 Voller Sünde bist du Israel. Die Armen betteln in den Straßen, und du achtest ihrer nicht.
22 Wer ist dein Nächster? Freund und Feind betrügst du gleichermaßen.
23 Gott verehrst du nur noch mit den Lippen, nicht mehr mit dem Herzen. Nur nach Geld und Gut steht dir der Sinn.
24 Deine Priester haben viel zu schwere Bürden auf das Volk geladen. Selber leben sie bequem und leicht auf Kosten des von ihnen unterdrückten Volkes.
25 Deine Rechtsgelehrten und Doktoren wuchern mit dem Land, wie Krebsgeschwür am Leib des Staates.
26 Sie spinnen nicht, sie weben nicht, und dennoch schöpfen sie den Hauptgewinn für sich bei jedem Handel.
27 Deine Magistraten sind Erpresser, Ehebrecher, Diebe, die das Recht der anderen mißachten.
28 Räuber sind sie, die in heil'gen Hallen ihr Geschäft betreiben. Dieben habt ihr euren Tempel überlassen, und die Wechselstuben stören den, der beten möchte.
29 Hört, ihr Männer, ändert euren Sinn, verlaßt die üblen Wege, sonst wird Gott sich von euch wenden. Fremde Völker könnten kommen, und in einer kurzen Stunde wären Ruhm und Ehre euch geraubt.
30 Bereite dich, o Israel, bereite dich, den König zu empfangen.«
31 Johannes schweigt, verläßt den Tempelhof, und niemand sieht ihn gehen.
32 Priester, Schriftgelehrte und Doktoren sind erbost. Man sinnt auf seinen Fall und sucht nach ihm – doch keiner kann ihn finden.
33 In Verteidigung des Eremiten ruft das Volk: »Er spricht die Wahrheit!«
34 Wie die Schriftgelehrten, Priester und Doktoren diese Worte hören, sind sie um ihr Leben bange und verbergen sich.

Des Täufers Abschiedsworte. Verschmähung des Weines bei Lazarus' Fest.

62 Andern Tages spricht der Eremit im Tempelhof:
2 »Bereite dich, o Israel, bereite dich, den König zu empfangen.«
3 Die Tempelpriester, Schriftgelehrten und Doktoren möchten nunmehr wissen, was der oftmals wiederholte Satz bedeutet.
4 »Verwegener, was ist der Zweck und Sinn der Botschaft, die du Israel verkündest?« fragen sie. »Wenn du Prophet und Seher bist, dann sag uns offen, wer dich schickt.«
5 »Ich bin die Stimme eines Rufers in der Wüste«, sagt Johannes. »Macht die Pfade grad und ebnet ihm den Weg, denn siehe da, der Prinz des Friedens kommt und will in Liebe herrschen.«
6 Der Prophet Malachi kündet Gottes Wort, in dem er schreibt:
7 »Ich will Elias zu euch senden, eh die Tage der Vergeltung kommen, um die Herzen Israels erneut Jehovah zuzuwenden. Will das Volk nicht hören, spürt es Meinen Fluch.«
8 Ihr Männer Israels, ihr wißt um eure Sündenlast. Als ich vorüberging

in euren Straßen, sah ich einen Vogel mit geknickten Flügeln ängstlich flattern. Menschen aller Stände schlugen auf ihn ein. Ich blickte wieder hin — und da erst sah ich, daß Gerechtigkeit sein Name war.
9 Ich schaute noch einmal — und sah, daß sein Gefährte tot im Staub der Straße lag. Es war die Redlichkeit, und ihre reinen, weißen Schwingen waren schmutzbedeckt.
10 Ich sage euch, ihr Männer, eure arge Schuld an diesen Dingen stinkt zum Himmel, wie ein übles Jauchefaß.
11 Bekehre dich, o Israel, bekehre dich und halte dich bereit, den König zu empfangen.«
12 Aus dem Tempel gehend, wendet sich Johannes noch ein letztes Mal zurück und sagt:
13 »In sieben Tagen stehe ich in Gilgal an der Jordanfurt, an jener Stelle, wo die Scharen Israels dereinst das heil'ge Land betraten.«
14 Viele folgen nun dem Eremiten. In Bethanien angekommen, sucht er Lazarus aus seiner Sippschaft auf.
15 Es drängen sich die Menschen ängstlich um das Haus des Lazarus und weichen nicht. Da tritt Johannes unter sie und sagt:
16 »Bekehre dich, o Israel, bekehre dich und halte dich bereit, den König zu empfangen.
17 Israels Verfehlung liegt nicht einzig bei den Schriftgelehrten und Doktoren. Auch die Herrschenden und Reichen sind vom Bösen nicht allein beherrscht.
18 So ist auch Armut keine Garantie für Reinheit, Herrlichkeit und Güte.
19 Die ruhelosen Vagabunden dieser Welt sind meistens arm und betteln um ihr Brot.
20 Ich hörte, wie die Menge jubelte, als ich den Priestern ihre Ungerechtigkeiten vorhielt, und war Zeuge, wie dieselbe Menge Steine warf, bis die Gerechtigkeit verwundet in der Gosse lag.
21 Ich sah, wie sie die Redlichkeit zertrampelte.
22 Auch ihr, die ihr mir auf den Fersen folgt, seid keines Haares Breite besser als die Priester und die Schriftgelehrten.
23 Männer Israels, bekehret euch, der König ist gekommen. Haltet euch bereit.«
24 Johannes bleibt bei Lazarus und seinen Schwestern während kurzer Zeit.
25 Zu seinen Ehren wird ein Fest gegeben, und die Gäste sind versammelt.
26 Nach der Sitte füllt der Bürgermeister Wein in einen Becher, und als Gruß entbietet er ihn dem Johannes. Dieser hält den Becher hoch empor und sagt:
27 »Der Wein erfreut des Menschen Herz, doch traurig stimmt er seine Seele. Er ertränkt des Menschen Geist in Bitternis und Galle.
28 Nazars Eid schwur ich als Knabe. Seither floß kein Tropfen Weines über meine Lippen.
29 Wer den König liebt, der meide jeden Tropfen Wein wie Gift.«
30 Nach diesen Worten schüttet er den vollen Becher auf die Straße aus.

Des Täufers Tätigkeit am Jordan.

63 Johannes kommt nach Jericho, dort kehrt er bei Alphäus ein.
2 In Scharen eilt das Volk herbei und will ihn reden hören.

3 Doch Johannes schweigt. Als nun die Zeit gekommen ist, geht er zur Jordanfurt hinab und spricht zur Menge:
4 »Ändert euren Sinn und wascht euch rein von Sünden in des Jordans klaren Fluten, denn das Königreich ist nah.
5 So kommt herbei und reinigt euren Körper. Diese Handlung sei symbolisch für die Reinigung der Seele.«
6 Siehe da, die Menschen kommen, tauchen in die Fluten und bekennen ihre Sünden.
7 Viele Monde lang setzt sich Johannes ein für Reinheit und Gerechtigkeit. Dann geht er nach Bethanien, um auch dort zu lehren.
8 Erst kommt nur, wer ernsthaft Wahrheit sucht. Doch nach und nach, weil alle kommen, kommen auch die härtesten der Sünder – aber ohne Reue.
9 Wie Johannes diese reuelosen Pharisäer, Sadduzäer und Gelehrten vor sich sieht, sagt er zu ihnen:
10 »Oh, ihr Schlangenbrut, ihr fürchtet wohl, daß euch der Zorn Jehovahs trifft?
11 Genügt es denn, wenn ihr euch rühmt, die Erben Abrahams zu sein? Ich sage — nein!
13 In Gottes Augen sind die Erben Abrahams genauso schuldig wie die Heiden, wenn sie Unrecht tun.
14 Ein Baum, der keine guten Früchte trägt, wird mit der Axt gefällt, die Wurzeln werden ausgegraben und verbrannt.«
15 Da fragt das Volk: »Was willst du, daß wir tun?«
16 »Seid hilfreich gegen alle«, sagt Johannes, »denkt nicht einzig und allein an euer selbstsüchtiges Selbst.
17 Wer zwei Gewänder hat, der schenke eines dem, der kein Gewand besitzt. Gebt einen Teil der Nahrung eurem Nächsten, der in Not ist.«
18 Die Zöllner kommen nun und fragen: »Herr, was willst du, daß wir tun?« Johannes sagt:
19 »Seid ehrlich und macht keine eigenen Gewinne, wenn ihr den Tribut des Kaisers fordert.«
20 Wie die Söldner kommen und dieselbe Frage stellen, sagt Johannes:
21 »Hütet euch, die Waffen zu mißbrauchen. Tut kein Unrecht. Seid zufrieden mit dem Sold, den man euch gibt.«
22 Viele Juden glauben, daß Johannes der erwartete Messias sei.
23 Auf ihre Frage aber sagt er: »Wasser nehme ich, um euch zu waschen, als Symbol der Reinigung der Seele. Wenn jedoch der König kommt, der kommen wird, dann reinigt er mit Feuer und dem Heil'gen Odem.
24 Spreu und Weizen trennt er voneinander, wirft die Spreu hinweg und sammelt jedes Weizenkorn. Das ist der Christus.
25 Seht, Er kommt! Er geht mit euch, doch ihr erkennt ihn nicht.
26 Er ist der König, und ich bin nicht würdig, ihm die Riemen der Sandalen aufzubinden.«

Jesu Taufe im Jordan.

64 Die Nachricht, daß Johannes wiederum am Jordanufer weilt, verbreitet sich im ganzen Land. Auch Jesus hört davon und geht mit seiner kleinen Schar zur Jordanfurt.
2 Als er Johannes sieht, sagt er:

»Fürwahr, es ist der Gottesmann. Er ist der größte der Propheten. Seht, Elias ist zurückgekehrt.
3 Er ist der Bote, welchen Gott gesandt hat, um den Weg zu ebnen. Seht, das Königreich ist nah.«
4 Johannes sieht den Meister in der Menge stehen und ruft aus: »Es ist der König, der im Namen Gottes kommt.«
5 Und Jesus sagt zu ihm: »Ich möchte meinen Leib im Jordanwasser waschen, als Symbol der Reinigung der Seele.«
6 Da entgegnete ihm Johannes: »Du brauchst keine Reinigung, denn du bist rein in Worten, Taten und Gedanken. Ich dagegen bin nicht würdig, diesen Ritus zu vollziehen.«
7 Jesus aber sagt: »Ich bin gesandt als Vorbild für den Menschen, und was ich von ihm erbitte – muß ich selber tun. Die ganze Menschheit muß gewaschen werden, als Symbol der Reinigung der Seele.
8 Aus dieser Handlung soll ein Ritus werden – Taufe wollen wir ihn nennen, und bei diesem Namen soll es bleiben.
9 Deine Tätigket, Johannes, ist es, die verhüllten Dinge an das Tageslicht zu bringen und den Weg zu ebnen.
10 Die Menge ist bereit, die Wahrheit zu empfangen. Verkünden sollst du mich den Menschen, als Propheten der Dreieinigkeit, als Christus, den Erwählten Gottes.«
11 Hierauf führt Johannes Jesus in den Fluß und tauft ihn nun im heil'gen Namen dessen, der ihn ausgesandt, den Christusgeist in jedem Menschenkind zu offenbaren.
12 Wie der Meister aus dem Wasser steigt, erscheint der Heil'ge Odem in Gestalt der weißen Taube, setzt sich auf sein Haupt und eine Stimme aus den Himmeln ruft:
13 »Dieser ist der Christus – der geliebte Sohn – die Liebe Gottes in Gestalt des Menschen.«
14 Johannes hört die Stimme und versteht die Botschaft.
15 Christus geht von dannen, und der Täufer predigt weiterhin dem Volk.
16 Er tauft die Vielen, die ihm ihre Sünden anvertrauen, sich von ihren krummen Wegen lösen und zum Gottespfad bekennen – tauft mit Wasser, als Symbol der Reinigung der Seele.

TEIL XIV

NUN

Beginn der Christus-Tätigkeit Jesu

Die Versuchung in der Wüste.

65 Der Logos ist bekannt geworden als die inkarnierte Liebe, denn Johannes hat den Weg bereitet. Seine Christusbotschaft kann er nunmehr offenbaren.
2 Um allein zu sein mit Gott, um in sein Innerstes zu schauen und um Kraft und Wert des Herzens zu erproben – geht er in die Wüste.
3 Jesus redet zu sich selbst und sagt: »Noch ist mein Erden-Selbst gar mächtig, denn mit vielen Banden bin ich an das Irdische gebunden.
4 Habe ich die Kraft, zu überwinden und mein Leben willig für die Menschheit hinzugeben?
5 Wenn ich vor den Menschen stehe und die Masse fordert den Beweis, daß ich der längst versprochene Messias bin — wie wird dann meine Antwort sein?«
6 Und der Versucher naht und flüstert: »Bist du wirklich Gottes Sohn — befiehl, daß diese Steine sich in Brot verwandeln.«
7 Jesus fragt: »Wer ist es, der ein Zeichen wünscht? Das Wirken eines Wunders ist noch lange kein Beweis, der Gottessohn zu sein. Auch Teufel können Wunder tun.
8 Verblüfften nicht die schwarzen Magier ihren Pharao mit Wundertaten?
9 Meine Worte und mein Wirken sollen den Beweis erbringen, daß ich der Messias bin.«
10 Und der Versucher sagt erneut: »Wenn du dich von des Tempels Zinne wirfst, dann wird das Volk dir glauben, daß du wirklich der Messias bist.«
11 Bedenkenlos kannst du es tun, denn David sagte: »Gottes Engel werden dich auf Händen tragen, wenn du stürzen solltest.«
12 Jesus gibt zur Antwort: »Nimmer darf ich Gott den Herrn versuchen.«
13 Jener aber flüstert noch einmal: »Beschaue dir die Welt. Betrachte ihren Reichtum, ihr Vergnügen, ihren Ruhm und ihre Ehre.
14 Gib dein Leben hin an diese Welt, und sie ist dein.«
15 Doch Jesus ruft: »Hinweg mit euch — verführende Gedanken, mein Entschluß steht fest. Ich will dem Erden-Selbst mit seinem Ehrgeiz, seinem Stolz entgegentreten.«
16 Während vierzig Tagen kämpft der Logos mit dem Erden-Selbst, dann hat sein Hohes-Selbst den Sieg errungen. Nunmehr meldet sich der Hunger. Seine Freunde finden ihren Meister in der Wüste, pflegen ihn und kehren dann mit ihm zurück.
17 Jesus, der die Gegenwart des Heil'gen Odems in sich fühlt, begibt

sich an die Stätte, wo Johannes weilt und lehrt.

Jesus findet die ersten Apostel.

66 Viele von des Täufers Jüngern kommen aus dem Lande Galiläa. Unter ihnen sind Johannes und Jakobus, Simon und Andreas, ebenso Philippus und sein Bruder aus Bethsaida.
2 Eines Tages, als sie miteinander reden, kommt der Meister, und der Täufer ruft: »Fürwahr, es ist der Christus!«
3 Und Johannes, wie Andreas und Philippus schließen sich dem neuen Meister an, und dieser fragt: »Was sucht ihr?«
4 Sie entgegnen ihm: »Wo wohnst du?« Jesus sagt zu ihnen: »Kommt und seht.«
5 Andreas ruft nun seinen Bruder Simon: »Komm — ich fand den Christus.«
6 Simon kommt, und Jesus schaut ihn an. »Ein Fels bist du und Petrus soll dein Name sein.«
7 Philippus sucht Nathanael. Er findet seinen Bruder unter einem Feigenbaume sitzend. »Komm«, sagt er, »ich fand den Christus, der in Nazareth zu Hause ist.«
8 »Wie kann aus Nazareth denn irgend etwas Gutes kommen«, fragt Nathanael. Philippus meint: »So komm und sieh.«
9 Als Jesus den Nathanael erblickt, sagt er: »Fürwahr, ein Jude ohne Falsch.«
10 Nathanael befragt den Meister höchst erstaunt: »Wie kannst du solches von mir wissen?«
Jesus sagt: »Ich sah dich sitzen unter jenem Feigenbaum, als dich dein Bruder rief.«
12 Nathanael ist überglücklich: »Dann mußt du der König sein, von dem der Täufer oft berichtet hat.«
13 Johannes geht und sucht Jakobus, seinen Bruder, auf und führt ihn Christus zu.
14 Die sechs Apostel folgen ihrem neuen Meister in sein Heim, und Petrus sagt:
15 »Schon lange suchten wir den Christus, welcher Israel verheißen war. Aus Galiläa kommend, trafen wir den Täufer an und dachten uns, daß er der Christus sei. Doch dieser sagte, nein ich bin es nicht.
16 Er meinte, daß er nur der Wegbereiter sei, gesandt, des Königs Ankunft zu verkünden. Als er dich erblickte, rief er aus: ›Fürwahr, es ist der Christus.‹
17 Freudig wollen wir dir folgen Herr, wohin du immer gehst, und tun, was du verlangst.«
18 Und Jesus sagt: »Die Füchse dieser Erde haben ihren Bau, die Vögel ihre Nester. Ich jedoch, ich habe keinen Ort, wo ich mein Haupt zur Ruhe legen könnte.
19 Wer mir folgen will, muß alle materiellen Wünsche überwinden und sein Leben wagen, um das Leben anderer zu retten.
20 Ich bin gekommen, um die Menschheit zu erlösen, und erlöst ist jeder, der befreit ist von sich selbst. Der Mensch jedoch begreift nur langsam Christi Lehre.«
21 Petrus sagt: »Für andere will ich nicht reden, doch was mich betrifft, so will ich alles lassen. Folgen will ich dir, wohin du führst.«

22 Die andern sagen: »Du Herr hast das Wort der Wahrheit und du kommst von Gott. Wenn wir in deinen Spuren wandeln, irren wir uns nicht.«
23 Jesus und die sechs Apostel bleiben nunmehr lange Zeit in stiller Andacht beieinander.

Jesu einführende Rede am Jordan.

67 Am nächsten Tag kommt Jesus wieder. Mit dem Täufer steht er an der Jordanfurt, und dieser bittet ihn, er möge zu der Menge sprechen. Da sagt Jesus:
2 »Hört, ihr Männer Israels, das Königreich ist nah.
3 Der Schlüsselträger des Jahrhunderts steht in eurer Mitte. Mit dem Täufer sind Elias' Geist und Seele hier.
4 Fürwahr, er dreht den Schlüssel, und das Tor zum Königreich fliegt auf. Wer willens ist, tritt ein und kann den König sehen.«
5 Eine große Zahl von Menschen drängt sich in den Außenhöfen und Alleen. Jeder will der erste sein, dem König zu begegnen.
6 Schaut, der Wächter kommt und ruft: »Wer will, der trete ein. Befreien aber muß er sich zuvor von seinem üblen Denken.
7 Lösen muß er sich vom Wunsche, seinem Erden-Selbst zu frönen, und er muß sein Leben geben, die Verlorenen zu retten.«
8 Je mehr man sich dem Eingangstor des Königreiches nähert, desto kleiner das Gedränge, denn die Massen sind verschwunden.
9 »Wenn der Mensch mit seinen irdischen Gedanken, seinen Leidenschaften und Begierden in das Königreich gelangen wollte – niemals hätten alle Raum.
10 Doch da der Einzelne mit diesen üblen Eigenschaften nicht durch Gottes enge Pforte kommen kann, dreht er sich um und geht zurück. Nur wenige gelangen durch das Tor und sehen ihren König.
11 Fürwahr, der Täufer ist ein großer Fischer, der nach Menschenseelen fischt. Er wirft die Netze aus ins große Meer des Lebens, und wenn er sie einholt, hat er reiche Beute.
12 Welch ein bunter Fang von Krabben, Krebsen, Haien und Gewürm, und ab und zu ein Fisch von guter Sorte.
13 Seht, zu Tausenden versammeln sich die Menschen hier, den Eremiten aus der Einsamkeit zu hören. Scharenweise kommen sie, daß er sie in den reinen Fluten wasche. Ihre Sünden beichten sie nur allzu leicht.
14 Doch schon am nächsten Tag verfallen sie den alten Lastern, lästern Gott, verspotten den zuvor noch hochgepriesenen Johannes und beleidigen den König.
15 Selig sind, die reinen Herzens sind – sie werden ihren König schauen.
16 Selig sind, die starken Herzens sind – kein Wirbelsturm wirft sie aus ihrer Bahn.
17 Doch während die Gedankenlosen und die Wankelmütigen sich nach Ägyptens Fleischgerichten sehnen, haben die, die reinen Herzens sind, den König längst gefunden.
18 Aber auch die vielen, welche schwach im Glauben sind, wie jene,

welche allzu erdgebunden bleiben, werden wiederkommen, um mit großer Freude ihrem König zu begegnen.
19 Männer Israels, beachtet wohl, was der Prophet Johannes sagt: ›Seid reinen Herzens, starken Willens und bereit zu helfen – denn das Königreich ist nah.‹«
20 Nachdem der Meister so geredet hat, geht er mit den sechs Aposteln nach Bethanien, um bei Lazarus zu wohnen.

Unterschied zwischen dem inneren und dem äußeren Königreich. Im Tempel zu Jerusalem.

68 Rasch verbreitet sich die Kunde, daß der Nazarener, König Israels, als Gast bei Lazarus mit seinen sechs Aposteln weile. Die Bewohner von Bethanien kommen, um ihn zu begrüßen.
2 Jesus aber sagt zu ihnen: »Ja, der König ist gekommen – aber Jesus ist nicht König.
3 Das Königreich ist wahrlich da, doch Menschenaugen können es nicht sehen – auch den König nicht auf seinem Thron.
4 Es ist das Seelenreich. Sein Thron ist nicht von dieser Welt, sein König nicht aus Fleisch und Blut.
5 Wenn Könige der Erde Staaten gründen, führen sie mit Waffen Kriege. Ihre Reiche blühen auf den Trümmern der eroberten Gebiete.
6 Doch wenn unser Vater-Gott Sein Seelenreich in dieser Welt errichtet, schüttet Er die Fülle Seines Segens aus, wie Regen, der vom Himmel auf die Erde fällt.
7 Gott stürzt die Welt nicht um. Sein Schwert ist gegen Ungerechtigkeit, Verbrechen und Gewalt gerichtet.
8 Wenn die Kaiser Roms gerecht regieren würden, Gnade übten und in Demut mit den Göttern wandelten, der Segen Gottes würde nicht von ihnen weichen,
9 und sie müßten keinen Abgesandten Gottes fürchten.
10 Ich bin nicht gekommen, um auf Cäsars Thron zu sitzen und wie Cäsar zu regieren. Sagt dem Herrscher dieses Volkes, daß ich seinen Thron und seine Krone nicht begehre.
11 Christus nennt man mich – und Gott hat dieses Amt bestätigt. Nicht ein Mensch – All-Liebe ist der Christus, der die Welt regiert.
12 Ich, Jesus, bin ein Mensch wie ihr, geprüft durch viele überstandene Versuchungen. Ich bin der Tempel für die Christuskraft.
13 So hört, ihr Männer Israels, schaut nicht auf Jesus – Jesus ist nicht König. Schaut auf Christus, der im Innern lebt und der sich ebenfalls in jedem Einzelnen von euch verwirklicht, wie in mir.
14 Wenn ihr das Herz durch Glaubenskraft gereinigt habt, dann zieht der König ein, und schauen werdet ihr sein Angesicht.«
15 »Was müssen wir beginnen«, fragt das Volk, »um unsern Leib als Tempel für den König herzurichten?«
16 Jesus sagt: »Was immer rein ist an Gedanken, Wort und Taten, reinigt euren Körper.
17 Eine allgemeine Regel gibt es nicht. Der Mensch ist Fachmann in der Unvollkommenheit, und jeder Einzelne hat seine ganz persönlich ausgeprägte Sünde.

18 Jeder muß mit sich zu Rate gehen und erforschen, wie er seinen Hang zur bösen Tat in Liebe und Gerechtigkeit verwandeln kann.

19 Solange noch der Mensch in Selbstsucht weilt und seine hohe Warte nicht erreicht hat, gilt die Regel:

20 Tu dem Nächsten das, was du dir wünschest, daß er dir tu.«

21 Nach diesen Worten sagen viele aus dem Volk: »Wir wissen jetzt, daß Jesus jener Christus ist, der König, welcher uns verheißen war. Gesegnet sei sein Name.«

22 Jesus und die sechs Apostel gehen nach Jerusalem, und viele folgen ihnen.

23 Doch Mathäus eilt voraus und ruft: »Die Christen kommen!« Alles strömt herbei und will den König sehen.

24 Jesus aber spricht kein Wort, bis er zum Tempel kommt. Dort öffnet er ein Buch und liest:

25 »Ich sende Meinen Boten vor Mir her. Er wird Mir Meinen Weg bereiten. Christus, welchen ihr erwartet, tritt in Seinen Tempel ohne Herold ein. Fürwahr, er kommt, sagt Gott, der Herr der Himmelsscharen.«

Diese Stelle liest er vor, fügt nichts hinzu und legt das Buch beiseite. Schweigend geht er mit den sechs Aposteln aus der Stadt und wendet sich nach Nazareth.

27 Dort wohnt er mit den Jüngern bei Maria, seiner Mutter.

Jesus gibt sich dem Rabbiner der Synagoge in Nazareth zu erkennen.

69 In Nazareth trifft Petrus auf den Ältesten der Synagoge. Jener fragt: »Wer ist denn dieser Jesus, der nach Nazareth gekommen ist?«

2 Und Petrus sagt: Er ist der Christus, König Israels, von welchem die Propheten kündeten. Maria, seine Mutter, wohnt am Marmionweg.

3 Der Rabbi meint: »Dann soll er in die Synagoge kommen, denn ich möchte selber hören, wer er ist.«

4 Und Petrus eilt und meldet Jesus, was der Rabbi wünscht. Doch Jesus gibt ihm keine Antwort und geht nicht zur Synagoge.

5 Der Rabbiner sucht am Abend dieses Tages Jesus auf und findet ihn mit seiner Mutter ganz allein in deren Heim.

6 Wie nun der Gast von Jesus den Beweis für seine Gottessendung fordert und auch wissen will, warum Marias Sohn nicht in die Synagoge kam, sagt Jesus:

7 »Keinem Menschen bin ich untertan, und keinem Priester schulde ich für meine Sendung Rechenschaft. Von keinem Menschen wurde mir dies Amt zuteil. Ich bin der Christus, der Messias. Gott allein gebührt die Rechenschaft.

8 So ist es denn an mir zu fragen: Wer hat euch das Recht gegeben, den Beweis für meine Sendung zu verlangen? Der Beweis liegt einzig und allein in meinem Wort und meinem Werk. So folgt mir nach, und an Beweisen soll es euch nicht fehlen.«

9 Auf dem Heimweg denkt der Rabbi bei sich selbst: ›Was ist das für ein Mensch? Wie wagt er mich, den Ältesten der Synagoge, so gering zu achten?‹

10 Scharenweise kommt die Menge aus der Stadt und will den Meister reden hören. Dieser aber sagt:

11 »Ein Weiser und Prophet gilt nichts in seinem Vaterlande.
12 Sprechen will ich deshalb nicht in Nazareth, bis daß mein Wort und meine Taten Glauben finden in den andern Städten Israels
13 und bis die Menschen wissen, daß ich Christus bin, gesandt, die Liebe Gottes zu verwirklichen.
14 Mein guter Wille sei mit euch. Ich segne euch in grenzenloser Liebe und erflehe Glück und Freude für euch alle.«
15 Weiter sagt er nichts in Nazareth.

Die Hochzeit zu Kanaan.

70 Zu Kanaan in Galiläa wird ein Hochzeitsfest gefeiert. Jesus, seine sechs Apostel und Maria wie auch deren Schwester Miriam, zählen zu den Gästen.
2 Der Älteste des Festes hat erfahren, daß der Nazarener ein von Gott gesandter Meister sei, und bittet ihn zu reden.
3 Jesus spricht zur Tafelrunde: »Keine Bindung ist so heilig wie die Ehe.
4 Jene Kette, die zwei Seelen in getreuer Liebe bindet, ist im Himmelreich geschmiedet, und kein Mensch kann sie zerreißen.
5 Haben sich die zwei jedoch in Leidenschaft gefunden, kann ein Bund entstehen, als vermischte Wasser sich mit Öl.
6 Wenn nun ein Priester diese Bindung segnet – ist es keine echte Ehe, sondern eine Fälschung.
7 Beide machen sich des Ehebruches schuldig, und der Priester ist an diesem Unrecht mitbeteiligt.« Das ist alles, was er sagt.
8 Maria findet ihn ein wenig später in Gedanken tief versunken. »Sohn«, sagt sie zu ihm, der Wein ist aus – was ist zu tun?«
9 »Bedenke«, sagt er, »Wein ist Wasser mit dem Duft der Traube.
10 Was sind Trauben? Göttliche Gedanken – eingekleidet in Materie. Solchem Gottgedanken kann ich Erdenschwere geben – und das Wasser wird zu Wein.«
11 Er ruft die Diener, fordert, daß man ihm für jeden der sechs Jünger einen Tonkrug bringe und ihn bis zum Rand mit Wasser fülle.
12 Und die Diener tun nach seinem Willen.
13 Dann setzt er mit mächtiger Gedankenkraft die Äther in Bewegung, bis sie sich verdichtet haben – siehe da – das Wasser rötet sich und wird zu Wein.
14 Die Diener bringen nun den Wein zum Ältesten der Hochzeitstafel. Dieser ruft den Bräutigam und sagt erstaunt:
15 »Es ist der beste Wein von allen. Nach der Sitte wird der beste Wein zuerst geboten. Du jedoch bringst ihn zuletzt.«
16 Als nun die Hochzeitsgäste hören, daß es Jesus war, der mit Gedankenkräften dieses Wunder tat, sind sie zuhöchst erstaunt und sagen:
17 »Dieser Mensch ist mehr als Mensch. Er muß der Christus sein, von welchem die Propheten sagten, daß er kommen würde.«
18 Viele von den Gästen glauben nun an ihn und wären ihm am liebsten auch gefolgt wie seine Jünger.

Der Begriff des wahren Königtums.

71 Andreas und Jakobus wie auch Petrus und Johannes wohnen in Capernaum am See Genezareth.
2 Als Fischer müssen sie auch ab und zu nach ihren Netzen sehen. Sie ersuchen Jesus und Maria mitzukommen nach Capernaum, und nach der Arbeit ruhen sie in Petrus' Heim am See, zusammen mit Philippus und Nathanael.
3 Rasch verbreitet sich die Nachricht in der Stadt und in der Gegend, daß der König Israels gekommen sei, und viele Menschen wollen ihm die Hände drücken.
4 Jesus sagt: »Den König kann ich euch nicht zeigen — nur mit Seelenaugen könnt ihr ihn erblicken, denn des Königs Königreich liegt in der Seele.
5 Jede Seele ist ein Königreich, und jeder Mensch hat seinen König.
6 Dieser König ist die Liebe. Wenn die Liebe zu der größten Macht im Leben wird, ersteht der Christus und ist König.
7 Wohnen kann der Christus auch in jeder Menschenseele, so wie er in meiner Seele wohnt.
8 Der Körper ist der Tempel für den König, und so darf ein Heiliger als König gelten.
9 Wer den Körper und die Seele reinigt, so daß Liebe und Gerechtigkeit beisammen in ihm wohnen können — der ist König.
10 Die Könige der Erde sitzen steif in Prunkgewändern, daß man ehrfurchtsvoll vor ihnen stehe.
11 Doch die wahren Könige erkennt man nicht so leicht. Sie mögen im Gewand des Fischers oder Händlers leben, mögen Äcker pflügen, Ähren lesen oder Sklavenketten tragen,
12 mögen als Verbrecher vor dem Richter stehen, im Gefängnis schmachten und den Tod am Kreuz erleiden.
13 Der Mensch sieht selten, was der Nächste wirklich ist. Des Menschen Sinne können nur das Äußere begreifen. Das, was scheint, und das, was wahr ist, können grundverschieden voneinander sein.
14 Der Erdenmensch erblickt die äußere Erscheinung, welche nur des Königs Tempel ist, und kniet an seinem Schrein.
15 Der Gottmensch reinen Herzens sieht den König, weil er ihn mit Seelenaugen schaut.
16 Ist er zum Christbewußtsein aufgestiegen, weiß er, daß er selber König ist. Dann ist er Liebe, Gottes Sohn und selber Christus.
17 Männer Israels, bereitet euch, den König zu empfangen!«
18 Jesus gibt dem Volk noch manche Lehre, während er am Ufer wandelt.

TEIL XV

SAMECH

Erste Jahresepoche der Christus-Tätigkeit Jesu

Vertreibung der Händler aus dem Tempel. Das Volk und Philo verteidigen Jesus.

72 Das Passahfest der Juden naht, und Jesus wandert mit den Jüngern nach Jerusalem.
2 Dort wohnen sie bei einem Sadduzäer namens Jude.
3 Viele Menschen warten vor dem Tempel in der Hoffnung, den zu sehen, welcher, wie sie glauben, Roms Tyrannenherrschaft brechen, Davids Thron besteigen und das Königreich erneuern werde.
4 Wie sie Jesus kommen sehen, jubeln sie ihm zu und rufen: »Heil dir, König!«
5 Jesus aber schweigt, denn er erblickt im Gotteshaus die Händler mit den Opfertieren, sieht die Wechsler mit den Tischen voller Geld – und ist betrübt.
6 Der Außenhof des Tempels war zum Markt erniedrigt worden.
7 Jesus ruft die Priester zu sich her und sagt: »Um schnödes Geld habt ihr das Gotteshaus verkauft.
8 Der Tempel, Weihestatt des Betens, ist zum Räubernest geworden. Können Gut und Böse beieinander wohnen, wo man beten soll? Ich sage, nein!«
9 Und Jesus macht aus Stricken eine Peitsche, stößt die Tische um, so daß das Geld der Wechsler auf die Fliesen rollt, und jagt die Händler fort.
10 Dann öffnet er die Käfige der Tiere, läßt die Tauben fliegen, knüpft die Lämmer los und läßt sie frei.
11 Die Priester und die Schriftgelehrten wollen sich auf Jesus stürzen, doch das Volk drängt sie zurück, bereit, den Meister zu verteidigen.
12 Die Oberpriester fragen nun das Volk: »Wer ist denn dieser Jesus, den ihr König nennt?«
13 Da rufen viele: »Er ist Christus, über welchen die Propheten schrieben, daß er unser König sei, der Israel befreien wird.«
14 Nun wenden sich die Oberpriester an den Nazarener: »Mann, wer gab dir denn das Recht, die Händler fortzujagen? Doch wenn du der Christus und der König bist, gib uns ein Zeichen.«
15 Jesus sagt zu ihnen: »Jeder wahre Jude wird sein Leben geben, um den Tempel vor Entweihung zu bewahren. Hierbei tat ich meine Pflicht. Ihr selber könnt mir dies bezeugen, so ihr treue Juden seid.
16 Das Zeichen, das ihr fordert, liegt in meinen Taten und in meinem Wort.
17 Ihr mögt den Tempel niederreißen – ja ihr reißt ihn nieder – in drei

Tagen werde ich ihn neu erbauen, herrlicher denn je.«

18 Mit diesen Worten meinte Jesus seinen Leib, den Tempel seiner Seele, welcher in drei Tagen auferstehen wird.

19 Die Priesterschaft jedoch versteht den Sinn der Worte nicht. Man lacht und spottet seiner.

20 »Sechsundvierzig Jahre dauerte der Bau des Tempels«, sagen sie, »und viele Hände halfen ihn zu bauen. Dieser junge Mann will ihn in drei mal vierundzwanzig Stunden neu errichten. Seine Worte sind Geplapper, und sein Anspruch ist nichtig.«

21 Mit derselben Peitsche, welche kurz zuvor die Händler spürten, hätten sie den Nazarener fortgejagt, doch Philo, welcher aus Ägypten nach Jerusalem gekommen ist, greift ein und sagt:

22 »Ihr Männer Israels, hört zu, was ich euch sage. Dieser Mensch ist mehr als Mensch. Besinnt euch, was ihr tut. Ich selber hörte Jesus reden – und die Winde wurden still.

23 Ich selber habe ihn gesehen, wie er Kranke durch Berührung heilte. Er ist weiser als die Weisesten der Welt.

24 Ihr werdet seinen Stern erstrahlen sehen, bis er eine Sonne der Gerechtigkeit geworden ist.

25 Seid klug, ihr Männer, wartet ab – und die Beweise seiner Gottessendung werdet ihr erhalten.«

26 Nach Philos Worten sind die Priester stumm, und Jesus sagt:

27 »Bereite dich, o Israel, bereite dich, den König zu empfangen! Diesen König aber siehst du nicht, solange du der Sklave deiner Sünden bleibst.

28 Dein König, Israel, ist Gott. Wer reinen Herzens ist, wird Gottes Antlitz sehen – und wird leben.«

29 Wütend rufen nun die Priester: »Dieser Bursche hier behauptet, er sei Gott. Ist das nicht Lästerung? Hinweg mit ihm.«

30 Doch Jesus sagt: »Kein Mensch hat je mich sagen hören, daß ich König sei. Nur Gott ist König – und als treuer Jude ehr' ich Ihn.

31 Ich bin wie eine Kerze, die den Weg erhellt. Ihr habt das Licht! So geht im Licht!«

Das Gleichnis vom König und seinem Sohn. Jesus erklärt, was ein Messias ist.

73

Am nächsten Tag im Tempel sucht das Volk den Meister, denn es will ihn reden hören.

2 Wie nun Jesus kommt, ertönt der Ruf der Menge: »Heil dem König!«

3 Jesus spricht ein Gleichnis: »Viele Ländereien hatte einst ein König. Seine Untertanen lebten friedlich miteinander.

4 Dann, nach langer Zeit, sagt er zu seinem Volk: ›Das Land und alle meine Güter sollt ihr haben. Mehret ihren Wert, regiert auch selbst und lebt in Frieden.‹

5 Darauf gründen seine Untertanen ihre Staaten, wählen die Regenten und ernennen ihre Könige.

6 Doch Ehrgeiz, Selbstsucht, Stolz und Undank nehmen überhand. Die Könige verfügen: ›Macht ist Recht‹ und führen Kriege miteinander.

7 Bald besiegt der Stärkere den Schwächeren, und Chaos herrscht in allen Landen.

8 Eine lange Zeit vergeht. Der große

König schaut sich seine Ländereien an und sieht sein Volk in kriegerische Tätigkeit verwickelt, sieht die Menschen krank, im Elend und im Leid. Den Starken sieht er, wie er sich den Schwächeren zum Sklaven macht.
9 Da sagt er zu sich selbst: ›Was soll ich tun, um diesem Übel zu begegnen? Soll ich eine Seuche schikken, die mein Volk vernichtet?‹
10 Doch sein Herz ist voller Mitleid, und er sagt bei sich: ›Ich werde keine Seuche schicken, sondern meinen Sohn, den Erben meines Thrones. Liebe, Friede und Gerechtigkeit soll er die Menschen lehren.‹
11 Und er sendet seinen Sohn. Die Menschen aber spotten seiner, quälen ihn und schlagen ihn ans Kreuz.
12 Sie legen ihn ins Grab. Der Tod jedoch ist viel zu schwach, den Prinzen festzuhalten.
13 Er erhebt sich wieder, kleidet sich in einen Körper, den der Mensch nicht töten kann, und geht erneut im Land umher, den Menschenkindern Liebe, Frieden und Gerechtigkeit zu bringen.
14 So verfährt die Gottheit mit den Menschen.«
15 Ein Schriftgelehrter kommt hinzu und fragt: »Was heißt Messias, und wer hat die Machtbefugnis, einen Menschen zum Messias zu ernennen?«
16 Jesus gibt ihm diese Antwort: »Der Messias wird von Gott gesandt, um die Verlorenen zu suchen und zu retten. Der Messias wird von Menschen nicht ernannt.
17 Am Anfang einer neuen Zeit wird ein Messias ausgesandt, die Wege zu erhellen, leidgebeugte Herzen aufzurichten, Sklaven zu befreien. Christus und Messias sind dasselbe.
18 Wenn ein Mensch behauptet, er sei Christus, ist das kein Beweis, daß er es wirklich ist.
19 Ein Mensch mag einen Quell aus hartem Felsen locken, einen Sturm entfesseln, Wind und Wogen glätten, Kranke heilen, Tote auferwecken — aber dennoch nicht von Gott gesandt sein.
20 Die Naturbereiche sind dem Menschen untertan, und Böse wie auch Gute haben Macht, die Elemente zu beherrschen.
21 Intellekt allein ist kein Beweis für die Messiassendung eines Menschen, denn er gibt ihm keine Kenntnis über Gott, noch bringt er ihn dazu, im Licht zu wandeln.
22 Nicht im Kopf wohnt der Messias, sondern in des Menschen Herzen — Sitz der Gnade und der Liebe.
23 Niemals trachtet ein Messias nach dem Lohn der Welt und irdischem Gewinn. Erhaben steht er über jedem Erden-Selbst, und seine Worte, seine Taten dienen ausschließlich dem Guten.
24 Der Messias will nicht König sein, will keine Krone tragen und auch keinen Thron besteigen.
25 Könige sind weltlich — der Messias ist der Mann vom Himmel.«
26 Der Schriftgelehrte fragt: »Warum sagst du, daß du ein König bist?«
27 Und Jesus gibt zur Antwort: »Niemand hat mich jemals sagen hören, daß ich König sei. Ich könnte nicht auf Cäsars Thron regieren und der Christus sein.
28 Gib Cäsar, was des Cäsars ist — und Gott den Schatz aus deinem Herzen.«

Jesus erklärt seine verschiedenen Heilmethoden. Er heilt am Sabbath.

74 Es ist am Sabbath. Jesus ist umringt von einer Menschenmenge, die den Hof des Tempels und die heil'gen Hallen füllt.
2 Darunter sind auch Blinde, Taube, Stumme und Besessene. Der Meister spricht das Wort — sie sind gesund.
3 Auf einige der Kranken legt er seine Hand — sie sind geheilt. Zu anderen spricht er das Wort — und völlige Genesung stellt sich ein. Und wieder anderen gebietet er, an einer ganz bestimmten Quelle sich zu waschen. Einige der Kranken salbt er mit dem heil'gen Öl.
4 Ein Arzt fragt ihn, warum er seine Kranken so verschiedenartig heile.
5 Jesus gibt zur Antwort: »Krankheit ist das Resultat von Dissonanz im Menschenleib — und Dissonanz entsteht auf mannigfache Art.
6 Des Menschen Körper ist wie eine Harfe. Manchmal sind die Saiten allzu locker, und das Spiel wird disharmonisch.
7 Manchmal sind sie allzu straff gespannt, und eine andere Struktur von Dissonanz entsteht.
8 Die Krankheit äußert sich auf mannigfache Weise, und die Wege, sie zu heilen und die Harfe neu zu stimmen, sind gar vielgestaltig.«
9 Als die Pharisäer hören, daß der Mann aus Nazareth am Sabbath Kranke heilt, sind sie erbittert und befehlen ihm, den Tempel zu verlassen.
10 Jesus aber fragt sie: »Muß der Mensch dem Sabbath dienen — oder ist der Sabbath für den Menschen da?
11 Wenn ihr am Sabbath in den Abgrund fallen solltet und ich ging vorüber, würdet ihr dann rufen:
12 »Laß uns liegen. Eine Sünde ist es, uns am Sabbath hier herauszuholen. Lieber leiden wir in diesem Unrat bis zum nächsten Morgen?«
13 O ihr Heuchler! Noch so gerne würdet ihr euch helfen lassen, sei es Sabbath oder sonst ein Tag.
14 Seht, alle diese Menschen sind in eine Schlucht gestürzt und rufen laut um Hilfe. Gott und Menschen würden es mir nie verzeihen, ging ich achtlos an der Schlucht vorbei.«
15 Da wenden sich die Pharisäer von ihm ab. Gebete murmelnd fluchen sie dem Nazarener, weil er ihre Weisung nicht befolgte.
16 Jesus steht zur Abendzeit an einem Teich. Ein Kind war dort ertrunken. Freunde tragen es hinweg.
17 Doch Jesus hält sie auf. Er beugt sich über den erschlafften Leib und haucht ihm Lebensodem ein.
18 Mit lauter Stimme ruft er dann die Seele, die den Leib verlassen hat. Der Körper atmet wieder, und das Leben kehrt zurück.
19 Am Wegrand liegt ein Hund. Er ist verwundet, wimmert und kann nicht mehr laufen. Jesus nimmt ihn auf und trägt ihn in sein Heim.
20 Er träufelt Balsam in die Wunde und verbindet sie. Er pflegt das Tier, wie man ein Kind umsorgt.
21 Dann sieht der Meister einen kleinen Jungen. Er ist hungrig, doch wenn er nach Brot ruft, wenden sich die Menschen von ihm ab.
22 Der Meister aber nimmt ihn mit und gibt ihm, was er braucht. Dann legt er seinen warmen Mantel um den Kleinen, geht und sucht ein Heim für ihn.

23 Zu denen, die ihm folgen, sagt er: »Wenn die Menschheit ihre wahre Heimat wiederfinden will, muß sie die Bruderschaft des Lebens anerkennen.
24 Wer nicht freundlich ist und liebevoll zu jeder Form des Lebens, gleichviel ob ein Mensch, ein Tier, ein Vogel oder nur ein kleiner Wurm, kann nicht mit Gottes segensreicher Gnade rechnen. So, wie wir dem Bruder geben, gibt Gott uns.«

Gespräch zwischen Jesus und Nikodemus über die geistige Neugeburt.

75 Nikodemus, ein Gelehrter und Regent der Juden, ist dem Glauben Israels getreu ergeben.
2 Das Signet des Meisters sieht er auf der Stirn des Nazareners, doch ihm fehlt der Mut, sich öffentlich zu Jesus zu bekennen.
3 Deshalb geht er heimlich in der Nacht zu diesem, um mit ihm zu reden.
4 Jesus sagt zu ihm: »Gesegnet sind, die reinen Herzens sind.
5 Gesegnet zwiefach sind die Mutigen, die reinen Herzens sind.
6 Gesegnet dreifach sind die Mutigen, die reinen Herzens sind und ihren Glauben öffentlich im Hohen Rat bekennen.«
7 Nikodemus sagt: »Heil Meister, Heil! Ich weiß, ihr seid ein gottgesandter Lehrer, denn ein Mensch von sich aus könnte nie das Volk belehren, nie die Werke tun, wie ihr es tut.«
8 Und Jesus sagt zu Nikodemus: »Keiner wird die Worte, die ich rede, voll verstehen können, keiner wird den König schauen, ohne daß er wiederum geboren wird.«
9 Erstaunt fragt Nikodemus: »Wie kann denn ein Mensch erneut geboren werden? Kann er in den Mutterleib zurück gelangen? Kann er neu ins Leben treten?«
10 Jesus gibt zur Antwort: »Die Geburt, von der ich sprach, ist nicht die leibliche Geburt.
11 Ohne daß ein Mensch durch Wasser und den Heil'gen Odem neu geboren wird, gelangt er nicht ins Königreich des Vaters.
12 Was vom Fleisch geboren wird – ist Kind des Menschen. Was vom Heil'gen Odem stammt – ist Kind der Gottheit.
13 Winde wehen, wie sie wollen, und die Menschen spüren ihre Wirkung, hören ihre Stimme, aber wissen nicht, woher sie kommen, noch wohin sie gehen. So verhält es sich mit jeder Seele, welche durch den Heil'gen Odem neu geboren wird.«
14 Und Nikodemus sagt: »Erklärt mir deutlich, was ihr meint, damit ich es verstehe.«
15 Jesus sagt: »Das Königreich des Vaters ist ein Reich der Seele. Menschen können es mit Erdenaugen nicht entdecken, noch mit dem Verstand begreifen.
16 Tief in Gott verborgen ist sein Leben. Man erkennt es nur im höheren Bewußtsein.
17 Königreiche dieser Welt sind Reiche, die man sieht. Das Königreich des Vaters ist ein Reich des Glaubens und der Liebe. König ist die Liebe.
18 Reine Liebe aber kann der Mensch nicht sehen. Deshalb hat der Vater

seinen Sohn, die Liebe, in ein irdisches Gewand gekleidet.
19 Und damit die Welt im Menschensohn die reine Liebe sehen und begreifen kann, muß dieser Sohn erhoben und verherrlicht werden.
20 So wie Moses in der Wildnis gegen Tod durch Schlangenbisse das Symbol der Schlange vor dem Volk erhob, so muß der Menschensohn erhoben werden.
21 Das geschieht, damit die Menschen, welche von der Schlangenbrut des Erdenwahns gebissen werden — leben können.
22 Wer an ihn, den Sohn des Menschen, glaubt, wird ewig leben.
23 Gott hat so die Welt geliebt, daß Er den Sohn gesandt hat, zur Erhöhung und Verherrlichung, auf daß die Welt die Liebe Gottes schauen kann.
24 Der Vater sandte nicht den Sohn, die Welt zu richten, sondern sie zu retten und die Menschheit in das Licht zu führen.
25 Doch der Mensch verbirgt sich vor dem Licht, denn seine Bosheit wird vom Licht beleuchtet, deshalb flieht er in die Finsternis.
26 Der Wahrheitsliebende gelangt ins Licht und fürchtet nicht, daß seine Werke offenkundig werden.«
27 Nikodemus geht. In seiner Seele ist es licht geworden. Er versteht nunmehr den Sinn der Neugeburt im Heil'gen Odem, und er fühlt die Gegenwart des Höchsten.
28 Jesus lehrt noch eine Weile in Jerusalem und heilt die Kranken.
29 Freudig lauscht die Menge seinen Worten. Viele geben ihre weltlichen Belange auf und folgen ihm.

Jesus bei den Hirten von Bethlehem. Der Prinz von Salem.

76 Der Meister geht nach Bethlehem, und viele seiner Freunde folgen ihm.
2 Er sucht die Hirten auf, in deren Heim Maria, seine Mutter, mit dem Neugeborenen ein Obdach fand.
3 Er geht auf jene Hügel, wo vor mehr als dreißig Jahren Boten Gottes den erstaunten Hirten kündeten:
4 ›Der Prinz des Friedens ist um Mitternacht zu Bethlehem in einem Stall geboren.‹
5 Immer noch sind Hirten auf den Hügeln, welche ihre Schafe weiden.
6 In den Tälern flattern viele Tauben, ihr Gewand ist weiß wie Schnee.
7 Die Hirten auf den Hügeln hören, daß der Christus, den sie ihren König nennen, in der Nähe sei. Von nah und ferne eilen sie herbei, mit ihm zu reden.
8 Jesus sagt zu ihnen: »Diese Tauben sind Symbol des Friedens, und ihr weißes Kleid ist Sinnbild für die Tugend und die Reinheit.
9 Seht die Unschuldslämmer und die Friedenstauben.
10 Passend ist es, daß die ›Liebe in Gestalt‹ auf eine Bühne tritt wie diese.
11 Unser Vater Abraham ging über diese Felder, und auf jenen Hügeln ließ er seine Herden weiden.
12 Hierher kam der Friedensfürst, der Prinz von Salem, Gottessohn im Menschenkleid. Er war ein Größerer als Abraham.
13 Und hier erhielt der Prinz den zehnten Teil von allen Gütern, welche Abraham besaß.
14 Der Prinz des Friedens führte

Krieg und siegte ohne Waffe, ohne Schild und Rüstung.

15 Menschen überwand er mühelos. Nationen lagen ihm zu Füßen.

16 Krieger zitterten vor ihm, dem starken König der Gerechtigkeit. Die Könige Ägyptens setzten ihre Krone auf sein Haupt und gaben ihm das Zepter ganz Ägyptens in die Hand.

17 Kein Tropfen Blutes ging verloren, kein Soldat kam in Gefangenschaft.

18 Im Gegenteil, die Kerkertüren flogen auf, wo immer der Eroberer sich zeigte.

19 Wieder ist ein Friedensfürst gekommen. Wieder zieht ein Prinz von diesen heil'gen Hügeln in den Kampf.

20 In Weiß ist er gekleidet, Wahrheit heißt sein Schwert und Glaube heißt sein Schild. Sein Helm heißt Unschuld. Liebe ist sein Atem — Friede seine Losung.

21 Dieser Kampf wird nicht mit Waffen ausgefochten, ist kein Ringen Krieger gegen Krieger, sondern ist der Kampf des Rechten gegen Unrecht.

22 Krieger wie auch Waffen sind nichts anderes als Liebe — und die Liebe wird den Kampf gewinnen.

23 Wieder sind die Hügel Bethlehems in Licht getaucht, und wieder rufen Engelwesen:

24 »Friede, Friede allen Menschen, welche guten Willens sind!«

25 Und Jesus lehrt das Volk. Er heilt die Kranken und entschleiert das Mysterium des unsichtbaren Königreiches.

26 Viele sagen: »Er ist Christus, und der König, welcher kommen mußte — ist gekommen.«

Ruth und Ascher.

77 Der Meister wählt sich drei von seinen Jüngern aus und geht nach Hebron. Sieben Tage bleibt er dort und lehrt.

2 Dann zieht er weiter nach Bethanien und belehrt im Heim des Lazarus die Gäste.

3 Abend wird es, und die Gäste sind gegangen. Jesus sitzt mit den Geschwistern Lazarus, Maria, Ruth und Martha noch beisammen.

4 Ruth ist sehr betrübt. Ihr Heim befindet sich in Jericho, und Ascher Ben, ihr Gatte, ist Besitzer einer Herberge.

5 Er ist ein Pharisäer harten Sinnes und verachtet Jesus.

6 Als er hört, daß seine Gattin Ruth an Jesus glaubt, verjagt er sie aus seinem Haus.

7 Ruth leistet keinen Widerstand. Sie sagt zu sich: »Wenn Jesus wirklich Christus ist, dann weiß er Rat, und ich bin sicher, daß er Christus ist.

8 Mein Ehemann mag zornig sein und meinen Körper töten, doch die Seele trifft er nicht. In meines Vaters Haus sind viele Wohnungen, und dort wird sich gewiß ein Plätzchen für mich finden.«

9 Auch Ruth vertraut sich Jesus an und fragt ihn dann: »Was soll ich tun?«

10 Jesus sagt zu ihr: »Dein Gatte ist nicht allzu schlecht. Er betet oft zu unserm Vater-Gott, denn er ist fromm.

11 Sein Eifer für die Religion ist groß und ernsthaft ist sein Glaube. Doch sein Vorurteil hat ihn verblendet und er glaubt, er habe recht getan, sein Heim vor Ketzerei zu schützen.

12 Deshalb meint er, Gottes Willen ausgeführt zu haben, dich aus seinem Haus zu treiben.
13 Unduldsamkeit entspringt aus Ignoranz.
14 Das Licht kommt eines Tages auch zu ihm. Dann wird er für das Herzeleid, für Schmerz und Tränen zahlen müssen.
15 Ruth, du mußt nicht denken, daß du frei von Schuld bist.
16 Hättest weise du geschwiegen – dieses Unglück wäre nicht gekommen.
17 Lange wird es dauern, bis das Licht den Panzer seines Vorurteils durchdringen kann. Geduld ist die Lektion, die du zu lernen hast.
18 Denn steter Tropfen höhlt das härteste Gestein.
19 Die reine Flamme eines gottgeweihten Lebens schmilzt das Erz des Unduldsamen schneller als die heiße Glut des Feuers.
20 Warte eine kleine Weile, gehe dann zurück zu deinem Mann mit Sympathie und Liebe, rede nicht von Christus noch vom Königreich des Vaters.
21 Lebe vollbewußt ein gutes Leben, meide jedes harte Wort, und du wirst deinen Gatten bald ins Licht geleiten.«
22 So geschieht es.

Heilung van Aschers Magd. Das Ritual der Taufe.

78 Jesus geht nach Jericho und wohnt bei Ascher.
2 Eine von den Mägden ist zu Tod erkrankt, und niemand kann ihr helfen.
3 Jesus geht in ihre Kammer und berührt die Sterbende. Er sagt zu ihr: »Erhebe dich, Malone.« Augenblicklich weicht das Fieber, und die Schmerzen lassen nach. Die Magd steht auf und ist gesund.
4 Nach dieser Wunderheilung kommen viele Kranke und Gebrechliche, und Jesus heilt sie alle.
5 Dann geht er hinab zum Jordan, wo Johannes predigt.
6 Viele Menschen warten dort, und Jesus sagt zu ihnen: »Männer Israels, die Zeit ist reif – das Königreich ist nah.
7 Doch nur wer reinen Herzens ist, kann in das Königreich gelangen. Alle Menschen werden aufgefordert, sich vom Bösen abzuwenden, um des Herzens Reinheit zu erlangen.
8 Der Entschluß, den Christusweg zu gehen, durch das Christustor zu schreiten, um ins Königreich zu kommen – dieser eherne Entschluß macht euch zu Jüngern Christi. Jeder Jünger muß dies öffentlich bekunden.
9 Als Symbol der Reinigung der Seele wusch Johannes euren Leib im Jordan. Dies geschah als Vorbereitung zum Empfang des Königs.
10 Eine große Tat vollbringt Johannes hier am Fluß. Das Christustor ist nun geöffnet, und die Taufe gilt als Pfad der Jüngerschaft.
11 Von jetzt an bis zur nächsten Zeitenwende soll dies Pfand zum religiösen Ritus werden. Dieses Ritual soll ›Taufe‹ heißen. Siegel Gottes ist sie und Erkennungszeichen für die Jüngerschaft des Menschen.
12 Männer aller Völker, hört mich an und kommt zu mir. Die Christuspforte ist geöffnet. Wendet euch von euren Sünden ab und laßt euch taufen. Dann könnt ihr durch diese Pforte schreiten und den König sehen.«

13 Jesu Jünger stehen nah bei ihm. Er führt sie in das Wasser, tauft die sechs im Namen Christi und verkündet ihnen:
14 »Meine Freunde, ihr seid nun die ersten, welche durch die Pforte in das Königreich des Vaters gehen.
15 So, wie ich im Namen Christi taufe, sollt auch ihr im selben heil'gen Namen alle jene taufen, welche ihre Sünden niederlegen und an Christus glauben wollen.«
16 Siehe da, die Menge drängt zum Fluß, schwört ihre Sünden ab, bekennt, daß sie an Christus glaubt und wird getauft.

Der Täufer erklärt dem Volk die Mission Christi.

79 Johannes, den man auch den Täufer nennt, weilt bei der wasserreichen Salemquelle. Dort tauft er die Menschen, die ihm ihre Schuld bekennen, und belehrt das Volk.
2 Ein Rechtsgelehrter kommt hinzu und fragt Johannes: »Ist der Mann aus Galiläa, den du Christus nennst und welchen du getauft hast, nicht dein Feind?
3 Man sagt, er weile bei der Jordanfurt. Er taufe dort die Menschen gleich wie du und wolle eine Kirche gründen.«
4 Johannes gibt dem Mann zur Antwort: »Dieser Jesus ist wahrhaftig Christus, dessen Wege ich gekommen bin zu ebnen. Er ist nicht mein Feind.
5 Der Bräutigam hat seine Braut, und seine Freunde freuen sich mit ihm am Hochzeitsfest.
6 Das Königreich des Vaters ist die Braut und Christus ist der Bräutigam, und ich, sein Wegbereiter, freue mich, denn sein Erfolg ist groß.
7 Die Arbeit, deretwegen man mich sandte, ist getan, doch Jesu Arbeit fängt erst an.«
8 Dann wendet er sich an die Menge: »Christus ist der König der Gerechtigkeit. Er ist die Liebe Gottes und ist Gott. Er ist ein Teil der göttlichen Dreieinigkeit.
9 Und außerdem lebt Christus auch in jedem reinen Herzen.
10 Jesus, der am Jordan predigt, ist den schwersten Prüfungen des Lebens unterworfen worden. Er hat alle Leidenschaften, alle Regungen des Erden-Selbst bezwungen.
11 Und der höchste Rat des Himmels hat bestätigt, daß er rein und heilig ist — und fähig, Christi Gegenwart auf Erden zu verwirklichen.
12 Die Liebe Gottes — Christus — wohnt in ihm, und so ist er das Vorbild für die ganze Menschenrasse.
13 Jeder Mensch erkennt in ihm, was ihn erwartet, wenn er alle Leidenschaften seines selbstsüchtigen Selbst bezwungen hat.
14 Als Symbol der Reinigung der Seele taufe ich mit Wasser alle jene, welche mir, dem Täufer, ihre Schuld bekennen.
15 Christus aber tauft für alle Zeiten mit dem Lebenswasser Heil'gen Odems.
16 Deshalb bringt der Christus allen Menschen Rettung. Seine Liebe ist die Welterlösung.
17 Alle, welche Christus ihr Vertrauen schenken und sich seiner Führung unterziehen, werden nimmer sterben.
18 Jene aber, welche Christus nicht

vertrauen, ihre Herzen nicht zu seiner Wohnung werden lassen, können nicht ins Licht der Ewigkeit gelangen.«

Lamaas sucht Jesus. Der Täufer berichtet ihm vom Wirken Jesu.

80 Lamaas, Priester aus dem Tempel Jagannath in Indien, welcher mit dem jungen Jesus eng befreundet war, hat viel von dessen Tätigkeit gehört. Sein Heimatland verlassend, sucht er nun den Jugendfreund.
2 Auf seiner Reise nach Jerusalem hört er vom Täufer reden, welcher ihm als ein Prophet des wahren Gottes Israels geschildert wird.
3 Man weist ihn nach der Salem-Quelle. Während Tagen lauscht er unerkannt den eindringlichen Worten des Johannes.
4 Er ist mit dabei, als jener Pharisäer Auskunft über Jesus wünscht,
5 und hört des Täufers Antwort, hört, daß Jesus der Messias sei.
6 Da redet er den Täufer an und bittet ihn: »Erzähle mir noch mehr von Jesus, welchen du den Christus nennst.«
7 Johannes sagt zu Lamaas: »Dieser Jesus ist die sichtbare Erscheinungsform der Liebe Gottes.
8 Die Menschen leben in der Sinnenwelt von Habsucht, Gier und Egoismus. Jeder nimmt das Schwert und kämpft für seine eigene Person.
9 In jedem Land versklavt der Stärkere den Schwachen, und die Königreiche wachsen durch das Schwert. Es dominiert die Macht.
10 Dieser Jesus ist gekommen, um das eherne Regime der Macht zu brechen und die Liebe auf den Thron zu heben.
11 Jesus fürchtet keinen Menschen. Mutig predigt er auf allen öffentlichen Plätzen und verkündet, daß ein Sieg, durch die Gewalt des Schwertes ausgefochten, ein Verbrechen sei, daß jedes hohe Ziel erreichbar ist durch Sanftmut und durch Liebe.
12 Wie Melchisedek, der Prinz des Friedens und ein Priester Gottes, kämpft er, ohne einen Tropfen Blutes zu vergießen.
13 Ihr mögt fragen, wo sind seine Tempel, seine Schreine, und ich sage: Sein Altar ist nicht von Menschenhand errichtet, und sein Tempel ist das reine Herz des Bruders, der sich vorbereitet hat, den König zu empfangen.
14 Die Natur ist seine Synagoge, und sein Forum ist die Welt.
15 Priester, die in bunten Roben schreiten, um Bewunderung zu ernten, braucht er nicht, denn jeder Menschensohn kann Priester in der Liebe Gottes werden.
16 Hat der Mensch ein reines Herz, dann braucht er keinen Mittelsmann.
17 Er steht Gott nah, braucht keine Furcht vor ihm zu haben und ist fähig wie auch stark genug, den Leib auf den Altar des Herrn zu legen.
18 Jeder Mensch ist Priester, wie auch Opfer.
19 Niemand muß den Christus suchen. Wenn das Herz gereinigt ist, dann kommt er und wird ewig bleiben.«
20 Lamaas setzt die Reise fort. Er kommt zur Jordanfurt, wo Jesus lehrt.

21 Und Jesus, der ihn kommen sieht, ruft aus: »Oh seht, der Stern von Indien!«

22 Lamaas grüßt zurück: »Oh seht, die Sonne der Gerechtigkeit!« Der Priester aus dem Tempel Jagannath bekennt, daß er an Christus glaubt — und folgt dem Meister.

Jesus und die Samariterin am Jakobsbrunnen.

81 Die Christuspforte in das Königreich des Vaters ist geöffnet. Jesus, Lamaas und die sechs getreuen Jünger wenden sich, die Jordanfurt verlassend, Galiläa zu.

2 Ihr Weg führt durch Samaria, und wie sie weiter gehen, kommen sie nach Sychar, nah dem Grundstück, welches Jakob seinem Sohne Joseph gab.

3 Die Quelle Jakobs liegt in dieser Gegend. In Gedanken tief versunken, setzt sich Jesus auf den Rand des Brunnens, seine Jünger gehen in die Stadt, um Brot zu kaufen.

4 Eine Frau aus Sychar kommt zum Brunnen, ihren Krug zu füllen. Jesus bittet sie um einen Trunk, denn er ist durstig.

5 Doch die Frau gibt ihm zur Antwort: »Ich bin eine Samariterin, und ihr seid Jude. Wißt ihr nicht, daß Feindschaft zwischen uns besteht? Wir haben nichts zu schaffen miteinander. Weshalb bittet ihr mich, euch den Krug zu reichen?«

6 Jesus sagt zu ihr: »Die Juden und die Samariter sind doch Kinder eines und desselben Gottes — unser aller Vater. Deshalb sind sie unter sich verwandt.

7 Nur Vorurteile, aus dem niederen Verstand geboren, sind es, welche Haß und Feindschaft züchten.

8 Obgleich ein Jude, achte ich die Bruderschaft des Lebens. Samariter habe ich genauso lieb wie Griechen oder Juden.

9 Wüßtest du zudem, welch großen Segen unser Vater-Gott durch mich den Menschen schickt, du hättest mich um diesen Trunk gebeten,

10 und ich hätte dir mit Freude einen Becher Wasser aus der Lebensquelle angeboten. Nie mehr hättest du gedürstet.«

11 Doch die Frau entgegnet: »Tief ist dieser Brunnen, und ihr habt auch keinen Krug, mit dem ihr schöpfen könntet.«

12 Jesus sagt zu ihr: »Das Wasser, welches ich dir bieten kann, kommt nicht aus diesem Brunnen, denn es fließt aus Quellen, welche nie versiegen.

13 Wahrlich, jeder, der aus Jakobs Quelle trinkt, wird wieder durstig. Jene aber, welchen ich zu trinken gebe — werden nie mehr dürsten.

14 Selber werden sie zur Quelle, denn aus ihrem Innersten quillt Wasser, Leben spendend, hoch empor zu Gott.«

15 Die Frau entgegnet: »Meister, gerne möchte ich von eurem reichen Quell des Lebens trinken. Gebt mir von dem Wasser, daß ich nie mehr durstig bin.«

16 Und Jesus sagt: »Geh hin und hole deinen Mann, daß er mit dir den Becher teile.«

17 Doch die Samariterin entgegnet ihm: »Ich habe keinen Mann.«

18 Und Jesus sagt: »Was Gottesliebe ist, das weißt du kaum. Du gleichst

dem Schmetterling mit bunten Flügeln, welcher Honig nascht von Kelch zu Kelch.
19 Auch Gattentreue kennst du nicht, und jedem gibst du dich.
20 Mit fünf verheirateten Männern hast du gelebt.«
21 Da sagt die Frau: »Ihr seid wohl ein Prophet und Seher? Wollt ihr mir nicht anvertrauen, wer ihr seid?«
22 Und Jesus spricht: »Ich brauche nicht zu sagen, wer ich bin, denn das Gesetz, die Psalmen und Propheten kündeten mein Kommen.
23 Mauern einzureißen, welche Menschen voneinander trennen, kam ich her. Für meinen Vater gibt es keine Juden, Griechen oder Samariter, gibt es weder Freie noch Versklavte, sondern einzig — Kinder Gottes.«
24 Nunmehr fragt die Frau: »Warum sagt ihr, die Juden dürften ihr Gebet nur in Jerusalem verrichten — und auf unsern heil'gen Hügeln nicht?«
25 Da sagt der Meister: »Diese Meinung teile ich nicht, denn ein Ort ist so heilig wie ein anderer.
26 Gekommen ist die Stunde, da die Menschen Gott im Tempel ihres Herzens ehren sollen. Gott ist weder in Jerusalem noch auf den heil'gen Hügeln von Samaria — er lebt im Herzen aller Menschen.
27 Gott ist Geist. Wer Ihn verehren will — soll Ihn im Geist und in der Wahrheit ehren.«
28 Da erwidert sie: »Wir wissen doch, wenn der Messias kommt — wird er uns in die Wahrheit führen.«
29 »Wahrlich«, sagt der Meister, »Christus ist gekommen. Der Messias spricht zu dir.«

Jesus lehrt am Brunnen von Sychar.

82 Während Jesus mit der Frau am Brunnen redet, kommen seine Jünger aus der Stadt zurück.
2 Sie sind erstaunt, wie sie den Meister mit der Fremden im Gespräch erblicken, denn sie glauben, daß sie eine Dirne sei. Doch keiner fragt, warum er mit ihr spricht.
3 Die Frau ist so beeindruckt von des Meisters Worten, daß sie ganz vergißt, weshalb sie zu der Quelle kam. Sie läßt den Krug am Brunnen stehen und eilt schnell zur Stadt zurück.
4 Und jedem, der es hören will, erzählt sie vom Propheten, den sie an der Quelle traf: »Was ich in meinem Leben tat«, sagt sie, »hat er mir alles ganz genau beschrieben.«
5 Wie die Menschen mehr von jenem Fremden wissen wollen, meint sie: »Geht doch selbst hinaus und hört ihn reden.« Da begibt sich eine große Menschenmenge auf den Weg zur Jakobsquelle.
6 Als der Meister diese Menge kommen sieht, bemerkt er zu den Jüngern: »Niemand soll jetzt sagen, es sei nur noch siebzehn Wochen bis zur Erntezeit.
7 Fürwahr, die Ernte hat bereits begonnen. Hebt die Augen auf und schaut umher — die Felder tragen eine Fülle goldgefärbter Ähren.
8 Viele sind hinausgezogen, um das Samenkorn des Lebens auszustreuen. In der Sommersonne sind die Ähren reif geworden, und der Meister ruft die Schnitter.
9 Geht nun in die Felder — erntet das, was andre säten. Wenn der Tage Ende kommt, dann freuen sich so-

wohl der Sämann wie die Schnitter.«
10 Philippus sagt zu Jesus: »Ruhe doch ein wenig aus und setz dich unter den Olivenbaum. Seit frühem Morgen hast du nichts gegessen. Nimm von diesem Brot, ich denke, du mußt hungrig sein.«
11 Doch Jesus gibt zur Antwort: »Hungrig bin ich nicht, denn meine Nahrung stammt aus einer Quelle, welche du nicht kennst.«
12 Da flüstern seine Jünger unter sich: »Wer war es, der ihm Speise bot?«
13 Sie wissen nicht, daß er die Macht hat, unsichtbaren Äther durch Gedankenkraft in Nahrung umzuwandeln.
14 Jesus sagt: »Der Erntemeister sendet seine Schnitter nicht zur Arbeit, ohne sie mit Speise zu versorgen.
15 Gott, mein Vater, der mich in das Erntefeld des Lebens sandte, wird mich nimmer hungern lassen. Wen auch immer Er zum Dienen ruft, dem gibt Er Kleidung, Nahrung und ein Obdach.«
16 Sich zur Menge wendend, sagt er: »Seid nicht überrascht, daß ich, ein Jude, mit euch rede, denn ich bin mit euch und allen Menschen Eins.
17 Der Christus, welcher war und ist und immer sein wird, wirkt in mir – und Christus ist für alle da.
18 Der Vater spendet Seinen Segen, und Er liebt den einen wie den anderen.
19 Vom Hügelland Judäa kam ich her. Dieselben Sterne strahlen über beide Länder, und dieselbe Sonne scheint auf Blumen hier wie dort.
20 Der Vater ist nicht ungerecht, und Juden, Griechen, Samariter — sind Ihm alle gleichermaßen lieb,
21 Warum nur streiten sich die Menschen, wie es Kinder tun beim Spielen?
22 Was die Menschen voneinander trennt — ist nichts als Spreu. Ein Hauch von Liebe bläst sie weg.«
23 Erstaunt sind alle über das Gehörte. Viele meinen, daß der Christus, welcher kommen muß, gekommen sei.
24 Nach der Begebenheit am Brunnen geht der Meister mit der Menge in die Stadt, wo er mit seinen Jüngern ein paar Tage bleibt.

Jesus in Sychar. Heilung eines Besessenen. Aufforderung zur Zusammenarbeit.

83 Jesus lehrt das Volk auf Sychars Marktplatz. Eines Tages bringt man einen Mann zu ihm.
2 Ein gieriger und böser Dämon hat von diesem Mann Besitz ergriffen, peinigt ihn und wirft ihn oft zu Boden.
3 Jesus spricht mit lauter Stimme: »Übler Dämon, löse deinen Griff von diesem Manne und begib dich in deine eigene Domäne.«
4 Doch der Dämon bittet, daß er von dem Körper eines Hundes, welcher in der Nähe weilt, Besitz ergreifen dürfe.
5 Jesus fragt: »Warum willst du dem armen Hund ein Leid antun? Genauso wertvoll ist sein Leben ihm, wie meines mir.
6 Es geht nicht an, daß du die Bürde deiner Sünden auf die Schultern eines anderen Geschöpfes häufen willst.
7 Durch deine bösen Taten, deine finsteren Gedanken hast du dir die

vielen Übel selber auferlegt. Die eigenen Probleme mußt du selber lösen.
8 Dadurch, daß du einen Menschen in Besitz genommen hast, ist deine Lage doppelt traurig. Ziehe dich zurück in deine eigene Domäne. Unterlaß es, andere zu quälen. Nach und nach wirst du dann selber frei.«
9 Nach diesem Wort entflieht der böse Geist. Der Mann schaut auf in großer Dankbarkeit und sagt: »Gelobt sei Gott!«
10 Nun bringen viele ihre Kranken. Jesus spricht das Wort und heilt sie alle.
11 Der Vorsteher der Synagoge und die Priester sind empört, daß jener Fremde aus Jerusalem das Volk auf öffentlichem Markt belehrt.
12 Sie fürchten, daß er es belehren wolle und die Ordnung stören könnte.
13 Deshalb schicken sie nach ihm, damit er Rechenschaft ablege über seine Tätigkeit in ihrer Stadt.
14 Doch Jesus sagt: »Man melde dem Regenten und den Priestern, daß ich kein Verbrecher sei.
15 Ich bin in dieser Stadt, um Herzen aufzurichten, Krankgewordene zu heilen und um aus Besessenen die bösen Geister auszutreiben.
16 Meldet ihnen, daß Propheten von mir kündeten und daß ich nicht gekommen bin, um das Gesetz zu brechen, sondern um es zu erfüllen.«
17 Jesu Antwort wird den Priestern übermittelt.
18 Der Regent ist höchst verwundert und begibt sich mit den Priestern auf den Weg zum Marktplatz.
19 Jesus sieht sie kommen und ruft aus: »Oh seht die ehrenwerten Herren von Samaria! Sie sind berufen, um das Volk auf Wegen der Gerechtigkeit zu führen.
20 Gekommen bin ich, um zu helfen — nicht zu hindern.
21 Es gibt Menschen, die den Tempelbau der Rasse auf dem Fundament von Wahrheit, Gleichheit, Treue und Gerechtigkeit errichten möchten,
22 und dann gibt es solche, welche diesen Tempelbau des Geistes niederreißen wollen, um den Bruder an den Bettelstab zu bringen.
23 Einigkeit tut not in dieser Stunde der Konflikte.
24 Um die Bruderschaft der Menschen zu erlangen, müssen Haß und Neid, Gewalt und Zwietracht zwischen Juden, Samaritern, Griechen und Ägyptern überwunden werden.«
25 Zum Regenten, welcher nun herangekommen ist, sagt er: »Geeint gewinnen wir den Kampf des Rechtes — Trennung aber führt zum Fall.«
26 Nach diesen Worten nimmt er den Regenten bei der Hand. Verwundert ist die Menge, denn das Licht der Liebe strahlt aus beider Herzen.

Jesus in der Synagoge von Samaria. Heilung einer Sterbenden.

84 Jesus und die Seinen wenden ihre Schritte gegen Galiläa. In Samaria drängt sich die Menge um den Nazarener und ersucht ihn, in der Stadt zu bleiben.
2 Jesus geht zur Synagoge, öffnet dort ein Buch und liest:
3 »In dir und deinem Samen sollen alle Völker dieser Welt gesegnet sein.«
4 Dann schließt er jenes Buch und

sagt: »Der Herr hat dieses Wort zu unserm Vater Abraham geredet. Israel ist aller Welt zum Segensborn geworden.

5 Wir sind Söhne Abrahams. Doch kaum ein Zehntel aller Werke, welche Gott uns aufgetragen hat, sind ausgeführt.

6 Der Herr hat unser Volk erkoren, um die Einheit zwischen Gott und Mensch zu demonstrieren.

7 Ein Volk, das seine innerste Berufung nicht als Wahrheit tief im Herzen fühlt, hat keine Zukunft. Gott ist Geist und Weisheit, Kraft und Liebe wohnen allezeit in ihm.

8 Diese Eigenschaften schlummern noch in jedem Menschen – und entfalten sich zur rechten Zeit. Dann ist das Werk vollbracht. So erst begreift der Mensch, was diese Einheit wirklich ist.

9 Ihr Priester von Samaria und du, Regent der Synagoge, ihr seid ehrenwerte Diener Gottes, und man schaut auf euch, um Führung zu erhalten.

10 Vorbild ist ein synonymes Wort für Priester. Ihr sollt sein – was ihr von andern fordert.

11 Durch ein gottgeweihtes Leben kann man Tausende für Reinheit und Gerechtigkeit gewinnen.«

12 Alle sagen Amen.

13 Jesus geht beim Abendgottesdienst zum heil'gen Hain, und alle wenden beim Gebet das Haupt zum heil'gen Berg.

14 Auch Jesus betet.

15 Während er in stiller Andacht weilt, hört er im Herzen eine Stimme, die zu seiner Seele hilfesuchend fleht.

16 Er sieht im Geiste eine Sterbende auf ihrem Lager.

17 Reden kann sie nicht, weshalb sie ihn, den Gottesmann, in ihrem Herzen laut um Hilfe ruft.

18 Der Meister hilft. Er redet nicht. Aus seinem Herzen fließt ein Lichtstrom und erfüllt den Leib der Sterbenden. Noch während ihre Freunde beten, steht sie auf, verläßt ihr Lager und betritt den heil'gen Hain.

19 Die Freunde sind erstaunt und fragen sie: »Wie bist du nur gesund geworden?« Sie erzählt:

20 »Ich weiß es nicht. Ich bat ganz einfach jenen Gottesmann um Heilung – und im nächsten Augenblick war ich gesund.«

21 Die Menge meint: »Die Götter sind zu uns herabgekommen, denn ein Mensch hat nicht die Macht des Heilens durch Gedankenkraft.«

22 Doch Jesus sagt: »Die größte Macht im Himmel und auf Erden ist Gedankenkraft.

23 Gott schuf das Universum durch Gedankenkraft. Er färbt die Lilien und die Rosen durch Gedankenkraft.

24 Warum erscheint es euch befremdlich, daß ich einer Kranken heilende Gedanken sende, um die Schwingungen von Tod und Krankheit in die Schwingungen von Leben und Gesundheit umzuwandeln?

25 Wahrlich, sehen werdet ihr viel Größeres als dies, denn durch Gedankenkräfte wird mein Leib aus Fleisch und Blut in Geistesform verwandelt werden. Das erlebt auch ihr dereinst.«

26 Nach diesem Wort verschwindet er – und niemand sieht ihn gehen.

27 Seine Jünger merken nicht, was vorgefallen ist, und wissen nicht, wohin ihr Meister sich gewendet hat. So gehen sie denn ihres Weges.

28 Während sie sich über diesen Vor-

fall unterhalten, kommt der Meister wie von ungefähr und geht mit ihnen weiter gegen Nazareth in Galiläa.

Johannes der Täufer tadelt Herodes und Herodias. Seine Gefangennahme und Jesu Erklärung hierzu.

85 Herodes Antipas, Tetrarch von Paraka und Galiläa, ist tyrannisch, rücksichtslos und egoistisch.
2 Seine erste Frau verstieß er, um Herodias zu ehelichen. Diese seine zweite Gattin ist so ungerecht und unmoralisch wie er selbst.
3 Tiberias, die Stadt am See Genezareth, ist seine Residenz.
4 Johannes, Wegbereiter Christi, ist von Salem weggezogen, um am See Genezareth zu predigen. In seinen Reden tadelt er das Herrscherpaar der vielen Sünden wegen, welche sie begehen.
5 Wütend ist Herodias, daß es der Täufer wagt, sie beide anzuprangern.
6 Deshalb drängt sie ihren Gatten, den verhaßten Täufer festzunehmen, um ihn in der Festung Machaerus, nah dem Toten Meer, in Haft zu halten.
7 Und Herodes tut, wie sie es wünscht. Herodias hat nun nichts mehr zu fürchten. Niemand ist so kühn, sie öffentlich zu tadeln.
8 Ein Gerichtsbeschluß verwehrt den Jüngern des Johannes, das Verhör und die Gefangennahme ihres Meisters zu erwähnen.
9 Außerdem wird ihnen untersagt zu lehren,
10 und verboten ist es ihnen, ihren Glauben zu bekennen, den Herodes ›Ketzerei des Täufers‹ nennt.
11 Als sich die Nachricht doch herumspricht, daß Johannes eingekerkert wurde, meinen Jesu Jünger, daß es besser wäre, Galiläa zu verlassen.
12 Jesus aber sagt zu ihnen: »Es besteht kein Grund zur Sorge. Noch ist meine Stunde nicht gekommen. Niemand kann mich hindern, bis mein Werk vollendet ist.«
13 Als die Jünger fragen, weshalb Gott die Kerkerhaft des Täufers zuläßt, sagt der Meister:
14 »Seht den Strohhalm. Wenn die Ähre reif ist, hat er ausgedient. Er fällt und wird der Scholle gleich, von der er kam.
15 Johannes ist wie dieser Strohhalm. Reichste Ernte brachte er hervor, doch seine Arbeit ist getan.
16 Hätte er nur ein Wort mehr gesagt, das Gleichmaß seines edlen Wirkens wäre unterbrochen.
17 Ist meine Arbeit einst getan, dann werden Israels Regenten mir dasselbe tun – und mehr.
18 All dies ist Teil von Gottes Plan. Die Unschuld leidet, wo die Bosheit herrscht. Doch wehe denen, die der Unschuld Leid heraufbeschwören.«

Jesus lehrt in der Synagoge zu Nazareth und entkommt einem Mordversuch.

86 Jesus und die Seinen sind nach Nazareth gekommen. Sabbath ist es, und sie gehen in die Synagoge.
2 Jesus läßt sich eines der Prophetenbücher geben, schlägt es auf und liest:
3 ›Der Geist Jehovahs ist mit mir.

Gesalbet sei mein Haupt. Ich soll das Evangelium den Armen und Bedrängten bringen, blinde Augen öffnen und Gefangene befreien.
4 Unterdrückte soll ich trösten, Kranke heilen und verkünden, daß die Zeit der Freude angebrochen ist.‹
5 Er schließt das Buch und sagt: »Vor euren Augen hat sich heute diese Schrift erfüllt. Der Jubeltag ist da. Gekommen ist die Zeit, da alle Welt durch Israel gesegnet wird.«
6 Dann spricht er über Gottes Königreich und redet über den verborgenen Aspekt des Lebensweges, wie auch über die Vergebung.
7 Viele Menschen in der Synagoge wissen nicht, wer Jesus ist, und manche hört man fragen: »Ist er nicht der Sohn von Joseph? Lebt nicht seine Mutter hier in Nazareth am Marmionweg?«
8 Ein Mann steht auf und sagt: »Das ist doch jener, welcher in Jerusalem, Kapernaum und Kanaan die größten Wunder tat.«
9 Und viele rufen: »Arzt, kurier dich selbst, und tue hier in deiner Heimatstadt dieselben Wunder, die du anderswo getan hast.«
10 Jesus aber sagt zu ihnen: »Ein Prophet gilt nichts in seinem Vaterlande, und Propheten werden nicht zu jedermann gesandt.
11 Elias war ein Gottesmann und schloß des Himmels Pforte durch die Macht, die er besaß, so daß kein Regen fiel für vierzig Monde. Dann sprach er das Wort – der Regen kam erneut – die Erde blühte wieder.
12 Viele Witwen gab es damals, doch Elias ging zu keiner als zu Zarepheth, und sie allein erhielt den Segen.
13 Zu Elias' Zeiten gab es viele, die am Aussatz litten, doch nur einer ward geheilt – der Syrer, der ihm glaubte.
14 Ihr habt keinen Glauben. Ihr verlangt von mir ein Zeichen, eure Neugier zu befriedigen. Doch keine Wunder sollt ihr sehen, bis die Augen eures Glaubens offen sind.«
15 Da wird die Menge zornig, bindet ihn mit Stricken, führt ihn bis zum Rande einer Schlucht und will ihn in die Tiefe stürzen.
16 Kaum ist man seiner habhaft – da verschwindet er und geht, von niemandem gesehen, seines Weges.
17 Voller Ingrimm und Bestürzung fragen sich die Männer: Was für eine Art von Mensch ist das?
18 Und in die Stadt zurückgekommen – finden sie ihn in der Synagoge.
19 Keiner legt mehr Hand an ihn, denn sie sind voller Furcht.

Der Sohn eines Edelmannes aus Kapernaum wird geheilt. Die Schule Christi.

87 Jesu Tätigkeit in Nazareth ist nun zu Ende. Er und seine Jünger wenden sich nach Kanaan, wo er bei einer Hochzeit einstmals Wasser in den besten Wein verwandelte.
2 Ein Edelmann, der einen kranken Sohn zu Hause liegen hat, war eilends von Kapernaum gekommen, als er hörte, daß der Meister in der Nähe sei.
3 Er glaubt an Jesu Heilkraft.
4 Um die siebte Stunde trifft er ihn in Kanaan und fleht den Meister an, mit ihm zu kommen, um den Sohn zu heilen.

5 Jesus geht ein wenig abseits. In Gedanken tief versunken, bleibt er eine Weile stehen, und dann sagt er zu dem Edelmann:
6 »Dein starker Glaube hat die Heilkraft ausgelöst. Dein Sohn ist nun gesund.«
7 Der Mann beeilt sich, nach Kapernaum zu kommen. Unterwegs begegnet ihm sein Diener, der ihm zuruft: »Herr, beeilt euch nicht, denn euer Sohn ist munter und gesund.«
8 Der Vater fragt: »Wann setzte die Genesung ein?«
9 »Es war zur siebten Stunde«, sagt der Diener, »als das Fieber wich.«
10 Da weiß der Edelmann, daß Jesu Heilkraft seinen Sohn gerettet hat.
11 Auch Jesus und die Seinen gehen nach Kapernaum. In einem großen Hause wohnt er mit Maria, seiner Mutter, und empfängt die Jünger, um sie zu belehren.
12 Alle, welche an ihn glauben, dürfen kommen. Seine Jünger nennen dieses Heim die ›Schule Christi‹.
13 »Der ganzen Welt«, so sagt der Meister, »soll das Evangelium verkündet werden.
14 Ich bin der Weinstock — ihr die Reben.
15 Mächtig wachsen wird der Weinstock. Seine Zweige sind die Rassen, Völker und Nationen dieser Erde.
16 Von den Männern, welche meiner Lehre folgen, wird der Heil'ge Odem zwölf berufen.
17 Geht, verrichtet euer Tagewerk — und horcht auf die Berufung.«
18 Hiernach wenden sich die Jünger ihrer Arbeit zu. Der Herr begibt sich nach den Hammoth-Hügeln, um zu beten.
19 Er verbringt drei Tage und drei Nächte in Beratung mit der Stillen Bruderschaft. Dann kommt er in der Kraft des Heil'gen Odems — und beruft die Zwölf.

Der Fischfang am See Genezareth. Die Berufung der zwölf Jünger.

88 Jesus geht den See entlang, und eine große Menge Menschen folgt.
2 Die Fischerboote sind zurückgekommen. Während einige der Fischer am Gestade ihre Netze flicken, warten Petrus und sein Bruder nah dem Ufer.
3 Jesus steigt zu Petrus in das Boot, und dieser rudert eine kleine Strecke vom Gestade weg. Vom Boot aus spricht der Meister zu der Menge, die am Ufer steht:
4 »Jesaja, Seher und Prophet des Herrn, hat diesen Tag geschaut. Er sah euch am Gestade stehen und verkündete:
5 ›O Land von Zebulon und Naphtali, o Land bis hin zum Meer und jenseits überm Jordan — wundervolles Galiläa!
6 Deine Menschen leben in der Finsternis und kennen nicht den Weg. Doch sieh, es kommt der Tagesstern des Herrn. Sein Licht durchbricht die Finsternis, der Lebensweg liegt klar vor ihnen, und sie gehen ihn.
7 Gesegnet seid ihr Männer Israels weit über allen Völkern. Denn vor allen andern Völkern dieser Welt habt ihr das Licht gesehen, deshalb könnt auch ihr vor allen anderen ein Volk des Lichtes werden.«
8 Jesus sagt danach zu Petrus:

»Nimm dein Netz und wirf es aus.« Und Petrus wirft das Netz.

9 Doch zweifelnd sagt er: »Herr, es ist vergebens, denn in diesem Teil des Sees sind keine Fische mehr zu fangen. Mit Andreas habe ich die ganze Nacht umsonst gefischt.«

10 Doch Jesus schaut ins Wasser und erblickt in großer Tiefe eine Menge Fische.

11 »Nimm dein Netz und wirf es auf der rechten Seite deines Bootes aus«, sagt er.

12 Petrus wirft das Netz – und dieses ist kaum stark genug, den großen Fang zu halten.

13 Petrus ruft Johannes und Jakobus, ihm zu helfen. Als das Netz heraufgezogen ist, sind beide Boote bis zum Rand mit Fischen angefüllt.

14 Wie Petrus diesen großen Fang betrachtet, schämt er sich, daß er vor kurzem an den Worten seines Herrn gezweifelt hatte. Vor dem Meister niederfallend, ruft er: »Herr, von jetzt an will ich glauben.«

15 Jesus sagt zu ihm: »Welch reicher Fang, von nun an sollst du nicht mehr Fische fangen.

16 Wirf dein Netz fortan ins Meer des Menschenlebens auf der rechten Seite deines Bootes. Fange Menschenseelen. Führe sie zu Segen, Heiligkeit und Frieden.«

17 An den Strand zurückgekommen, ruft der Herr Andreas und Jakobus, Petrus und Johannes, sammelt sie um sich und sagt:

18 »Ihr Fischer Galiläas, hört, die Meister haben große Dinge mit uns vor. Ich geh voran und ihr mögt folgen.« Da verlassen sie ihr Tagewerk und folgen ihm.

19 Und Jesus geht den Strand entlang. Er sieht Philippus und Nathanael am Ufer stehen.

20 »Ihr Lehrer von Bethsaida«, sagt er, »griechische Philosophie habt ihr den Menschen lang genug vermittelt. Die Meister haben Größeres für euch und mich geplant. Ich geh voran und ihr mögt folgen.« Beide folgen ihm.

21 Am Wege steht ein Zollhaus. Jesus kennt den Zöllner. Vormals wohnte er in Jericho. Sein Name ist Mathäus.

22 Dieser war es, welcher damals nach Jerusalem vorausgelaufen war und ausgerufen hat: »Die Christen kommen.«

23 Matthäus ist gebildet, reich und mit den Weisheitslehren Griechenlands, Assyriens und Israels vertraut.

24 Der Meister sagt zu ihm: »Sei mir gegrüßt, Matthäus, du getreuer Diener Cäsars. Heil sei dir! Die Meister rufen uns zum Dienst im Hause des Tributs der Seelenwelt. Ich geh voran und du magst folgen.« Und Matthäus folgt.

25 Iskariot und Judas, dessen Sohn, sind Mitarbeiter von Matthäus und im Zollhaus tätig.

26 Jesus sagt zu Judas: »Halte ein in deiner Arbeit, denn die Meister rufen dich zu einer neuen Tätigkeit im Bankgeschäft der Seelenwelt. Ich geh voran und du magst folgen.« Judas folgt dem Meister.

27 Jesus trifft als nächstes Thomas, Philosoph aus Griechenland und Anwalt in Antiochien.

28 Thomas ist gebildet, kultiviert und reich. Obwohl er in der Schule Christi weilte, ist er immer noch ein Zweifler.

29 Jesus aber sieht in Thomas Spu-

ren reinen Glaubens. »Thomas«, redet er ihn an, »die Meister brauchen einen Menschen, der gesetzeskundig ist. Ich geh voran und du magst folgen.« Thomas folgt dem Meister.
30 Als der Abend naht und Jesus wiederum zu Hause ist, besuchen ihn die Brüder Judas und Jakobus, Söhne von Alphäus und von Miriam.
31 Sie sind aus Nazareth, sind Zimmerleute von Beruf und gläubig.
32 Jesus sagt zu ihnen: »Ihr habt unter meinem Vater Joseph und mit mir beim Bau von Häusern mitgewirkt. Jetzt rufen euch die Meister, bei dem Bau von Häusern für des Menschen Seele mitzuwirken. Häuser, die man ohne Hammer, Axt und Säge bauen kann.
33 Ich geh voran und ihr mögt folgen.« Judas und Jakobus sagen: »Herr, wir folgen dir.«
34 Am nächsten Tag schickt Jesus eine Botschaft an den Führer der Zeloten, Simon, welcher auf die strikteste Befolgung jüdischer Gesetze achtet.
35 Jesu Botschaft lautet: »Die Meister brauchen Männer, die den Glauben Abrahams verwirklichen. Ich geh voran und du magst folgen.« Simon folgt dem Meister.

Einweihung der Jünger. Heilung eines Besessenen und der Schwiegermutter Petri.

89 Am Tag vor Sabbath treffen sich die Jünger, die den Ruf erhalten hatten, in der Schule Christi, und der Meister sagt zu ihnen:
2 »Heute ist der Tag, an welchem ihr für euer Gotteswerk die Einweihung erfahren sollt. So laßt uns beten.
3 Wendet euch nach innen. Schließt die Tore vor dem Erden-Selbst und wartet.
4 Dieser Raum wird nun erfüllt vom Heil'gen Odem – und im Heil'gen Odem werdet ihr getauft.«
5 Dann beten sie. Ein Licht, viel heller als das Licht der Mittagssonne, füllt den Raum, und Feuerzungen lodern über jedem Haupt.
6 Die Atmosphäre über Galiläa zittert, und ein Laut wie ferner Donner rollt rings um Kapernaum. Man hört Gesang ertönen wie von tausend Engelstimmen.
7 Die zwölf Jünger hören eine Stimme, eine leise, sanfte Stimme, und vernehmen jenes Wort, das keiner auszusprechen wagt – es ist der heil'ge Name Gottes.
8 Jesus spricht: »Mit diesem schöpferischen Wort könnt ihr die Elemente und die Kräfte der Natur beherrschen.
9 Wenn ihr dieses Wort in eurer Seele sprecht, habt ihr den Schlüssel über Tod und Leben, wie auch über Dinge der Vergangenheit, der Gegenwart und Zukunft.
10 Seht, ihr seid vom Weinstock die zwölf Reben, seid das Fundament und seid die zwölf Apostel Christi.
11 Wie Schafe sende ich euch unter Wölfe, doch das Wort ist euer Schild und euer Harnisch.«
12 Wieder ist die Luft erfüllt mit Engelstimmen, und es ist, als riefe alle Kreatur – »Gelobt sei Gott«.
13 Am nächsten Tag ist Sabbath. Jesus geht mit seinen Jüngern in die Synagoge und belehrt das Volk.

14 Die Leute sagen: »Dieser Mensch lehrt nicht, wie es die Schriftgelehrten und die Pharisäer tun. Er lehrt wie einer, welcher alles weiß und die Befugnis hat zu reden.«
15 Nun wird ein Besessener gebracht. Die bösen Geister, welche diesen Mann beherrschen, können ihn zu Boden schleudern und ins Feuer werfen.
16 Wie sie Jesus in der Synagoge sehen und erkennen, rufen sie:
17 »Sohn Gottes, weshalb bist du hier? Willst du uns vor der Zeit vernichten? Laß uns, wo wir sind. Wir wollen nichts mit dir zu schaffen haben.«
18 Jesus aber sagt zu ihnen: »Mit dem Wort der Macht befehle ich euch – kommt heraus! Hört auf, den Mann zu peinigen und geht in eure Welt.«
19 Da werfen die Dämonen den Besessenen zu Boden – und mit einem fürchterlichen Schrei verlassen sie ihr Opfer.
20 Jesus hebt den Mann vom Boden auf und sagt zu ihm: »Wenn du es fertig bringst, dich nur mit Gutem zu beschäftigen, so finden jene bösen Geister keinen Zutritt mehr zu dir.
21 Sie können nur in leeren Herzen wohnen. Gehe hin und sündige nicht mehr.«
22 Die Leute wundern sich, wie Jesus redet. Über seine Taten sind sie höchst erstaunt und fragen sich:
23 »Wer ist nur dieser Mensch? Woher stammt seine große Macht, daß selbst die bösen Geister ihm gehorchen?«
24 Nun verläßt der Herr die Synagoge und begibt sich mit Johannes, Petrus wie Jakobus und Andreas in das Haus des Petrus, wo die Schwiegermutter krank darniederliegt.
25 Die Frau des Fischers folgt dem Meister.
26 Jesus spricht das Wort, berührt die Kranke und das Fieber weicht. Sogleich erhebt sie sich von ihrem Lager und bedient die Gäste.
27 Als die Nachbarn von der Wunderheilung hören, kommen sie herbei und bringen ihre Kranken und Besessenen. Der Meister legt den Leidenden die Hände auf und heilt sie alle.

Heilung eines Leprakranken. Heilung eines Lahmen, der durch das Dach zu Jesus gebracht wird.

90 Auf einmal ist der Meister nicht mehr da – doch niemand sah ihn gehen, und Johannes, Petrus und Jakobus suchen ihn. Nach einer Weile finden sie den Meister, der sich in die Hammoth-Hügel still zurückgezogen hatte.
2 Petrus sagt zu ihm: »Kapernaum ist in Bewegung, und auf allen öffentlichen Plätzen drängen sich die Menschen.
3 Männer, Frauen, ja selbst Kinder fragen überall nach dir, dem Mann, der Kranke heilen kann durch seinen Willen.
4 Unsre Häuser sind mit Kranken überfüllt, und alle warten auf den Nazarener, den sie Christus nennen. Herr, was sollen wir den Leuten sagen?«
5 Jesus meint: »Noch viele Städte Galiläas rufen uns. Auch ihnen müs-

sen wir das Brot des Lebens bringen. Holt die Jünger, und dann laßt uns gehen.«

6 So geschieht es, und der Meister geht mit ihnen nach Bethsaida, wo Philippus und Nathanael zu Hause sind. Dort lehren sie.

7 Die Menschen glauben an den Christus und bekennen ihre Sünden. Mit der Taufe werden sie ins Königreich des Vaters eingeführt.

8 Sodann durchziehen Jesus und die Jünger Galiläas Städte, predigen und taufen alle jene, die gewillt sind, ihre Sünden zu bekennen.

9 Blinde können wieder sehen, Taube wieder hören, Kranke jeder Art genesen, und Dämonen werden aus Besessenen vertrieben.

10 Als sie in Tiberias am See Genezareth das Volk belehren, kommt ein Leprakranker. »Herr, ich glaube«, sagt er, »sprich das Wort, und wenn du willst, dann bin ich rein.«

11 Der Meister sagt zu ihm: »Ich will es – sei gesund!« Und rasch vergeht der Aussatz, und der Mann ist rein.

12 »Erzähle niemand, was mit dir geschehen ist«, sagt Jesus, »zeige dich den Priestern und entrichte den Tribut, den das Gesetz verlangt.«

13 Der Mann ist überglücklich, doch er zeigt sich nicht den Priestern. Außerdem erzählt er jedem, der es hören will, von seiner Wunderheilung.

14 Hiernach scharen sich die Kranken zahlreich um den Meister und bedrängen ihn, geheilt zu werden.

15 Immer größer wird der Druck der Bittenden, so daß nur wenigen geholfen werden kann. Daher verläßt der Meister das Gedränge und die Hast der Stadt, und zieht mit seinen Jüngern in die Wildnis, um die Menschen zu belehren, die ihm dorthin folgen.

16 Tage später sind sie in Kapernaum zurück. Die Kunde hat sich kaum verbreitet, da bestürmt das Volk des Meisters Haus und steht gedrängt bis an die Türe.

17 Schriftgelehrte, Pharisäer und Gesetzeskundige aus Galiläa und Jerusalem sind unter ihnen. Jesus redet über die Entwicklung und den Lebensweg des Menschen.

18 Nunmehr bringt man einen lahmen Mann auf einer Bahre. Als die Träger sehen, daß sie durch die Türe nicht ins Haus gelangen können, bringen sie den Lahmen auf das Dach und lassen ihn durch eine Öffnung langsam vor dem Meister nieder.

19 Jesus sieht den starken Glauben dieser Männer, beugt sich zu dem Mann hinab und sagt: »Mein Sohn, sei guten Mutes. Deine Sünden sind vergeben.«

20 Als die Schriftgelehrten solche Worte hören, meinen sie: »Wie kann nur dieser Mensch so etwas sagen? Wer kann außer Gott den Menschen ihre Schuld vergeben?«

21 Jesus weiß, was jene Männer denken. Sich zu ihnen wendend, redet er sie an:

22 »Was für Gedanken macht ihr euch? Was tut es, ob ich sage – ›deine Sünden sind vergeben‹, oder ›nimm dein Bett und wandle‹?

23 Um euch aber zu beweisen, daß der Menschensohn des Menschen Schuld vergeben kann, so will ich sagen:

24 ›Stehe auf, mein Sohn – und nimm dein Bett – und wandle!‹«

25 Da erhebt sich der Gelähmte in

der Gegenwart der Menge, nimmt sein Bett und geht hinweg.

26 Die Menschen aber können das Erlebte nicht begreifen. »Dieser Tag, an welchem wir so Wunderbares sehen, bleibt uns unvergessen«, meinen alle.

27 Als die Menge heimgegangen ist, sagt Jesus zu den Seinen: »Seht, das Fest der Juden naht. Wir gehen nächste Woche nach Jerusalem. Dort wollen wir die Brüder treffen, die aus fernen Ländern kommen, denn auch sie verlangen nach dem König.«

28 Nun geht jeder Jünger in sein Heim und betet in der Stille.

TEIL XVI

AIN

Das zweite Jahr der Lehrtätigkeit Christi

Heilung eines Lahmen am Sabbath und Rechtfertigung hierzu.

91 Die Festzeit naht, und Jesus geht mit seinen Jüngern nach Jerusalem.
2 Am Tag vor Sabbath übernachten sie in einer Herberge am Ölberg.
3 Am nächsten Morgen ziehen sie durchs Tor der Schafe in die Stadt.
4 Die Quelle von Bethesda in der Nähe dieses Tores ist umdrängt von Kranken.
5 Zu gewissen Zeiten, sagt der Volksmund, gießt ein Engel Heilkraft in das Wasser, und die ersten, welche darin baden, sind geheilt.
6 Jesus und die Jünger stehen bei der Quelle.
7 In der Nähe sieht der Meister einen Lahmen, welcher sich seit achtunddreißig Jahren ohne fremde Hilfe nicht bewegen kann.
8 »Mein Bruder«, fragt ihn Jesus, »möchtest du gesunden?«
9 »Oh, ich sehne mich danach«, sagt der Gelähmte. »Aber ich bin hilflos, wenn der Engel kommt und seine Heilkraft in die Quelle schüttet.
10 Denn die anderen, die nicht behindert sind wie ich und laufen können, kommen mir zuvor.
11 »Wer ist es denn«, fragt Jesus, »der den Engel heißt, das Wasser einer Quelle nur für ein paar Auserkorene zu potenzieren?«
12 Ich weiß, Gott ist gerecht, denn er behandelt alle gleich.
13 Jedes seiner Kinder hat den gleichen Anspruch auf Genesung durch des Himmels Kraft.
14 Die wahre Quelle der Gesundheit liegt in deiner Seele. Eine Türe, fest verschlossen, führt zu ihr. Der Schlüssel ist dein Glaube.
15 Jeder Mensch kann sich den Schlüssel holen, kann die Türe öffnen und kann in der Quelle Gottes baden, um gesund zu werden.«
16 Hoffnungsvoll blickt der Gelähmte zu dem Meister auf: »So gib mir diesen Schlüssel.«
17 »Glaubst du auch an meine Worte?« fragt ihn Jesus. »Es geschehe dir nach deinem Glauben. So erhebe dich mein Bruder, nimm dein Lager auf gehe.«
18 Augenblicklich steht der Lahme auf und ruft: »Gelobt sei Gott!«
19 Die Leute fragen später: »Wer hat dich geheilt?« »Das weiß ich nicht«, gibt er zur Antwort. »An der Quelle sprach zu mir ein Fremder, und ich war gesund.«
20 Die große Menge war bei dieser Wunderheilung nicht zugegen. Jesus und die Jünger wenden sich dem Tempel zu.
21 Dort begegnen sie dem Mann, und Jesus sagt zu ihm: »Fürwahr, du

bist gesund. Von nun an achte gut auf eine rechte Lebensführung.
22 Gehe hin und sündige nicht mehr, sonst könnte Schlimmeres geschehen.«
23 Nunmehr weiß der Mann, wer ihn geheilt hat.
24 Er erzählt den Priestern, was geschehen ist. Die Priester sind erbost und meinen: »Das Gesetz verbietet es, daß man am Sabbath heile.«
25 Jesus aber sagt: »Mein Vater wirkt an jedem Tag — warum nicht ich?
26 Er sendet seinen Regen, seinen Sonnenschein und Tau. Er läßt die Gräser wachsen, läßt die Blumen blühen, und die Ernte läßt Er auf den Sabbath fallen, wie auf irgendeinen Tag.
27 Wenn es auch an diesem Tag natürlich ist, daß Gräser wachsen und daß Blumen blühen, ist es doch gewiß erlaubt, daß ich am Sabbath heile.«
28 Jesu Worte aber ärgern mehr und mehr die Priester, weil er sich mit Gott vergleicht.
29 Ein Oberpriester namens Abihu ereifert sich: »Der Bursche ist gefährlich für den Staat und die Gesetze. Da er sich zum Gottessohn erklärt, darf er nicht am Leben bleiben.«
30 Jesus hört die Worte und entgegnet: »Ihr seid ein Gelehrter, Abihu, und kennt die Schrift. So sagt mir bitte, wer die Göttersöhne waren, die sich Menschentöchter zu Gefährtinnen erwählten. Also ist es uns von Moses überliefert.
31 Wer war unser Vater Adam, und woher ist er gekommen? Stammte er von einem Menschen, oder fiel er wie ein Stern vom Himmel?«
32 Moses sagte uns: ›er kam von Gott‹. »Da er von Gott erschaffen wurde, sagt mir, ist er nicht Sein Sohn?
33 Die Kinder dieses Gottessohnes sind doch wir. So sagt mir, weiser Oberpriester, sind wir dann nicht gleichfalls Söhne Gottes?«
34 Abihu schützt dringende Geschäfte vor und geht.
36 Jesus sagt: »Wir Menschen sind doch alle Kinder Gottes. Wer ein rechtes Leben führt, ist eng mit Gott verbunden.
36 Solch ein Mensch versteht die Werke Gottes, und in Seinem heil'gen Namen kann er selber diese Werke tun.
37 Gewitter, Sturm und Regen, wie auch Sonnenschein und Tau, sind Boten Gottes.
38 Diese Himmelsgaben sind in Gottes Obhut. Jeder treue Sohn kann alle Himmelskräfte nutzen.
39 Auf der Erde soll der Mensch den Willen Gottes tun. So kann er Tote auferwecken, Kranke heilen und den Geistern der Natur gebieten.
40 Daß ich diese Dinge tue, ist nicht allzusehr verwunderlich, und ihr könnt doch dasselbe tun. Zuvor jedoch müßt ihr die Leidenschaften eures Erden-Egos überwinden. Wer den Willen hat, der überwindet.
41 Mensch, du bist ein Gott auf Erden, und wer Gott verehrt, soll auch den Menschen achten. Mensch und Gott sind eins, wie Sohn und Vater.
42 Ich sage euch, die Stunde ist gekommen, da die Toten durch des Menschen Stimme leben werden, denn der Menschensohn ist Gottessohn.
43 Oh hört, ihr Männer Israels, ihr seid wie tot, ihr seid in eurem Grab begraben.

44 Glaubenslosigkeit und Ignoranz sind schlimmer als der Tod.
45 Doch eines Tages werden alle leben, denn sie werden Gottes Stimme durch des Menschen Stimme hören. Wissen werdet ihr, daß ihr die Söhne Gottes seid und durch das Machtwort Seine Werke tut.
46 Seid ihr erwacht zum Leben und es ist euch voll bewußt geworden, daß ihr Seine Kinder seid, dann werdet ihr auf neuen Welten neues Leben schauen.
47 Doch ihr, die ihr ein Leben voller Sünde vorgezogen habt, ihr werdet bei der Auferstehung vor den Richter kommen. Er wird euch das Urteil sprechen, und ihr müßt bezahlen, was ihr euch und eurem Nächsten schuldet.
48 Wie auch immer ihr gefehlt, versucht erneut und immer wieder neu den Fehler auszumerzen, bis die Stufe der Vollkommenheit erreicht ist.
49 Kommen wird die Zeit, da wird auch der Geringste sich erheben und im Lichte wandeln.
50 Soll ich klagen wider euch vor Gott? Das tu ich nicht, denn Moses hat es längst getan. Der Mensch, der nicht auf Moses hört, der hört auch nicht auf mich, denn dieser schrieb von mir.«

Die Feuersbrunst. Jesus rettet ein Kind und einen Trunkenbold.

92 Lazarus, der in Jerusalem zugegen war, lädt Jesus und die Jünger nach Bethanien in sein Heim.
2 Zu ihren Ehren wird ein Fest gefeiert. Ruth und Ascher sind von Jericho gekommen, denn die Feindschaft gegen Jesus hat er überwunden.
3 Während man bei Tische sitzt, ertönt ein Ruf: ›Es brennt im Dorf‹. Man eilt hinaus und sieht, wie viele Häuser lichterloh in Flammen stehen.
4 In einem dieser Häuser schläft ein Kind, das rettungslos verloren scheint. Die Mutter fleht in wilder Angst die Männer an, ihr Kind zu retten, aber keiner will sein Leben wagen.
5 Da ertönt die Stimme Jesu: »Ruhe, Ruhe, Friede,« und die Macht der Feuergeister ist gebrochen.
6 Jesus eilt durch Rauch und Flammen in die Kammer unterm Dach, und bald darauf kehrt er zurück, das Kind in seinen Armen wohl geborgen. Unversehrt von Feuer, Rauch und brechendem Gebälk, legt er das Kind der Mutter in den Arm.
7 Dann hebt der Meister seine Hände hoch, befiehlt den Feuergeistern still zu werden und die Arbeit der Vernichtung einzustellen.
8 Alsogleich erlischt der Brand, als hätte sich die Flut des Meeres auf die Feuersbrunst gestürzt.
9 Die Menschen drängen freudig auf den Meister ein, um den zu sehen, der die Macht besitzt, dem Element des Feuers zu gebieten. Jesus spricht:
10 »Der Mensch soll nicht der Flamme Sklave sein – das Feuer soll dem Menschen dienen.
11 Wenn der Mensch sich selbst gefunden hat und weiß, daß er ein Gott ist, weil die Kräfte Gottes in ihm wirken, ist er eine Meisterseele. Alle Geister der Natur vernehmen seinen Ruf und werden freudig seinen Willen tun.
12 Des Menschen Wille wird von störrischen, wilden Eseln – Furcht

und Zweifel – hin und her gezerrt. Sind sie gezähmt und eingeschirrt, dann kennt sein Wille keine Grenzen mehr. Ein Wort von ihm – es ist getan.«

13 Die Gäste kehren nun zum Tisch des Lazarus zurück. Ein kleines Mädchen kommt herein, legt seine Hand auf Jesu Arm und sagt:

14 »Ich bitte, Meister, hört mich an. Mein Vater ist ein Trinker, und die Mutter plagt sich ab von früh bis spät. Wenn sie den Lohn nach Hause bringt, dann nimmt ihn ihr der Vater ab und trägt ihn in die Schenke. Hungrig sind wir Tag und Nacht.

15 Ich bitt' euch, Meister, kommt mit mir und rührt an meines Vaters Herz. Er ist so gut zu uns, wenn er er selber ist. Es ist der Wein, der einen andern Menschen aus ihm macht.«

16 Und Jesus nimmt das Mägdlein bei der Hand und geht mit ihm zur kleinen Hütte, wo er mit der Mutter wie mit den Geschwistern freundlich redet. Da entdeckt er ihren Vater, ausgestreckt auf einem Sack voll Stroh.

17 Er nimmt die Hand des Trunkenen, zieht ihn vom Lager auf und spricht: »Erschaffen hat dich unser Vater-Gott nach Seinem Ebenbild. Steh auf und folge mir.

18 Die Nachbarn sind in arger Not. Sie haben alles, was sie hatten, in der Feuersbrunst verloren. Neue Häuser brauchen sie, und du und ich sind aufgerufen, ihnen beizustehen.«

20 Jammer und Verzweiflung herrscht. Die Not ist groß.

21 Und Jesus sagt: »Mein Freund, da gibt es viel zu tun für dich. So greif' denn zu und zeig' den Leuten hier, was Hilfsbereitschaft ist. Sie werden dir mit allen Kräften helfen.«

22 Hoffnung flammt im Herzen dieses schwergeprüften Mannes auf. Er wirft sein dürftig Wams beiseite, wieder ist er ganz er selbst.

23 Nun packt er zu. Er tut es nicht für sich. Er tut es für die Obdachlosen. Alle Menschen von Bethanien helfen, und die Häuser werden neu erstellt.

24 Vollendet ist das Werk, doch mit Bestürzung sieht er nun das eigene Zuhause, und sein Herz ist tief ergriffen.

25 »Meine jammervolle Hütte«, sagt er, »soll zu einem wirklichen Zuhause werden.« Mannesstolz füllt seine Seele. Seine ganze Kraft setzt er zur Arbeit ein wie nie zuvor, und alle Nachbarn helfen kräftig.

26 Liebe spornt die Herzen an, und aus der Höhle wird ein wahres Heim.

27 Der Vater trinkt nicht mehr, und ganz Bethanien ist des Lobes voll.

28 Gerettet ist ein Mensch, und niemand wirft ihm jemals wieder Faulheit oder Trunkenheit vor.

Der Gang durchs Ährenfeld. Heilung einer verkrüppelten Hand am Sabbath.

93

Wieder ist es Sabbath. Jesus und die Jünger gehen durch ein reifes Ährenfeld.

2 Sie schälen Körner aus den Ähren und verzehren eines nach dem andern, da sie hungrig sind.

3 Viele Menschen folgen ihnen. Unter diesen sind auch Pharisäer einer strengen Sekte. Wie sie sehen, was die Jünger tun, sind sie entrüstet:

4 »Meister«, fragen sie, »warum tun deine Jünger, was nach dem Gesetz am Sabbath doch verboten ist?«

5 Und Jesus gibt zur Antwort: »Habt ihr nicht gehört, was David tat, als er und sein Gefolge hungrig waren?

6 David ging ins Gotteshaus und nahm vom Tisch des Heiligtums die ausgestellten Brote, aß und gab davon auch seinen Leuten.

7 Wahrlich, glaubt mir, höher als Gesetzesregeln steht des Menschen Not.

8 In den heil'gen Büchern lesen wir, daß Priester oft den Sabbath schändeten, sogar im Heiligtum, und waren dennoch frei von Schuld.

9 Der Sabbath soll dem Menschen dienen — nicht der Mensch dem Sabbath.

10 Der Mensch ist Gottes Sohn und untersteht dem ewigen Gesetz des Rechtes. Dieses ist das höchste der Gesetze und erlaubt dem Menschen, selbsterschaffene Gesetze wieder aufzuheben.

11 Das Gesetz des Opferns ward von Menschen statuiert. In unseren Gesetzen lesen wir, daß Gott in erster Linie Gnade wünscht, und Gnade überragt die menschlichen Gesetze.

12 Der Menschensohn gebietet jeglichem Gesetz. Hat nicht in unsern Büchern der Prophet des Menschen Pflichten so beschrieben: Mit der Gnade wandle demutsvoll das Recht?«

13 Der Meister und die Jünger gehen dann zurück nach Galiläa, und am Tag vor Sabbath sind sie in Kapernaum, in Jesu Heim.

14 Am nächsten Sabbath predigt Jesus in der Synagoge.

15 Unentwegt schaut er auf einen Menschen, dessen Hand verkrüppelt ist. Die Pharisäer und die Schriftgelehrten sehen dies und flüstern unter sich:

16 »Was wird er tun? Wird er es wagen, heut am Sabbath diese Hand zu heilen?«

17 Jesus aber weiß genau, was jene denken, ruft den Mann und sagt zu ihm: »Steh auf und stelle dich vor diese Schriftgelehrten.«

18 »Sprecht und gebt mir Antwort«, sagt er nun zu diesen. »Ist es ein Vergehen gegen Gott, wenn man am Sabbath heilt?

19 Sofern am Sabbath eines eurer Schafe in die Grube fiele, wär es dann ein Unrecht, es herauszuziehen?

20 Wäre Gott zufrieden, wenn es lange leiden müßte, nur weil Sabbath ist?«

21 Die Männer aber schweigen.

22 »Gelten Schafe mehr als Menschen?« fragt der Meister.

23 »Auf den Fels des Rechtes wurde das Gesetz geschrieben. Die Gerechtigkeit schrieb das Gesetz, und Gnade heißt die Feder, die es schrieb.

24 So hebe deine Hand und streck sie aus«, sagt Jesus zu dem Mann. Vor aller Augen ward die Hand geheilt.

25 Die Pharisäer sind verärgert und beraten, was sie gegen Jesus unternehmen könnten.

26 Öffentlich ihn anzuklagen dürfen sie nicht wagen, denn das Volk steht für ihn ein.

27 Jesus und die Jünger gehen nun zum See hinab, und viele Leute folgen ihnen.

Die Bergpredigt. Das Vaterunser.

94 Am nächsten Morgen, eh' die Sonne scheint, besteigen Jesus und die Jünger einen Berg, und Jesus lehrt sie, wie man beten soll. Er sagt:

2 »Das Beten ist der Seele innerstes Gespräch mit Gott.

3 Beim Beten mache dir nichts vor, wie es die Heuchler tun, wenn sie auf öffentlichem Platz und in der Synagoge viele schöne Worte sagen, welche nur dem Ohr des Nächsten gelten und nicht Gott.

4 Sie mimen fromme Posen, um das Lob der Menschen zu erhalten. Menschenlob ist, was sie suchen, und nichts weiter ist ihr Lohn.

5 Doch ihr sollt anders beten. Geht ins innerste Gemach der Seele und verschließt nach außen alle Tore. Nunmehr betet in der Heiligkeit der Stille.

6 Redet wenig. Wiederholt nicht Wort für Wort, wie es die Heiden tun. Sprecht einfach:

7 ›Unser Vater Gott, der Du im Himmel bist. Geheiligt sei Dein Name. Kommen wird Dein Reich. Dein Wille soll geschehen, auf der Erde wie im Himmel.

8 Gib uns heute unser täglich Brot.

9 Und hilf uns zu vergessen, was die anderen uns schuldig sind, so daß auch unsere Schuld vergeben werde.

10 Schütze uns vor der Versuchung, wenn wir ihr nicht widerstehen können.

11 Ist sie allzu groß, dann gib uns Kraft zu überwinden.‹

12 Möchtest du befreit sein von den Schulden gegen Gott und Mensch, die du verursacht hast durch Übertretung des Gesetzes,

13 dann vergib dem Nächsten seine Schuld. Wie du mit anderen verfährst, wird Gott mit dir verfahren.

14 Wenn du fasten willst, behalte es für dich.

15 Wenn Heuchler fasten, bleichen sie ihr Antlitz, nehmen eine demutvolle Pose an, so daß es scheint, als fasten sie.

16 Doch wahres Fasten ist die Tat der Seele. Wie auch Beten eine Tätigkeit der Stille deiner Seele ist.

17 Gott weiß immer, wenn du fastest oder betest. In der Stille waltet Er. Sein Segen ruht auf jeglichem Bemühen deiner Seele.

18 Scheine nie, was du nicht bist. Die andern täuschen ist nur Heuchelei.

19 Das Mäntelchen der Frömmigkeit sollst du nicht um dich hängen. Deiner Stimme Ton soll keine vorgetäuschte Heiligkeit enthalten.

20 Gibst du Geld, Bedürftigen zu helfen — schweige. Rufe es nicht aus in Straßen und in Synagogen.

21 Wer nur um des Lobes willen Gutes tut, erhält der Menschen Dank — Gott sieht es nicht.

22 So laß die linke Hand nicht wissen, was die rechte tut.«

Fortsetzung der Bergpredigt. Die acht Seligpreisungen und die acht Weherufe.

95 Jesus geht nun mit den Jüngern auf des Berges Höhe.

2 »Säulen meiner Kirche«, sagt er, »zwölf Apostel Christi — Lichtbrin-

ger und Lehrer Gottes bei den Menschen.
3 Nur noch eine kleine Weile, und ihr müßt alleine gehen. Erst den Juden, dann der ganzen Welt sollt ihr das Evangelium des Königs künden.
4 Haltet nicht die Peitsche in der Hand, denn so könnt ihr den Bruder nicht zum König treiben.
5 Geht vielmehr in Liebe und in Hilfsbereitschaft, führt die Menschen auf den Weg des Rechtes und des Lichtes.
6 Gehet hin und sagt: ›Das Königreich ist da!‹
7 Selig sind die geistig Starken – ihrer ist das Himmelreich.
8 Selig sind die Demutvollen – ihnen wird das Land gehören.
9 Selig sind, die Durst und Hunger leiden nach Gerechtigkeit – sie sollen satt und glücklich werden.
10 Selig sind die Gnadenreichen – ihrer ist die Gnade.
11 Selig sind die Selbstbeherrschten – ihrer ist das Tor zur Macht.
12 Selig sind, die reinen Herzens sind – sie werden ihren König schauen.
13 Selig sind, die Unrecht und Verfolgung leiden, um des Rechtes willen – sie werden die Verfolger segnen.
14 Selig ist das treue Kind des Glaubens – sitzen wird es auf dem Thron der Macht.
15 Seid nicht entmutigt, wenn die Welt euch zürnt, verfolgt und eurer spottet, sondern freut euch und frohlocket.
16 Denn die Seher, die Propheten und die Guten dieser Welt sind immer angefeindet worden.
17 Seid ihr es wert, des Lebens Krone zu besitzen, nehmt es hin, daß euch die Welt verflucht, verleumdet und beschimpft.
18 Frohlocket, wenn die bösen Menschen euch von ihren Wegen treiben, und wenn euer Name in den Gassen zum Gespött der Menge wird.
19 Ich sage euch, frohlocket, doch seid jenen gnädig, die euch übel wollen, denn sie sind wie Kinder, die nicht wissen, was sie tun.
20 Frohlocket nicht ob der besiegten Feinde. Helfet denen, welche tief in Sünde fielen. Gott wird euch zu lichter Höhe führen.
21 Wehe denen, die an Gold und Land vermögend sind – denn mancherlei Versuchung sind sie ausgesetzt.
22 Wehe denen, die nach Willkür auf den Pfaden des Vergnügens gehen – viele Fallen warten ihrer auf gefahrenreichen Wegen.
23 Wehe denen, welche stolz sind – denn sie stehen dicht beim Abgrund, und Vernichtung ist ihr Los.
24 Wehe dem, der seiner Habsucht frönt – denn was er hat, ist nicht sein Eigen. Siehe da, es kommt ein anderer, und fort ist sein Besitz.
25 Wehe dem, der heuchelt – denn sein Antlitz trügt, und eine Mördergrube ist sein Herz.
26 Wehe dem, der mitleidlos und grausam ist – er wird das Opfer seiner Tat.
27 Das Böse, das er seinem Bruder tut, prallt ab und fällt auf ihn zurück. Der Folterknecht wird zum Gefolterten.
28 Wehe denen, welche auf die Tugenden der Schwachen lauern – denn die Stunde kommt, da sie als Schwächlinge einem Stärkeren verfallen.

29 Wehe, wenn die Welt euch rühmt — denn Schein und Illusion verherrlicht sie, und nicht den Menschen, der in Gottes Odem wandelt.
30 Ihr, die ihr in Gottes Odem lebt, ihr seid das Salz — das Salz der Erde. Achtet eurer Tugend! Habt ihr sie verloren, seid ihr nicht mehr Salz der Erde — nur noch Staub.
31 Doch ihr seid Licht — berufen, um der Welt zu leuchten.
32 Eine Stadt auf einem Hügel läßt sich nicht verbergen. Ihre Lichter scheinen weit ins Land. Wenn ihr euch auf des Lebens Höhe stellt, dann sehen alle Menschen euer Licht. Sie ahmen eure Werke nach und loben Gott.
33 Man zündet keine Lampe an und stellt sie auf den Boden, sondern auf den Kandelaber, wenn sie alles ringsumher erleuchten soll.
34 Ihr Apostel seid die Lampen Gottes. In den Schatten trügerischer Illusionen sollt ihr euch nicht stellen, sondern offen auf des Lebens Bühne.
35 Ich bin nicht gekommen, um Gesetze umzustoßen oder aufzulösen, sondern um sie zu erfüllen.
36 Das Gesetz, die Psalmen und Prophetenbücher sind geschrieben worden in der Weisheit Gottes, deshalb irren sie sich nicht.
37 Der Himmel und die Erde wandeln sich und sind vergänglich — Gottes Worte aber bleiben. Diese können nicht vergehen, ehe sie das Werk vollendet haben, dessentwillen sie entstanden sind.
38 Wer die Gesetze Gottes ignoriert und andere zu gleichem Tun verleitet, macht sich schuldig. Gottes Antlitz wird er nicht erblicken, bis er wiederkommt und seine Schuld bezahlt mit seinem Leben.
39 Wer auf Gottes Stimme hört, des Vaters Willen tut und die Gesetze achtet, wird mit Christus herrschen.
40 Schriftgelehrte, Pharisäer und Doktoren sehen nur den Wortlaut der Gesetze und verstehen nicht den Sinn.
41 Wenn eure Auffassung vom Recht nicht besser ist als die der Schriftgelehrten und der Pharisäer, könnt ihr nicht ins Reich der Seele kommen.
42 Nicht des Menschen Taten geben ihm das Recht, die Himmelspforte zu durchschreiten. Sein Charakter ist das Paßwort, und die Wünsche sind es, welche den Charakter formen.
43 Das Gesetz befaßt sich mit des Menschen Taten, des Gesetzes Geist und Sinn jedoch befaßt sich mit des Menschen Wünschen und Motiven.«

Fortsetzung der Bergpredigt. Die vier ersten Gebote.

96 »Gott gab den Menschen zehn Gebote. Auf des Berges Höhe schaute Moses Gottes Wort und schnitt es in Granit für alle Zeiten.
2 Jene zehn Gebote zeigen den Gerechtigkeitsaspekt des Vaters. Heute aber bringt die inkarnierte Liebe Gottes auf den Schwingen Heil'gen Odems den Aspekt der Gnade.
3 Auf der Einheit Gottes wurde das Gesetz errichtet. Eine Kraft beherrscht das All — Jehovah, der Allmächtige.
4 In die Himmel schrieb Jehovah die Gebote — Moses las:
5 ›Ich bin die Allmacht Gottes — und keinen andern Gott als Mich sollst du verehren.‹
6 Vielerlei Aspekte gehen von der

einen Macht — Jehovah, aus. Man nennt sie Kräfte.
7 Alle diese Kräfte sind aus Gott — sind Seine Offenbarungen, sind Geister Gottes.
8 Fänden Menschen eine neue Kraft — es wäre Illusion.
9 Ein Schatten nur des Einen. Wer vor Schatten niederkniet, ist selbst ein Schatten, denn der Mensch ist stets, was er erstrebt.
10 Gott möchte doch, daß Seine Kinder Ihn verehren. Gnade ist es, wenn Er fordert — ehre keinen andern Gott als Mich.
11 Der Mensch, der ein begrenztes Wesen ist, kann Unbegrenztes nicht ermessen. Er ist nicht imstande, sich ein Bild zu machen von der grenzenlosen Macht der Gottheit.
12 Wenn der Mensch ein Bildnis Gottes formt, aus Stein, aus Bronze oder Ton, so ist es nur ein Schatten. Betet er zu solchem Bildnis, wird er selbst zum Schatten.
13 Gnade ist es, wenn Gott fordert — mache dir kein Götzenbild von Mir.
14 Idole dieser Art sind in den Staub gezerrte Ideale, und nur jene Höhen kann der Mensch erreichen, welche seinem Ideal entsprechen.
15 Gott ist Geist. Im Geiste soll der Mensch den Schöpfer ehren, um ein wahres Gottbewußtsein zu erlangen.
16 Niemals kann er Gottes Heil'gen Odem bildhaft schauen.
17 Sprechen soll der Mensch den Namen Gottes nicht mit seinem Munde. Nur im Geist des Heil'gen Odems soll er ihn erwähnen.
18 Ohne Ehrerbietung spricht er Gottes Namen aus, den er in seiner Eitelkeit zu kennen wähnt — und ist gerichtet.
19 Wer den wahren Namen Gottes kennt und diesen mit profanen Lippen spräche — lebte nicht, um ihn ein zweitesmal zu nennen.
20 Gnade ist es, wenn Gott Seinen wahren Namen denen vorenthält, die nicht im Heil'gen Odem reden.
21 Wer den Namen Gottes, wie die Welt ihn kennt, gedankenlos im Munde führt, ist schuldig, denn ein weiteres Gebot besagt:
22 ›Du sollst den Namen Gottes nicht mißbrauchen.‹
23 Sieben ist die Zahl des Heil'gen Odems. Gott hält in der Hand das Siebenmaß der Zeiten.
24 Nach der Schöpfung Seiner Welten ruhte Gott am siebten Tag, und deshalb ist der siebte Tag der Tag der Ruhe.
25 Der Siebte ist der Tag des Herrn, sprach Gott. Besinne dich. Du sollst ihn heilig halten. Nütze ihn für Werke, die man für den Nächsten tut — und nicht für sich.
26 Sechs Tage in der Woche dürft ihr Werke tun für euch — am Sabbath aber sollt ihr dienen.
27 Dieser Tag ist Gott geweiht. Der Mensch dient Gott, wenn er dem Bruder dient.

Fortsetzung der Bergpredigt. Das fünfte und sechste Gebot.

97 Gott ist nicht nur Kraft. Mit Seiner Kraft geht Weisheit Hand in Hand.
2 Als Cherubim die Menschen Weisheit lehrten, sagten sie zu ihnen: ›Weisheit ist die Mutter aller Menschen – Kraft der Vater.‹

3 Wer die Allmacht und die Weisheit Gottes ehrt, ist reich gesegnet. Auf der Tafel der Gebote lesen wir:
4 ›Den Vater und die Mutter sollst du ehren, daß du lange lebest in dem Lande, das der Herr, Dein Gott, dir gibt.‹
5 ›Du sollst nicht töten‹, lautet das Gebot. ›Tust du es dennoch, mußt du vor Gericht.‹
6 Wer töten will, jedoch die Tat nicht tut, der ist vor menschlichem Gesetz nicht schuldig.
7 Des Gebotes wahrer Sinn jedoch ist dies: ›Vor Gott sind alle jene schuldig, die den Wunsch zum Töten hegen, Rache üben wollen und sich grundlos über einen Bruder ärgern.
8 Wer den Bruder einen seelenlosen Lumpen nennt, muß vor den Richterstuhl.
9 Wer seinen Bruder einen Esel oder Dummkopf schimpft, entfacht in seinem eigenen Gemüt das Höllenfeuer.‹
10 Nach den göttlichen Gesetzen wird gefordert: Wenn durch deine Schuld der Bruder gegen dich verbittert ist, versöhne dich mit ihm, bevor du deine Opfergaben in den Tempel trägst.
11 Es ist nicht gut, wenn über Schuld und Zorn der Tag zur Neige geht.
12 Hast du jedoch das Deinige getan und zur Versöhnung alles aufgeboten, doch der Bruder bleibt verstockt, so bist du frei von Schuld im Angesichte Gottes. Dann geh hin und überbringe deine Opfergaben.
13 Solltest du dem Bruder etwas schuldig sein und kannst es nicht begleichen, oder fordert dieser eine Summe, größer als ihm zusteht — disputiere nicht mit ihm.
14 Disput und Widerstand sind Ursprung allen Ärgers, und der Zorn kennt weder Gnade noch Verstand.
15 Ich sage euch, bei weitem besser wäre es, ihr nähmt Verlust in Kauf, als daß ihr Menschen richten lasset über Recht und Unrecht.
16 Das Gesetz der Menschen lautet: ›Aug' um Auge, Zahn um Zahn‹. Das heißt: Wenn dir ein Unrecht widerfährt, dann wehre dich.
17 Doch das ist nimmer göttliches Gesetz. Der Heil'ge Odem fordert: Widersetz dich nicht, wenn dir ein Unrecht widerfährt.
18 Wenn einer dir gewaltsam deinen Rock vom Leibe reißt, so ist er doch dein Bruder. Leiste keinen Widerstand, und du gewinnst sein Herz.
19 Laß ihm den Rock und gib noch weiteres hinzu. Allmählich wächst er über sich hinaus, und du hast ihn von seinem bösen Trieb befreit.
20 Wenn einer dich um Hilfe bittet — hilf ihm. Wer von dir zu borgen wünscht — dem gib.
21 Wenn einer dich im Ärger schlägt, dann schlage nicht zurück.
22 Die Menschen nennen den, der Kampf verweigert und sein Recht nicht fordert, einen Feigling.
23 Doch ich sage euch, daß jener, welcher angegriffen und geschlagen wird und nicht zurückschlägt, angefeindet wird und schweigt, weit größer ist als einer, der zurückschlägt und sich wehrt.
24 Die Alten sagten — liebet eure Freunde, hasset eure Feinde. Jedoch ich sage euch:
25 Vergebet euren Feinden. Segnet, die euch fluchen. Tuet jenen Gutes, die euch hassen. Betet für den Bruder, welcher euer Recht mit Füßen tritt.

26 Ihr wißt doch, daß ihr Kinder jenes Gottes seid, der Seine Sonne scheinen läßt auf Gute wie auf Böse und den Regen niederrauschen läßt auf Ungerechte und Gerechte.

27 Wer dem Nächsten tut, was dieser ihm getan hat, ist ein Sklave. Sklavisch folgt er alten Wegen, die zum Tode führen.

28 Ihr, die ihr des Lichtes Kinder seid, müßt nun die Führung übernehmen.

29 Tut dem Nächsten das, was ihr von ihm erhofft.

30 Wenn ihr nur jenen Gutes tut, die euch dasselbe tun, so tut ihr das, was alle tun. Die Zöllner tun das auch.

31 Wenn ihr nur eure Freunde grüßt und eure Feinde nicht, so tut ihr das, was alle tun. Die Zöllner tun das auch.

32 Deshalb seid vollkommen, wie es euer Vater in den Himmeln ist.

Fortsetzung der Bergpredigt. Das siebte, achte und zehnte Gebot.

98 Du sollst nicht ehebrechen, sagt ein weiteres Gebot. Die triebhafte Befriedigung des Sexus außerhalb des Ehebundes gilt vor dem Gesetz als Ehebruch.

2 Gesetzlich ist die Eheschließung das Versprechen zweier Menschen vor dem Priester, bis zum Tod in Liebe und in Harmonie zu leben.

3 Weder Priester noch Beamter hat jedoch von Gott die Macht erhalten, Mann und Frau in ehelicher Liebe miteinander zu verbinden.

4 Was nun aber ist die Ehebindung? Liegt die Bindung in dem Wort des Priesters oder des Beamten?

5 Oder ist es die Bescheinigung, die Mann und Frau erlaubt, daß sie im Ehebunde miteinander leben dürfen?

6 Oder ist es ein Versprechen, bis zum Tod in Liebe und in Harmonie zu leben?

7 Ist die Liebe eine Neigung, die dem Willen untersteht?

8 Kann man Liebe nehmen, wie man Edelsteine nimmt, sie weglegt oder einem andern gibt?

9 Läßt sich Liebe kaufen und verkaufen, wie man Schafe handelt?

10 Liebe ist die Gabe Gottes, die zwei Seelen eint, und keine Macht auf Erden kann ein solches Bündnis lösen.

11 Die Gewalt des Todes oder Menschenmacht mag ihre Körper trennen, aber nur für kurze Zeit. Sie finden sich erneut.

12 Ein solcher Gottesbund ist wahre Ehe. Jedes andere Zusammenleben ist ein Strohgebinde und bedeutet Ehebruch.

13 Genauso schuldig sind auch jene, welche außerhalb der Ehe ihren Trieben frönen.

14 Mehr noch – schuldig sind auch jene, welche lüsterne Gedanken hegen.

15 Wen Gott zusammengibt, kann Menschenhand nicht trennen, doch was Menschenhand zusammenfügt, lebt sündhaft.

16 Weiter gab der große Meister das Gebot: ›Du sollst nicht stehlen.‹

17 Diebstahl ist nach dem Gesetz, wenn einer ohne Einverständnis eines andern diesem etwas nimmt.

18 Ich aber sage euch, daß in den Augen Gottes jener schon ein Dieb

ist, welcher sich im Herzen etwas wünscht, das einem anderen gehört.
19 Die unsichtbaren Dinge aber gelten mehr als die, die man mit Augen sieht.
20 Der gute Name eines Menschen wiegt weit mehr als tausend Minen Gold. Wer durch ein unbedachtes Wort, durch eine unbedachte Tat den guten Namen schändet, ist ein Dieb. Entwendet hat er, was ihm nicht gehört.
21 Ein weiteres Gebot besagt: ›Begehre nicht, was dir nicht zusteht.‹
22 Die Begierde ist der brennend heiße Wunsch nach etwas, das dir nicht gehört.
23 Ein solcher Wunsch macht dich zum Dieb vor Gott.

Fortsetzung der Bergpredigt. Das neunte Gebot.

99 Auf der Gesetzestafel steht ein weiteres Gebot: ›Du sollst nicht lügen‹. Dem Gesetze nach ist der ein Lügner, der mit Worten sagt, was unwahr ist.
2 Jedoch im Lichte Gottes sind auch Trug und Hinterlist nichts anderes als Lüge.
3 Lügen und betrügen kann ein Mensch durch einen Blick, durch eine Tat, ja auch indem er schweigt. Auch so kann er im Lichte geistiger Gesetze schuldig werden.
4 Früher hieß es: Schwöre nicht bei deinem Leben.
5 Ich hingegen sage euch: Schwört niemals, weder auf das Haupt, noch auf das Herz, auch nicht auf Sonne, Mond und Sterne.
6 Schwört auch nicht beim Namen Gottes oder auf den Namen irgendeines Geistes, aus der Höhe oder aus der Tiefe.
7 Ihr sollt überhaupt nicht schwören, denn in einem Eid liegt kein Gewinn.
8 Ein Mensch, der glaubt, er müsse seinem Wort durch einen Eid besonderes Gewicht verleihen, hat bei Gott und Menschen jegliches Vertrauen eingebüßt.
9 Ein Schwur krümmt nicht einmal ein Haar und löst kein Blatt vom Baum.
10 Wenn einer, der Vertrauen einflößt, spricht, dann weiß man, daß es Wahrheit ist.
11 Ein Mensch, der viele Worte braucht, macht Rauch, um eine Lüge zu verbergen. Er versucht zu täuschen.
12 Viele Menschen haben nicht nur ein Herz, sondern deren zwei in ihrer Brust, sie dienen einmal diesem, einmal jenem Herrn.
13 Sie geben vor, am Sabbath Gott zu dienen, und an allen anderen Tagen halten sie es mit dem Teufel.
14 Keiner aber kann zwei Herren dienen, wie auch keiner auf zwei Eseln reiten kann, die nicht desselben Weges gehen.
15 Ein Mensch, der vorgibt, gleichermaßen Gott und Beelzebub zu dienen, narrt den Schöpfer, spielt den Frommen und ist überdies ein Fluch der Menschheit.
16 Niemand kann denselben Schatz im Himmel und auf Erden haben.
17 Fürwahr, ich sage euch — erhebt die Augen zu den himmlischen Gewölben. Dort allein könnt ihr die Schätze sicher bergen.
18 Dort, wo weder Rost noch Mot-

ten schaden können und wo keine Diebe sind.
19 Auf Erden gibt es solche sicheren Gewölbe nicht, die frei von Motten, Rost und Dieben wären.
20 Alle Schätze dieser Welt sind Illusion, sind Dinge, die vergehen.
21 Täuscht euch nicht, denn eure Schätze sind der Ankerplatz der Seele, und wo eure Schätze sind, da ist auch euer Herz.
22 So bindet eure Herzen nicht an irdischen Besitz. Seid auch nicht ängstlich, was ihr essen oder trinken sollt, und bangt nicht um der Kleidung willen.
23 Gottes Sorge gilt all jenen, welche Ihm vertrauen und der Menschheit dienen.
24 Seht die Vögel, hört ihr Singen. Schöner wird die Welt durch ihren Freudenchor, und Gott, der Vater aller, birgt sie in der Obhut Seiner Hände.
25 Auch kein Sperling fällt vom Dach, daß Er darum nicht wüßte. Jeder, der gefallen ist, erhebt sich wieder.
26 Seht die Blumen auf der Erde, wie sie wachsen, ganz auf Gott vertrauend. Ihre Schönheit und ihr Duft verherrlichen die Welt.
27 Seht die Lilien auf dem Feld. Sie sind der heil'gen Liebe Pfand. Kein Mensch, und auch nicht Salomon in seiner ganzen Pracht, war je gekleidet so wie sie.
28 Auf Gott vertrauen sie und nähren sich aus Seiner Hand. Sie beugen ihre Häupter, um an Seiner Brust zu ruhen.
29 Da Gott die Vögel und die Blumen solchermaßen nährt und kleidet, wieviel mehr wird Er dann Seine Kinder nähren und bekleiden, so sie Ihm Vertrauen schenken.
30 Suchet denn zuerst das Königreich der Seele, die Gerechtigkeit des Himmels und das Gute in des Bruders Herzen. Murret nicht, denn Gott wird euch ernähren, kleiden und beschützen.‹

Fortsetzung der Bergpredigt. Säen, ernten. Der Splitter im Auge des Bruders.

100 Die Menschen haben einen Grundsatz, den sie streng und starr befolgen:
2 Was der Bruder dir getan hat, tue ihm. Wie er dich richtet, richte ihn. Was er dir gibt, das gib ihm auch.
3 Ich aber sage euch, solange ihr als Menschen unter Menschen wandelt, richtet nicht, damit ihr nicht gerichtet werdet.
4 Denn wie ihr die andern richtet, so wird Gott euch richten. Wie ihr gebt, wird Gott euch geben. Wie ihr andere verurteilt und verdammt, wird euch geschehen.
5 Wer Gnade übt, dem wird auch Gnade widerfahren. Wer zu lieben weiß, der wird geliebt.
6 So wird der Weise dieser Erde tun, was er von anderen erhofft, daß sie ihm tun.
7 Der Egoist tut Gutes um des Nutzens willen und erwartet, daß das Gute vermehrt zu ihm zurückkommt. An das Ende denkt er nicht.
8 Der Mensch ist wie ein Ackerboden. Seine Taten sind die Samen, die im Erdreich keimen. Was er anderen getan hat, fällt auf ihn zurück. Die Ernte ist gewiß.

9 Wer Wind entfacht, der erntet Sturm. Wer bösen Samen sät, wie Haß, Verbrechen, Diebstahl, triebhafte Begierde und Skandal,
10 dess' Ernte bleibt nicht aus und kann sich hundertfach vermehren.
11 Eine Ernte, die aus Liebe, Frieden, Ehrlichkeit und Glück besteht, stammt nicht von bösem Samen. Wie der Same — so die Frucht.
12 Wer säen will, der säe guten Samen um des Guten willen – nicht wie Händler für Gewinn.
13 Den erdennahen Menschen stört das geistige Gesetz, denn es beschränkt ihm seine Freiheit, sündenvoll zu leben. Seine lasterhaften Sünden und Begierden kann er nicht befriedigen im Licht und Glanz des geistigen Gesetzes.
14 Feindlich steht er jenen gegenüber, die im Heil'gen Odem wandeln. Seher und Propheten wie auch heil'ge Männer hat er stets bekämpft und umgebracht.
15 Auch euch wird man verfolgen, binden, foltern und mit falschem Zeugnis ins Gefängnis werfen. Eure Henker glauben ernstlich, daß sie Gottes Willen tun.
16 Daher verurteilt nicht und richtet keinen, der euch übel will.
17 Ein jeder hat Probleme, die er selber lösen muß.
18 Der Henker, der euch hängt, mag eine große Sündenlast zu tragen haben. Wie jedoch steht es um eure Bürde, eure Last?
19 In Gottes Augen wiegt die kleinste Sünde eines Menschen, der im Lichte wandelt, schwerer, als die Monstersünde dessen, der den Pfad nicht kennt.
20 Wie gerne seht ihr doch den Splitter in des Bruders Auge und vergeßt den Balken, der in eurem Auge liegt.
21 Daher entfernt zuerst aus eurem Auge diesen Balken, ehe ihr versucht, den Splitter aus dem Auge eures Bruders auszuziehen.
22 Weil eure Augen voller fremder Dinge stecken, seid ihr blind und könnt den Weg nicht sehen.
23 Wenn Blinde Blinde führen, fallen beide in den Abgrund.
24 Wer ein Führer sein will auf dem Weg zu Gott, der muß ein klares Auge haben und ein reines Herz.

Ende der Bergpredigt.

101 Die Frucht des Lebensbaumes ist zu fein, als daß sie Seelen, die noch erdverhaftet sind, ernähren könnte.
2 Wirft man einem Hund, der hungert, Diamanten hin, fletscht er die Zähne oder läuft davon.
3 Der Weihrauch für den Herrn ist Beelzebub verhaßt. Des Himmels Brot schmeckt jenen fad, die nicht verstehen können, was das Geistesleben ist.
4 Ein weiser Meister gibt dem Schüler nur gerade das, was dieser fassen und begreifen kann.
5 Fehlt euch die rechte Speise — bittet — und ihr werdet sie erhalten. Suchet, und ihr werdet finden.
6 Sprecht das Wort und klopfet an — es wird euch aufgetan.
7 Noch keiner hatte jemals glaubensvoll gefleht und nichts erhalten. Keiner suchte je umsonst, und keinem, welcher klopfte, blieb die Tür verschlossen.

8 Bittet man euch um das Brot des Himmels, dann gebt nicht das Brot der Erde.
9 Bittet man euch um ein Stückchen Brot, gebt ihr dann einen Stein? Und bittet man um einen Fisch, gebt ihr dann eine Schlange aus dem Staub der Straße?
10 Was ihr euch von Gott ersehnt, das gebt den Menschen. Euer Dienen ist der Maßstab eures Wertes.
11 Zum Leben der Vollkommenheit führt euch ein Weg, der nur von wenigen begangen wird.
12 Es ist ein schmaler Pfad. Er führt vorbei an schroffen Felsen und an tiefen Schluchten, und gefahrlos ist er nur für den, der nicht zur Seite weicht.
13 Es gibt auch einen breiten Weg, den viele gehen. Dieser führt zu Leid und Not, denn Lasterhöhlen und Vergnügungsstätten mancher Art umsäumen ihn.
14 Seid auf der Hut! So viele wähnen, daß sie auf dem Pfad des Lebens sind, und wissen nicht, daß sie der Straße folgen, die zum Tode führt.
15 Sie sind schlecht in Wort und Tat. Es sind Propheten falscher Art, sind Wölfe, die im Schafspelz gehen.
16 Schlecht sind sie getarnt. An ihren Früchten wird man sie erkennen.
17 Kann man Feigen oder Trauben ernten von Kakteen oder Disteln?
18 Jede Frucht ist Tochter ihres Baumes. Wie die Eltern, so die Kinder. Jeder Baum, der schlechte Früchte trägt, wird mit den Wurzeln ausgerissen und verbrannt.
19 Wer laut und lange betet, hat noch nicht bewiesen, daß er heilig ist. Nicht alle Beter sind im Königreich der Seele.
20 Dort sind jene anzutreffen, die ein reines Leben führen und die Gottes Willen tun.
21 Ein guter Mensch strahlt Segenswunsch und Frieden für die ganze Welt aus seinem Herzen.
22 Ein böser Mensch hingegen schickt Gedanken aus, die Hoffnung, Glück und Freude lähmen und die Welt mit Weh und Bitternis erfüllen.
23 Aus der Fülle seines Herzens redet, denkt und handelt jeder Mensch.
24 Ist die Stunde des Gerichtes nah', versuchen viele mit beredtem Wort die Gunst des Richters zu gewinnen.
25 ›Haben wir denn nicht im Namen Gottes manches gute Werk getan?
26 Wir haben prophezeiht, geheilt und böse Geister ausgetrieben.‹
27 Doch der Richter spricht: ›Ich kenn' euch nicht. Mit euren Lippen habt ihr Gott gedient, im Herzen wart ihr Satan treu.‹
28 Der Böse kann erstaunlich große Werke tun, wenn ihr ihm eure Lebenskräfte leiht. Hinweg ihr Übeltäter, fort mit euch!
29 Ein Mensch, der meine Worte hört und nicht nach ihnen lebt, gleicht einem, der sein Haus auf Sand errichtet hat. Es kommt die Flut, die Mauern stürzen ein, und alles ist verloren.
30 Anders der, der meine Worte hört und sie in seinem Herzen birgt, sie heiligt und ein reines Leben lebt.
31 Er gleicht dem Menschen, der sein Haus auf festem Felsen baut. Die Flut mag kommen, und der Sturm mag an den Mauern rütteln – fest fundiert erbebt es nicht.
32 So geht denn und errichtet euer Leben auf dem festen Felsengrund der Wahrheit. Alle Macht der Hölle sucht vergeblich euch zu stürzen.«

33 Solchermaßen enden Jesu Worte, und der Meister kehrt mit seinen Jüngern nach Kapernaum zurück.

Belehrung der Jünger. Heilung des Hauptmannsknechtes. Erweckung des toten Jünglings.

102 Die zwölf Apostel wohnen nun für kurze Zeit in Jesu Heim.

2 Der Meister spricht vom Seelenleben und den Dingen, die ein Buch noch nicht enthalten darf.

3 Zur selben Zeit wohnt in Kapernaum ein reicher Römer, Hauptmann über hundert Krieger, der aus Liebe zu den Juden eine Synagoge bauen ließ.

4 Der Diener dieses Hauptmanns ist gelähmt und nah dem Tod.

5 Der Hauptmann weiß, daß Jesus Kranke heilen kann. Er glaubt an dessen Kraft.

6 Er läßt den Nazarener durch die Ältesten der Juden fragen, ob der Meister seinem Diener helfen wolle.

7 Jesus macht sich auf den Weg. Er kennt des Hauptmanns tiefen Glauben. Dieser trifft ihn unterwegs und sagt zu ihm:

8 »Es ist nicht gut, wenn ihr zu mir kommt, Meister, denn ich bin nicht würdig, daß ein Gottesmann mein Haus betritt.

9 Mein Handwerk ist der Krieg, und meine Krieger müssen töten.

10 Kämt ihr zu mir, ihr wäret unter meinem Dach entehrt.

11 Sprecht bitte hier das Wort — ich weiß, mein Diener wird gesund.«

12 Da wendet sich der Meister zu den Menschen die ihm folgen:

13 »Welch ein Glaube«, sagt er, »solchem Glauben bin ich in ganz Israel noch nicht begegnet.

14 Das Fest ist wahrlich nah. Doch während ihr noch zweifelt und noch zögert, kommt ein Fremder glaubensvoll herbei und nimmt das Brot des Lebens.«

15 Jesus sagt zum Hauptmann: »Geht, es soll geschehen, wie ihr glaubt.«

16 Und es geschieht zur selben Stunde, daß des Hauptmanns Knecht gesund von seinem Lager aufsteht.

17 Hiernach ziehen Jesus und die Jünger predigend durchs Land. Als sie nach Nain gelangen, finden sie am Stadttor eine Menge Volk.

18 Vorüber zieht ein Leichenzug. Die Freunde einer Witwe tragen deren Sohn zu Grabe.

19 Trauer um den Sohn bewegt der Mutter Herz, und Jesus sagt zu ihr: »So stille deiner Tränen Lauf. Ich bin das Leben, und dein Sohn soll leben.«

20 Dann hebt Jesus seine Hand, die Träger stehen still.

21 Er rührt die Bahre an und ruft mit lauter Stimme: »Jüngling, komm zurück!«

22 Die Seele hört und kehrt zurück. Der Leib ist neu erfüllt mit Leben, und der junge Mann sitzt auf und redet.

23 Alle sind erstaunt. Man ruft: ›Gelobt sei Gott!‹

24 Ein Priester tritt hervor und spricht: »Fürwahr, ein mächtiger Prophet ist uns erschienen«, und das Volk sagt »Amen«.

25 Jesus und die Jünger ziehen weiter. In den Städten Galiläas lehren sie die Menschen, heilen Kranke und

Gebrechliche und kehren dann nach Hause nach Kapernaum zurück.

Jesus spricht über Johannes (Elias). Hinweis auf Sodom und Gomorrha.

103 Jesu Heim ist eine Schule. Früh am Morgen spricht der Meister zu den Jüngern und den Priestern aus der Fremde über Gott und die Geheimnisse des Lebens.

2 China, Indien, Persien, Hellas und Ägypten sind die Heimatländer dieser Fremden.

3 Zu des Meisters Füßen sitzen sie, um seine Weisheit zu vernehmen, denn sie sollen später ihren Völkern Christi Evangelium des heil'gen Lebens bringen.

4 Jesus lehrt sie, wie man lehren soll. Er redet von den Prüfungen des Lebens, und wie diese Prüfungen dem Fortschritt dienen.

5 Ferner lehrt er, wie der Tod bezwungen werden kann durch Führung eines heil'gen Lebens.

6 Weiter lehrt er, was am Ende aller Erdenleben sein wird, wenn die Einheit zwischen Gott und Mensch in das Bewußtsein aller eingedrungen ist.

7 Am späten Mittag kommt das Volk in Scharen, um geheilt zu werden und des Lebens Weisheit zu erfahren. Glaubensvoll verlangen viele nach der Taufe.

8 Im Gefängnis des Herodes hört Johannes von den Werken Jesu.

9 Schwer bedrückt ihn die Gefangenschaft, und er beginnt zu zweifeln.

10 Unaufhörlich fragt er sich, ob Jesus in der Tat der Christus sei, von welchem die Propheten schrieben.

11 Hab' ich mich geirrt in meinem Werk? Bin ich denn wirklich der von Gott Gesandte, dem Erlöser Israels den Weg zu ebnen?

12 Um die Zweifel zu beenden, schickt er seine Freunde nach Kapernaum, den Meister zu befragen.

13 Diese finden ihn in seinem Heim. »Johannes schickt uns«, sagen sie, »und fragt, bist du der Christus oder wird der Christus noch erwartet?«

14 Jesus aber läßt die Frage offen und ersucht sie, eine Zeitlang zu verweilen.

15 Nunmehr sehen sie, wie Jesus Kranke, Blinde, Taube und Gelähmte heilt.

16 Sie sehen, wie er Geister der Besessenheit vertreibt und Tote weckt.

17 Sie hören, wie er Gottes Evangelium den Armen predigt.

18 Dann sagt Jesus zu den Männern: »Geht nun eures Weges und erzählt Johannes, was ihr saht, dann wird er wissen, daß ich Christus bin.«

19 Sie gehen. Jesus spricht zur Menge: »Einstmals standet ihr im Unwegsamen an der Furt des Jordans.

20 Was suchtet ihr? Die Bäume von Judäa oder Blumen? Oder seid ihr damals ausgezogen, einen Mann im Königskleid zu sehen? Oder suchtet ihr den Seher und Propheten, der am Jordan taufte?

21 Männer Israels, ich sage euch, ihr wißt nicht, wen ihr fandet. War er ein Prophet? Oh ja, und mehr als das! Den Boten Gottes saht ihr dort, den Wegbereiter für das Neue, das ihr heute seht und hört.

22 Kein Größerer ward je geboren unter allen Erdenkindern als Johannes.

23 Seht, der Mann, der heute auf Be-

fehl Herodes' in Gefängnisketten schmachtet, ist Elias. Gott hat ihn erneut gesandt.
24 Elias, der durch keine Todespforte ging — Elias, der mit seinem transmutierten Leib im Paradies erwachte.
25 Als Johannes vor euch trat, das Evangelium der Buße predigte und als Symbol der Reinigung der Seele euch im Jordan taufte, glaubtet ihr.
26 Die Schriftgelehrten und die Pharisäer aber glaubten nicht an seine Lehre noch an seine Taufe.
27 Wahrlich, die Gelegenheiten, welche man versäumt hat, kehren nicht mehr wieder.
28 Wankelmütig ist der Mensch, den Meereswogen gleich. Wie sucht er doch dem schmalen Pfad des Rechtes auszuweichen.
29 Johannes lebte einfach, aß kein Brot, trank keinen Wein und hielt sich von den Menschen fern. Das Volk nahm an, er sei besessen.
30 Nach Johannes kommt ein anderer, er ißt und trinkt und lebt in Häusern, wie es üblich ist. Man kann ihn nicht verstehen und man sagt, er sei ein Schlemmer und ein Trinker, Freund von Zöllnern wie von Dirnen.
31 Wehe über euch, ihr Städte Galiläas, die ihr Gottes große Taten schaut! Wehe Chorazan und wehe dir, Bethsaida!
32 Wenn in Sidon und in Tyrus halb so viel geschehen wäre wie in euch, die Menschen jener Städte hätten längst bereut und längst den Weg des Rechtes eingeschlagen.
33 Wenn die Tage des Gerichtes kommen, wird es diesen Städten gut ergehen im Vergleich zu euch.
34 Diese Menschen hätten ihre Gaben nicht verachtet und die Perlen höchsten Wertes nicht verschleudert, so wie ihr es tatet.
35 Wehe dir, Kapernaum, erhaben bist du heute, doch du wirst erniedrigt werden.
36 Wenn die Werke, die in dir geschehen sind, in Sodom und Gomorrha unten in der Ebene geschehen wären – jene Menschen hätten sich mit Gott versöhnt und wären nie dem Untergang anheimgefallen.
37 Ohne Licht, in Unkenntnis und Ignoranz, verfielen sie dem Tod. Doch ihr, ihr habt vernommen, und Beweise wurden euch zuteil.
38 Das Licht des Lebens leuchtet über eure Hügel, und die Ufer Galiläas sind in Glanz gehüllt.
39 Die Gnade Gottes leuchtet hell in jedem Heim und jeder Synagoge. Ihr jedoch habt sie verachtet und verhöhnt.
40 Ich sage euch, der Tag wird kommen, da der Herr die Städte unten in der Ebene viel milder richten wird als euch.

Simon und die Kurtisane, welche Jesu Füße salbt.

104 Jesus blickt umher. Die Menge stößt und drängt. Ein jeder will der erste sein.
2 Gelehrte, Reiche, Mächtige und Angesehene sind dabei, jedoch den Christus können sie im Meister nicht erkennen.
3 Ihre Augen sind vom Glanz des Erden-Selbst geblendet. Deshalb können sie den König nicht erblicken.
4 Licht umgibt sie, doch sie tasten in der Dunkelheit umher, die finster wie die Nacht des Todes ist.

5 Jesus blickt zum Himmel auf und sagt:
6 »Erhabener des Himmels und der Erde–Dank sie Dir! Dein Licht, das den Mächtigen und Großen dieser Welt verborgen ist – den Kindern wird es offenbar.«
7 Er wendet sich zum Volk und spricht: »Ich bin zu euch gekommen, nicht aus eigener Befugnis, auch nicht in des Menschen Namen.
8 Die Weisheit und die Gnade, welche ich euch bringe – sind von oben, denn es ist die Weisheit und die Gnade des Allmächtigen, den wir verehren.
9 Hört! Die Worte, die ich spreche, stammen nicht von mir. Ich gebe euch, was ich erhalte.
10 Kommt herbei, die ihr beladen seid mit schwerer Last. Ich nehme sie euch ab.
11 An ihrer Stelle hebt mit mir das Christusjoch auf eure Schultern. Leicht ist sein Gewicht, es scheuert nicht.
12 Gemeinsam wollen wir des Lebens Lasten tragen — leicht und frohgemut.«
13 Ein Pharisäer namens Simon gibt ein Fest, und Jesus ist der Ehrengast.
14 Und während man bei Tische sitzt, tritt eine Kurtisane ungeladen ein. Durch Jesu Werke, die sie an sich selbst erlebte, wurde sie von ihrem Wunsch zu sündigen geheilt.
15 Froh tritt sie zu Jesus, eine Alabasterschale in der Hand, gefüllt mit edlem Balsam.
16 Ihre Tränen fließen reichlich, wie sie seine Füße küßt, mit ihren Haaren trocknet und hernach mit Balsam salbt.
17 Und Simon denkt bei sich: »Er ist doch kein Prophet, sonst wüßte er, welch Sorte Weib sie ist, und triebe sie davon.«
18 Doch Jesus weiß, was Simon denkt und sagt: »Mein Freund, ich hab' ein Wort mit dir zu reden.«
19 Simon spricht: »Sag an, ich höre.«
20 »Sünde«, sagt der Meister, »ist, wenn man das Schlechte bis ins Ungeheure steigert. Sie mag klein sein, sie mag groß sein, sie mag eine Tat sein oder das Versäumnis einer Tat.
21 Ein Bruder lebt ein Leben voller Sünde, doch zuletzt wird er davon erlöst. Ein anderer vergißt im Leichtsinn, das zu tun, was er doch eigentlich verrichten sollte. Er bereut es — man verzeiht ihm. Sprich nun Simon, welcher von den beiden hat das wahre Lob verdient?«
22 Und Simon sagt: »Der erste, der den Irrtum seines Lebens überwand.«
23 »Du sprichst die Wahrheit«, sagt der Meister.
24 »Wahrlich, diese Frau, die meine Füße mit den Tränen ihrer Freude wusch, mit ihren Haaren trocknete und mit dem edlen Balsam salbte, hat den Irrtum ihres Lebens überwunden.
25 Jahrelang hat sie gesündigt. Als sie meine Worte hörte, suchte sie Vergebung und erhielt sie.
26 Du jedoch, mein Freund, du gabst mir keine Schale Wasser, um mir Hand und Fuß zu waschen, wie es vor dem Fest der Brauch ist.
27 Sag nun, Simon, welcher von euch beiden ist des Lobes wert?«
28 Doch Simon schweigt.
29 Und zu der Frau sich wendend, sagt der Meister: »Deine Sünden, Weib, sind dir vergeben. Gehe hin in Frieden, denn erlöst hat dich dein Glaube.«
30 Höchst erstaunt sind alle Gäste.

Jeder denkt bei sich: ›Was ist das für ein Mensch, der sagen darf — vergeben sind dir deine Sünden?‹

Jesu Vertrauen in Gott. Wankelmütigkeit der Menschen. Der Feigenbaum.

105 Reiche Frauen bitten Jesus, auch in ihrer Gegend seine Tätigkeit des Heilens und des Lehrens auszuüben.
2 Unter ihnen ist Maria Magdalena, die besessen war von sieben bösen Geistern, welche Jesu Wort vertrieben hatte,
3 und Susanne, die bei Cäsarea Philippi viele Güter hat,
4 Johanna, Weib des Chuza, Höfling des Herodes,
5 wie auch Rahel, die von Tyrus stammt,
6 und andere vom Jordan und vom See Genezareth.
7 Sie alle spenden reiche Gaben. Jesus sendet dreimal sieben Jünger aus.
8 Sie predigen das Evangelium. Sie taufen alle, welche glauben, heilen Kranke und erwecken Tote.
9 Jesus mitten unter ihnen wirkt und heilt von früh bis spät. Er gönnt sich keine Ruhe.
10 Seine Jünger sind besorgt um ihn. Aus Furcht, er könnte jäh zusammenbrechen, wollen sie ihn mit Gewalt zur Ruhe zwingen.
11 Jesus aber schilt sie nicht. »Steht nicht geschrieben«, sagt er, »daß der Vater seinen Engeln Auftrag gibt, für mich zu sorgen?
12 Hat Er sie nicht angewiesen, mich in ihren Schutz zu nehmen, daß mir nichts geschehe?
13 Während meine Kraft zu jenen ängstlich Wartenden hinausströmt, finde ich mich in den starken Armen meines Vaters wohl geborgen.
14 Seine Boten bringen mir das Brot des Lebens.
15 In der Spanne eines Menschenlebens kommt die Flut nur einmal.
16 Heute ist die Menge für die Wahrheit aufgeschlossen. Jetzt ist die Gelegenheit für sie und uns.
17 So laßt uns wirken, eh die Flut verebbt.
18 Es könnte sein, daß sie die Wahrheit später nicht mehr hören wollen, und wer trüge dann die Schuld?«
19 Und so begibt es sich, daß Jesus weiter lehrt und heilt.
20 Die Menge ist geteilter Meinung über Jesu Lehre. Jeder denkt auf seine Art.
21 Die einen sehen Gott in ihm und sind bereit, ihn anzubeten, während andere in ihm den Teufel sehen und am liebsten ihn der Hölle übergeben hätten.
22 Wieder andere versuchen, sich der momentanen Meinung anzupassen, wie die Tiere, welche ihre Farbe wechseln.
23 Einmal sind sie Freunde, einmal Feinde, wie der Vorteil es erheischt.
24 »Es kann ein Mensch nicht zweien Herren dienen«, sagt der Meister. »Freund und Feind zugleich kann keiner sein.
25 Die Menschen steigen oder fallen, reißen nieder oder bauen auf.
26 Wenn ihr das reife Korn nicht erntet, geht es euch verloren.
27 Wer dem Nachbarn zu gefallen einmal so und einmal anders denkt, der ist ein Feigling.
28 Ihr betrügt euch selber, denn die

Regung eures Herzens könnt ihr nicht verbergen.
29 Heuchelei vergiftet eure Seele wie der Hauch des Bösen. Bei den Wächtern eurer Seelen ist ein übler Mensch, der ehrlich spricht, weit besser angeschrieben als ein heuchlerischer Frommer.
30 Wer dem Sohn des Menschen fluchen will, der fluche laut und offen.
31 Wenn du deinen Fluch bei dir behältst, wirst du ihn nimmermehr verdauen können, denn ein Fluch vergiftet deine Seele.
32 Wenn du dich versündigst an dem Sohn des Menschen, wird man dir verzeihen, so du deine Schuld durch Freundlichkeit und Liebestaten tilgst.
33 Doch wenn du dich zum Schuldner machst bei ihm, dem Heil'gen Odem, dadurch, daß du ihn mißachtest, wo er dir die Lebenstore öffnen möchte,
34 du jedoch die Seelenfenster schließest, wo er doch dein Herz mit Gottes Feuer läutern wollte und mit Liebeslicht erfüllen möchte,
35 wird dir diese schwere Sünde nicht vergeben — nicht in diesem, noch im nächsten Leben.
36 Die Gelegenheit, die du versäumt hast, kommt nicht wieder — du mußt lange warten, bis sich eine neue bietet.
37 Dann erst wird der Heil'ge Odem deine Lebensfeuer neu entfachen und zur hellen Flamme lodern lassen.
38 Wieder wird er deine Tore öffnen wollen, wieder wird die Gnade dir zuteil, daß er für ewig in dir wohne. Oder wirst du ihn erneut und immer wieder neu mißachten?
39 Die Gelegenheit ist jetzt, ihr Männer Israels.
40 Betrachtet euren Lebensbaum! Ist er nicht Illusion? Es wuchern Frucht und Blätter.
41 Seine Früchte gleichen euren Taten, seine Blätter euren Worten.
42 Seht, wenn man die Früchte eures Lebensbaumes erntet, sind sie bitter und vom Wurm befallen.
43 Schaut den Feigenbaum, der dort am Wege steht, mit seinen vielen Blättern und mit karger Frucht.«
44 Und Jesus spricht ein Wort, das nur die Geister der Natur verstehen. Da geschieht es, jener Feigenbaum steht da — verdorrt mit welken Blättern.
45 »So laßt euch dieses eine Warnung sein. Gott spricht das Wort, und ihr steht in der Abendsonne, wie der kahle Feigenbaum.
46 Geht hin und ruft den Gärtner, ehe es zu spät ist. Schneiden möge er den Blätterwald der Illusion, damit das Sonnenlicht nach innen dringen kann.
47 Die Sonne ist das Leben, sie verwandelt eure Nichtigkeit in Wert und Würde.
48 Euer Lebensbaum ist gut, doch ihr habt ihn mit eurer Selbstsucht und mit eurem materiellen Denken groß gezogen, bis das Sonnenlicht verdunkelt ward.
49 Ich sage euch, ihr Männer, Gott verlangt von euch genaue Rechenschaft für jedes eitle Wort, das über eure Lippen kommt, und jede üble Tat, die ihr begeht.«

Die Wunderheilung von Magdala. Wiederbegegnung mit Miriam.

106

Der Meister lehrt in Magdala am See Genezareth.

2 Man bringt ihm einen Kranken, der besessen, blind und stumm ist. Jesus spricht das Wort, und sieh — die bösen Geister fliehen, und der Mann kann wieder sehen, wieder sprechen.
3 Alle sind erstaunt ob dieser bisher größten Tat.
4 Die Pharisäer sind von Wut und Eifersucht erfüllt und suchen Gründe, ihn zu Fall zu bringen.
5 »Wohl tut er so manche Wunder«, sagen sie, »doch sicher ist, daß er mit Beelzebub im Bunde steht.
6 Er ist ein Zauberer, ein Magier der schwarzen Kunst, wie Simon Cyrus einer war.
7 Der Prinz der bösen Geister, Satan, ist sein Helfer Tag und Nacht. In seinem Namen treibt er die Dämonen aus. In seinem Namen heilt er Kranke und weckt Tote.«
8 Jesus weiß, was diese Pharisäer denken. »Ihr Meister der Gesetze«, sagt er, »deshalb wißt ihr auch, was immer gegen sich zu Felde zieht, muß fallen. Ein geteiltes Haus stürzt ein.
9 Ein Königreich, das mit sich selber kämpft, geht unter.
10 Wirft sich Satan selber aus der Hölle, kann sein Reich dann noch bestehen?
11 Triebe ich im Namen Beelzebubs Dämonen aus — mit wessen Hilfe würdet ihr es tun?
12 Wenn ich in Gottes heil'gem Namen böse Geister aus Besessenen vertreibe, wie auch Blinde, Taube, Stumme und Gelähmte heile, ist dann nicht das Himmelreich zu euch gekommen?«
13 Doch die Pharisäer bleiben stumm, sie wissen keine Antwort.
14 Während Jesus redet, kommt ein Bote. »Eure Mutter, Herr, und eure Brüder möchten mit euch sprechen.«
15 Jesus sagt zu ihnen: »Wer ist meine Mutter — wer sind meine Brüder?«
16 Er wendet sich den Jüngern und den fremden Meistern zu:
17 »Auf Erden gibt es Vater, Mutter, Brüder, Schwestern. Wenn jedoch der Schleier fällt, der Mensch im Reich der Seele lebt,
18 dann lösen sich die Liebesbande der Verwandtschaft auf,
19 die Liebe füreinander bleibt bestehen. Jeder Einzelne erkennt in jeder Seele Vater, Mutter, Schwester oder Bruder.
20 Irdische Familienbande lösen sich und gehen auf im großen Reich der Allverbundenheit.«
21 Der Meister wendet sich zur Menge: »Wer ein gutes Leben lebt und Gottes Willen tut, ist Gottes Kind und ist mein Vater, meine Mutter, meine Schwester und mein Freund.«
22 Er wendet sich zu seiner Mutter und den Brüdern.
23 Seine Augen aber sehen unter ihnen nur die Jungfrau, welche seine Seele einstmals tief ergriff.
24 Sie ist es, die im Tempel zu Heliopolis für ihn die schwerste Prüfung war. Sie ist es, die für ihn die heil'gen Lieder Israels gesungen hatte.
25 Das Erkennen zweier verwandter Seelen ist spontan. Jesus sagt:
26 »Oh seht, Gott schickt uns eine Kraft, die Menschen nicht verstehen, eine Kraft der Liebe und der Reinheit,
27 die die Bürden dieser Stunde tragen hilft und Balsam ist für wunde Seelen.
28 Durch ihr frommes Leben und die hehren Lieder Israels wird Miriam

alle Herzen höher schlagen lassen.
29 Wahrlich, Miriam, die am Meere stand und unsre Siegeshymnen sang, als Moses unsre Ahnen führte, wird erneut die alten Lieder singen.
30 Alle Himmelschöre werden sie begleiten.
31 Friede, Friede sei auf Erden — denen, welche guten Willens sind.«
32 Und Miriam tritt hervor. Sie singt erneut die Lieder Israels, und alle neigen still das Haupt.

Jesus tadelt die wundersüchtigen Pharisäer. Jonas. Die Königin von Saba.

107 Ein Pharisäer, eingenommen von sich selber, tritt hervor:
2 »Wir wollen, Meister, daß ihr uns Beweise bringt. Wenn ihr der Christus seid, der uns versprochen ist, dann könnt ihr sicher solche Wunder wirken, die den schwarzen Magiern nicht gelingen.
3 Auch diese können Kranke heilen, böse Geister bannen und die Menge mit der Macht der Rede faszinieren.
4 Den Winden können sie gebieten, und die Feuergeister hören auf ihr Wort.
5 Wenn ihr die Magier übertreffen könnt, dann steigt auf jenen Turm und fliegt vor aller Augen übers Meer, und glauben wollen wir, daß ihr der Christus seid, dem Volke Israel von Gott gesandt.«
6 Der Meister sagt: »Kein schwarzer Magier lebte je ein gutes Leben. Wie der Christus lebt, das seht ihr alle Tage.
7 Ihr jedoch, ihr üblen ehebrecherischen Pharisäer, könnt das nicht erkennen, denn ein jeder ist von seinem materiellen Ich erfüllt.
8 Ihr wollt ein Wunder, um die Sensationslust zu befriedigen. Ihr steht auf einer tiefen Stufe der Erkenntnis und wollt Wunder, um zu glauben.
9 Ich kam nicht zur Erde, um euch Glauben anzubieten, wie die Händler in den Straßen Früchte, Brot und Fische anzubieten haben.
10 Manche meinen, daß mir eine große Gunst erwiesen werde, wenn man mir und meiner Sendung glaubt.
11 Was kümmert's mich, als Sohn der Menschen, ob ihr Glauben oder keinen Glauben habt!
12 Den Glauben kann man weder kaufen noch verkaufen — nicht für Gold und nicht für Geld.
13 Einst folgte mir ein Bettelmann und rief: ›Wenn du mir eine Silbermünze gibst, dann will ich an dich glauben.‹
14 Wie der Bettler bietet ihr mir Glauben gegen Wunder an.
15 Ich aber will der ganzen Welt ein Zeichen geben, daß der Christus in mir wohnt.
16 Ihr alle kennt das Gleichnis Jonas', der drei Tage und drei Nächte lang im Bauche eines Fisches weilte.
17 So wird auch der Menschensohn drei Tage und drei Nächte lang im Schoß der Erde ruhen und dann auferstehen. Dann erst wird der Mensch begreifen.
18 Das Licht scheint manchmal so gewaltig, daß es blendet.
19 Und das Licht des Geistes scheint so hell in Galiläa, daß ihr alle blind geworden seid.
20 Erinnert euch der Worte des Propheten Azrael: ›Das Licht scheint in

der Finsternis der Nacht – der Mensch jedoch begreift es nicht.‹

21 Gekommen ist die Zeit des Lichtes – doch ihr seht es nicht.

22 Die Königin von Saba saß in dunkler Nacht und sehnte sich nach Licht.

23 Um Weisheit von den Lippen Salomons zu hören, reiste sie zu ihm, und gläubig kehrte sie zurück.

24 Ihr Glaube machte sie zur Fackel, welche ganz Arabien hell erleuchtete.

25 Fürwahr, ein Größerer als Salomon ist hier. Es ist der Christus. Aufgegangen ist der Tagesstern, doch ihr verwerft das Licht.

26 Ihr wißt um Ninive, die üble Stadt Assyriens, die Gott dem Feuer übergeben wollte, wenn die Menschen sich nicht ändern würden.

27 Damals sprach prophetisch Jona: ›Vierzig Tage wird es dauern, dann wird Ninive ein Raub der Flammen werden, und sein Glanz und Ruhm vergehen.‹

28 Die Menschen glaubten ihm und wandelten ihr Tun und Denken. Siehe da – die Stadt ward nicht zerstört, ward nicht ein Raub der Flammen.

29 Männer Israels, ich sage euch, daß Ninive und ganz Arabien sich gegen euch am Tage des Gerichtes wenden werden.

30 Jeder Einzelne von euch trägt Gottes heil'ge Glut in sich, die kaum noch glimmt.

31 Der Wille ist erstickt durch eure Wunschgelüste. Er ist nicht mehr fähig, eure schwache Glut zu hellem Feuer anzufachen.

32 Blickt in eure Seele. Sie ist dunkel wie die Nacht.

33 Allein der Heil'ge Odem kann die Feuer Gottes lodern lassen.

34 Nur in reinen, liebevollen Herzen kann der Heil'ge Odem eure Glut in helles Licht verwandeln.

35 Hört, ihr Männer, reinigt eure Herzen, daß der Heil'ge Odem euren Leib mit Licht erfülle.

36 So wie eine Stadt, auf einem Berg erbaut, ihr Licht rings in die Runde strahlt, so möge euer Licht die Wege anderer erhellen.«

Jesus tadelt die Selbstsucht.

108 Die Menschenmenge stößt und drängt, und keiner achtet auf das Recht des anderen,

2 denn jeder will der erste sein. Der Starke schiebt den Schwachen auf die Seite um des Vorteils willen.

3 Jesus sagt: »Oh schaut den Zwinger wilder Tiere und die Grube voller Vipern, die mit rücksichtslosem Eifer ihren Vorteil zu erhaschen wissen.

4 Laßt euch sagen, Männer, alles, was ihr euch zum Eigennutz erringt, ist nur ein Trugbild in der Morgendämmerung und schwindet.

5 Unersättlich ist die Seele, die der Selbstsucht frönt. Sie leidet Hunger und kann nicht gedeihen. Immer wieder braucht sie neue Nahrung.

6 Seht, ein fremder Geist wird durch das Gotteswort aus einem selbstsüchtigen Menschen ausgetrieben.

7 Rastlos wandert er von Ort zu Ort und findet nirgends Ruhe.

8 Dann kehrt er zurück. Aus Selbstsucht hat der Mensch versäumt, das Seelentor zu schließen und es zu verriegeln.

9 Sauber ist das Haus, der ruhelose Geist zieht ein und bringt noch sieben

ruhelose Geister mit, die alle noch viel schlimmer sind als er.
10 Der Zustand dieses Menschen ist nun mehr als siebenmal so schlimm wie ehedem.
11 Genauso geht es euch, die ihr den Segen raubt, der anderen gebührt.«
12 Eine Frau, die in der Nähe steht, ruft aus: »Fürwahr, gesegnet ist die Mutter dieses Menschen!«
13 Jesus sagt: »Oh ja, gesegnet ist sie, aber doppelt soviel Segen fällt auf jene, die das Gotteswort vernehmen, in sich wirken lassen und vor allem danach leben.«
14 Ein reicher Priester gibt ein Fest, und Jesus, seine Jünger und die fremden Meister zählen zu den Gästen.
15 Höchst befremdet ist der Hausherr, weil der Meister nicht die Hände wäscht, wie es die strenge Pharisäerregel fordert.
16 Jesus aber sagt zu ihm: »Mein Freund, warum verwunderst du dich so, daß ich den Brauch nicht achte?
17 Wohlbekannt ist mir der Pharisäer Sitte, sich vor jeder Mahlzeit Hand und Fuß zu waschen. Täglich waschen sie den ganzen Leib, doch ihre Seele ist voll Unrat.
18 Bosheit, Hinterlist und Trug hat sich in ihren Herzen eingenistet.
19 Hat nicht Gott sowohl des Menschen Äußeres als auch sein Inneres erschaffen?
20 Wehe euch, ihr Pharisäer! Ihr verlangt vom Volk den Zehnten, ja sogar vom kleinsten Kräutlein — doch um die Gerechtigkeit und um die Liebe Gottes kümmert ihr euch nicht.
21 Wehe euch, ihr Pharisäer! Ihr verlangt die Ehrenplätze im Gericht und in der Synagoge und erwartet, in den Straßen ehrenvoll gegrüßt zu werden.
22 Wehe euch, ihr aufgeputzten Grundbesitzer! So wie ihr euch aufführt, würde niemand euch für ehrenwerte Diener Gottes halten.«
23 In der Nähe sagt ein Rechtsgelehrter: »Hart sind eure Worte, Herr. Ihr werft euch über uns zum Richter auf. Mit welchem Recht?«
24 Und warnend ruft der Meister: »Wehe euch, ihr Rechtsgelehrten! Bürde über Bürde häuft ihr auf die Menschensöhne, Lasten, viel zu schwer für ihre schwachen Schultern. Ihr hingegen, ihr seid nicht gewillt, dem Einzelnen auch nur ein Tausendstel der Bürde abzunehmen.
25 Wehe allen jenen, die das Grab der Seher und Propheten schaufelten. Auch ihr habt teil an dieser Schuld.
26 Wahrlich, Gott hat euch erneut Apostel, Seher und Propheten liebevoll gesandt, doch ihr verfolgt sie.
27 Nahe ist die Zeit, da sie von euch mißhandelt werden, ihr sie vor den Richter schleppt, sie ins Gefängnis werft und sie mit teuflischem Vergnügen tötet.
28 Männer Israels, ich sage euch, das Blut von all den Gottesmenschen, das vergossen wurde,
29 hat von Abel dem Gerechten bis zu Zacharias, Vater des Johannes, welcher am Altar des Höchsten hingemordet ward,
30 die Hände dieser ungetreuen Sippe rot gefärbt.
31 Wehe euch, ihr Rechtsgelehrten! Ihr entreißt dem Volk den Schlüssel zu des Wissens Pforte.
32 Selber wollt ihr nicht durch diese Pforte gehen, und den anderen verwehrt ihr ebenso den Eintritt.«
33 Diese Worte ärgern mehr und mehr die Pharisäer, Schriftgelehrten

und Doktoren, welche Jesus nun mit Schmähung und Verwünschung überhäufen.
34 Dennoch schlägt die Wahrheit dieser Worte wie ein Blitz vom Himmel ein. Die so Betroffenen beraten, wie sie ihm, mit diesen seinen Worten, eine Falle stellen könnten, denn sie wollen auf dem Rechtsweg Jesu Blut vergießen.

Jesus warnt vor der Heuchelei der Pharisäer.

109 Nach Beendigung des Festes geht der Meister mit Maria, Miriam, seinen Jüngern und den fremden Meistern zum Gebet an einen stillen Ort, und eine Anzahl treuer Frauen folgen ihm.
2 Nach dem Gebet sagt Jesus: »Seid auf eurer Hut. Der Pharisäer Hefe ist in reichlich gutem Maß dem Teig des Lebens beigemengt.
3 Wie Gift, wie Schwefeldampf der Hölle dringt die Heuchelei in Menschenseelen ein. Was sie berührt, das wird verseucht.
4 Die Pharisäer führen schmeichlerische Reden, denn ihr Sinn ist heuchlerisch, und teuflisch ist ihr Herz,
5 Gedanken, meinen sie, sind gut verborgen und geheim.
6 Sie wissen nicht, daß Wünsche und Gedanken festgehalten und im großen Buche der Erinnerungen aufgespeichert sind, um jederzeit, wenn es der Meister will, hervorgeholt zu werden.
7 Was in tiefster Nacht gewünscht, gedacht und ausgesonnen wurde, wird dereinst im hellsten Tageslicht erscheinen.
8 Was ins Ohr geflüstert wird im stillen Kämmerlein, wird in den Straßen kundgetan.
9 Am Tage des Gerichtes, wenn die großen Bücher offen liegen, werden alle Menschenseelen nicht nach Wort und Tat gerichtet,
10 sondern nach dem Maße, wie sie die Gedanken Gottes und die Schwingungen der Liebe allen dienstbar werden ließen.
11 Denn der Mensch kann diese Schwingung seinem Willen unterordnen oder Gottes Willen dienstbar machen.
12 Böse Menschen können wohl den Körper töten, doch was macht es? Er ist ohnehin vergänglich, denn Naturgesetze regeln seinen Lauf.
13 Ihr Eingriff kürzt die Zeit ein wenig ab,
14 doch mit dem Tod des Körpers haben sie das Ende ihrer Macht erreicht. Die Seele können sie nicht töten.
15 Das Naturgesetz ist Hüter über Leib und Seele. Kommt die große Ernte, wird der Lebensbaum der Seele vor den Richterstuhl gebracht.
16 Ein Baum, der keine guten Früchte trägt, wird ausgerottet und verbrannt.
17 Sagt, wem gebührt nun Preis und Ehre? Niemals jenen, die den Körper töten.
18 Neiget euch vor Gott, der Macht hat, Leib und Seele in den Flammen seiner Feuer aufzulösen.
19 Doch der Mensch ist König über sich, wenn er sein Denken, seine Liebe und sein Leben richtig lenkt und so den Preis der Ewigkeit erringt.
20 In eurem Kampf, des Lebens Kro-

ne zu erwerben, seid ihr nicht allein, denn euer Vater lebt, und ihr sollt leben.
21 Gott behütet alle Kreatur, und Sonne, Mond und Sterne sind gezählt.
22 So auch die Engel, Menschen, Tiere und die Pflanzen, bis hinab zum kleinsten Lebewesen.
23 Alle sind in Seinem großen Buche der Erinnerungen eingetragen. Auch die Blütenblätter einer jeden Rose ordnet Er nach Zahl und Name.
24 Jedes Haar auf eurem Haupt und jeder Tropfen Blut in euren Adern ist Ihm durch die Schwingungszahl bekannt.
25 Er hört den Vogelruf, das Zirpen der Zikaden, hört die leise Melodie des Glühwurms, und kein Sperling fällt vom Dach – Er wüßt' es nicht.
26 Ein Sperling ist nur wenig wert. Fünf Stück bekommt man für zwei Groschen. Dennoch sorgt sich Gott um jeden einzelnen.
27 Um wieviel mehr bemüht Er sich um dich, der du Sein Bild in deiner Seele trägst?
28 So fürchtet euch denn nicht, euch zu dem Christus zu bekennen vor der Welt. Dann wird in Gegenwart der Himmelsscharen euer Vater euch als Sohn, als Tochter anerkennen.
29 Leugnet ihr den Christus, seid ihr nicht mehr Kinder Gottes.
30 Sorgt euch nicht, wenn euch die Menschen vor den Richter schleppen, um des Glaubens willen.
31 Fürwahr, der Heil'ge Odem wird euch in der Stunde schwerer Not zu Hilfe kommen. Dann wird euch bewußt, was ihr zu sagen habt und wo ihr schweigen sollt.«
32 So enden Jesu Worte an die Seinen, welche weiterhin das Volk belehren.

Miriams Siegeshymne. Die symbolische Bedeutung des Auszuges aus Ägypten.

110 Miriam steht vor aller Augen und beginnt die Siegeshymne Israels zu singen.
2 »Bringt herbei die Harfe, bringt die Vina und die Lyra. Bringt herbei die Zimbel mit den höchsten Tönen. Fallet ein, ihr Himmelschöre, in das neue Siegeslied.
3 Der Herr hat sich erbarmt, der Menschen Hilferuf zu hören. Siehe da, die Zitadelle Beelzebubs erzittert wie ein Blatt im Winde.
4 Aus der Scheide fährt das Schwert von Gideon.
5 Mit Seiner Hand zieht Gott den Schleier dunkler Nacht zurück. Der Sonnenglanz der Wahrheit überflutet hell den Himmel und die Erde.
6 Wie der Tau sich auflöst in der Morgensonne, fliehen die Dämonen, fliehen Finsternis und Tod und Unheil.
7 Gott ist unsre Stärke, Hoffnung und Erlösung, und wir werden Ihm ein neues Haus erbauen.
8 Säubern wollen wir die Kammern unsrer Herzen, daß der Heil'ge Odem Wohnung finde.
9 In der Wildnis brauchen wir kein Zelt. Wir brauchen auch den Tempel nicht, von Menschenhand erbaut.
10 Wir suchen nicht das heil'ge Land, und nicht die Stadt Jerusalem.
11 Wir selber sind das Zelt des höchsten Gottes, und wir selber sind sein Tempel, ohne Axt erbaut.

12 Wir selber sind das heil'ge Land, wir selber sind Jerusalem. Dem Herrn sei Lob und Preis.«
13 Das Lied verhallt, die Menge ruft – »gelobt sei Gott!«
14 »Erkennt den Weg«, sagt Jesus.
15 »Die Menschensöhne haben lange Zeit im Dunkel von Ägyptens Nacht herumgetastet und gesucht.
16 Die Pharaonen des Verstandes schlugen sie in Ketten.
17 Nie jedoch hat Gottes Stimme aufgehört, von Seinem schönen Land der Liebe und der Freiheit zu erzählen.
18 Seinen Logos hat Er euch gesandt, die Wege zu erhellen.
19 Doch des Roten Meeres Wassermassen trennen das gelobte Land vom Land Ägyptens.
20 Mit den Wassermassen ist der niedere Verstand gemeint.
21 Nun seht, der Logos hebt die Hand – die Wasser trennen sich – der niedere Verstand fällt auseinander, und die Menschensöhne gehen ungehindert durch das Meer.
22 Der Pharao läßt sie verfolgen, doch die Wasser schließen sich, und Israel ist frei.
23 Für kurze Zeit verirren sich die Menschensöhne in der Sünde, doch der Logos weist den Weg.
24 Und wie die Letzten an das Jordanufer kommen, bleiben diese Wasser still, und Israel gelangt zu seinem Eigentum.«

Das Gleichnis vom reichen Mann, der seine Ernte horten wollte.

111 Jesus lehrt das Volk. Derweil er redet, tritt ein Mann hervor und sagt:
2 »Ich habe eine Klage, Meister, hört mich an. Der Vater starb. Er hinterließ uns seine Güter, doch mein Bruder weigert sich, mir meinen Anteil auszuhändigen.
3 Ich bitte euch, mit meinem Bruder zu verhandeln, so daß dieser nach Gesetz und Recht verfahre.«
4 Jesus aber sagt zu ihm: »Ich bin kein Richter in den Angelegenheiten dieser Welt, noch bin ich Rechtsvollstrecker.
5 Gott hat mich auch nicht in diese Welt gesandt, um Menschen zur Beachtung von Gesetz und Recht zu zwingen.
6 Jeder Mensch besitzt ein Rechtsempfinden, viele aber leben nicht danach.
7 Der Qualm der Selbstsucht hat das Rechtsempfinden und das Licht der Seele eingenebelt und verkrustet. Deshalb ist das Recht des Bruders in Gefahr.
8 Dieser Nebel läßt sich nicht vertreiben, diese Kruste nicht entfernen, außer durch des Menschen Selbsterkenntnis und die Liebe Gottes.
9 Steckt der Mensch im Sumpf, scheint ihm der Himmel unerreichbar fern. Doch steht er auf des Berges Gipfel, sind die Sterne nahe. Beinah kann man sie ergreifen.«
10 Jesus wendet sich und sagt zu seinen Jüngern: »Seht die vielen, die im Sumpf des Erdenlebens stecken.
11 Doch der Sauerteig der Wahrheit wird den Schlamm in festen Fels verwandeln, und der Fuß des Menschen findet einen Pfad, der ihn hinauf zur Höhe führt.
12 Ihr könnt des Menschen Aufstieg nicht beschleunigen. Den Sauerteig jedoch könnt ihr mit freier Hand verteilen.

13 Trägt der Mensch die Krone der Gerechtigkeit auf seinem Haupt, dann wird er sich beeilen, jedem das zu geben, was ihm zukommt.«
14 Jesus wendet sich erneut zum Volk und sagt: »Nehmt euch in acht, begehret nicht nach Hab und Gut der Erde. Euer eigentlicher Wert ist nicht, was ihr zu haben wähnt an Land, an Silber und an Gold,
15 denn das sind nur geborgte Güter. Niemand kann die Gaben Gottes horten.
16 Alle Schätze der Natur gehören Gott. Was Gottes ist, steht allen Menschen gleichermaßen zu.
17 Die wahren Werte eurer Seele liegen in der Reinheit eures Lebens und auch in der Weisheit, die vom Himmel stammt.
18 Der Acker eines reichen Mannes brachte gute Ernte ein. Die Scheunen waren viel zu klein, das Korn zu speichern.
19 ›Was soll ich tun?‹ sagt er zu sich. ›Verschenken will ich's nicht, verderben soll es nicht.
20 Ich will die kleinen Scheunen niederreißen und an ihrer Stelle größere erbauen. Dann kann ich die reiche Ernte bergen und kann sagen:
21 Sei zufrieden, Nahrung hast du nun für viele Jahre. Iß und trink und sei vergnügt.‹
22 Doch Gott schaut nieder zu dem Mann, erkennt sein selbstsüchtiges Herz und sagt:
23 ›Du Narr, noch diese Nacht wird deine Seele ihrem Leib entfliehen, und was nützt dir dann der ganze Reichtum?‹
24 Männer Galiläas, hortet nimmer Hab und Gut in irdischen Gewölben. Angehäuftes Gut verdirbt die Seele.
25 Gott gab Seinen Reichtum nicht, damit der einzelne ihn horten und verschließen kann. Der große Reichtum Gottes ist dem Menschen zur Verwaltung übergeben worden. Nützen soll er ihn zum Wohl der Allgemeinheit.
26 ›Wohl getan, mein Sohn‹, spricht Gott zu jedem Menschen, welcher Gottesgut verwaltet, wahrhaft ist zu sich, zum Nächsten und zu allen Dingen, die es gibt.«

Mahnung zur Wachsamkeit. Tag und Stunde, da der Herr kommt.

112 Jesus weilt mit seinen Jüngern in Marias Heim in Magdala. Wie sie um die Tafel sitzen, sagt der Meister:
2 »Meine kleine Herde, fürchtet nichts. Es ist des Vaters Wille, daß ihr herrschen sollt im Reich der Seele.
3 Herrscher ist im Hause Gottes, wer dem Allerhöchsten dient. Nur der dient seinem Schöpfer, der dem Menschenbruder dient.
4 Ein Diener Gottes kann nicht auch im Haus des Reichtums dienen, noch im Haus der Sinne.
5 Wer an Land und weltlichen Besitz gebunden ist, dess' Herz ist tief im Irdischen verstrickt, denn wo sein Schatz liegt, da ist auch sein Herz.
6 Verkauft den weltlichen Besitz, verteilt ihn an die Armen und vertraut auf Gott, dann werdet ihr und eure Lieben nicht mehr Mangel leiden.
7 Dies ist eine Glaubensprüfung. Gott will keinen Dienst von einem, dem der Glaube fehlt.
8 Die Zeit ist reif, und euer Meister kommt auf Himmelswolken. Hell er-

strahlt im Osten seine Gegenwart.
9 So legt denn Festtagskleider an, umgürtet euch, füllt Öl in eure Lampen und macht euch bereit, den Meister zu empfangen. Er wird kommen, wenn es an der Zeit ist.
10 Segen liegt auf dem, der jederzeit für seinen Herrn bereit ist.
11 Seht, er rüstet sich zu einem großen Fest und er, er selber, wird dann dienen.
12 Wann er kommt, das steht dahin. Es mag zur zweiten Wache sein, es mag zur dritten Wache sein, wohl denen, die gerüstet sind.
13 Es geht nicht an, daß ihr die Türe offenlaßt und sorglos unbeschwert, der Zeit nicht achtend, schlafen geht.
14 Es kommen Räuber, stehlen euren Hausrat, binden euch und schleppen euch in ihre Höhle.
15 Sollte man euch nicht verschleppen, wird der Meister, wenn er kommt, den schlafenden und ungetreuen Knecht als Feind, und nicht als Freund betrachten.
16 Meine Jünger, diese Zeit erfordert Wachsamkeit von jedem einzelnen, denn keiner kennt die Stunde noch den Tag, an dem der Mensch sein Inneres nicht mehr verbergen kann.«
17 Und Petrus fragt den Meister: »Gelten diese Worte für die Menge oder nur für uns?«
18 »Warum«, entgegnet Jesus, »stellst du diese Frage? Gott macht keinen Unterschied.
19 Wer immer will, der gürte sich und rüste seine Lampe, suche dann die höchste Zinne seiner Lebensfestung auf, um dort zu wachen. So ist er bereit, den Meister zu empfangen.
20 Ihr jedoch, als Kinder meines Lichtes, ihr versteht die Sprache Gottes, ihr seid Pioniere, die den Menschen ihre Wege weisen.
21 Eine lange Zeit habt ihr gewartet und vielleicht gedacht, daß ihr bereit seid, euren Meister zu empfangen; dennoch kommt er nicht.
22 Ihr könntet ungeduldig werden und euch sehnen nach den altvertrauten Wegen dieser Welt.
23 Ihr könntet wieder herrschen wollen, eure Diener schlagen oder schlecht behandeln und euch mästen wollen durch Genuß von Fleisch und Wein.
24 Was wird der Meister sagen, wenn er unversehens kommt?
25 Fürwahr, er wird den ungetreuen Diener von der Schwelle weisen. Lange Zeiten kann es dauern, bis der Knecht geläutert ist und Gnade findet vor dem Herrn.
26 Der Diener, der von Licht umgeben ist, den Willen seines Meisters kennt und nicht befolgt, der Diener, welcher auf der Zinne eingeschlafen ist, anstatt zu wachen,
27 wird die Peitsche der Gerechtigkeit durch viele Zeitenläufe spüren. Der hingegen, der aus Unkenntnis des Meisters Willen nicht beachtet, muß auch eine solche Strafe nicht erleiden.
28 Wenn ein Mensch durch eine Türe, welche offensteht und welche eine ihm gebotene Gelegenheit bedeutet, nicht hindurchgeht, sondern umkehrt,
29 wird, wenn er erneut vor dieser Türe steht, sie fest verschlossen finden. Niemand öffnet ihm.
30 Der Pförtner wird dann sagen: ›Einstmals kanntest du das Losungswort und hast es nicht genannt. So geh von hinnen, denn der Meister kennt dich nicht.‹

31 Fürwahr, ich sage euch, wem viel gegeben ward, von dem wird viel verlangt. Wer wenig hat, muß wenig geben.«

Falscher Friede, Streit in der Welt und Zeichen am Himmel.

113 Nach der Mahlzeit sitzen Jesus und die Gäste in der großen Halle von Marias Heim in Magdala. Und Lamaas fragt den Meister:

2 »Bitte sagt uns, ist des Friedens Morgenröte angebrochen?

3 Ist die Zeit gekommen, da der Krieg geächtet wird?

4 Bist du der Prinz des Friedens, der von den Propheten Israels verheißen wurde?«

5 Jesus sagt: »Ein falscher Friede herrscht im Land.

6 Ein Tümpel trägen Wassers trügt. In jedem Tropfen keimt der Tod.

7 Lebendig frisches Wasser hüpft und springt, den Frühlingslämmern gleich.

8 Korrupt sind die Nationen. Träg und müde schlafen sie im Arm des Todes. Ehe es zu spät ist, müssen sie zum Leben aufgerüttelt werden.

9 Leben ist, wo Gegensätze herrschen. Gott hat mich gesandt, das Meer des Lebens aufzuwühlen.

10 Friede folgt auf Streit. Ich bin gekommen, um den falschen Frieden zu bekämpfen. Ja, der Prinz des Friedens muß zuvor der Prinz des Streites sein.

11 Der Sauerteig des Friedens, welchen ich den Völkern bringe, wirbelt überall Dämonen auf, so daß Nationen, Völker und Familien sich entzweien.

12 Dort, wo fünf zusammen friedlich wohnten, streiten zwei von ihnen gegen drei.

13 Der Sohn erhebt sich gegen seinen Vater, und die Mutter streitet mit den Töchtern. Zank wird sein in jedem Heim.

14 Der Egoismus und die Habsucht und der Zweifel nehmen zu, die Fieberhitze steigt — und dann — um meinetwillen – wird die Welt mit Menschenblut getauft.

15 Danach gewinnt das Recht die Oberhand. Sind Qualm und Rauch vergangen, werden die Nationen lernen, nie mehr Krieg zu führen, und der Prinz des Friedens nimmt das Zepter in die Hand.

16 Zuvor jedoch erblickt der Mensch am Himmel Zeichen, die er nicht versteht.

17 Wenn eine Wolkenwand im Westen aufzieht, weiß man, daß es regnen wird, und weht der Südwind, wird es wärmer.

18 Deuten kann der Mensch die Zeichen der Natur am Himmel und auf Erden. Doch des Heil'gen Odems Zeichen kann er nicht begreifen. Ihr jedoch sollt sie erkennen.

19 Wenn der Sturm des Zornes über euch hereinbricht, werden Erdenmenschen euch vor Erdenrichter bringen, die euch in den Kerker werfen.

20 Naht die Zeit des Zorns, laßt Weisheit walten. Sträubt euch nicht, denn Widerstand stärkt nur die Wut des Bösen.

21 Selbst im Übelsten der Menschensöhne glimmt ein Funke von Gerechtigkeit und Gnade.

22 Fördern könnt ihr diese Regung, wenn ihr durch den Heil'gen Odem euer Tun und Sprechen weise lenken laßt.

23 So wandelt ihr den Zorn der Menschen in ein Dankgebet.«
24 Nach diesen Worten gehen Jesus und die Seinen nach Bethsaida, um zu lehren.

Jesu Aufforderung zur Hilfsbereitschaft. Gesetz von Ursache und Wirkung.

114 Während Jesus lehrt, fragt einer, der ihm zuhört: »Meister, darf ich sprechen?«
2 Jesus sagt: »So rede«, und der Mann berichtet:
3 »Viele Fischerboote sind gesunken gestern nacht, als wir den Sturm erlebten. Dutzende von Männern fanden ihren Tod, und ihre Hinterbliebenen befinden sich in Not.
4 Was läßt sich tun? Wie können wir am besten helfen?«
5 Jesus sagt: »Dein Wort verdient Beachtung. Deshalb, Männer Galiläas, hört. Die Toten kann man nicht mehr retten, doch wir können jenen helfen, die sonst darben müßten.
6 Nun kommt eure Stunde, ihr Verwalter, die ihr Gottes Reichtum hütet. Öffnet eure Truhen. Bringt das Gold, das ihr verwahrt, und gebt es hin mit hilfsbereiter Hand.
7 Für einen Tag wie diesen wurde es gespart. Solange es von niemandem benötigt wurde, war es gut verwahrt in euren Händen.
8 Nun gehört es denen, die in Not geraten sind, und nicht mehr euch. Verweigert ihr es, bringt ihr Gottes Zorn auf euer Haupt.
9 Glaubt nicht, es sei Barmherzigkeit, wenn ihr dem Armen gebt, was ihm gebührt. Das ist nur selbstverständlich und gerecht.«
10 Dann wendet Jesus sich zu Judas, der das Geld verwaltet:
11 »Bringe deinen Beutel, Judas, denn das Gold gehört nun nicht mehr uns. Gib auch die kleinste Münze her.«
12 Doch Judas will nicht alles geben. Heimlich spricht er mit Johannes, Petrus und Jakobus.
13 »Einen Teil des Geldes«, sagt er, »möchte ich für uns behalten. Jenen Armen, die uns fremd sind, deren Namen wir nicht kennen, gebe ich den Rest.«
14 Petrus sagt entrüstet: »Judas, Mann, wo denkst du hin? Wie wagst du es, was recht ist zu mißachten?
15 Recht hat unser Meister, wenn er sagt, daß angesichts der Not das Geld jetzt nicht mehr uns gehört. Und Diebstahl wäre es, die kleinste Münze zu behalten.
16 Keine Angst, wir kommen nicht zu kurz.«
17 Da öffnet Judas seinen Beutel und gibt alles her.
18 Es ist genug, um Nahrung und Bekleidung für die Opfer zu besorgen. Manche Gold- und Silbermünze ist dabei.
19 Ein Schriftgelehrter fragt: »Rabboni, da doch Gott die Welten lenkt und über alle Kräfte herrscht, war er es, der den Sturm entfesselte, die Fischer schlug und Unglück über die Familien brachte?
20 Sagt, geschah dies alles, um verübtes Unrecht zu bestrafen?
21 Jene Gruppe frommer Juden, die von Galiläa nach Jerusalem zum Fest gekommen waren,
22 wurden wegen kleinlicher Verstöße gegen die Gesetze Roms im Tem-

pelhof getötet, und ihr Blut war ihre Opfergabe.
23 Wollte Gott es so, weil diese Männer große Übeltäter waren?
24 Ferner möchte ich an jenen Turm erinnern – Siloam – ein Teil der Festung von Jerusalem, der ohne Grund zusammenbrach und achtzehn Männer unter sich begrub.
25 Warum geschah das Unglück? Waren diese Männer denn so schlecht, daß sie für ihre bösen Taten die gerechte Strafe leiden mußten?«
26 Jesus sagt: »Man soll nicht richten, wenn man nur die eine kurze Spanne Leben kennt.
27 Es gibt ein göttliches Gesetz, das alle Menschen kennen sollten – das Gesetz von Ursache und Wirkung.
28 Der Mensch ist ja kein Staubkorn, das in einem kurzen Erdenleben grundlos hin und her fliegt, um dann zu vergehen.
29 Seht, ein Teil des Ewig-Ganzen ist er. Viele Male zwischen Erdenreich und Jenseits kommt und geht er, um das Göttliche in seinem Innern zu entfalten.
30 Irgendeine Tat, verübt in diesem Leben, wirkt sich vielleicht erst im nächsten Leben aus.
31 Die Ursache zu eurem heutigen Geschick ist kaum in meiner Spanne Zeit zu finden. So ist auch die Ursache zu meiner heutigen Mission wohl kaum in eurer Zeit zu suchen.
32 Vor der Saat kann ich nicht ernten, und ich kann nur das gewinnen, was ich säte.
33 Die Ewigkeitsgesetze sind den Meistern wohl bekannt.
34 Was immer auch der Mensch dem Menschen tut, der Richter und der Lenker handeln nur nach Menschenrecht.
35 Die Handhabung der Ewigkeitsgesetze sieht man unter Menschensöhnen nicht.
36 Man sieht den Schwachen, der geschmäht, geknebelt und geschlagen wird von dem, den man den Starken nennt.
37 Man sieht den Hohlkopf auf dem höchsten Throne sitzen.
38 Könige und Richter, Senatoren und Prälaten sind darunter, während Männer mit gescheiten Köpfen in den Straßen Lumpen sammeln.
39 Frauen, mittelmäßig an Verstand und ohne jede Tugend, sieht man aufgeputzt wie Königinnen.
40 Nur der Schönheit wegen werden sie am Königshof empfangen, während Gottes wahre Töchter ihre Dienerinnen sind und Sklavenarbeit tun.
41 Zum Himmel schreit das Recht, und die Gerechtigkeit wird zum Gespött.
42 Kein Wunder, wenn der Mensch, der nur die eine Spanne Leben vor sich sieht, verzweifelt ruft: ›Gott gibt es nicht! Und gäbe es ihn doch, er wäre ein Tyrann und sollte sterben.‹
43 Wer das Leben ganz begreifen will, der müßte sich erheben über Raum und Zeit, wo er die Taten und Gedanken aller Menschen weit in die Vergangenheit verfolgen könnte.
44 Der Mensch ist nicht aus Lehm gemacht, um wieder Lehm zu werden,
45 sondern ist ein Teil des Ewig-Ganzen. Niemals war er nicht, und niemals kommt die Zeit, da seine Existenz erlischt.
46 Und nun erkennen wir: Wer heute Sklave ist – war einst Tyrann. Wer heute ein Tyrann ist – war in alter Zeit ein Sklave.
47 Wer heute leiden muß, ergötzte

sich am Leid, das er den anderen einst zugefügt.
48 Es sind so viele krank und lahm und blind und taub, weil sie vor langer Zeit das göttliche Gesetz verletzten. Jedes göttliche Gesetz muß ausgeglichen werden und erfüllt sein.
49 Während seines Erdenlebens mag ein Mensch der Strafe für verübte Missetat entgehen. Jede Tat und jedes Wort und jeder einzelne Gedanke aber ist der Ausgangspunkt zu weiterem Geschehen und verursacht eine Wirkung.
50 Wer ein Unrecht tut, muß es in Ordnung bringen.
51 Ist das Unrecht in der Welt gesühnt und ausgeglichen, wird die Menschheit eins mit Gott.«

Das Gleichnis vom Samen, der auf verschiedenartigen Boden fällt. Das Gleichnis vom Korn und Unkraut im gleichen Acker.

115 Jesus lehrt am Strande, von der Menge dicht umdrängt. Ein Boot liegt am Gestade, er steigt ein, und Thomas stößt ein wenig ab vom Ufer. Jesus spricht ein Gleichnis:
2 »Ein Sämann greift nach seinem Sack voll Samen und begibt sich auf den Acker, um zu säen.
3 Seine Körner wirft er schwungvoll aus. Ein Teil derselben fällt auf harten Boden.
4 Menschenfüße achten ihrer nicht, und Vögel tragen die zerquetschten Körner fort.
5 Ein zweiter Teil des Samens fällt auf Felsengrund, bedeckt mit wenig Erde. Dort ist nicht viel Nahrung für den Samen. Er geht auf, und grüne Halme täuschen eine reiche Ernte vor.
6 Der Mittagssonne Glut jedoch verdorrt die Halme, und sie sterben ab.
7 Ein dritter Teil des Samens, welcher unter Disteln fällt, erstickt und ist verloren.
8 Jene Samen aber, die in satten, weichen Ackerboden fallen, gehen herrlich auf, und der Ertrag ist dreißigfältig, sechzigfältig oder hundertfältig.
9 Wer Ohren hat zu hören, höre. Wer ein Herz hat, das verstehen kann, verstehe.«
10 Thomas fragt den Meister: »Herr, warum sprichst du in Gleichnissen zum Volk?«
11 Und Jesus sagt: »Die Worte, die ich rede, sind, wie alle Meisterworte, doppelsinnig.
12 Ihr, die ihr die Seelensprache kennt, erblickt in meinem Gleichnis eine tiefe Weisheit, allzu tief für das Verständnis anderer.
13 Die äußere Bedeutung kann das Volk verstehen. Ihr versteht die innere.
14 Ein jeder nehme das, was er begreifen kann.«
15 Und laut spricht Jesus zu der Menge: »Hört denn und vernehmt, was dieses Gleichnis sagen will.
16 Die Menschen hören meine Worte, doch sie verstehen nicht, was sie bedeuten.
17 Ihre niedere Natur zerzaust sie und zertrampelt sie. Es sind die Samenkörner, die auf harten Boden fallen und von Vögeln fortgetragen werden. Nichts bleibt übrig für den Geist des Menschen.
18 Andere, die meine Worte hören, nehmen sie begierig auf und scheinen

auch die Wahrheit zu verstehen. Sie erwarten viel von ihr.
19 Doch Sorgen kommen schnell. Die Menschen sind entmutigt, und es mangelt ihnen an Gedankentiefe. Alle guten Absichten verdorren allzu rasch und sterben.
20 Dieses sind die Körner, die auf Felsengrund mit wenig Erde fallen.
21 Wieder andere sind da, die hören meine Worte und verstehen ihren Sinn. Doch Geltungsdrang, Genußsucht, Ruhmbegier und Reichtum füllen all ihr Denken aus, daß meine Worte keinen Eingang finden und verlorengehen.
22 Dieses sind die Samen, die unter Disteln fallen.
23 Andere vernehmen meine Worte, und die Worte sinken tief in ihre Seelen. Hiernach leben sie das heil'ge Leben, und gesegnet ist die Welt.
24 Es sind Samen, die auf guten Ackerboden fallen. Dreißigfältig, sechzigfältig, oder hundertfältig ist die Ernte.
25 Männer Galiläas, achtet gut, wie ihr die Felder eurer Seelen kultiviert. Wenn ihr das jetzt Gebotene im Leichtsinn von euch werft, dann könnte es geschehen, daß der Sämann nicht mehr kommt — nicht jetzt und auch nicht später.«
26 Jesus spricht zur Menge wiederum in Gleichnisform:
27 »Das Gottesreich gleicht einem Acker. In die Furchen sät der Sämann allerbesten Samen.
28 Während seines Schlafes schleicht sich ein Bösewicht heran und sät behende Unkraut in dieselben Furchen.
29 Beide Samen gehen auf im satten Erdreich. Korn und Unkraut sprießen durcheinander. Wie die Knechte dies erblicken, laufen sie zu ihrem Herrn und fragen ihn:
30 »Du hast doch sicherlich den allerbesten Samen ausgesät, wo kommt das Unkraut her?«
31 Er sagt: »Ein übler Mensch muß es gewesen sein, der dieses Unkraut säte.«
32 »Sollen wir das Unkraut samt den Wurzeln aus dem Boden reißen und verbrennen?« fragen ihn die Knechte.
33 »Nein«, entgegnet jener. »Korn und Unkraut wachsen viel zu dicht beisammen. Mit dem Unkraut ginge auch das Korn verloren.
34 Bis zur Ernte sollen Korn und Unkraut miteinander wachsen. Wenn die Schnitter kommen, will ich ihnen sagen:
35 ›Gehet hin, entfernt das Unkraut und verbrennt es. Dann könnt ihr den Weizen in die Scheune bringen.‹«
36 Solchermaßen endet dieses Gleichnis. Jesus und die Jünger steigen aus dem Boot und wenden sich zum Hause des Philippus.

Äußere und innere Gestalt des Gottesreiches. Das Seelenreich im Gleichnis.

116 Petrus fragt den Meister in Philippus' Heim: »Ich bitte dich, erkläre uns das Gleichnis, das vom Korn und Unkraut handelt.«
2 Jesus sagt: »Das Gottesreich ist doppelter Natur, denn es hat eine äußere und eine innere Gestalt.
3 Betrachtet man das Gottesreich aus Menschensicht, besteht es aus den Seelen, die in Christi Obhut stehen.

4 Viele drängen sich aus den verschiedensten Motiven zu der äußeren Gestalt des Gottesreiches.
5 Seine innere Gestaltung ist der Wohnort aller Seelen reinen Herzens.
6 Seine äußere Gestalt will ich in Gleichnisform erklären, denn ich sah euch eure Netze werfen.
7 Als ihr diese wieder eingezogen hattet, waren sie mit guten, schlechten, großen und mit kleinen Fischen angefüllt. Die guten Fische hattet ihr behalten und die schlechten warft ihr weg.
8 Das Netz symbolisiert das Außenreich, in welchem Menschen aller Arten eingefangen sind. Am Tage des Gerichtes werden alle Schlechten weggeworfen, nur die Guten bleiben.
9 Hört nunmehr die Auslegung des Gleichnisses vom Korn und Unkraut:
10 Der Sämann ist der Menschensohn, der Acker ist die Welt. Die guten Samen sind die Kinder meines Lichtes, und die schlechten Samen sind der Finsternis Geschwister, und der Bösewicht symbolisiert die niedere Natur. Die Erntezeit fällt in die Wende des Jahrtausends, und die Schnitter sind die Gottesboten.
11 Für jeden Menschen kommt der Tag der Abrechnung. An diesem wird das Unkraut ausgesondert und verbrannt.
12 Die guten Menschen werden dann im Reich der Seelenwelt als Sonnen leuchten.«
13 Da fragt Philippus: »Müssen denn die Seelen in den Flammen leiden, weil sie nicht den rechten Weg gefunden haben?«
14 Jesus sagt: »Das Feuer läutert stets. Der Schmelzer schmilzt das Erz im Feuer.
15 Was keinen Wert hat, scheidet aus. Das Gold allein bleibt übrig.
16 Keinen Menschen gibt es, der nicht reines Gold in seinem Herzen hätte. Alles Schlechte wird verbrannt, das Gute überlebt.
17 Das Innenreich der Seele will ich ebenfalls in Gleichnisform erklären:
18 Der Menschensohn sät guten Samen in die Ackerfurche. Gottes Regen läßt die Samen keimen. Erst sieht man die grünen Triebe, dann die Stengel, dann die Ähren, und am Ende reift des Weizens Fülle.
19 Gottes Schnitter bergen dann zur Erntezeit den Reichtum in der Scheune ihres Herrn.
20 Und abermals will ich das Reich der Seele mit dem Samenkorn vergleichen, das der Mensch in gutes Erdreich senkt.
21 Tausend dieser kleinen Samen wiegen kaum ein Lot.
22 Der Same wächst und drängt sich durch die Erde. Aus dem gleichen Samen wird ein großer Baum. Die Vögel nisten im Geäst, und Menschen finden Schutz vor Sonnenglut und Regen unter seiner Krone.
23 Wiederum will ich die Wahrheit und den Geist des Seelenreiches mit dem Sauerteig vergleichen, welchen eine Frau mit drei Maß Mehl vermischt – nach einer kleinen Weile ist das ganze Mehl gesäuert.
24 Und fürs letzte möchte ich das Reich der Seele mit dem Schatz vergleichen, der in einem Feld verborgen liegt. Ein Mensch erfährt davon, veräußert alles, was er hat, und kauft das Feld.«
25 Als Jesus seine Gleichnisse beendet hat, geht er in die Einsamkeit und betet.

Enthauptung des Täufers. Sturm auf dem See Genezareth.

117 Zu Ehren von Herodes, dem Tetrarchen, wird ein königliches Fest gefeiert, in der Festung Machaerus an des Toten Meeres östlichem Gestade.

2 Herodes, seine Frau Herodias, ihre Tochter Salome sowie der ganze Hofstaat sind versammelt.

3 Das Fest hat seinen Höhepunkt erreicht, und alle sind des Weines voll. Sie hüpfen und vergnügen sich wie Kinder.

4 Salome, die Jungfrau, tanzt vor dem Tetrarchen. Schönheit, Grazie und ihr tänzerisches Spiel entzücken den betrunkenen Herodes.

5 Nach Beendigung des Tanzes sagt er zu der Jungfrau: »Salome, du hast mein Herz gewonnen, wünsche, was du willst, ich will es dir gewähren.«

6 Salome läuft hin zur Mutter und berichtet ihr in kindlichem Vergnügen, was der Herrscher sagte.

7 »Geh zum König«, sagt Herodias, »und erbitte dir das Haupt des Täufers, der im Turm in Ketten liegt.«

8 Die Jungfrau eilt zurück und nennt dem König ihren Wunsch.

9 Da ruft Herodes seinen Henker und befiehlt ihm, in den Turm hinabzusteigen und dem Kerkermeister zu bestellen, daß Johannes auf Befehl des Königs zu enthaupten sei.

10 Nach geraumer Weile kommt der Henker in den Saal zurück. Er bringt des Täufers Haupt auf einer Silberschale, und Herodes will es Salome in Gegenwart der Gäste überreichen.

11 Doch die Jungfrau steht erstarrt. Sie will das blutige Geschenk nicht nehmen. Tief verletzt ist ihre Unschuld.

12 Herodias, wohlgeübt in mancherlei Verbrechen, kommt herbei, ergreift das Haupt und hält es hoch empor vor aller Augen.

13 »So ergeht es jedem«, ruft sie, »der es wagt, die Handlungsweise des Tetrarchen zu mißachten und zu kritisieren.«

14 Teuflisch grinsend starrt die weinberauschte Schar der Gäste auf das blutbefleckte Haupt des Täufers.

15 Später wird das Haupt zum Turm zurückgebracht. Der Körper war zuvor von Freunden des Johannes eingesargt und weggetragen worden.

16 So gelangt die kleine Schar der Freunde an die Furt des Jordan, wo Johannes ehedem gepredigt hatte.

17 Weiter tragen sie den Sarg ins Hügelland Judäa.

18 In der Nähe Hebrons ist die letzte Ruhestatt der Eltern, Zacharias und Elisabeth.

19 Dort wird Johannes beigesetzt, und mit gesenktem Haupt verlassen seine Freunde diese Stätte.

Als die Nachricht von Johannes' Tod im Land bekannt wird, sammeln sich die Juden, um die Totenlieder anzustimmen.

21 Jesus, seine Jünger und die fremden Meister lassen sich in einem Schiff nach Galiläa übersetzen.

22 Dort am Ufer steht ein Schriftgelehrter, ein getreuer Freund des Täufers. »Meister«, sagt er, »laßt mich mit euch kommen. Folgen will ich euch, wohin ihr geht.«

23 Und Jesus sagt zu ihm: »Du glaubst, du findest Schutz und Sicherheit vor bösen Menschen. Das jedoch kannst du bei mir nicht finden.

24 Böse Menschen werden mir das Leben nehmen, so wie sie Johannes Leben nahmen.
25 Füchse dieser Erde haben ihre Höhlen, Vögel ihre Felsennester. Ich jedoch, ich habe keinen Stein, auf welchem ich mein müdes Haupt zur Ruhe legen könnte.«
26 Einer der Apostel fragt ihn: »Willst du mir erlauben, meinen Vater zu begraben?«
27 Jesus sagt darauf, und alle hören seine Worte: »Laß die Toten für die Toten sorgen und die Lebenden für die, die leben. Darum bleib.«
28 Der Abend naht und Jesus fährt mit seinen Jüngern auf den See Genezareth hinaus. Der Meister schläft.
29 Ein Sturm erhebt sich, und die Boote werden wie im Spiele auf den stürmisch hohen Wogen hin- und hergeworfen.
30 Brecher schäumen über Deck. Die harten und erprobten Männer fürchten nun das Schlimmste.
31 Thomas schaut sich um und sieht den Meister tief im Schlaf.
32 Er weckt ihn auf und sagt: »Es tobt der Sturm, die Boote sinken, hab Erbarmen.«
33 Da erhebt sich Jesus, streckt die Arme aus und redet zu den Wind- und Wellengeistern, wie ein Mensch zu Menschen redet.
34 Siehe da, der Wind läßt nach, und kleine Wellen rollen sanft heran und küssen ihm die Füße. Ruhig liegt der See.
35 Und Jesus sagt zu seinen Jüngern: »O ihr Glaubenshelden. Wo ist euer Glaube hin? Auch ihr könnt zu den Wind- und Wellengeistern reden so wie ich, und Wind und Wellen werden euch gehorchen.«
36 Höchst verwundert sind die Jünger. Einer raunt dem andern zu: »Wer ist er nur, daß Wind- und Wassergeister ihm gehorchen?«

Jesus verbannt eine Legion übler Geister in eine Schweinherde.

118 Der Morgen kommt. Die Boote legen an am Strand der Gadarener.
2 Jesus und die Jünger gehen nach Gadara, Hauptstadt jenes Landes, wo sie eine Weile bleiben und das Volk belehren.
3 Der Legende nach ist diese Stadt den Toten heilig, denn die Hügel in der Nähe sind geweihter Boden.
4 Hier befinden sich die Grabgewölbe vieler Galiläer.
5 Die Seelen jüngst Verstorbener, die nicht imstande sind, in höhere Regionen aufzusteigen, irren um das Grab, in welchem noch die Überreste jenes Leibes modern, welcher einst ihr Wohnort war.
6 So kommt es vor, daß sie gelegentlich vom Körper eines Lebenden Besitz ergreifen, den sie dann auf hundertfache Weise peinigen.
7 Aus diesem Grunde gibt es eine nicht geringe Zahl Besessener in dieser Gegend. Keiner hatte je die Macht gehabt, dem Übel zu begegnen.
8 Um den Jüngern und den fremden Meistern anschaulich zu demonstrieren, wie man böse Geister aus Besessenen vertreibt, ist Jesus hergekommen.
9 Ein so Besessener steht nah dem Eingangstor. Legionen übelster Dämonen quälen ihn.
10 Sie geben ihm enorme Kraft, und niemand kann ihn fesseln, denn die

stärksten Ketten könnten ihn nicht halten.
11 Üble Geister schrecken vor dem Licht zurück, denn heimisch sind sie nur im Dunkeln.
12 Jesus aber bringt das Licht des Lebens, und die Geister sind beunruhigt und verstört.
13 Da ruft der Führer dieser Geister mit der Stimme des Besessenen: »Immanuel, wir bitten dich, verbanne unsereinen nicht in tiefe Sphären, quäle uns nicht vor der Zeit.«
14 Und Jesus sagt: »So nennt mir eure Zahl und euren Namen.«
15 »Unser Name ist Legion und unsre Zahl die Zahl des Tieres.«
16 Jesus ruft: »Laßt ab von diesem Manne! Kommt heraus!« Und seine Stimme tönt wie Donnerhall, daß alle Hügel zittern.
17 Viele Schweine streichen durch die Gegend, nähren sich von Unrat und verbreiten Seuchen unter der Bevölkerung des Landes.
18 Wie die bösen Geister Jesus bitten, daß er sie nicht ohne Wohnsitz lasse, sagt der Meister:
19 »Gut, dann geht und nehmt Besitz von allen Schweinen, die ihr auf den Hügeln findet.«
20 Und Legionen übler Geister, alle die in diesen Gräbern hausen, fahren in die Schweine.
21 Diese aber fliehen wild vor Wut den Hang hinab und stürzen sich ins Wasser, wo sie allesamt ertrinken.
22 So geschieht es, daß das Land von Pest und Seuche frei wird. Auch die bösen Geister bleiben fern.
23 Wie nun die Menschen innewerden, was für eine Wundertat geschehen ist, erschrecken sie und sagen zueinander:
24 »Dieser Mensch muß übersinnliche Gewalt besitzen. Sicher könnte er das ganze Land verwüsten, wenn er wollte.«
25 Deshalb kommen sie zu ihm und bitten, daß er nicht in ihrer Stadt verweile.
26 Und so bleibt der Meister nicht. Er geht mit seiner Schar zum Strand, die Boote zu besteigen.
27 Doch der Mann, der nun befreit ist von der Plage, bittet Jesus: »Meister, laßt mich mit euch ziehen.«
28 Dieser aber spricht zu ihm: »Das wäre nicht von Gutem. Geh nach Hause und belehre deine Brüder, was der Mensch vermag, wenn er mit Gott im Bunde steht.«
29 Da geht der Mann, und alle hören von der wunderbaren Rettung.
30 Jesus, seine Jünger und die fremden Meister kehren nach Kapernaum zurück.

Jesus rechtfertigt seinen Umgang mit Sündern. Vom Fasten. Gut und Böse.

119 Schnell verbreitet sich die Neuigkeit, daß Jesus wiederum zu Hause ist, und viele Menschen kommen, um ihn zu begrüßen.
2 Matthäus, einer von den Zwölfen, welcher in Kapernaum ein großes Haus besitzt, veranstaltet ein Fest, und Jesus, seine Jünger und die fremden Meister, wie auch viele aus dem Volk, sind eingeladen.
3 Als die Pharisäer sehen, wie der Meister sich mit Zöllnern und Personen üblen Rufes unterhält, mit ihnen trinkt und speist, empören sie sich sehr und flüstern miteinander:

4 »Welche Schande, dieser Mensch behauptet doch, er sei von Gott gesandt, und läßt sich ein mit Zöllnern, Dirnen und gemeinem Volk. O Schande.«

5 Jesus aber weiß, was jene denken: »Die Gesunden«, sagt er, »brauchen keine Heilung, reine Menschen brauchen keine Rettung.

6 Wer gesund ist, der braucht keinen Arzt. Der Reine ist erlöst.

7 Wer recht tut und gerecht ist, braucht die Buße nicht. Zu jenen ward ich nicht geschickt, doch zu den Sündern wurde ich gesandt.«

8 Die Jünger des Johannes tragen Trauerzeichen, da ihr Meister tot ist.

9 In der Stille ihres Herzens beten sie zu Gott und fasten. Als die Pharisäer dieses sehen, fragen sie den Meister:

10 »Des Johannes' Jünger fasten Tag und Nacht, warum die deinen nicht?«

11 Und Jesus sagt zu ihnen: »Ihr seid Meister der Gesetze, deshalb solltet ihr es wissen. Wollt ihr nicht zu diesem Thema Stellung nehmen?

12 Welchen Segen bringt das Fasten?« Doch die Pharisäer bleiben stumm und geben keine Antwort.

13 Da fährt Jesus fort: »Die Lebenskraft des Menschen hängt von seiner Nahrung ab.

14 Nimmt denn die Kraft des Geistes zu, wenn man die Kraft des Körpers schwächt? Wird Heiligkeit erreicht durch Fasten?

15 Ein Vielfraß ist ein Sünder vor dem Herrn. Wer sich zum Schwächling macht und nicht mehr fähig ist, die Lebenslasten anzupacken, weil er Gottes Weg zur Kräftigung verachtet, ist kein Heiliger.

16 Fürwahr, Johannes ist enthauptet. Seine treuen Freunde fasten, weil sie um ihn trauern.

17 Ihre Liebe für den Meister drängt sie zu Respekt und Achtung. Ein Bedürfnis ist es ihnen, durch Gebet und Fasten seiner zu gedenken.

18 Würden sie nicht fasten, sie empfänden es als Sünde.

19 Wenn ein Mensch die Stimme des Gewissens nicht beachtet, ist sein Herz in Trauer. Seine Leistung sinkt, und das ist Sünde.

20 Das Gewissen ist persönlicher Natur. Was mein Gewissen mir erlaubt, mag dein Gewissen dir verwehren.

21 Schlecht ist eine Tat für mich, doch gut ist sie vielleicht für dich. Die Stufe, die du auf dem Lebensweg errungen hast, bestimmt, was Seele ist.

22 Es gibt kein starres, unbewegliches Gesetz von Gut und Böse. Gott beurteilt Gut und Böse nach dem Maße einer Weisheit.

23 Aus ernster Überzeugung fastet einer, und der Segen Gottes liegt auf ihm.

24 Ein anderer, der ohne Glauben fastet, ist gerichtet.

25 Eines schickt sich nicht für alle, und wer das gefunden hat, was seiner Eigenart entspricht, hat gut getan.

26 Warum denn sollten meine Jünger fasten? Alle ihre Kräfte brauchen sie im Dienste an der Menschheit.

27 Kommen wird die Zeit, da Gott es zuläßt, daß ihr mir tut, was Herodes dem Johannes tat.

28 Und in der Trauer dieser Schreckensstunde werden meine Jünger fasten.

29 Wer Ohren hat zu hören, höre. Wer ein fühlend Herz besitzt, erfasse es.«

Das Gleichnis vom neuen Wein in alten Schläuchen. Jesus heilt eine Frau vom Blutfluß und erweckt Talita vom Tode.

120 Nikodemus, welcher früher einmal insgeheim bei Jesus war, ist unter jener Gästeschar und sagt:
2 »Rabboni, es steht fest, daß unsere Gesetze und die Handhabung derselben nicht in Einklang miteinander stehen.
3 Reform tut not. Die Richter dürften gütiger und gnadenvoller sein, die Kundigen des Rechts gerechter, und dem Volke sollte man die schweren Lasten nehmen.
4 Könnte man nicht alles dies erreichen, ohne daß der altbewährte Gottesdienst in Brüche ginge?
5 Wäre es nicht gut, ihr könntet euer Wirken, eure Macht, in Einklang bringen mit den Satzungen der Schriftgelehrten und der Pharisäer? Könnte nicht das Priestertum der Juden eurer göttlichen Philosophie zum Wohl gereichen?«
6 Jesus sagt darauf zu Nikodemus: »Neue Weine soll man nicht in alte Schläuche füllen. Gärt der neue Wein, dann platzt der alte Schlauch, und beides ist dahin.
7 Ein altes, fadenscheiniges Gewand kann nicht mit neuem Linnen ausgebessert werden, denn der alte Stoff ist nichts mehr wert.
8 Ein neuer Wein braucht einen neuen Schlauch.
9 Die Wahrheit, die ich bringe, ist für diese Menschheit neu, und würde man sie in die alten Schläuche jüdischer Gesetze füllen, wäre sie verfälscht.
10 Sie ist zu stark, sie dehnt sich aus, das Alte hält nicht stand.
11 Fürwahr, das Königreich des Christus ist so alt wie Gott – und dennoch neu wie Morgenröte. Es allein enthält die ganze Wahrheit.
12 Während Jesus redet, kommt Jairus, Oberster der Synagoge in den Saal, verbeugt sich tief vor ihm und sagt:
13 »O Meister, hört mich an. Mein Kind ist krank, und ich befürchte, daß es sterben muß. Doch sicher weiß ich, daß es diese Krise überleben könnte, wenn ihr mit mir kommen wolltet, um das Wort zu sprechen.
14 Es ist erst zwölf Jahre alt und unser einziges.«
15 Der Meister zögert nicht. Begleitet von Jairus und von vielen Menschen, geht er durch die Straßen.
16 Eine kranke Frau, die jahrelang am Blutfluß leidet, hört von ihrem Lager aus die Menge, die vorüberzieht. Die Ärzte hatten ihre Kunst an dieser Frau erfolglos ausprobiert, und alle meinen, daß sie sterben müsse.
17 Sie erhebt sich, läuft hinaus und sagt bei sich: »Ich weiß, daß ich gesunde, wenn es mir gelingt, den Mantelsaum des Nazareners zu berühren.«
18 Sie drängt sich nah heran, berührt den Mantelsaum – und augenblicklich hört die Blutung auf – sie ist geheilt.
19 Wie Jesus spürt, daß Heilkraft von ihm ausgegangen war, dreht er sich um und fragt:
20 »Wer war es, der mein Kleid berührte?«
21 Petrus meint: »Das weiß man nicht. Die Leute drängen sich um dich. Ein Dutzend Hände können es gewesen sein.«

22 Doch Jesus sagt: »Es war ein Mensch mit großem Glauben an die Heilkraft, denn ich spürte, wie sie zu ihm überströmte.«

23 Wie die Frau gewahr wird, daß der Meister von der Heilung weiß, tritt sie herzu, kniet vor ihm nieder und berichtet alles.

24 Jesus sagt zu ihr: »Dein Glaube war es, der dich heilte. Gehe hin in Frieden.«

25 Kaum ist dies geschehen, kommt ein Diener aus dem Hause des Jairus und berichtet: »Eure Tochter ist gestorben, Herr, ihr braucht den Meister nicht mehr zu bemühen.«

26 Da sagt Jesus zu Jairus: »Oberpriester, Mann des Glaubens, schwanke nicht in deinem Glauben. Dieses ist die Stunde deiner Prüfung.

27 Wenn der Diener sagt, dein Kind sei tot, dann frage ich: Was ist der Tod?

28 Es ist der Seele Scheiden aus dem Haus des Fleisches.

29 Meister kann der Mensch sein über Leib und Seele. Hat er Furcht und Zweifel überwunden — wahrlich, dann läßt sich die leere Wohnung säubern, und der Mieter kehrt zurück.«

30 Nun wählt der Meister von der Jüngerschar Johannes, Petrus und Jakobus aus und geht mit ihnen und den Eltern in die Totenkammer.

31 Man verschließt die Türen vor der Menge, die herandrängt. Jesus spricht ein Wort, das nur die Seele kennt. Er nimmt das Mädchen bei der Hand und sagt:

32 »Talita, komm, steh auf!« Da kehrt die Seele in den Leib zurück. Das Kind erhebt sich und verlangt zu essen.

33 Die Menschen dieser Stadt sind sehr erstaunt, und viele hätten ihn am liebsten angebetet und als Gott verehrt.

34 Doch Jesus ist verschwunden. Unsichtbar geht er von hinnen.

Der Prophet gilt nichts in seinem Vaterland. Heilung zweier Blinder und eines stummen Besessenen.

121

Es war ein Galatag in Nazareth. Man war sich einig, daß ein Fest gefeiert werden müsse.

2 Jesus, seine Jünger, Miriam und die fremden Meister wie auch Jesu Mutter sind zugegen.

3 Wie die vielen Menschen in der großen Halle beieinander sind, erhebt die anmutsvolle Miriam ihre Stimme und beginnt zu singen.

4 Wenige der vielen Menschen wissen, wer sie ist, doch augenblicklich fliegen ihr die Herzen aller zu.

5 Sie singt die Lieder Israels und geht dann ihrer Wege.

6 Der Sabbath naht, und Jesus geht zur Synagoge. Dort nimmt er das Buch der Psalmen, schlägt es auf und liest:

»Gesegnet ist der Mensch, der Gott vertraut, der nicht vor Stolz und Hochmut noch vor Heuchlern seine Knie beugt.

8 O Herr, mein Gott – die Werke, die Du schufst, sind wunderbar, und ungezählt sind die Gedanken, die Du für uns hegst.

9 Du willst nicht Opferblut noch Brandgeruch als Sühne für die Sünde.

10 Wahrlich, Deinen Willen zu vollbringen bin ich da, und Dein Gesetz zu bringen bin ich da, und Dein Gesetz, o

Herr, brennt tief in meinem Herzen.
11 Deine Worte der Gerechtigkeit und Dein Gebot des Friedens habe ich dem Volk gepredigt, habe Deinen Rat in seiner ganzen Fülle kundgetan.
12 Deine Weisheit und Gerechtigkeit hielt ich in meinem Herzen nicht geheim, und Deine Huld und Gnade habe ich verheißen.
13 Ich habe Deine Güte, Deine Wahrheit stets gepriesen und den Menschen immer wieder neu verkündet.
14 Herr, laß meine Stimme laut ertönen, denn ich will Dich preisen. Weder Opfer von verbranntem Fleisch noch Blut bringe ich für Sünden dar.
15 Die Opfer, die ich Dir, Jehovah, bringe, sind des Lebens Reinheit, ein Geist des Glaubens und der Liebe und ein reuevolles Herz, denn diese Gaben nimmst Du an.«
16 Nachdem er diese Stelle aus den Psalmen vorgelesen hat, sagt der Meister:
17 »Für diese Zeit, für dieses Land ist jene Botschaft Gottes aufgezeichnet worden.
18 Unser Volk hat seine Opferriten übertrieben. Gnade, Menschenrechte und Gerechtigkeit hat es vergessen.
19 Hört, ihr Priester und ihr Pharisäer und ihr Schriftgelehrten, euer Gott ist überschwemmt mit Blut, und euer dürftiges Gestammel hört Er nicht. Ihr steht vor euren rauchenden Altären, doch ihr steht vergebens.
20 Haltet euch an die Gesetze, führt Reformen ein und wendet euch zu Gott, dann seid ihr wahre Priester.
21 Schändet die Altäre nicht mehr durch den Opferrauch der Unschuld.
22 Bietet lieber euer reuevolles Herz als Opfergabe dar.
23 Entlastet euer Volk von allen Bürden, welche ihr ihm aufgezwungen habt.
24 Wenn ihr nicht aufhorcht und auf eurem bösen Weg verharrt, dann ruft ihr Gottes Zorn auf euch hernieder.«
25 Jesus tritt beiseite. Überaus verwundert ist das Volk und fragt:
26 »Woher hat dieser Mensch die Kenntnis und die Macht? Von wo stammt seine Weisheit?
27 Ist er nicht der Sohn Marias, die am Marmionwege wohnt?
28 Sind nicht seine Brüder ehrenwerte Bürger dieser Stadt? Und sind nicht seine Schwestern unter uns?«
29 Und alle fühlen sich verletzt durch Jesu Worte.
30 »Ein Prophet gilt nichts in seinem Vaterland«, sagt er, »und den Seinen ist er nicht willkommen. In der Heimat hat er seine Feinde.«
31 So begibt es sich, daß er in Nazareth nur wenig Wunder wirkt. Er bleibt nicht lange, denn das Volk glaubt nicht an ihn.
32 Wie Jesus und die Jünger weiterziehen, folgen ihm zwei Blinde, schreien laut und rufen: »Du Sohn Davids, hör uns an. Hab Mitleid, öffne uns die Augen, denn wir wollen wieder sehen.«
33 »Glaubt ihr denn auch wirklich«, sagt der Meister, »daß ich eure Augen öffnen kann?«
34 »Oh ja, das kannst du«, sagen sie, »wenn du das Wort sprichst, sind wir nicht mehr blind.«
35 Und Jesus rührt an ihre Augen, spricht das Wort und sagt: »Nach eurem Glauben möge es geschehen.«
36 Gott ist gnädig, es geschieht. Sie können wieder sehen.
37 Dann rät Jesus ihnen: »Sagt es keinem Menschen.«

38 Doch die beiden gehen durch das ganze Land, und alle hören von dem Wunder.
39 Ein Stummer, der von einem bösen Geist besessen ist, wird nun gebracht.
40 Und Jesus spricht das Wort. Der böse Geist verläßt den Mann, die Zunge ist gelöst. Er redet wieder und ruft aus: »Gepriesen sei der Herr.«
41 Die Menschen rings sind höchst erstaunt und rufen: »Das ist eine große Tat. Ein solches Wunder haben wir noch nie erlebt.«
42 Sogar die Pharisäer sind verwundert, doch sie rufen warnend:
43 »Männer Israels, nehmt euch in acht, denn dieser Jesus ist ein Werkzeug Beelzebubs. Er heilt die Kranken und er treibt die bösen Geister aus, in Satans Namen.«
44 Jesus aber schweigt und geht von dannen.
45 Mit den fremden Meistern und mit seinen Jüngern zieht er in die Stadt, in welcher er dereinst bei einer Hochzeit Wasser in den besten Wein verwandelt hatte. Dort verweilen sie.

Aussendung der Jünger. Prophetische Worte. Todesandeutung.

122 Jesus und die Schar, die ihn begleitet, beten in der Stille sieben Tage lang. Dann ruft er seine Jünger, sammelt sie um sich und sagt:
2 »Die Menge drängt herbei. Die Menschen sind verwirrt. Sie laufen durcheinander wie verstörte Schafe ohne Stall.
3 Sie brauchen einen Hirten, welcher sie mit liebevoller Hand zum Licht geleitet.
4 Das Korn ist reif, die Ernte reichlich, doch der Schnitter sind nur wenige.
5 Es ist nun an der Zeit, daß meine Jünger ohne mich durch Galiläas Städte ziehen. Lehrt und heilt das Volk.«
6 Dann haucht er jeden seiner Jünger an und sagt: »Der Heil'ge Odem sei in dir.«
7 Er flüstert jedem Jünger Gottes Wort der Macht ins Ohr. »Mit diesem Wort«, sagt er, »kannst du die Kranken heilen, böse Geister aus Besessenen vertreiben und die Toten auferwecken.«
8 »Geht nicht nach Syrien und nicht nach Griechenland. Auch sollt ihr nicht das Land Samaria besuchen. Nur zu euresgleichen sollt ihr gehen, zu den Brüdern der zersprengten Stämme Israels.
9 Das Reich des Christus ist gekommen, sollt ihr sagen.
10 Reichlich habe ich gegeben, reichlich sollt auch ihr verschenken.
11 Doch ihr müßt im vollen Glauben stehen. Stützt euch nicht auf Krükken.
12 Gebt den Armen alles Gold und Silber, das ihr habt. Behaltet nur das Nötigste. Nur ein Gewand und auch nur ein Paar Schuhe sollt ihr tragen.
13 Gott wird für euch sorgen, denn ihr seid doch Seine Diener.
14 Wo ihr bleiben wollt, da sucht euch einen Mann des Glaubens, bis ihr weiterziehen müßt.
15 Ihr geht an meiner Stelle und ihr wirkt in meinem Namen. Alle jene, welche euch willkommen heißen, heißen mich willkommen.
16 Und wer euch die Türe weist, der weist sie mir.

17 So ihr in einer Stadt nicht freundlich aufgenommen werdet, seid nicht traurig und hegt keinen Groll in eurer Brust.
18 Ein übelwollender Gedanke schadet euch und mindert eure Kraft.
19 Wenn man nicht freundlich zu euch ist, dann geht, denn viele sind es, die nach Licht verlangen.
20 Nun sende ich euch in die Welt, wie Schafe, die man Wölfen überläßt. Darum seid klug wie Schlangen, doch sanft wie Tauben.
21 Und bedenkt euch gut, bevor ihr redet, denn die Pharisäer und die Schriftgelehrten suchen immer einen Grund, um euch zu Fall zu bringen.
22 Unter falscher Klage bringen sie euch vor Gericht.
23 Die Richter werden euch verdammen, und man wird euch foltern und gefangensetzen.
24 Steht ihr vor Gericht, habt keine Angst und seid auch unbekümmert, was ihr tun und was ihr sagen sollt.
25 In jener Stunde werden euch die Worte, die ihr sprechen sollt, vom Heil'gen Odem eingegeben.
26 Seid vertrauensvoll. Nicht ihr, der Heil'ge Odem gibt die Worte und bewegt die Lippen.
27 Eure Botschaft bringt den Frieden nicht ins Land. Im Gegenteil, sie peitscht die Menge auf in Zorn und Widerspruch.
28 Der Mensch verlangt die Wahrheit nicht zu hören, sondern zieht es vor, die zarte Pflanze des Gewissens zu ersticken, ehe sie zur Blüte kommt.
29 Dies alles bringt Verwirrung in die Heime, welche ohnehin ja nur den Schein des Friedens tragen.
30 Bruder wird sich gegen Bruder wenden, Eltern sehen zu, wie ihre Kinder hingerichtet werden. Kinder klagen gegen ihre Väter, und der Tod der Mutter rührt sie nicht.
31 Die Menschen hassen euch, weil ihr den Namen Christi nennt.
32 Gesegnet ist der Mensch, der gläubig jenem fernen Tag des Zorns entgegensieht.
33 Nun geht. Und wenn man euch in einer Stadt verfolgt, sucht eine andere.
34 Und wenn ihr einem allzu starken Feind begegnet, wisset, daß der Menschensohn euch nahe ist. Er spricht das Wort, und ungezählte Engelwesen eilen euch zu Hilfe.
35 Euer Leben soll euch nicht zu wichtig sein.
36 Die Zeit wird kommen, da man mir das Leben nimmt. So gebt euch nicht der Hoffnung hin, daß euch ein ander Los beschieden sei. Im Namen Gottes wird man euch dasselbe tun.
37 Man nennt mich Beelzebub. Euch wird man Teufel heißen.
38 Schert euch nicht um das, was euch die Menschen tun, sie üben keine Macht aus über eure Seele. Euren Körper mögen sie mißbrauchen und zerstören — das ist alles.
39 Sie kennen nicht den höchsten Gott, der das Geschick der Seele lenkt und über Wohl und Weh gebietet.
40 Christus ist der König dieser Tage, und der Mensch soll seine Macht erkennen.
41 Wer nicht Christus über alles liebt, der doch die Liebe Gottes ist, der wird das geistige Bewußtsein nie erlangen.
42 Wer die Eltern oder seine Kinder mehr liebt als den Christus, ist kein Christ.
43 Und wer sein Leben mehr liebt,

als er Christus liebt, ist Gott nicht wohlgefällig.
44 Wer am Leben hängt, wird es verlieren. Wer für ihn sein Leben wagt, der wird gerettet.«
45 Also sprach der Meister, und zu zweit schickt er die Zwölf ins Land hinaus. Vereinbart wird ein Wiedersehen in Kapernaum.
46 Die Jünger ziehen nun durch alle Städte Galiläas, heilen und belehren durch das Wort und durch die Kraft des Geistes.

Aussendung der Meister.
Heilung der besessenen Tochter einer Griechin. Jesu Wiedersehen mit den Jüngern in Kapernaum.

123 Jesus betet eine Weile, schart die fremden Meister um sich und beginnt:
2 »Ich sandte meine Jünger aus zum Volk der Juden. Euch hingegen sende ich in alle Welt.
3 Mein Vater, unser Gott, ist eins, ist Geist, ist Wahrheit. Jede Menschenseele ist Ihm teuer.
4 Er ist Vater-Mutter-Gott — der Kinder Indiens und des fernen Ostens, und der Kinder Persiens und des Nordens und der Kinder Roms und Griechenlands im Westen und der Kinder Afrikas im Süden, wie der Inseln und der Länder jenseits aller Meere.
5 Würde Gott das Brot des Lebens nur dem einen Volke spenden und den andern Völkern nicht, die gleichfalls zum lebendigen Bewußtsein aufgewacht und dieses Brotes würdig sind, Er wäre ungerecht, und wanken wahrlich würde Gottes Thron.
6 So hat Er euch gerufen von den sieben Enden dieser Erde, hat den Odem Seiner Weisheit, Seiner Macht in eure Seelen eingehaucht und sendet euch nun aus in alle Welt, als Fackelträger Seines Lichtes und Apostel fremder Völker.
7 Geht nun eures Weges und verkündet allen Christi Evangelium.«
8 Mit diesen Worten haucht er jeden Meister an und sagt: »Der Heil'ge Odem sei in dir.« Dann gibt er jedem einzelnen das Wort.
9 So ziehen sie hinaus in alle Welt, und jedes Land erhält den Segen Gottes.
10 Jesus bleibt allein zurück und wandert nunmehr über Galiläas Hügel an den Strand von Tyrus, wo er Unterkunft im Hause Rachels findet.
11 Seine Ankunft hatte er geheimgehalten, denn er möchte hier im Angesicht des Meeres ungestört mit seinem Vater reden.
12 Rachel aber kann nicht an sich halten. Rasch verbreitet sich die Kunde, daß der Meister angekommen ist, und viele drängen sich herbei, um ihn zu sehen.
13 Eine Griechin aus Phönizien spricht den Meister an und sagt:
14 »Habt Mitleid Herr, ich habe eine Tochter, die von einem bösen Geist besessen ist. Sohn Davids, hört mich an und sprecht das Wort, ich weiß, wenn ihr es tut, daß sie von diesem Dämon frei wird.«
15 Rachel aber rügt die fremde Frau: »Belästigt nicht den Meister. Er kam nicht nach Tyrus, um zu heilen, sondern um mit Gott zu reden.«
16 Jesus sagt: »Fürwahr, mein Vater hat mich nicht zu Griechen und Phöniziern geschickt. Er sandte mich zu meinem Volk — zu Israel.«

17 Da fällt die Frau zu seinen Füßen nieder. »Meister, ich beschwöre euch, befreit mein Kind vom bösen Dämon.«
18 Jesus fragt: »Kennst du das Sprichwort, daß man nicht das Brot der Kinder vor die Hunde werfen soll?«
19 Die Frau entgegnet ihm: »Das Sprichwort kenn ich wohl. Die Hunde aber haben Anrecht auf die Brokken, welche von des Meisters Tisch herunterfallen.«
20 »Welch ein Glaube«, ruft der Meister, »solchen Glauben fand ich nicht bei meinem Volk der Juden. Diese Frau ist weder Hund noch Sklavin.«
21 Und zu ihr sich wendend, sagt er: »Es geschehe dir nach deinem Glauben.«
22 Heimgekommen, findet sie die Tochter von dem bösen Geist befreit.
23 Noch manchen Tag verbringt der Meister in der Küstengegend in den Städten Tyrus, Sidon und am Meer.
24 Dann wandert er gedankenvoll durchs Hügelland des Libanon, durch Täler und durch Haine.
25 Seine irdische Mission neigt sich dem Ende zu. Er ringt um Kraft und findet sie.
26 Am Fuß des Berges Hermon angekommen, der berühmt geworden ist durch Israels Gesänge, betet Jesus.
27 Auf dem Gipfel dieses Berges blickt er himmelwärts und spricht mit Gott.
28 Und Meister alter Zeiten geben sich ihm zu erkennen. Über Christi Königreich auf Erden reden sie mit ihm
29 sowie von seinen Wundern und den Werken, die er wirkte, von der Überwindung durch das Kreuz und von dem Sieg des Lebens über Tod und Sterben.
30 Dann geht Jesus weiter und gelangt nach Cäsarea Philippi, wo er eine Weile bei Susanna bleibt.
31 Dann geht er weiter durch Dekapolis, um jene aufzurichten, die ihn als den Christus kennen, denn er will sie vorbereiten auf den Tag der Kreuzigung.
32 Gadara ist sein nächstes Ziel, denn viele Freunde leben dort, die ihn willkommen heißen.
33 Unter ihnen trifft er Chuzas, Höfling des Herodes Antipas. Er überquert den See Genezareth mit Chuzas auf dem königlichen Schiff und landet in Kapernaum.
34 Die Kunde seiner Rückkehr geht durchs Land. Man eilt herbei, den Meister zu begrüßen.
35 Nach geraumer Weile kommen auch die zwölf Apostel und erzählen ihrem Meister alles über ihre Tätigkeit in Galiläa.
36 Sie berichten von den Wundern, die sie durch die Kraft des Wortes wirken konnten. Christus lobt sie: »Gut getan.«

TEIL XVII

PE

Dritte Jahresepoche der Christus-Tätigkeit Jesu

Speisung der Fünftausend. Jesus und Petrus gehen auf dem Wasser.

124 Die zwölf Apostel sind zur Ebene des geistigen Bewußtseins aufgestiegen, und der Meister ist nun in der Lage, ihnen seinen Auftrag und die tiefere Bedeutung seiner Weltmission zu offenbaren.
2 Nächste Woche wird das Passahfest gefeiert, und Matthäus meint: »Wir sollten uns wohl rüsten für die Reise nach Jerusalem.«
3 Doch Jesus sagt: »Wir wollen diesmal nicht das Fest besuchen, denn die Zeit ist knapp, und vieles habe ich euch noch zu sagen. Laßt uns in die Wildnis gehen, wo wir eine Zeitlang bleiben wollen.«
4 Deshalb überqueren sie den See in ihren Booten und gelangen in die Wildnis nah der Ortschaft Julius Bethsaida.
5 Eine große Menschenmenge folgt der kleinen Schar.
6 Der Meister aber hat Erbarmen mit der ruhelosen Menge und belehrt sie unermüdlich, denn die Menschen sind wie Schafe ohne ihren Hirten.
7 Als die Nacht herannaht, machen sich die Zwölf Gedanken, was nun weiterhin geschehen soll, und Thomas sagt zu Jesus:
8 »Meister, wir sind in der Wildnis, und die Leute haben nichts zu essen. Was ist da zu tun?«
9 Und Jesus sagt zu den Aposteln: »Geht und sorgt für Nahrung.«
10 Judas fragt den Meister: »Sollen wir für zweimal hundert Heller Brot besorgen?«
11 Jesus aber meint: »Geht hin und schaut, wie viele Brote noch vorhanden sind.«
12 Andreas sagt: »Wir haben keine Brote mehr. Da ist jedoch ein Junge, der fünf Gerstenbrote und zwei kleine Fische hat. Doch das reicht nicht für so viel Menschen.«
13 »Laßt die Menge sich in Zwölfergruppen lagern«, sagt der Meister. So geschieht es.
14 Dann nimmt Jesus die fünf Brote und die beiden Fische, und, zum Himmel blickend, spricht er das geheime Wort.
15 Er bricht sodann die Brote und verteilt sie an die Jünger. Auch die Fische gibt er ihnen und gebietet — »geht und speist die Menge«.
16 Und die Menschen essen Brot und Fisch — und sind gesättigt.
17 Fünfmal tausend Männer waren es und viele Frauen unter ihnen, wie auch eine kleine Schar von Kindern.
18 Als sie satt sind, sagt der Meister:
19 »Keine Nahrung sei verschwendet.

Geht und sammelt jedes Stückchen Brot und jeden Fisch für andere, die hungrig sind.«
20 So sammelt man die Reste ein. Es sind zwölf Körbe voll.
21 Die Menge ist von dieser Wundertat zutiefst beeindruckt und erstaunt. Man hört die Worte: ›Nunmehr wissen wir, daß dieser Jesus wahrlich jener Christus ist, von welchem unsere Propheten schrieben, daß er kommen wird.‹ Von überall ertönt der Zuruf: »Heil dem König, Heil!«
22 Als Jesus diesen Ruf vernimmt, veranlaßt er die Jünger, ohne ihn den See zu überqueren.
23 Ganz allein begibt er sich auf einen Bergpaß, um zu beten.
24 Die Boote mit den Jüngern nähern sich Kapernaum, als jäh ein fürchterlicher Sturm daherbraust. Gnadenlos sind sie den Wogen ausgeliefert.
25 In der vierten Morgenstunde wird der Sturmwind zum Orkan, und große Angst befällt die Jünger.
26 Da erblicken sie im Zwielicht eine menschenähnliche Gestalt, die auf den Wogen schreitet. Einer ruft: »Es ist ein Geist, ein böses Omen!«
27 Doch Johannes, welcher die Gestalt erkennt, sagt freudevoll: »Es ist der Herr.«
28 Der Wind läßt nach, und Petrus, welcher in des Bootes Mitte steht, ruft aus: »O Herr, wenn du es wirklich bist, dann laß mich auf den Wellen zu dir kommen!«
30 Da streckt Jesus seine Hände aus und sagt: »So komm.«
31 Und Simon Petrus tritt hinaus. Die Wellen sind so hart wie Fels. Er wandert auf den Wogen.
32 Weitergehend denkt er plötzlich — was geschieht, wenn jetzt die Woge unter meinen Füßen nachgibt?
33 Kaum gedacht, beginnt er schon zu sinken, und in großer Angst ruft er: »O rette mich, mein Meister, sonst bin ich verloren!«
34 Da nimmt Jesus seine Hand und sagt: »O Freund, wie klein ist doch dein Glaube, daß du zweifelst.« Und der Herr führt ihn zurück zum Boot.
35 Der Sturm hat seine Kraft verbraucht. Das Ufer ist in Sicht, und wohlbehalten landen sie. Es ist das Tal Genezareth.

Jesus über das Brot des Lebens und die symbolische Bedeutung von Fleisch und Blut.

125 Nur allzurasch verbreitet sich im Tal Genezareth die Kunde, daß der Meister mit den Zwölf gelandet sei, und viele kommen, ihn zu sehen.
2 Sie bringen ihre Kranken, legen sie zu Jesu Füßen nieder, und der Meister lehrt und heilt den ganzen Tag.
3 Die Menschen, die er gestern speiste, und auch viele aus derselben Gegend wollen Jesus sehen. Als sie ihn nicht finden, suchen sie den Meister in Kapernaum.
4 Und da sie ihn in seinem Heim nicht finden, sucht man ihn im Tal Genezareth. »Rabboni, wann bist du hierher gekommen?« fragen sie.
5 Doch Jesus fragt zurück: »Warum seid ihr zu mir gekommen? Ihr kommt nicht hierher, weil ihr das Brot des Lebens wünscht.
6 Ihr kommt, um euer selbstsüchti-

ges Selbst zu laben. Gestern wurden Tausende gesättigt. Heute kommen sie erneut und wollen mehr.
7 Was sie erhalten haben, ist des Leibes Speise. Diese aber ist vergänglich.
8 O ihr Männer Galiläas, müht euch nicht um Nahrung, die vergeht. Doch seid bemüht um Nahrung für die Seele. Seht, ich bringe euch des Himmels Speise.
9 Der Fische Fleisch habt ihr gegessen und seid satt geworden. Nunmehr bringe ich das Fleisch des Christus, daß ihr ewig lebet.
10 In der Wüste aßen unsre Väter Manna, das vom Himmel fiel, und tranken Wasser aus der Quelle, welche Moses aus dem Felsen schlug. Doch sie sind tot.
11 Das Manna ist Symbol für Christi Fleisch. Das Wasser aus dem Felsen ist Symbol für Christi Blut.
12 Doch wahrlich, Christus kam. Er ist das Brot des Lebens, welches Gott der Menschheit gab.
13 Wer immer Christi Fleisch und Blut genießt, wird niemals sterben. Nie mehr wird er hungern, nie mehr dürsten.
14 Wer immer Christi Brot des Himmels ißt und Wasser aus dem Quell des Lebens trinkt, ist nicht verloren. Diese sind der Seele Nahrung und des Lebens Reinigung.
15 Gott sprach: ›Hat sich der Mensch geläutert, will Ich ihn zum Thron der Macht erheben.‹«
16 Nun gehen Jesus und die zwölf Apostel nach Kapernaum, und Jesus lehrt und predigt in der Synagoge.
17 Wie die Juden kommen, welche seine Worte in Genezareth vernommen haben, sagen sie:
18 »Der Mann ist nicht bei Sinnen, denn wir hörten, wie er sprach: ›Ich bin das Brot des Lebens, das vom Himmel kommt.‹ Dabei weiß jeder, daß er nur ein Mensch ist aus dem Städtchen Nazareth. Wir kennen seine Mutter und die ganze Sippe.«
19 Jesus aber weiß, was in den Köpfen dieser Männer vor sich geht, und sagt zu ihnen: »Weshalb schimpft und murrt ihr unter euch?
20 Der Christus ist das Leben, und er kommt von Gott. Des Himmels Schlüssel hält er in der Hand, und niemand schreitet durch die Pforte, ohne daß der Christus in ihm lebt.
21 Ich bin im Fleisch gekommen, um des Vaters Willen kundzutun – und wahrlich, dieses Fleisch und dieses Blut sind ganz von Christuskraft durchdrungen. So bin ich das Brot des Lebens, das vom Himmel kommt.
22 Und wenn ihr dieses Fleisch und dieses Blut genießt, dann lebt ihr ewig, und wer will, kann selbst zum Brot des Lebens werden.«
23 Viele, welche diese Worte hören, sind erzürnt und sagen: »Wie kann dieser Jesus uns sein Fleisch zu essen und sein Blut zu trinken geben?«
24 Hiernach sind gar viele seiner Freunde tief bekümmert, weil er solches sprach, und manche wenden sich von Jesus ab und folgen ihm nicht länger.
25 »Was für schauerliche Worte hat er da gesagt — ›Wer nicht mein Fleisch und Blut genießt, kommt niemals in die Ewigkeit.‹«
26 Das Gleichnis, das er sprach, ist ihnen unverständlich.
27 Jesus sagt: »Ihr strauchelt vor der Wahrheit und begreift sie nicht. Was werdet ihr erst sagen, wenn ihr die-

ses Fleisch und dieses Blut in Höheres verwandelt seht?
28 Und was erst, wenn ihr einst den Menschensohn auf Wolken in den Himmel schweben seht?
29 Und was, wenn ihr den Menschensohn auf Gottes Thron erblickt?
30 Das Fleisch ist nichts. Es ist die Kraft des Geistes, die lebendig macht. Die Worte, die ihr hört, sind Geist, sind Leben.«
31 Wie nun Jesus diese vielen Menschen sieht, die vormals an ihn glaubten, jetzt sich aber von ihm wenden, sagt er zu den Jüngern:
32 »Wollt auch ihr mich nun verlassen?«
33 Petrus aber sagt: »Wohin, Herr, sollten wir uns wenden? Du allein hast Worte, die ins Leben führen, und wir wissen, daß der Vater dich gesandt hat.«

Jesus entlarvt den jüdischen Brauch des Händewaschens als Heuchelei. Erdennahrung und Seelenspeise. Blindheit der Pharisäer und Schriftgelehrten.

126 Viele Schriftgelehrte wie auch Pharisäer kommen von Jerusalem. Ergründen wollen sie, worin des Meisters Macht bestünde.
2 Sie sind sehr erstaunt, wie sie bemerken, daß der Nazarener und die zwölf Juden den Brauch des Händewaschens vor dem Essen nicht beachten.
3 Jesus sagt: »Die Heuchelei ist unter euch ein übel Ding. Von euch schrieb der Prophet Jesaia:
4 ›Diese Leute ehren mich mit leeren Worten, denn ihr Herz ist nicht dabei. Vergeblich beten sie mich an. Ihr Gottesdienst ist Menschenwerk.‹
5 Ihr, die ihr euch als Männer Gottes ausgebt, dennoch die Gesetze Gottes ablehnt und durch menschliche Verordnungen ersetzt, steht auf und sagt mir,
6 wann gab Gott den Menschen jene Zeremonie des Händewaschens, welche ihr mit peinlicher Genauigkeit beachtet, und erklärt mir, wieso der Geist besudelt wird, wenn man sich vor dem Essen nicht die Hände wäscht?«
7 Die Nörgler aber schweigen, und der Meister sagt:
8 »So hört mich an, ihr Männer Israels!
9 Der Geist wird nicht beschmutzt durch Speise, die man zu sich nimmt.
10 Durch Brot und Fisch und alles, was wir essen, wird der Leib des Menschen aufgebaut, und wenn das Werk getan ist, wird der Abfall ausgestoßen.
11 Pflanzliche und tierische Substanz ist keine Seelennahrung. Geist und Seele leben nicht von Tier- und Pflanzenzellgewebe.
12 Gott speist Geist und Seele aus dem Himmel, denn das Brot des Lebens kommt von dort.
13 Durchdrungen ist die Atemluft vom Heil'gen Odem, und wer will, der nehme Gottes Odem in sich auf.
14 Die Seele hat die Kraft der Unterscheidung. Soll das Leben Christi euer werden, nehmt den Odem Gottes in euch auf, und es geschehe euch nach eurem Glauben.
15 Ihr seid nicht der Körper selbst, der weiter nichts als eure Wohnung ist.

16 Die Erdensphäre baut den Körper auf und hält ihn auch in Ordnung. Doch die Himmelswelt sorgt für des Geistes Nahrung.
17 Aus dem Schlamm des Sumpfes blüht die schönste Lilie.
18 Das Gesetz der Erde fordert, daß der Körper rein erhalten werde.
19 Das Gesetz des Geistes ruft nach Reinheit von Gedanke, Wort und Tat.«
20 Am Abend jenes Tages sind die Zwölf allein mit ihrem Meister. Viele Fragen tauchen auf.
21 Nathanael bemerkt: »War das, was du vom Erdenkörper sprachst, ein Gleichnis, und was willst du damit sagen?«
22 Jesus sagt zu ihm: »Fällt dir die Unterscheidung immer noch so schwer? Erkennst du nicht, daß Speis und Trank den Menschen nicht besudeln können?
23 Seine Speise nährt doch nicht die Seele. Aufbaustoff ist sie für Knochen, Fleisch und Blut.
24 Dem Geist ist alles rein.
25 Was einen Menschen unrein macht, entspringt den niederen Gedanken. Diese stammen aus dem Herzen und erzeugen eine Unzahl übler Dinge.
26 Aus derselben Quelle kommen Diebstahl, Mord und Torheit. Selbstsucht, Niedertracht und Triebverlangen stammen aus dem Herzen.
27 Hände, welche vor dem Essen nicht gewaschen sind, bedeuten keine Schande.«
28 Petrus meint: »Herr, was du heute sagtest, hat die Schriftgelehrten und die Pharisäer tief beleidigt.«
29 Jesus gibt zur Antwort: »Diese Männer stammen nicht vom Baum des Lebens. Sie sind keine Pflanzen Gottes, sondern Erdenpflanzen. Solche aber müssen ausgerissen werden.
30 Achtet nicht auf sie, denn Blinde sind es, welche Blinde führen.
31 Führer und Geführte gehen miteinander, und gemeinsam fallen beide in den Abgrund.«

Jesus enthüllt den Jüngern Sinn und Zweck seines Todes und seiner Auferstehung. Hinweise auf das Martyrium der Apostel.

127

Zur Nachtzeit überqueren Jesus und die Zwölf den See und landen am Gestade von Dekapolis.
2 Sie suchen einen stillen Ort, wo er den Jüngern ungestört die kommenden Ereignisse enthüllen kann.
3 Auf einem Bergpaß bleiben sie drei Tage im Gebet verharrend.
4 Dann sagt Jesus: »Seht, die Zeit ist nah, da ich im Erdenkleid nicht länger bei euch weilen kann.
5 Fürwahr, ich lehrte euch, daß einer, der nicht willens ist, sein Leben für die Rettung seines Bruders hinzugeben, auch nicht wert ist, in das Große Leben einzugehen.
6 Ich kam als Vorbild für die Menschensöhne in die Welt und habe mich der Hilfsbereitschaft nie entzogen.
7 Als ich in Heliopolis die sieben Prüfungen bestanden hatte, weihte ich mein Leben, um die Welt zu retten.
8 In der Wildnis von Judäa überwand ich ihn, des Menschen größten Feind, und weihte mich erneut dem Dienst am Bruder.

9 Niemals scheute ich vor Hindernissen und vor Prüfungen zurück und schwieg, wenn falsche Klage gegen mich erhoben wurde.
10 Gott gab mir das Wort, mit dem ich Kranke heile, Tote auferwecke und Besessene von ihrer Pein befreien kann.
11 Ich zeigte euch, wie man das Wort gebraucht und habe euch das Wort gegeben.
12 Eine kleine Weile noch, dann wenden wir uns nach Jerusalem, und einer, welcher diese meine Worte hört, wird mich verraten und den Feinden in die Hände liefern.
13 Schriftgelehrte wie auch Pharisäer werden falsche Klage wider mich erheben. Vor den Richter werden sie mich bringen, und im Einverständnis Roms wird man mich kreuzigen.«
14 Doch Petrus sagt: »Mein Meister, das soll nie geschehen. Die Soldaten müßten über unsre Leichen geh'n, um Hand an dich zu legen.«
15 Jesus sagt zu ihm: »Ein Welterlöser wehrt sich nicht.
16 Ich bin gekommen, um die Welt zu retten, und ich habe eure Namen vor den höchsten Himmelsrat gebracht. Als Welterlöser seid auch ihr bestätigt worden.
17 Keiner eurer Namen wird entehrt, nur jener Jünger wird entwürdigt, welcher seinen Herrn verrät.
18 Ich gehe meines Weges, und obgleich mein Leib gekreuzigt wird, ist meine Seele immerfort bei euch, um euch zu führen und zu segnen.
19 Böse Menschen werden euch bei eurem Tagewerk ergreifen, oder wenn ihr betend niederkniet. Sie werden euch aus irgendeinem Grund beschuldigen und glauben, ihrem Gott zu dienen, wenn sie euch das Leben rauben.
20 Schwer ist eure Last, verzweifelt deshalb nicht. In der Erkenntnis, eure Pflicht getan zu haben, wird der Friede Gottes eure schwere Bürde von euch nehmen, eure Schmerzen lindern und den Weg erhellen.
21 Dort, wo keine Henker hingelangen, werden wir uns wiedersehen. Dort in jenen lichten Sphären werden wir all denen dienen können, welche uns in ihrem Unverstand und ihrer Ignoranz zu Tode quälen.
22 Können wir die Schmähung und den Mord am eignen Leib verhindern? Können wir es nicht, sind wir nur Kreaturen in des Lebens Auf und Ab. Dann aber würden wir kein Opfer bringen.
23 Wir jedoch sind Meister über Zeit und Ort. Gebieten könnten wir, und Tausende von Feuer-, Wasser-, Luft- und Erdengeistern eilten uns zu Hilfe.
24 Ein Befehl genügte, und Legionen Engelwesen würden unsre Feinde überwältigen.
25 So ist es gut, daß keine Macht im Himmel und auf Erden kommt, uns zu befreien, gut, daß Gott sein Angesicht verhüllt, damit er unsre Schmach nicht sieht.
26 Wie ich für euch ein Vorbild bin, so seid auch ihr ein Vorbild für die Menschen. Durch Verzicht auf äußere Gewalt beweisen wir, daß man sein Leben für den Nächsten opfern kann.
27 Das Beispiel aber, das ich gebe, endet nicht mit meinem Tod. Der Leib wird in ein Grab gelegt, in welchem nie zuvor ein Leichnam lag, symbolisch für des Lebens Reinheit selbst im Tod.
28 Drei Tage wird mein Leib in je-

nem Grabe ruhen, während meine Seele in harmonischer Vereinigung mit Vater-Mutter-Gott und Christus weilt.
29 Danach wird dieser Leib symbolisch für die Seele, welche in ein höheres Bewußtsein aufsteigt, nicht mehr sichtbar sein.
30 Er transmutiert in eine geistige Gestalt. Und später werde ich in eurer Gegenwart zu meinem Vater-Gott emporgehoben.«
31 Nach diesen Worten gehen Jesus und die Jünger in ein Dorf am See.

Die Speisung der Viertausend. Wanderung von Dalmanatha über Chorazin nach Merom. Gespräch Jesu mit den Jüngern auf dem Weg nach Cäsarea Philippi über seine Persönlichkeit. Petri Antwort und Mission.

128 Zur Nachtzeit, als die Jünger schlafen, steht der Meister auf und geht sechs Meilen weit auf einen Bergpaß zum Gebet.
2 Am nächsten Morgen finden sie ihn nicht. Die Dorfbewohner ziehen aus und suchen Jesus. Wie die Sonne ihren höchsten Stand erreicht hat, finden sie den Meister in den Bergen.
3 Viele Menschen kommen nun und bringen ihre Kranken, und der Meister lehrt und heilt den ganzen Tag.
4 Die Nacht bricht an, doch niemand will nach Hause gehen. Viele legen sich zum Schlafen nieder, denn man will in seiner Nähe sein.
5 Drei Tage und drei Nächte bleibt die Menschenmenge, aber niemand hat etwas zu essen.
6 Da erbarmt sich Jesus ihrer. »Würde ich die Leute jetzt nach Hause schikken«, sagt er, »mag es sein, daß viele nicht ihr Heim erreichen, denn sie sind vor Hunger schwach, und manche hatten einen weiten Weg.«
7 Die Jünger fragen: »Wie beschaffen wir genügend Brot, um so viel Menschen zu ernähren? Viermal tausend Männer sind es, Frauen wie auch Kinder nicht gezählt.«
8 Und Jesus fragt zurück »Wie viele Brote haben wir?«
9 Sie geben ihm zur Antwort: »Sieben Brote sind es, Herr, und ein paar kleine Fische.«
10 Jesus sagt: »Geht hin und teilt das Volk in Zwölfergruppen ein, so wie beim letzten Mal.«
11 Als die Menschen gruppenweise beieinander sitzen, werden Brot und Fisch gebracht.
12 Und Jesus schaut zum Himmel auf und spricht das Wort . . . In kleine Stücke bricht er dann die Brote und zerlegt die Fische.
13 Da wird jedes Stückchen Brot zu einem ganzen Brot, und jedes Stückchen Fisch zu einem ganzen Fisch.
14 Die Jünger gehen nun umher und teilen alles aus. Die Menge speist und ist gesättigt, und die Überreste werden eingesammelt — sieben Körbe voll.
15 Das Volk zerstreut sich nun, und Jesus und die Seinen nehmen ihre Boote und begeben sich nach Dalmanatha.
16 Hier verweilen sie für viele Tage, und der Herr spricht zu der Jüngerschar vom Licht im Inneren des Herzens, welches immerfort erstrahlt,
17 vom Königreich des Christus in der Seele, von der Macht des Glaubens, vom Mysterium der Auferste-

hung, über die Unsterblichkeit und wie die Lebenden den Toten helfen können.
18 Dann besteigen sie erneut die Boote und begeben sich nach Chorazin im Norden Galiläas, dort, wo Thomas Sippe lebt.
19 Von da aus wandern sie nach Nerom, wo die klaren Wasser wie Kristall die Himmelsweiten einzufangen scheinen und die Herrlichkeiten Gottes widerspiegeln.
20 Hier verweilen sie in stiller Andacht ein paar Tage lang.
21 Sie wandern weiter in das Land Cäsarea Philippi.
22 Wie sie plaudernd weitergehen, sagt der Meister: »Was erzählt sich eigentlich das Volk vom Menschensohn? Was denkt es, wer ich sei?«
23 Matthäus sagt: »Die einen denken, du seist David, der zurückgekommen ist. Die andern meinen, du seist Enoch oder Salomon.«
24 Andreas fügt hinzu: »Ich hörte einen Oberpriester sagen, dieser Mann ist Jeremias, denn er spricht, wie Jeremias schrieb.«
25 Nathanael erklärt: »Die fremden Meister, welche eine Zeitlang mit uns zogen, meinten, Jesus ist vermutlich der zurückgekehrte Buddha.«
26 Und Jakobus sagt: »Ich denke, daß die meisten Männer unsrer Obrigkeit in dir Elias sehen, welcher wiederum auf Erden weilt.«
27 Johannes sagt: »Ich hörte einen Seher in Jerusalem bemerken, dieser Jesus sei Melchisedek, der Friedenskönig, welcher vor zweitausend Jahren lebte und der damals prophezeite, daß er wiederkommen werde.«
28 Thomas fügt hinzu: »Herodes glaubt, daß du Johannes bist, der Täufer, welcher von den Toten auferstanden sei.
29 Doch sein Gewissen plagt ihn, und in seinen Träumen sieht er den Ermordeten wie ein Gespenst der Nacht, das ihn verfolgt.«
30 Und Jesus fragt die Jünger: »Was meint ihr denn, wer ich bin?«
31 Und Petrus sagt: »Du bist der Christus, bist die Liebe Gottes, die den Menschen sichtbar wurde.«
32 Jesus sagt zu ihm: »Gesegnet seist du Simon, Jonas Sohn, denn du hast jene Wahrheit kundgetan, die Gott dir gab.
33 Du bist der Fels und wirst dereinst im Tempel Gottes eine Säule werden.
34 Dieses dein Bekenntnis ist der Eckstein unsres Glaubens, ist ein Fels der Kraft. Auf diesem Felsen wird die Kirche Christi stehen.
35 Alle Macht des Hades, alle Todeskräfte halten nicht dagegen stand.
36 Fürwahr, ich gebe dir die Schlüssel, um die Tore der Geborgenheit den Menschen aufzutun.
37 Der Heil'ge Odem komme über dich und die Apostel. In Jerusalem wirst du vor den Nationen dieser Erde stehen, um den Bund von Gott und Menschen zu verkünden.
38 Worte wirst du sprechen, welche dir der Heil'ge Odem eingibt. Was auch immer Gott an ernstem Christusglauben von den Menschen fordert, du wirst es verkünden.«
39 Jesus wendet sich nun an die Zwölf und sagt: »Was ihr soeben hörtet, sollt ihr keinem Menschen weitersagen.«
40 Hiernach setzt der Meister mit den Jüngern seine Reise fort. Sie sind Susannas Gäste während mancher Tage.

Hinweise auf den Christusweg, den engen Pfad und die enge Pforte. Jesu Verklärung auf dem Berg und die Erscheinung von Elias und Moses.

129 Rasch verbreitet sich die Kunde, daß der Meister mit den Jüngern bei Susanna weilt, und viele Menschen kommen, ihn zu sprechen.

2 Jesus sagt zu ihnen: »Mich zu sehen kommt ihr her, jedoch das hilft euch wenig. Wer den Segen Christi haben will, der nehme unverzagt sein Kreuz auf sich und folge mir.

3 Wenn ihr das Leben für das selbstsüchtige Selbst vergeudet, dann verliert ihr es.

4 Wenn ihr das Leben ganz dem Dienst am Nächsten weiht, gewinnt ihr es.

5 Das Leben währt nur eine kurze Spanne Zeit, das Schauspiel eines Tages. Doch es gibt ein Leben, welches niemals endet.

6 Was hättet ihr davon, wenn ihr die Welt gewinnen würdet, doch die Seele euch verlorenginge? Welche Summe Geldes ist euch eure Seele wert?

7 Wenn ihr das wahre Leben sucht, ein Leben eins mit Gott, müßt ihr den engen Pfad betreten, durch die enge Pforte gehen.

8 Christus ist der Pfad und Christus ist die Pforte. Geht den Christusweg, denn niemand kann zu Gott gelangen denn durch Christus.

9 Kommen wird das Königreich des Christus. Wahrlich, einige von denen, die mich hören, werden jenes Reich in seiner Macht erleben, eh sie durch die Todespforte schreiten.«

10 Sieben Tage bleiben Jesus und die Zwölf in Cäsarea Philippi.

11 Hierauf geht der Meister mit Jakobus, Petrus und Johannes auf den Gipfel eines Berges um zu beten.

12 Da erscheint ein helles Licht um die Gestalt des Meisters, welches wie ein Edelstein erstrahlt.

13 Sein Antlitz leuchtet wie die Sonne, sein Gewand ist weiß wie Schnee. Der Menschensohn ist Gottessohn geworden.

14 Jesus ward verklärt – und das vollzog sich, um zu zeigen, was dem Menschen möglich ist.

15 Die Jünger schliefen, als sich diese Transfiguration ereignete. Ein Meister rührt an ihre Augen und befiehlt: »Erwacht und schaut die Herrlichkeit des Herrn.«

16 Sie öffnen ihre Augen, sehen seine Herrlichkeit und sehen mehr. Es ist des Himmels Schönheit. Zwei erhabene Gestalten stehen neben Christus.

17 Petrus fragt den Meister, der ihn weckte: »Wer sind diese beiden Männer neben unserm Herrn?«

18 Der Meister sagt zu Petrus: »Moses und Elias sind es. Sie sind hier, damit ihr sehen möget, daß der Himmel und die Erde eins sind, wie auch alle Meister eins sind – dort wie hier.

19 Der Schleier, der die Welten voneinander trennt, ist nur der Schwingungsunterschied. Wer durch den Glauben seine Seele läutert, der durchdringt den Schleier und wird sehen und erkennen, daß der Tod nur eine Illusion ist.«

20 Petrus sagt: »Gelobt sei Gott«, und sich zu Jesus wendend, ruft er aus: »Mein Herr und Meister, dieses

ist die Himmelspforte! Gut ist hier zu weilen.
21 Können wir hinuntergehen und drei Zelte bringen, eines für Elias, eins für dich und eins für Moses?« Jesus aber gibt ihm keine Antwort.
22 Moses und Elias reden auf dem Berg mit Jesus über kommende Ereignisse.
23 Sie sprechen über seinen Tod am Kreuz, die Grabesruhe, seine Auferstehung, die Verwandlung seines Leibes und die Himmelfahrt auf lichten Wolken.
24 Alles dieses sei, so sagen sie, symbolisch für den Pfad, den alle Menschen gehen müssen, und ein Beispiel, wie der Menschensohn zum Gottessohn heranwächst.
25 Die drei Jünger sind im höchsten Maß erstaunt, und plötzlich sind die Lüfte mit Gesang erfüllt. Gestalten leicht wie Luft bewegen sich rings um des Berges Spitze.
26 Aus der Herrlichkeit des Himmels tönt nun eine Stimme:
27 »Dieser ist der Menschensohn, Mein Auserwählter, der den Christusgeist den Menschen nahebringen wird. Laßt alle Welt ihn hören.«
28 Wie die Jünger diese Stimme hören, fürchten sie sich sehr, und betend stürzen sie zu Boden.
29 Da kommt Jesus, rührt sie an und sagt: »Steht auf, habt keine Angst, denn ich bin bei euch.«
30 Nun erheben sich Jakobus, Petrus und Johannes, schauen rings umher, doch niemand ist zu sehen. Moses und Elias sind verschwunden. Nur der Meister steht bei ihnen.
31 Auf dem Rückweg von des Berges Höhe reden sie vom Sinn des eben erst Erlebten, und der Meister sagt zu ihnen:
32 »Was ihr hier erlebt habt, sollt ihr keinem Menschen weitersagen, bis ich von den Toten auferstanden bin.«
33 Die Jünger aber können nicht verstehen, was die Worte »bis ich von den Toten auferstanden bin« bedeuten sollen.
34 So spricht Jesus noch einmal von seinem Tod, von seiner Auferstehung und vom Königreich der Seele, das in Macht und Herrlichkeit erwartet wird.
35 Doch Petrus sagt: »Die Schriftgelehrten meinen, daß, bevor der König kommt, Elias kommen muß.«
36 »Elias ist gekommen«, sagt der Meister, »aber weder Pharisäer noch des Tempels Schriftgelehrte haben ihn erkannt.
37 Und Menschen drohten ihm, ergriffen ihn und warfen ihn in eine Kerkerzelle. Mit der Freude wahrer Teufel sahen sie ihn sterben.
38 Was sie ihm getan, das wird auch mir geschehen.«
39 Da verstehen seine Jünger, daß der Meister von Johannes spricht, dem Täufer, der enthauptet wurde.

Der Apostel Unvermögen, einen epileptischen Knaben zu heilen. Jesu Rüge und Ermahnung.

130

Wie Jesus mit Johannes, Petrus und Jakobus sich dem Stadttor nähert, findet er den Eingang in die Stadt von einer großen Menge Volks versperrt.
2 Den neun zurückgebliebenen Apo-

steln war die Heilung eines kranken Knaben nicht gelungen. Alle warten auf des Meisters Rückkehr.

3 Als der Meister näher kommt, wirft sich der Vater jenes Knaben auf die Knie und erfleht die Hilfe Jesu.

4 »Meister«, sagt er, »ich beschwöre euch, erbarmt euch meines Sohnes, denn er ist mein einziger. Er leidet unter schwerer epileptischer Besessenheit.

5 Er fällt des öfteren ins Feuer und verbrennt sich. Und ins Wasser fiel er häufig, wo er fast ertrunken wäre. Oftmals stürzt er zähneknirschend nieder, und es schäumt aus seinem Mund.

6 Ich brachte meinen Sohn zu euren Jüngern, doch sie konnten ihm nicht helfen.«

7 Wie sie miteinander reden, bringt ein Knecht den kranken Knaben vor den Herrn. Der Junge sagt kein Wort, er kann nicht sprechen. Plötzlich stürzt er nieder, schäumt und windet sich in Krämpfen.

8 Jesus fragt: »Seit wann wird er von diesem Übel heimgesucht?«

9 Der Vater sagt: »Von Kindheit an. In vielen Ländern haben wir umsonst nach Linderung gesucht. Ich glaube aber, Herr, wenn ihr das Wort sprecht, wird mein Sohn gesund.«

10 Und Jesus sagt: »Der Glaube ist die Kraft der Gottheit. Alles ist erreichbar für den Menschen, der in seinem Herzen wahrhaft glaubt.«

11 Da ruft der Vater unter Tränen: »Herr, ich glaube! Hilf mir, wenn ich zweifeln sollte.«

12 Jesus spricht das Wort. Der Knabe liegt in Ohnmacht, atmet kaum, und alle meinen, daß er tot sei.

13 Jesus aber nimmt ihn bei der Hand und sagt: »Steh auf!« Da steht der Junge auf und redet.

14 Jedermann ist sehr erstaunt, und viele sagen: »Ohne allen Zweifel, dieser Jesus kommt von Gott, denn niemals wurde einem Menschen solche Kraft verliehen.«

15 Jesus und die Jünger kehren in Susannas Heim zurück, und nach der Mahlzeit fragen jene Jünger, die das Kind nicht heilen konnten, ihren Herrn:

16 »Warum nur konnten wir nichts tun? Wir sprachen doch das Wort. Sogar das heil'ge Wort schien machtlos.«

17 Jesus sagt zu ihnen: »Euer immerwährender Erfolg hat euch ein wenig sorglos werden lassen. Habt ihr nicht die Machtbefugnis Gottes übersehen?

18 Ohne seine geistige Substanz ist dieses Wort nur eitle Rede. Und das Beten habt ihr auch vergessen.

19 Ohne daß ihr um den Glauben bittet, könnt ihr keinen wahren Glauben haben. Das Gebet ist wie die Schwingen eures Glaubens. Schwingen aber fliegen nicht allein.

20 Durch Glauben und Gebet könnt ihr die Gipfel hoher Berge niederreißen und ins Meer versenken. Hügel könnt ihr, Lämmern gleich, zum Hüpfen bringen, wenn ihr wollt.

21 Für euch war dieser Fehler des Versagens heilsam. In des Menschen Leben wird der größte Fortschritt durch die Fehler, die er macht, erzielt.«

22 Wie dann die Jünger in gedankenvoller Stille meditieren, sagt der Herr: »Laßt diese meine Worte tief in eure Herzen sinken.

23 Nahe ist die Zeit gekommen, da

ihr eure Last allein zu tragen habt, denn dann kann ich im Erdenkleide nicht mehr bei euch sein.
24 Ich werde in die Hände böser Menschen fallen, die mich auf dem Hügel jenseits der Bezetha-Mauer töten werden.
25 Meinen Körper wird man in ein Grabgewölbe legen, wo er während dreier Tage durch das heil'ge Wort bewacht wird und erhalten bleibt. Dann werde ich vom Grabe auferstehen.«
26 Traurigkeit befällt die Jünger. Sie verstehen ihren Meister nicht und fürchten sich zu fragen, was der Sinn der Worte sei.
27 Der nächste Tag sieht Jesus und die Seinen auf dem Rückweg nach Kapernaum.

Die Schekelsteuer. Der Jünger Disput. Gleichnis vom verlorenen Schaf.

131 Wie Jesus und die Zwölf in ihrem Heim der Ruhe pflegen, kommt ein Zöllner in das Haus und sagt zu Petrus: »Mann, wollt ihr die halbe Schekel-Steuer zahlen, du und Jesus?«
2 Petrus gibt zur Antwort: »Was zu Recht gefordert wird, bezahlen wir.«
3 Jesus sagt: »Von wem, von Fremden oder Juden dürfen die Beamten diese Steuer fordern?«
4 Petrus sagt zu Jesus: »Nur von Fremden darf die Schekel-Steuer eingezogen werden.«
5 Jesus meint darauf: »So sind wir steuerfrei, denn du und ich und alle Jünger sind doch Söhne Judas. Besser aber als zu streiten ist es, wir bezahlen diese Steuer. Keiner von uns beiden hat jedoch die hier erforderliche Silbermünze.«
6 Weiter sich an Petrus wendend sagt er: »Geh zum See, nimm deine Angelrute, wirf sie aus und fange einen Fisch. Du wirst in seinem Inneren die Schekelmünze finden. So kannst du für dich und mich die Steuer zahlen.«
7 Petrus tut nach dem Geheiß des Meisters, fängt den Fisch, entdeckt die Münze und bezahlt die Schekel-Steuer.
8 Etwas später hört der Meister wie die Jünger miteinander disputieren, wer der Größte unter ihnen sei im Angesichte Gottes und der Menschen. Selbstsucht war in ihre Herzen eingedrungen.
9 Jesus sagt zu ihnen: »Schämt euch, Männer, denn der Größte ist doch jener, welcher allen dient!« Dann ruft er aus der Nachbarschaft ein kleines Kind herbei. Er nimmt es in den Arm und sagt:
10 »Der Größte ist wie dieses kleine Kind. Wer wahrhaft groß sein möchte, der muß schuldlos, rein und wahr sein.
11 Große Männer haben nie die Kleinigkeiten dieser Welt mißachtet. Wer ein kleines Kind wie dieses ehrt, ehrt mich. Und wer ein solches Kind mißachtet, der mißachtet mich.
12 Wer durch des Himmels Pforte schreiten will, muß so bescheiden sein wie dieses kleine Kind.
13 So hört ihr Männer, dieses Kind, wie jedes andere, hat einen Engel, der sein Anwalt ist vor Gottes Thron.
14 Gerichtet seid ihr, wenn ihr es geringschätzt, denn sein wahres

Selbst schaut Gott zu jeder Stunde und an jedem Tag.

15 Und hört mich weiter an. Wer eines dieser Kleinen straucheln läßt und es zu Fall bringt, ist gezeichnet und verflucht, und besser wäre es, er würde sich ertränken.

16 Wahrlich, Fallen lauern überall. Nur allzuleicht versündigt sich der Mensch und fällt. Doch er erstarkt nach jedem Fall, wenn er sich neu erhebt.

17 Wehe dem, der andere verführt!

18 So seid auf eurer Hut, ihr Söhne Gottes, daß ihr nicht des Bruders Fall verschuldet, und gebt acht, daß ihr nicht selbst auf Sündenwegen wandelt.

19 Wollen eure Hände euch verführen, haut sie ab. Denn besser ist es, ohne Hände schuldlos dazustehen vor den Menschen und vor Gott, als einen makellosen Leib zu haben und die Seele zu verlieren.

20 Wenn euch eure Füße Ärgernis bereiten, haut sie ab. Denn besser ist es, in das Große Leben ohne Füße einzugehen, als dem Fluch anheimzufallen.

21 Wenn euch eure Augen oder Ohren in die Sünde locken wollen, ist es besser, diese als die Seele zu verlieren.

22 Merkt euch, alle eure Taten, Worte und Gedanken werden in der Feuersglut geprüft.

23 Erinnert euch, daß ihr das Salz der Erde seid. Wenn ihr des Salzes Würze nicht mehr habt, seid ihr im Auge Gottes nichts als Spreu.

24 Behaltet stets des Salzes Würze und verbleibt in Frieden miteinander.

25 Diese Welt ist voller Menschen, die das Salz des Lebens nicht besitzen und verloren sind. Ich bin gekomen, die Verlorenen zu suchen und zu retten.

26 Was haltet ihr von jenem Hirten, welcher hundert Schafe hütet, eines aber geht im Wüstensand verloren?

27 Wird er nicht die neunundneunzig übrigen verlassen, um das eine, das verlorenging, zu suchen?

28 Findet er es, ist er glücklich, denn er freut sich über jenes eine mehr als über alle neunundneunzig, welche nicht verlorengingen.

29 So frohlockt man in den Himmelsweiten über jeden Menschen, welcher sich im Sündenlabyrinth verlor, gefunden wurde und zurückgebracht wird in die Arme Gottes.

30 Wahrlich, da herrscht große Freude, größere als über die Gerechten, welche niemals in die Irre gehen.«

31 Johannes fragt den Herrn: »Wer ist berechtigt, die Verlorenen zu suchen und zu retten? Wer darf Kranke heilen und Dämonen aus Besessenen vertreiben?

32 Unterwegs begegneten wir einem Manne, welcher nicht zu uns gehört und dennoch Kranke heilte und Dämonen austrieb.

33 Und er tat dies mit dem heil'gen Wort sowie im Namen Christi. Wir verboten ihm sein Wirken, da er nicht zu uns gehört.«

34 Doch Jesus sagt: »Ihr Menschensöhne, glaubt ihr wirklich, daß die Kräfte Gottes euch allein gehören?

35 Meint ihr denn, daß alle Welt auf euch gewartet habe, Gottes Werke zu verwirklichen?

36 Gott Vater ist doch nicht ein Mensch, der seine Gunst und seine Gaben nur an wenige verteilt.

37 Verbietet keinem, Gottes Werke auszuführen.

38 Jeder, der das heil'ge Wort im Namen Christi spricht, Dämonen aus Besessenen vertreibt und Kranke heilt, ist Gottes Kind.
39 Der Mann, von dem ihr mir berichtet habt, gehört in Wirklichkeit zu uns. Wer immer Korn in Gottes Scheune sammelt, der gehört zu uns.
40 Und wer im Namen Christi einem anderen den Becher Wasser reicht, ist eins mit uns. Doch Gott allein ist Richter.«

Der Dieb und die reiche Dame. Jesu Rechtsprechung.

132 Eine große Menschenmenge läuft zusammen, als Soldaten einen Mann, der Brot gestohlen hatte, durch die Straßen führen.
2 Etwas später steht der Dieb vor seinem Richter, um sich zu verantworten.
3 Auch Jesus und die Jünger sind zugegen. Hände und Gesicht des Angeklagten zeigen harte Spuren von Entbehrung, Not und Arbeit.
4 Eine reiche Dame ist die Klägerin. Sie sagt: »Ich habe diesen Mann auf frischer Tat ertappt. Erst gestern kam er an die Tür und bettelte um Brot.
5 Und da ich ihn von meiner Schwelle jagte, hätte er doch wissen müssen, daß ich keine Bettler dulde. Heute schlich er sich herein und nahm das Brot.
6 Er ist ein Dieb, und ich verlange, daß er ins Gefängnis kommt.«
7 Die Männer jener reichen Frau bestätigen die Tat. So wird der Mann verurteilt, und die Wache führt ihn ab.
8 Doch da steht Jesus auf und sagt: »Seid mit der Urteilssprechung nicht so eilig, Richter.
9 Wo bleibt die Gerechtigkeit? Ist dies ein Rechtsstaat? Könnt ihr einen Angeklagten strafen, ohne ihn gehört zu haben?
10 Roms Gesetz gestattet eine solche Rechtsverletzung nicht, und ich verlange, daß ihr diesen Angeklagten hört.«
11 Der Richter ruft den Mann zurück und sagt zu ihm: »Wenn du etwas zu sagen hast, dann rede.«
12 Tränenüberströmt erzählt der Mann: »Ich habe Frau und Kinder, die vor Hunger sterben. Meine schlimme Lage habe ich den Leuten oft geschildert und um Brot gebeten, aber niemand wollte auf mich hören.
13 Heute morgen, als ich unser trübes Heim verließ, um Arbeit und Verdienst zu suchen, schrien meine Kinder um ein Stückchen Brot. Da war ich fest entschlossen, ihnen Brot zu bringen oder umzukommen.
14 Ja, ich nahm das Brot, und flehend frag' ich Gott, ob dies ein Unrecht war.
15 Aus meinen Händen riß mir diese Frau das Brot und warf es vor die Hunde. Dann rief sie die Wache, und so bin ich hier.
16 Nun, gute Leute, tut mit mir, was ihr für richtig haltet, aber rettet Frau und Kinder vor dem Hungertod.«
17 Da erhebt sich Jesus wieder. Jedes Wort betonend fragt er: »Wer sind hier die wahrhaft Schuldigen?« Und weiter sagt er:
18 »Ich erhebe Klage gegen diese Frau, denn nur ein Unmensch handelt so wie sie.
19 Und ich erhebe Klage gegen die-

sen Richter, denn er hat die Menschenrechte außer acht gelassen.
20 Ferner klage ich die Diener und die Wache an, weil sie an dieser Untat mitbeteiligt sind.
21 Ich klage auch die Bürger von Kapernaum der Grausamkeit und Selbstsucht an, weil sie den Ruf von Not und Armut unbeachtet ließen und dem Hilfesuchenden sein gutes Anrecht vorenthielten.
22 Und an alle, die mich hören, appelliere ich und frage: Sind die Klagen, welche ich erhob, auf Wahrheit und Gerechtigkeit gegründet?
23 Alle rufen: »Ja«!
24 Da wird die reiche Dame rot vor Scham. Der Richter schreckt vor Furcht zurück. Die Wache löst die Fesseln des Gefangenen und rennt davon.
25 Da sagt der Meister: »Gebt dem Manne, was er braucht, und laßt ihn laufen, daß er Frau und Kindern Nahrung bringen kann.«
26 Die Menschen geben reichlich, und der Mann geht seines Weges.
27 Jesus sagt: »Ein Norm-Gesetz, mit dem man die verschiedensten Verbrechen richten könnte, gibt es nicht. Die Tat und die Begleitumstände müssen allesamt bekannt sein, eh ein Urteil ausgesprochen werden darf.
28 Ihr, die ihr ein Herz für andre habt, steht auf, versetzt euch in die Lage dieses armen Mannes und sagt frei heraus: Was hättet ihr getan an seiner Stelle?
29 Ein Dieb hält jeden anderen für einen Dieb und richtet ihn entsprechend.
30 Einer, welcher einen anderen zu hart bestraft, hat selber ein verbrecherisches Herz.
31 Die Kurtisane, welche ihre Sünden hinter einem Mäntelchen von Ehrbarkeit verbirgt, hat kaum ein Wort des Mitleids für das Freudenmädchen, welches offen zugibt, daß es eines ist.
32 Ich sage euch, ihr Männer, bis ihr selber frei von Sünde seid, soll keiner einen andern richten, und der Sinn des Wortes ›angeklagt‹ wär bald vergessen in der Welt.«

Die Aussendung der Siebzig. Heilung der zehn Leprakranken. Erster mißglückter Versuch, Jesus festzunehmen.

133 Es naht das Erntefest. Die zwölf Apostel gehen nach Jerusalem, doch Jesus bleibt zurück.
2 Von allen jenen, welche seiner Lehre folgen, bleiben viele, weil sie keine Juden sind, dem Feste fern, und Jesus wählt aus ihrer Mitte siebzig aus und sagt zu ihnen:
3 »Das Königreich des Christus ist nicht nur für Juden, sondern ist für alle Menschen da.
4 Ich habe aus der Schar der Juden zwölf erkoren, die das Evangelium zuerst den Juden bringen sollen.
5 ›Zwölf‹ – das ist die Zahl der Juden, ›Sieben‹ ist die Zahl des Alls, denn sie umfaßt die ganze Menschheit.
6 Gott ist ›Zehn‹, das heil'ge Jod.
7 Durch Multiplikation von zehn mit sieben – Gott mit Mensch – erhält man ›Siebzig‹. Diese Zahl bedeutet ›Bruderschaft der Menschen‹.
8 Nunmehr sende ich euch aus, je zwei und zwei, nicht nur zu Juden, sondern zu den Völkern aller Welt,

zu Griechen und Assyrern, Samaritern und Ägyptern, wie auch zu den Menschen jenseits aller Meere.

9 Doch ihr braucht nicht weit zu gehen. Menschen aller Rassen wohnen hier in Galiläa und Samaria.

10 So gürtet euch und geht im Glauben. Weder Gold noch Silber sollt ihr bei euch tragen, weder einen zweiten Rock noch ein Paar extra Schuhe.

11 Geht im heil'gen Namen und vertraut auf Gott, und niemals sollt ihr Mangel leiden.

12 Dies soll euer Gruß sein: ›Friede sei mit euch und guter Wille allen Menschen‹.

13 Wohnt in einem Haus der Friede, öffnet sich die Türe weit. Ihr tretet ein, ihr seid willkommen, und der Friede wird in jenem Hause bleiben.«

14 Die erwählten siebzig Männer gehen nun zu zwei und zwei durch ganz Samaria. Wohin sie kommen, hört man ihren Gruß: »Der Friede sei mit euch und guter Wille allen Menschen.

15 Bereut und wendet euch von euren Sünden ab. Bringt euer Haus in Ordnung, denn der Sohn des Menschen, Christus, will sich offenbaren, und ihr könnt sein Antlitz schauen.«

16 Sie besuchen jede Ortschaft in Samaria. Sie predigen in Sidon und in Tyrus. Einige von ihnen wenden sich nach Kreta, andere nach Griechenland, und wieder andere begeben sich nach Gilead und lehren.

17 Jesus wandert ganz allein zum Erntefest. Wie er durch Sychar kommt, erblicken ihn die Leprakranken. Zehn derselben rufen ihn von ferne:

18 »Meister Jesus, sprich das Wort und heile uns vom Aussatz.«

19 Jesus sagt: »Geht hin und zeigt den Priestern, daß ihr rein seid.«

20 Auf dem Weg zum Tempel fällt der Aussatz von den Kranken ab, und sie sind rein. Ein Samariter, einer von den zehn Geheilten, kehrt zurück zu Christus, dankt ihm für die Hilfe und lobt Gott.

21 Und Jesus sagt: »Ich heilte zehn von euch, wo sind die andern neun? So gehe deines Weges, denn dein Glaube hat dich rein und heil gemacht.

22 Du hast dein Herz erfüllt und hast gezeigt, daß du der Heilkraft würdig bist. Die andern werden ihren Aussatz wiederfinden.«

23 Jesus geht. Das Erntefest hat schon begonnen, als der Meister in den Hof des Tempels tritt.

24 Er hält den Priestern, Pharisäern, Schriftgelehrten und Doktoren Heuchelei und Selbstsucht vor.

25 Das Volk ist höchst erstaunt und fragt: »Woher hat Jesus solche Kraft und Weisheit? Wie ein Weiser spricht er.«

26 Jesus sagt: »Ich lernte nicht die Weisheit Gottes in den Schulen dieser Welt. Sie stammt auch nicht von mir. Ich sprech' die Worte dessen, der mich sandte, Seinen Willen kundzutun.

27 Wer wissen will, wovon ich rede, muß den Willen Gottes tun. Und keiner kennt die Wahrheit, außer daß er in das Leben trete und den Willen Gottes tue.

28 Moses gab euch das Gesetz, doch keiner hat es eingehalten. Wie denn könnt ihr eines Menschen wahren Wert beurteilen?

29 Einst heilte ich in diesem Hof am Sabbath einen Mann. Da wurdet ihr

erzürnt und wolltet mir das Leben nehmen. Heute trachtet ihr mir wieder nach dem Leben, weil ich mich nicht scheue, euch die Wahrheit ins Gesicht zu sagen.«

30 Ein Schriftgelehrter sagt zu ihm: »Du Tor, du bist besessen. Niemand will dein Leben.«

31 Aus dem Volk ertönt die Frage: »Ist dies nicht der Nazarener, welchen unsre Herren längst schon töten wollten? Und da lehrt er nun im Tempel.

32 Wenn er wirklich schuldig ist, warum führt man ihn nicht in Ketten ab?«

33 Und Jesus sagt: »Ihr alle kennt mich und ihr wißt, woher ich komme. Doch den Gott, der mich gesandt hat und mir die Worte eingibt, die ich rede, kennt ihr nicht.«

34 Erneut ergreift das Volk Partei für ihn und sagt: »Wenn dieser nicht der wahre Christus ist, dann müßte der von Gott versprochene erst kommen und noch mächtigere Werke tun als dieser hier.«

35 Die Phärisäer und die Oberpriester sind empört und senden eine Wache aus, ihn festzunehmen, ehe er von dannen zieht. Doch die Soldaten sind erfüllt von Furcht und weigern sich, den Meister zu ergreifen.

36 »Nur noch eine kurze Weile bin ich hier«, sagt Jesus. »Nachher gehe ich zu dem, der mich gesandt hat, Seinen Willen auszuführen.

37 Ihr sucht mich jetzt und könnt mich finden. Doch die Zeit wird kommen, da ihr mich vergeblich suchen werdet und nicht finden könnt. Wohin ich gehe, könnt ihr mir nicht folgen.«

38 Staunend fragt das Volk: »Wo will er hin, daß man ihn nicht mehr finden kann? Geht er nach Griechenland, die Griechen zu belehren, oder nach Ägypten und Assyrien?«

39 Doch Jesus gibt auf ihre Fragen keine Antwort. Unbeachtet geht er seines Weges und verläßt den Tempel.

Zweiter mißglückter Versuch der Festnahme. Rettung einer Kurtisane.

134 Am letzten Tag des Erntefestes drängt sich eine Menge Menschen in des Tempels Wandelgängen. Jesus sagt zu ihnen:

2 »Wer auch immer durstig ist, mag zu mir kommen, und ich gebe ihm zu trinken.

3 Wer an mich und Christus, welchen Gott gesandt hat, glaubt, mag aus der Lebensquelle trinken, und aus seinem Innern werden Ströme voller Leben fließen.

4 Der Heil'ge Odem wirkt in ihm, er spricht das Wort und lebt das wahre Leben.«

5 Über Jesus ist das Volk geteilter Meinung. »Dieser Mann ist ein Verkünder Gottes«, sagen einige.

6 Andere behaupten, daß er der Messias sei, von welchem die Propheten schrieben.

7 Eine Vielzahl meint, er könne nicht der Christus sein, da er aus Galiläa komme. Aus der Ortschaft Bethlehem, wo David lebte, müsse er doch stammen.

8 Wiederum schickt man die Wache aus, um Jesus vor Gericht zu bringen. Als jedoch die Wache ohne ihn zurückkehrt, sind die Priester und die Pharisäer sehr erbost und fragen:

9 »Weshalb habt ihr den Mann nicht festgenommen und hierher gebracht?«
10 Die Wache sagt: »Wir hörten niemals einen Menschen so wie diesen reden.«
11 Wütend rufen da die Pharisäer: »Seid ihr denn verrückt? Habt ihr euch in die Irre führen lassen, oder seid ihr Jünger dieses Mannes?
12 Glaubte je ein Pharisäer oder einer von der Obrigkeit an ihn? Das Volk mag an ihn glauben, doch das Volk ist dumm und ohne Wissen.«
13 Nikodemus geht zur Obrigkeit und sagt: »Wie kann ein jüdischer Gerichtshof einen Mann verurteilen, bevor er ihn gehört hat? Laßt den Nazarener vor die Schranken treten, um sich zu verteidigen.«
14 Die Oberpriester geben ihm zur Antwort: »Dieser Jesus ist ein arger Mensch. Bekommt er die Gelegenheit zu reden, wird er uns von Angesicht zu Angesicht mit Vorwurf und Beschuldigungen überhäufen, und das Volk wird lachen und auf seiner Seite stehen.
15 Außerdem wißt ihr so gut wie wir, daß niemals ein Prophet aus Galiläa kommt.«
16 Jedoch was Nikodemus und die Wache sagten, hat Gewicht.
17 Man schweigt, und jeder geht nach Hause. Jesus aber wandert auf den Ölberg und verbringt die Nachtzeit im Gebet.
18 Am nächsten Tag bei Sonnenaufgang kommt er wieder in den Tempel, setzt sich nieder und belehrt die Menge. Viele hören zu.
19 Die Pharisäer und die Schriftgelehrten sind darauf bedacht, ihn durch die Worte, die er spricht, zu Fall zu bringen.
20 Eine Kurtisane wird auf frischer Tat ertappt. Die Wache bringt sie in den Tempel, dort wo Jesus lehrt, und setzt sie in die Mitte.
21 »Rabboni«, sagen die Soldaten, »diese Kurtisane haben wir beim Akt der Unzucht festgenommen. Moses hat verordnet, daß ein Weib wie sie gesteinigt werden soll. Was sagst nun du, wie man sie strafen müsse?«
22 Jesus beugt sich nieder, malt ein Zeichen auf den Boden und schreibt eine Zahl hinein, die Nummer einer Seele. Dann verharrt er schweigend in Gedanken.
23 Als die Priester eine Antwort von ihm heischen, sagt er: » Wer sich ohne Sünde wähnt, der trete vor, den ersten Stein auf sie zu werfen.«
24 Dann schließt er die Augen. Niemand sagt ein Wort.
25 Wie Jesus sich erhebt und keiner mehr zugegen ist als nur die Frau, fragt er: »Wo sind die Männer, welche dich hierher gebracht und dich beschuldigt haben?«
26 Und die Frau gibt ihm zur Antwort: »Alle sind gegangen, keiner fühlte sich im Recht, mich zu verdammen.«
27 Jesus sagt: »Auch ich verurteile dich nicht. So gehe hin in Frieden, und versündige dich nicht mehr.«

Disput im Tempel. Mißglückter Versuch der Steinigung Jesu.

135 Vorüber ist das Erntefest.
2 Der Meister hält sich mit Johannes, Petrus und Jakobus in der Schatzkammer des Tempels auf. Die andern Jünger gehen nach Kapernaum.

3 Die Menge drängt sich in des Tempels Wandelgängen. Jesus sagt:
4 »Ich bin die Lampe, Christus ist das Öl des Lebens, und der Heil'ge Odem ist das Feuer. Seht das Licht! Wer mir folgt, der geht nicht im Dunkel, sondern lebt im Licht.«
5 Ein Rechtsgelehrter sagt: »Du zeugst für dich, und deshalb ist dein Zeugnis nichtig.«
6 Jesus gibt zur Antwort: »Wenn ich für mich zeuge, rede ich die Wahrheit, denn ich weiß, woher ich komme und wohin ich gehe.
7 Kein Irdischer kann Zeuge für mich sein, weil niemand weiß, woher ich komme noch wohin ich gehe.
8 Meine Werke legen Zeugnis für die Wahrheit meiner Worte ab. Ich könnte nimmer sagen, was ich sage, wäre ich nur Mensch. Die Worte, die ich spreche, sind vom Heil'gen Odem eingegeben, und mein Vater ist mein Zeuge.«
9 Und der Rechtsgelehrte fragt: »Wo lebt dein Vater?«
10 Jesus sagt: »Ihr kennt mich nicht, sonst würdet ihr den Vater kennen. Würdet ihr den Vater kennen, wäre euch der Sohn kein Unbekannter, denn der Vater und der Sohn sind eins.
11 Ich gehe meines Weges, und ihr werdet mich nicht finden, denn wohin ich gehe, könnt ihr mir nicht folgen.
12 Ihr findet nicht den Weg, denn eure Herzen sind verhärtet, eure Ohren sind verstopft und eure Augen sind verschlossen.
13 Das Licht des Lebens dringt nicht durch den trüben Schleier, welcher euer Herz verhüllt.
14 Ihr kennt den Christus nicht, und wenn der Christus nicht im Herzen wohnt, dann scheint kein Licht.
15 Ich bin gekommen, um den Christus aller Welt zu offenbaren. Ihr jedoch empfangt mich nicht. So müßt ihr in der Finsternis, im Grabesschatten leben, bis ihr meinen Worten glaubt.
16 Ihr schmäht den Menschensohn, und doch erhöht ihr ihn und lacht bei seinem Tode.
17 Dann erst kommt ein wenig Licht in eure Herzen, und ihr werdet wissen, daß ich der bin, der ich bin.«
18 Das Volk jedoch versteht den Sinn der Worte nicht.
19 Nun spricht der Meister zu den Menschen, welche an ihn glauben: »Wenn ihr in Christus weilt und Christus weilt in euch und wenn ihr meine Worte tief in eurem Herzen hegt, seid ihr der Weg.
20 Ihr seid die Jünger auf dem Weg. So wißt ihr um die Wahrheit, und die Wahrheit macht euch frei.«
21 Das Volk jedoch versteht den Sinn noch immer nicht und sagt: »Wir sind der Same Abrahams. Wir waren nie ein Sklavenvolk und wir sind frei. Warum sagst du: die Wahrheit macht uns frei?«
22 Und Jesus sagt zu ihnen: »Wißt ihr nicht, daß, wer in Sünde lebt, zum Sklaven dieser Sünde wird?
23 Wer nicht mehr sündigt, der ist frei. Wer aber sündhaft ist in Worten, Taten und Gedanken, ist versklavt, und nur die Wahrheit macht ihn frei. Wer frei wird durch den Christus, der ist wahrhaft frei.
24 Ihr seid der Same Abrahams. Obgleich ich euch die Wahrheit Abrahams verkünde, trachtet ihr mir nach dem Leben.

25 Wohl seid ihr die Kinder Abrahams. Ich aber sage euch, den Abraham des Geistes kennt ihr nicht.
26 Dem Geist nach seid ihr Kinder eures Vaters. Euer Vater aber ist der Teufel, und ihr hängt an seinem Willen.
27 Ein Mörder ist er seit Beginn der Welt. Er kennt die Wahrheit nicht, und wenn er eine Lüge spricht, dann redet er aus seinem Herzen. Lüge ist er durch und durch und Vater aller Lüge.
28 Wäret ihr die Kinder meines Vaters, könntet ihr die Worte Gottes hören. Ich bin der, der Gottes Worte spricht, doch ihr, ihr hört sie nicht.«
29 Ein Pharisäer sagt vernehmlich: »Dieser Bursche ist kein Jude, sondern ein verfluchter Samariter und besessen.«
30 Jesus aber achtet seiner Worte nicht. Er weiß, daß es im Volk bekannt ist, daß er Jude ist.
31 Er sagt: »Wer meine Worte aufnimmt, wird nicht sterben.«
32 Einer von den Rechtsgelehrten meint: »Jetzt wissen wir, daß er besessen ist, denn unser Vater Abraham ist tot, und alle unsere Propheten sind gestorben. Dieser Bursche hier behauptet, daß, wer seine Worte aufnimmt, niemals stirbt.
33 Ist er denn mächtiger als Abraham? Und steht er über den Propheten? Alle sind doch tot!«
34 Und Jesus sagt zu ihnen: »Abraham war voller Freude, meinen Tag vorauszusehen. Er sah ihn und war froh.«
35 Der Rechtsgelehrte sagt: »Du Tor, du bist noch keine fünfzig Jahre alt. Hast du denn Abraham gesehen?«
36 Jesus sagt: »Schon vor den Tagen Abrahams BIN ICH.«
37 Und wieder sind die Schriftgelehrten und die Pharisäer zornentbrannt. Sie nehmen Steine, um nach ihm zu werfen. Wie ein Nachtphantom jedoch verschwindet er. Das Volk weiß nicht, wohin er ging.

Das Gleichnis vom guten Samariter. Jesus rügt Marthas Geschäftigkeit.

136 Wiederum lehrt Jesus in des Tempels Säulenhalle.
2 Einen Meister der Gesetze sendet man, um Jesus durch geschickte Fragen einer Gotteslästerung zu überführen.
3 Der Gelehrte fragt ihn: »Herr, was muß ich tun, damit ich Leben in der Ewigkeit erlange?«
4 Jesus sagt: »Ihr kennt doch das Gesetz. Was steht darin?«
5 Der Rechtsgelehrte sagt: »Du sollst den Herrn der Himmel, deinen Gott, mit ganzem Herzen, ganzer Kraft und ganzer Seele lieben und den Nächsten wie dich selbst.«
6 »Fürwahr, ihr gabt mir eine gute Antwort«, sagt der Meister. »Tut danach und ihr sollt leben.«
7 Nunmehr fragt der Rechtsgelehrte: »Und wer ist mein Nächster?«
8 Jesus spricht ein Gleichnis. Er erzählt: »Ein Mann geht von Jerusalem nach Jericho. Doch unterwegs wird er von Räubern überfallen. Diese schlagen und berauben ihn und lassen ihn am Rand des Weges blutend liegen.
9 Ein Pharisäer kommt desselben Weges, sieht den Mann, hat aber

keine Zeit für den Verwundeten und geht vorüber auf der andern Seite.

10 Ein Levit kommt nun daher, sieht auch den Mann, doch möcht' er seine priesterliche Robe nicht beschmutzen und geht ebenfalls vorüber.

11 Dann erblickt ein Rechtsgelehrter den fast Sterbenden und sagt zu sich: ›Wenn ich ein wenig Geld verdienen könnte, würde sich die Mühe lohnen, ihm zu helfen. Er jedoch hat nichts mehr, das er geben könnte, und für Wohlfahrt hab ich keine Zeit. So geht auch er vorbei.‹

12 Nun kommt ein Fremder aus Samaria und sieht den Mann. Er ist voll Mitgefühl, steigt ab von seinem Pferd, belebt den Ausgeraubten, hebt ihn auf und bringt ihn zu der nächsten Schenke.

13 Dort verpflichtet er den Wirt, daß man ihn pflege, bis er wieder ganz bei Kräften sei.

14 Der Samariter gibt dem Gastwirt alles Geld, das er gerade bei sich hat, und sagt: ›Die Rechnung mag noch höher sein, doch pflege diesen armen Mann. Den Rest bezahle ich beim nächsten Mal.‹ Dann geht er seines Weges.

15 Nun, Meister des Gesetzes, welcher von den vier Vorübergehenden erwies sich als der Nächste?«

16 Und der Rechtsgelehrte gibt zur Antwort: »Der natürlich, der dem Ausgeraubten Mitleid zeigte und sich seiner annahm.«

17 Jesus sagt: »So geht denn eures Weges, tut wie jener Samariter und ihr werdet leben.«

18 Jesus nimmt Johannes, Petrus und Jakobus nach Bethanien mit, wo Lazarus und seine Schwestern wohnen.

19 Während Martha sich um ihre Gäste kümmert, sitzt Maria lauschend zu des Meisters Füßen.

20 Martha ruft nach ihr. Maria aber, die des Meisters Worte nicht versäumen möchte, hilft der Schwester nicht.

21 Und Martha sagt zu Jesus: »Duldest du, daß meine Schwester mir die Arbeit des Bedienens ganz alleine überläßt? Ich bitte dich, ermahne sie.«

22 Doch Jesus sagt zu ihr: »Du sorgst dich allzu sehr um deine Gäste, Martha, und du kümmerst dich zu viel um Alltagsdinge.

23 Du vergeudest deine Zeit mit Kleinigkeiten und versäumst das Wichtigste.

24 Maria hat das Bessere erwählt, und niemand kann ihr dieses nehmen.«

Das Vaterunser und das Gleichnis von der hartnäckigen Hausfrau.

137 Am Abend jenes Tages gehen Jesus, Lazarus, Johannes, Petrus und Jakobus außerhalb des Dorfes, um zu beten. Lazarus sagt: »Meister lehr' mich, wie man betet.«

2 Und der Meister sagt zu ihm: »In Galiläa lehrte ich die Zwölfe ein Gebet, das Gott gefällig ist. So, wenn du beten möchtest, sprich:

3 ›Unser Vater Gott, der Du im Himmel bist. Geheiligt sei Dein Name. Kommen wird Dein Reich. Dein Wille soll gescheh'n auf Erden wie im Himmel.

4 Gib uns heute unser täglich Brot.

5 Und hilf uns zu vergessen, was die anderen uns schuldig sind, so daß auch unsre Schuld vergeben werde.

6 Schütze uns vor der Versuchung,

wenn wir ihr nicht widerstehen können.
7 Ist sie allzu groß, dann gib uns Kraft zu überwinden.‹«
8 Jesus sagt: »Mag sein, daß dein Gebet in seinem ganzen Umfang nicht sogleich erhört wird.
9 Doch sei nicht entmutigt, sondern bitte immer wieder, unentwegt, und Gott wird dich erhören.«
10 Dann spricht Jesus dieses Gleichnis: »Eine Hausfrau war des Nachts allein und siehe da, es kamen Gäste, die den ganzen Tag noch nichts gegessen hatten.
11 Da die Frau kein Brot im Hause hatte, klopfte sie um Mitternacht an ihres Nachbarn Türe. ›Leihe mir drei Brote‹, bat sie, ›Gäste sind gekommen, und ich habe nichts für sie zu essen.‹
12 Doch der Nachbar rief: ›Warum weckst du mich auf zu dieser späten Stunde? Meine Türe ist geschlossen. Meine Kinder sind mit mir im Bett. Ich kann nicht aufstehn, um dir Brot zu geben. Morgen will ich deinem Wunsch entsprechen.‹
13 Doch die Hausfrau bat den Nachbarn immer wieder. Schließlich, da sie ohne aufzuhören flehte, stand er auf und gab ihr das verlangte Brot.
14 Fürwahr, ich sage dir, mein Bruder: Bitte standhaft – und du wirst empfangen. Such vertrauensvoll – und du wirst finden. Klopfe ernsthaft an – und dir wird aufgetan.
15 Es ist doch alles dein, und wenn du nicht als Bettler bittest, sondern voll Vertrauen wie ein Kind, dann wirst du es bekommen.
16 Bittet einer seinen Vater, weil er hungrig ist, um Brot, dann gibt der Vater ihm doch keinen Stein.
17 Und bittet ihn der Sohn um einen Fisch, dann gibt er ihm doch keine Gräten. Fragt er um ein Ei, dann gibt ihm doch der Vater keinen Kiesel.
18 Wahrlich, wenn der Mensch dem Bruder reichlich gibt, wird Gott dann nicht auch seinen Kindern reichlich geben, wenn sie darum bitten?«

Das Gesetz von Schuld und Sühne
Heilung eines Blindgeborenen.

138 Am Sabbath wandert Jesus mit Johannes, Petrus und Jakobus durch die Straßen von Jerusalem.
2 Sie sehen einen Mann, der von Geburt an blind ist.
3 Petrus fragt den Meister: »Herr, wenn Krankheit und Gebrechen Folgen einer Sünde sind, wer war der Sünder, war es jener Blinde oder waren es die Eltern?«
4 Jesus gibt zur Antwort: »Krankheit und Gebrechen jeder Art sind stufenweise Tilgung einer Schuld, vielleicht auch vieler Schulden, die begangen worden sind.
5 Es ist das ewige Gesetz von Schuld und Sühne, welches nie versagt.
6 Man hat es in den Worten ausgedrückt: Was einer einem andern tut, das wird auch ihm geschehen.
7 Hierin finden wir den Sinn des jüdischen Gesetzes: Aug' um Auge, Zahn um Zahn.
8 Wer einem anderen in Taten, Worten und Gedanken unrecht tut, wird schuldig in den Augen des Gesetzes, und ein anderer wird ihm in gleicher Weise in Gedanken, Worten oder Taten unrecht tun.

9 Wer fremdes Blut vergießt, wird eines Tages selber bluten müssen.
10 Krankheit und Gebrechen sind wie ein Verlies, in welchem man gefangen liegt, bis alle Schuld beglichen ist. Es sei denn, daß ein Meister die Gefängnistüre öffnet, um dem Schuldner eine bessere Gelegenheit zu geben, seine Schuld zu sühnen.
11 Alles Leiden ist ein Zeichen, daß die Schuld noch nicht beglichen ist.
12 Ein Beispiel hierfür ist der Blinde. Früher einst, in einem andern Leben, war er grausam, und in übler Weise blendete er einen seiner Kameraden.
13 Und die Eltern dieses Mannes trieben einen blinden Hilfesuchenden von ihrer Schwelle.«
14 Petrus fragt: »Begleichen wir denn nicht die Schulden eines Menschen, wenn wir seine Krankheit heilen, ihn von seinem üblen Zustand retten oder böse Geister aus ihm treiben?«
15 Jesus sagt: »Wir können nicht die Schuld des Bruders tilgen. Doch wir können mit dem Wort den Leidenden von seinen Qualen, seiner Pein befreien.
16 Ist er frei von seinen Qualen, kann er seine Schuld im selbstgewählten Dienst am Nächsten sühnen.
17 Wenn ich diesen Blinden heile, kann er seiner Rasse dienen und auf diese Weise besser seine Schuld begleichen.«
18 Nun ruft er den Blinden: »Willst du frei sein? Willst du sehen können?« fragt er ihn.
19 Der Blinde gibt zur Antwort: »Alles, was ich habe, gäb' ich gerne für mein Augenlicht.«
20 Da mischt der Meister Lehm mit seinem Speichel und bestreicht damit des Blinden Augen.
21 Dann spricht er das Wort und sagt: »Nun geh zur Quelle Siloam und wasche deine Augen. Dazu sage ›Jahve‹. Tu dies siebenmal, und du wirst sehen können.«
22 Freunde führen ihn zur Quelle Siloam. Dort wäscht er sich, wie ihm geheißen ward – und augenblicklich kann er sehen.
23 Alle, die ihn kennen und seit vielen Jahren bettelnd auf der Straße sahen, sind erstaunt.
24 »Ist das nicht Job, der blind zur Welt gekomen ist?«
25 Und Job, der sie so reden hört, sagt: »Ja, der bin ich.«
26 Und die Leute fragen ihn: »Wie wurdest du geheilt? Wer hat dir deine Augen aufgetan?«
27 Job sagt: »Ein Mann, den viele Jesus nennen, machte einen Teig aus Lehm und Speichel, legte ihn auf meine Augen und gebot mir siebenmal die Augen auszuwaschen und dazu ein ganz bestimmtes Wort zu sprechen. Ich befolgte seine Weisung und bin nicht mehr blind.«
28 Ein Schriftgelehrter geht vorüber und vernimmt, daß es der Nazarener war, der Job am Sabbath heilte.
29 Deshalb bringt er ihn zur Synagoge und berichtet, was sich zugetragen hat.
30 Die Priester wollen wissen, wie es zu der Heilung kam, und Job berichtet: »Bis zu diesem Tage sah ich nichts, denn von Geburt an war ich blind.
31 Ein Mann, den ich nicht kenne, sprach mit mir und legte einen Teig aus Lehm auf meine Augen. Dann gebot er mir ein ganz bestimmtes

Wort zu sprechen, während ich die Augen in der Quelle Siloam zu waschen hatte. Dieses tat ich – seither kann ich sehen.«
32 Ein Rechtsgelehrter fragt: »Wer war es, der dir deine Augen öffnete?« Und Job gibt ihm zur Antwort:
33 »Einige der Leute sagen, daß er Jesus heiße und von Galiläa komme. Andere hingegen meinen, er sei Gottes Sohn.«
34 Ein Pharisäer sagt: »Es ist doch Sabbath heute. Einer, der am Sabbath heilt und diesen Tag entehrt, ist nicht von Gott.«
35 Doch etliche der Priester meinen, daß ein Mensch, der solche Wunder tut, nicht schlecht sein kann und Gottes Kraft besitzen müsse.
36 Sie streiten miteinander. Endlich fragt man Job: »Was hältst denn du von jenem Mann?«
37 Job sagt: »Ich denke, daß er ein Prophet ist, welchen Gott gesandt hat.«
38 Einige der Priester glauben nicht, daß Job als Blinder auf die Welt gekommen ist, denn Blindgeborene, so meinen sie, kann keine Macht auf Erden heilen.
39 Deshalb werden seine Eltern vorgeladen.
40 »Unser Sohn ist blind zur Welt gekommen«, sagen diese, »und wir wissen nicht, wie er das Augenlicht erhalten hat. Er ist erwachsen. Fragt ihn selber.«
41 Heimlich glauben sie, daß dieser Fremde der verheißene Messias sei, den Gott zur Erde sandte, seine Macht zu demonstrieren. Doch sie fürchten Ausschluß aus der Synagoge, wenn sie dies bekennen würden.
42 Wiederum bekräftigen die Priester: »Jesus ist ein Sünder.«
43 Job jedoch entgegnet: »Mag er Sünder oder Seher sein, das weiß ich nicht. Doch eines weiß ich ganz gewiß, bis heute war ich blind – jetzt kann ich sehen.«
44 Die Priester schmähen ihn und sagen: »Du folgst jenem Galiläer, wir hingegen folgen Moses. Dieser Jesus ist uns unbekannt, wir wissen nicht, von wo er stammt.«
45 Und Job erwidert: »Ihr wißt nicht, von wo er stammt? Das ist verwunderlich. Er hat mir doch das Augenlicht geschenkt!
46 Und nur die Macht des Höchsten kann das tun.
47 Auf die Gebete eines Sünders hört Gott nicht, und wissen müßtet ihr, daß sich ein böser Mensch der Kraft Jehovas nicht bedienen kann.«
48 Die Pharisäer schmähen ihn erneut: »Du Narr, in Sünde hat man dich gezeugt, in Sünde bist du in die Welt gekommen, und jetzt willst du uns, den Priestern, das Gesetz erklären?« Zornig werfen sie ihn aus der Synagoge.

Wahre Söhne Gottes. Gleichnis vom guten Hirten und den Schafen.

139 Wie Jesus hört, daß der Geheilte aus der Synagoge ausgestoßen ist, sucht er ihn auf und fragt:
2 »Glaubst du an Gott und an den Gottessohn?«
3 »Ich glaube wohl an Gott«, sagt Job, »doch wer ist Gottes Sohn?«
4 Und Jesus sagt: »Der Gottessohn ist der, der zu dir redet.«
5 Job fragt ihn: »Warum nennst du

dich Gottes Sohn? Hat Gott nur einen Sohn?«

6 Und Jesus gibt zur Antwort: »Dem Geburtsrecht nach sind alle Menschen Gottes Kinder, und Jehovah ist der Vater der Nation.

7 Dem Glauben nach jedoch sind nur die wenigen, die ihre niedere Natur bezwungen haben, Söhne Gottes. Der, der zu dir spricht, hat überwunden. Deshalb nennen viele ihn den Gottessohn, denn er ist Vorbild für die Menschensöhne.

8 Wer glaubt und wer den Willen Gottes tut, der ist ein Gottessohn.«

9 Und Job ruft voller Freude: »Herr, ich glaube jetzt an Gott und Seinen Sohn!«

10 Und Jesus sagt: »Ich bin gekommen, um Gefängnistore aufzutun, und Blinden bringe ich das Licht. Die Pharisäer aber sind wie Blinde.

11 Wenn ich ihnen meine Wahrheitssalbe auf die Augen legte und sie bäte, ihre Augen in der Quelle Siloam zu waschen — zweifellos sie gingen nicht. Die Finsternis ist ihnen lieber.«

12 Eine große Menschenmenge drängt sich um den Meister. Jesus sagt:

13 »Ihr Männer Israels, ich sage euch, gewaltig groß ist Gottes Stall. Sein Mauerwerk ist stark. Sein Eingangstor befindet sich im Osten. Wer versuchen wollte, anderweitig einzudringen, ist ein Dieb, der stehlen will.

14 Der gute Hirte steht am Tor und gibt dem Hüter das geheime Zeichen. Er klopft an, der Hüter öffnet.

15 Nunmehr ruft der Hirte jedes Schaf bei seinem Namen, und sie folgen seiner Stimme. So gelangt die Herde durch das Tor in ihre Stallung.

16 Einer fremden Stimme folgt die Herde nicht. Sie flieht.«

17 Das Volk jedoch versteht das Gleichnis nicht und Jesus sagt:

18 »Der Christus ist das Eingangstor im Osten. Ich bin der gute Hirte. Wer mir folgt, den führe ich zu grünen Auen und zu frischen Wassern.

19 Falsche Seher und Propheten kommen und verschwinden. Sie erheben Anspruch auf das Amt des guten Hirten, kennen aber nicht das Wort der Macht. Die Schafe hören ihre Stimme nicht, und auch der Hüter öffnet nicht das Tor.

20 Der wahre Hirte setzt sein Leben ein für seine Herde.

21 Doch der Mietling flieht, wenn Wölfe ins Gehege brechen, sich die zarten Lämmer holen und die Schafe auseinandertreiben.

22 Ich bin der gute Hirte, und ich kenne meine Schafe, wie Gott mich kennt und ich ihn kenne.

23 Der Vater liebt mich mit unendlich großer Liebe, denn das Leben gebe ich für meine Schafe hin.

24 Ich gebe es aus freiem Willen, kann es aber neu erlangen. Jeder Gottessohn hat durch den Glauben Macht, sein Leben hinzugeben und es wieder aufzunehmen. Diese Worte habe ich von Gott erhalten.«

25 Wieder streiten sich die Menschen über Jesus, denn sie können nicht der Worte Sinn verstehen.

26 Die einen halten ihn für närrisch und besessen und ereifern sich, man solle nicht auf seine Worte hören.

27 Andere entgegnen: »Seine Worte sind nicht Narrenworte. Können böse Geister denn die Macht besitzen, Blindgeborene zu heilen?«

28 Hiernach geht der Meister aus der Stadt und wohnt für eine Weile bei Messalian.

Jesus lobt die Tätigkeit der Siebzig. Heilung einer Verkrüppelten am Sabbath.

140 Es naht die Zeit der Rückkehr jener siebzig Männer, welche Jesus in die Fremde schickte, um zu wirken.

2 Er will sie in Kapernaum begrüßen. Deshalb wandert er nach Galiläa mit Johannes, Petrus und Jakobus.

3 Sie durchqueren die Provinz Samaria. Die Menge säumt die Straßen, um den Mann zu sehen, über welchen jene Siebzig mancherlei berichtet hatten. Jesus lehrt, wohin er kommt, und heilt die Kranken.

4 In Kapernaum erwarten ihn die siebzig Männer voller Freude.

5 Sie berichten, daß der Geist des Höchsten sie erfüllte und die ganze Zeit mit ihnen war.

6 »Die Macht des Wortes«, sagen sie, »war in uns wirksam. Kranke sind gesund geworden, Lahme können wieder gehen, Taube wieder hören, Blinde wieder sehen.

7 Böse Geister bebten vor dem Wort und unterwarfen sich.«

8 Der Meister sagt zu ihnen: »Als ihr in die Fremde gingt, sah ich den Himmel und die Erde voller Licht. Es schien, als ob sie sich berührten. Und ich sah, daß Satan wie ein Blitz vom Himmel fiel.

9 Fürwahr, ihr habt die Macht, auf Schlange und Skorpion zu treten. Diese sind Symbole für des Menschen Feinde, und ihr seid beschützt, solange ihr auf rechten Wegen geht.

10 Als ihr zurückkamt, hörte ich die Stimme eines Meisters sagen: ›Wohl getan.‹

11 Frohlockt hingegen nicht, daß ihr die Macht des Heilens habt und euch die bösen Geister untertänig sind, denn solches wäre Ausdruck eures Erden-Selbst.

12 Ihr mögt euch freuen, daß die Völker dieser Erde Ohren haben, um das Wort zu hören, Augen, um die Herrlichkeit des Herrn zu sehen, Herzen, die den Heil'gen Odem fühlen.

13 Freuen dürft ihr euch, denn eure Namen sind im Buch des Lebens eingetragen.«

14 Jesus schaut zum Himmel auf und sagt: »Ich danke Dir, mein Vater, Herr des Himmels und der Erde, denn Du hast Dich Kindern offenbart, hast sie gelehrt, wie man den Pfad erhellt, und führst die Weisen hin zu Dir.

15 Was ich von Dir erhielt, das gab ich ihnen.

16 Durch das Wort verlieh ich ihnen ein verständnisvolles Herz, damit sie Dich erkennen und verehren durch den Christus, welcher war und ist und ewig sein wird.«

17 Dann wendet er sich an die siebzig und an seine Jünger. »Segen«, sagt er, »liegt auf euren Augen, sie erkennen, was sie sehen.

18 Segen liegt auf euren Ohren, sie begreifen was sie hören.

19 Segen liegt auf euren Herzen, denn sie fühlen und verstehen.

20 In längst vergangenen Epochen wünschten Seher und Propheten, Könige und Weise, zu erkennen, zu begreifen und zu fühlen so wie ihr. Doch ihnen ward es damals noch versagt.

21 Seit vielen Monden bin ich euch vorangegangen, habe euch das Brot des Himmels und den Kelch des Lebens angeboten und war euer Schutz und Schild.

22 Nun, da ihr stark geworden seid und euch der Weg bekannt ist, gebe ich den Körper auf und gehe heim zu Ihm, dem All-im-All.
23 In vierzig Tagen wenden wir uns nach Jerusalem, wo ich des Herrn Altar bereitet finde, meinen Leib als Opfer für die Menschen hinzugeben.
24 Laßt uns den See Genezareth entlang durch alle Städte ziehen, um den Söhnen Gottes einen Freundesgruß zu bringen.«
25 Sie erheben sich und gehen durch die Dörfer und die Städte. Überall ertönt ihr Gruß: »Der Segen Christi sei mit euch für alle Zeit.«
26 An einem Sabbath sind sie in der Synagoge einer Stadt. Der Meister lehrt.
27 Zwei Männer tragen eine Frau herein und stellen ihre Last vor Jesus nieder. Krankheit hat den Leib der Frau verkrümmt. Seit achtzehn Jahren kann sie ohne fremde Hilfe nicht das Bett verlassen.
28 Jesus legt der Frau die Hände auf und sagt: »Steh auf. Du bist befreit von deiner Plage.«
29 Während er das Wort spricht, merkt die Frau, daß sie gesund wird und zu Kräften kommt. Da steht sie auf von ihrem Lager, geht umher und sagt: »Gelobt sei Gott.«
30 Der Oberpriester jener Synagoge aber ist von Wut erfüllt, weil Jesus gegen das Gesetz am Sabbath heilt.
31 Er wagt es nicht, den Nazarener öffentlich zu kritisieren, sondern wendet sich der Menge zu und sagt:
32 »Ihr Männer Galiläas, weshalb brecht ihr das Gesetz? Sechs Tage sind zur Arbeit da, an diesen Tagen dürft ihr eure Kranken in die Synagoge bringen, um geheilt zu werden.
33 Doch der Sabbath ist der Tag, am dem die Arbeit ruhen soll, denn Gott hat ihn gesegnet.«
34 Jesus sagt: »Ihr Priester und Gelehrten zeigt der Welt ein doppeltes Gesicht. Am Sabbath führt ihr eure Tiere aus dem Stall zur Tränke und zum Futter. Ist das keine Arbeit?
35 Diese Tochter Abrahams, die achtzehn Jahre krank darnieder lag, kam voll des Glaubens in die Synagoge, um geheilt zu werden.
36 Nunmehr sagt mir, ob es ein Verbrechen ist, wenn ich am Sabbath heile?«
37 Schweigend grollt der Oberpriester, und die Menge jubelt: »Heil dem Christus!«
38 Später spricht der Meister dieses Gleichnis: »Das Königreich des Christus gleicht dem Samen, den man in die Erde legt.
39 Er wächst und wird nach vielen Jahren ein gewaltig großer Baum mit vielen Blättern. Menschen ruhen sich in seinem Schatten aus. Die Vögel bauen ihre Nester im Geäst und ziehen ihre Jungen auf.«

Viele sind berufen. Heilung eines Pharisäers. Das Gleichnis vom Fest Gottes.

141 Jesus kommt in eine Stadt und spendet Worte guten Mutes jenen, die ihm folgen.
2 Jemand fragt ihn: »Herr, gelangen denn nur wenige ins wahre Licht?«
3 Jesus sagt: »Der Weg, der in das wahre Leben führt, ist steil, das Tor ist eng und gut bewacht. Und wer

den Weg im Glauben sucht, der findet ihn. Und wer das Wort kennt, der tritt ein.

4 Viele sind es, die den Weg aus egoistischen Motiven suchen. Und das Tor des Lebens bleibt verschlossen, selbst wenn sie mit Fäusten daran hämmern.

5 Der Wächter auf dem Turm erklärt: ›Ich kenn' dich nicht, du redest würdelos und dein Gewand ist das der Sünde. Gehe deines Weges.‹

6 Heulend und mit Zähnen knirschend, gehen sie davon.

7 Sie zürnen, wenn sie ihren Vater Abraham mit Isaak, Jakob und mit den Propheten friedlich in des Himmels Königreich erblicken, während sie von diesem ausgeschlossen sind.

8 Ich sage euch, von Osten und von Westen wie von Norden und von Süden werden jene kommen, welche im Bewußtsein wahren Lebens bei mir sind.

9 Fürwahr, ich sage euch: Die Letzten werden dann die Ersten, und die Ersten werden dann die Letzten sein.

10 Alle sind ins Königreich berufen, doch nur wenige sind auserwählt. Nur die, die reinen Herzens sind, erblikken ihren König.«

11 Während Jesus redet, kommt ein Pharisäer. »Nazarener«, sagt er, »flieh, wenn dir dein Leben lieb ist, denn Herodes hat geschworen, dich zu töten. Seine Wache ist schon unterwegs, dich festzunehmen.«

12 Jesus aber sagt zu ihm: »Wie kommt es, daß die Pharisäer so besorgt sind um mein Leben?

13 Geh zurück und melde diesem schlauen Fuchs, daß ich die Kranken heile und Besessene erlöse — so wie heute als auch morgen wie auch an den Tagen, die noch folgen, bis die Zeit vollendet ist.

14 Gehe hin und sage ihm, daß ich in Galiläa nichts zu fürchten habe, denn die Grausamkeit der Menschensöhne muß ich in Jerusalem erdulden.«

15 Während sie noch in der Stadt verweilen, lädt ein Pharisäer Jesus und ein paar von seinen Jüngern zu sich ein. Es ist ein Sabbath, und man feiert seines Sohnes Hochzeit.

16 Unter seinen Gästen ist ein Mann mit Wassersucht, ein Pharisäer.

17 Jesus sagt zu jenen, die den Auftrag haben, ihn durch seine Worte einer Schuld zu überführen:

18 »Hört mich an, ihr Pharisäer und Gelehrten, was ist eure Meinung über die Gesetzeswidrigkeit der Sabbathheilung? Hier ist einer schwer erkrankt, ein Mann aus eurer Mitte.

19 Soll ich nun das Wort im Namen Gottes sprechen und ihn heilen oder nicht?«

20 Doch die gelehrten Herren bleiben stumm und geben Jesus keine Antwort.

21 Da erbarmt sich Jesus, spricht das Wort und heilt den Kranken. Dieser geht voll Freude seines Weges.

22 Wieder wendet sich der Meister zu den Pharisäern und Gelehrten. »Wer von euch wird, wenn sein Pferd am Sabbath strauchelt und in einen Graben fällt, nicht Hilfe holen?«

23 Wieder schweigen alle, keiner meldet sich.

24 Der Meister schaut umher und sieht, wie sich die Hochzeitsgäste um die besten Plätze streiten.

25 »Ihr Rücksichtslosen«, sagt er, »weshalb streitet ihr euch um den besten Platz? Ihr seid doch Gäste

hier, wo ist die Höflichkeit, die man dem Hausherrn schuldet?

26 Wenn ein Gast zu einem Fest geladen ist, dann wähle er den niedersten der Plätze, bis der Hausherr ihn auf einen höheren geleitet.

27 Sitzt er ungebeten auf dem höchsten Platz, dann kommt vielleicht ein Gast von hohem Rang, und wenn der Hausherr ihn ersucht, sich zu erheben, wird er rot vor Scham bei der Erniedrigung.

28 Doch wenn der Gast den niedersten der Plätze wählt, der Hausherr ihn zu einem besseren geleitet, fühlt er sich geehrt.

29 Hier erkennt man ein Prinzip: Wer sich erhöht, der wird erniedrigt. Wer sich demutsvoll erniedrigt, wird erhöht.«

30 Sich an alle Gäste wendend, sagt der Meister: »Wer ein Fest gibt, tu es nicht für Freunde, für Verwandte und die Reichen.

31 Diese fühlen sich gedrängt, ein größeres zu geben, weil sie keinem etwas schuldig bleiben wollen.

32 Wer ein Fest gibt, hole sich die Blinden und die Lahmen und die Armen. Hierin liegt der Segen. Man hat eine gute Tat getan und kein Entgelt erwartet. Solches wird dereinst belohnt.«

33 Dann spricht der Meister dieses Gleichnis: »Einstmals gab ein reicher Mann ein Fest. Er schickte seine Diener, auserwählte Gäste einzuladen. Diese aber wünschten nicht zu kommen und ersannen Gründe, fern zu bleiben.

34 Einer sagte, daß er Land erworben habe und den Kauf verbuchen müsse. Dieses halte ihn zurück, man möge ihn entschuldigen.

35 Ein anderer erklärte, daß er sein Besitzrecht auf die neugekauften Schafe geltend machen müsse, und man möge ihn entschuldigen.

36 Ein dritter sagte, daß er unlängst Hochzeit hatte und verhindert sei. Man möge ihn entschuldigen.

37 Die Diener melden ihrem Herrn, daß keiner dieser Gäste kommen wolle.

38 Tief betrübt im Herzen, schickte er die Diener in die Gassen und die Hinterhöfe, um die Armen wie die Blinden und die Lahmen einzuladen.

39 Seine Diener gingen hin und holten diese. Doch die Halle bot noch Platz für mehr.

40 Da schickt der Herr Bewaffnete ins Land, um mit Gewalt die Massen in sein Haus zu bringen. Nunmehr ist die Halle voll.

41 Einst hat Gott ein solches Fest bereitet. Seine Diener sandte er vor langer Zeit, die Auserwählten einzuladen. Diese aber hörten wohl den Ruf, doch sie kamen nicht zu seinem Fest.

42 So schickt er seine Diener zu den Fremden und der Menge. Diese kommen, doch sein Haus hat Platz für mehr.

43 Fürwahr, er wird nun seine Engel mit Posaunentönen senden und die Menschen zwingen, seinen Festsaal zu betreten.«

Nachfolge Christi. Gleichnis vom blinden Bettler und dem reichen Mann.

142 Jesus und die Jünger kommen in die nächste Stadt und grüßen die Bewohner mit den

Worten: »Friede sei mit euch und guter Wille allen Menschen.«

2 Viele sind es, welche ständig um den Meister sind, und Jesus sagt: »Aus egoistischen Motiven folgt ihr mir.

3 Wer mir in Liebe folgen will, des Heil'gen Odems Jünger werden möchte, um zuletzt des Lebens Krone zu erringen, muß auf alles, was die Sinnenlust zu bieten hat, verzichten.

4 Täuscht euch nicht. Besinnt euch gut und wägt das Für und Wider ab.

5 Will einer ein Gebäude bauen, wägt er vorerst gründlich ab, ob er die Mittel hat, das Bauwerk zu vollenden.

6 Sollte ihm ein Fehler unterlaufen, muß er damit rechnen, daß er all sein Geld verliert und obendrein den Spott der Menschen erntet.

7 Wenn ein Mächtiger beschließt, das Reich des Nachbarn zu erobern, ruft er seine Räte, um des Heeres Stärke zu erwägen. Niemand wird mit einem Gegner, welcher stärker ist, die Waffen kreuzen wollen.

8 Deshalb überlegt euch gut, ob ihr mir wirklich folgen möchtet. Heißt es doch, auf euer Leben und auf alles, was ihr habt, verzichten.

9 Wenn ihr Vater, Mutter, Weib und Kinder mehr liebt als den Christus, könnt ihr mir nicht folgen.

10 Wenn ihr Gold und Ehre mehr liebt als den Christus, könnt ihr mir nicht folgen.

11 Auf den Pfaden eitler Sinnenlust läßt sich des Berges Gipfel nicht erstürmen. Diese weichen ab vom Ziel. Sie führen um den Berg herum. Wer steil zum Gipfel, zum Bewußtsein Gottes, kommen möchte, kreuzt die Sinnenpfade. Hütet euch, sie zu betreten.

12 Jeder trägt sein Kreuz, und keiner kann das Kreuz des Bruders tragen.

13 Nimm dein Kreuz und folge mir, dem Christus, auf dem Pfad der wahren Jüngerschaft. Es ist ein Weg, der in das Leben führt.

14 Wer ihn betreten will, muß alles, was er hat, zu seinen Füßen niederlegen.

15 Einstmals fand ein Mann in einem Acker eine Mine Gold. Da ging er hin, verkaufte alles, was er hatte, und erwarb den Acker. Dann erfreute er sich seines Reichtums.«

16 Einige sehr reiche Pharisäer, die ihr Gold und ihre Ländereien über alles lieben, sind zugegen. Laut ertönt ihr Spottgelächter über Jesu Gleichnis.

17 Jesus sagt zu ihnen: »Ihr seid jene, die sich vor der Welt bestätigt sehen müssen. Gott jedoch erkennt die Lasterhaftigkeit in eurer Seele.

18 Ihr gelehrten Männer solltet wissen, daß die Dinge, die von Menschen hoch gepriesen sind, ein Ärgernis in Gottes Sicht bedeuten.«

19 Wie der Meister geht, läuft ihm ein Jüngling nach, kniet vor ihm nieder und beginnt zu reden: »Guter Meister, sagt mir, was ich tun muß, um das wahre Leben zu gewinnen.«

20 Jesus fragt: »Warum nennst du mich ›gut‹? Nur Gott ist gut.

21 Gott sagt, wer wahrhaft leben möchte, halte die Gebote.«

22 Weiter fragt der Jüngling: »Welche von den jüdischen Gesetzen meint der Herr?«

23 Der Meister sagt: »Du sollst nicht stehlen, sollst nicht töten, sollst nicht ehebrechen und kein falsches Zeugnis geben.

24 Ferner sollst du Gott, den Herrn, von ganzem Herzen lieben und den Nächsten wie dich selbst.«
25 »Ich habe alles dies von Jugend an gehalten«, sagt der junge Mann, »was fehlt mir noch?«
26 Und Jesus sagt: »Dir fehlt noch etwas, denn dein Herz gehört den Dingen dieser Welt. Du bist nicht frei.
27 Geh hin, verkaufe alles, was du hast, und gib das Geld den Armen. Dann erst komm und folge mir, und du wirst wahrhaft leben.«
28 Über diese Worte ist der Jüngling tief betrübt, denn er ist sehr begütert. Mit verhülltem Antlitz geht er seines Weges.
29 Jesus schaut ihm nach und sagt: »Wie ist es doch so schwierig für die Reichen, in das Königreich der Seele zu gelangen.«
30 Seine Jünger sind verblüfft ob dieser Worte, und der Meister fährt zu reden fort:
31 »Ich sage euch, ihr Männer, wer auf Geld und Gut vertraut, vertraut nicht Gott und wird auch nicht ins Königreich der Seele kommen.
32 Wahrlich, ein Kamel schlüpft eher durch ein Nadelöhr, als daß ein Reicher in den Himmel kommt.«
33 Die Jünger fragen: »Wer kann dann den Weg noch finden und gerettet werden?« Jesus sagt: »Der Reiche gebe seinen Reichtum, und der Stolze neige sich zur Erde, um den Staub zu küssen. So kann Gott sie beide retten.«
34 Dann spricht Jesus dieses Gleichnis:
35 »Ein Reicher lebte herrlich und in Freuden. Seine Tafel war gedeckt mit allen Köstlichkeiten, die das Land zu bieten hatte, und er trug die feinsten Kleider, die es gab.
36 Ein lahmer blinder Bettler namens Lazarus saß alle Tage dort im Hinterhof und teilte mit den Hunden, was vom Tisch des Reichen fiel.
37 Eines Tages starb der Bettler. Engel trugen ihn hinan und legten ihn behutsam in die Arme Vater Abrahams.
38 Der reiche Mann starb ebenfalls und ward in einem goldgeschmückten Sarg begraben. Wie er in der reinigenden Glut des Feuers seine Augen öffnet, ist er tief enttäuscht.
39 Er schaut gen Himmel und erblickt den Bettler friedlich in den Armen Abrahams. Da ruft er laut in seelischer Verbitterung:
40 ›Mein Vater Abraham, sei gnädig deinem Sohn. Ich leide fürchterliche Qualen in des Feuers Glut
41 und fleh' dich an, mir Lazarus zu schicken, daß er mir mit einem kühlen Trunk die ausgedörrte Zunge netze.‹
42 Abraham jedoch entgegnet ihm: ›Mein Sohn, in deinem Erdenleben hattest du das Beste, und der Bettler Lazarus das Schlechteste. Und damals warst du nicht bereit, ihm einen Trunk zu reichen, sondern triebst ihn von der Schwelle deines Hauses.
43 Jetzt erfüllt sich das Gesetz. Der Bettler ist bei mir, und du mußt deine Schuld begleichen.
44 Außerdem befindet sich ein tiefer Abgrund zwischen dir und mir. Ich könnte Lazarus nicht zu dir schicken, selbst wenn ich es wollte, und auch du kannst nicht zu uns gelangen, bis du deine Schuldenlast bezahlt hast.‹
45 Wieder ruft der reiche Mann verzweifelt: ›Abraham, ich bitte dich, so

sende Lazarus zurück zur Erde und in meines Vaters Haus. Er möge meine Brüder, welche noch im Leben weilen, vor den Qualen dieses Ortes warnen, so daß sie zu dir und nicht zu mir gelangen.‹
46 Abraham jedoch entgegnet: ›Deine Brüder haben Moses und die Seher. Daran sollen sie sich halten.‹
47 ›Von den Schriften wollen sie nichts wissen‹, sagt der reiche Mann. ›Sie würden eher glauben, käme einer aus dem Grab zurück.‹
48 Doch Abraham entgegnet: ›Wenn sie nichts von Moses und den Sehern halten, werden sie auch nicht auf einen Toten hören, selbst wenn dieser mitten unter ihnen stünde.‹«
49 Petrus sagt: »Wir haben alles aufgegeben, Herr, um dir zu folgen. Was ist unsere Belohnung?«
50 Jesus sagt: »Fürwahr, ich sage euch, ihr werdet, da ihr alles aufgegeben habt, um mir zu folgen, in ein neues Leben kommen, das mit Christus tief in Gott geborgen ist.
51 Ihr werdet mit mir sitzen auf dem Thron der Macht und mit mir richten über alle Stämme Israels.
52 Wer überwindet, wer dem Christus folgt, wird hundertmal so viel gewinnen, als das Erdenleben bieten kann, und ewig leben wird er in der Welt der Wahrheit.«

Gleichnis über rechte Belohnung. Jesus über Ehebund und über Eunuchen.

143 Der Meister steht am See Genezareth. Die Menge ist um ihn. Da tritt ein Mann hervor und fragt:
2 »Teilt Gott Belohnung aus für eine gute Tat, wie das die Menschen tun?«
3 Und Jesus sagt: »Ein Mensch kann kaum ermessen, was ein anderer geleistet hat. Er lebt in einer Scheinwelt.
4 Einer tut ein großes Werk, und in den Augen der Gesellschaft ist er einer Anerkennung und Belohnung würdig.
5 Ein anderer ist auf des Lebens Bühne ein Versager und wird nicht beachtet von der Welt.
6 Der Mensch kennt nicht des Menschen Herz. Nur Gott schaut tief in seine Seele. Ist der Tag zu Ende, mag es sein, daß Gott den einen, der dem Räderwerk der Arbeit unterlag, belohnt und jenen anderen bestraft, der das Idol der Menschen war.«
7 Dann spricht der Meister dieses Gleichnis: »Vergleichbar ist das Reich der Seele einem Manne, der ein großes Gut besitzt.
8 Am frühen Morgen fährt er auf den Markt, um Knechte für die Ernte anzuwerben.
9 Drei Männer findet er, die er zum Lohn von einem Heller für den Tag in seine Dienste nimmt. Er schickt sie gleich auf seine Felder.
10 Zur dritten Tagesstunde fährt der Gutsherr wieder auf den Markt, und diesmal warten fünf auf Arbeit. ›Ich bezahle euch, was recht ist, sagt er.‹ Und auch diese schickt er auf die Felder.
11 Zur sechsten Stunde fährt der Gutsherr wieder auf den Markt und findet sieben Knechte, die auf Arbeit warten. Diese schickt er ebenfalls auf seine Felder.
12 Zur elften Stunde fährt er wieder hin und findet zwölf, die müßig war-

ten. ›Weshalb steht ihr hier herum?‹ fragt er.
13 ›Wir haben keine Arbeit, niemand hat uns angeworben‹, sagen sie.
14 So schickt der Gutsherr nun auch diese auf die Felder.
15 Am Abend jenes Tages sagt der Gutsherr zum Verwalter: ›Rufe nun die Männer von den Feldern und bezahle sie für ihre Arbeit. Jeder Knecht nimmt einen Heller für sein Tagewerk entgegen.‹
16 Wie die letzten Männer einen vollen Heller ausgezahlt erhalten, sind die ersten sehr enttäuscht und sagen:
17 ›Jeder dieser zwölf hat doch nur eine Stunde lang gedient und wir den ganzen Tag, dazu noch in der Mittagshitze. Sollten wir nicht mindestens das Doppelte erhalten?‹
18 Doch der Gutsherr sagt zu ihnen: ›Meine Freunde, es geschieht euch ja kein Unrecht. Haben wir nicht einen festen Preis von einem Heller für den Tag vereinbart, als ihr Arbeit suchtet? Ihr habt euren vollen Lohn erhalten.
19 Was bekümmert's euch, ob andere mehr oder weniger verdienen? Nehmt, was euer ist, und seid zufrieden. Jenen Zwölfen gebe ich dasselbe, wie den Drei, den Fünf und auch den Sieben.
20 Ihr Bestes haben sie gegeben, und so könnt auch ihr nur euer Bestes leisten.‹
21 Die Berufung eines Menschen hängt von der Gesinnung seines Herzens ab.«
22 Ein Pharisäer kommt und fragt den Meister: »Herr, ist es gestattet, daß ein Mann von seinem Weib sich scheidet?«
23 Und Jesus gibt zur Antwort: »Ich denke mir, daß ihr das wißt. Was sagt das jüdische Gesetz?«
24 »Dem jüdischen Gesetz entsprechend«, meint der Pharisäer, »ist die Scheidung möglich.«
25 Jesus sagt: »Ja, weil des Menschen Herz verhärtet ist, hat der Gesetzesgeber eine Möglichkeit zur Scheidung vorgesehen. Doch am Anfang war das nicht so.
26 Gott schuf für den Mann die Frau — und beide waren eins. Dann sagte Gott, der Mann muß fort von seinem Elternhaus, um seinem Weibe anzuhangen. Fortan gibt es keine Trennung mehr, denn Mann und Frau sind eins.
27 Was Gott geeint, das soll der Mensch nicht trennen.«
28 Später fragt man Jesus, wie es sich im einzelnen verhalte mit der Angelegenheit der Scheidung.
29 Jesus wiederholt, was er dem Pharisäer sagte, und erklärt das höhere Gesetz des Ehelebens so:
30 »Wer seine Frau verläßt, um eine andere zu nehmen, der hat Ehebruch verübt, es sei denn, seine erste Frau war eine Dirne.
31 Eine Frau, die ihren Mann verläßt, um eines andern Mannes Weib zu sein, hat Ehebruch verübt, es sei denn, daß ihr erster Mann ein Ehebrecher und ein Wüstling war.«
32 Thomas fragt nun: »Meister, was ist Ehebruch?«
33 »Ein Mann«, sagt Jesus, »welcher lüsterne Gedanken hegt und eine Frau begehrt, die nicht die seine ist, der ist ein Ehebrecher.
34 Eine Frau, die sinnliche Gedanken hegt und einen Mann begehrt, der nicht der ihre ist, ist eine Dirne.

35 Ein Gesetz, das Mann und Frau im Ehebund vereint, ist Menschenwerk und nichtig.
36 Sind sich zwei in Liebe zugetan, besteht kein Wunsch zur Sinnenlust. Die Frau will ihren Mann nicht lassen, und der Mann hat keinen Wunsch, sie fortzuschicken.
37 Mann und Frau, die lüsterne Gedanken hegen und begehrlich sind nach einem fremden Leib, sind nicht von Gott geeint — sind niemals eins.«
38 Philippus fragt den Meister: »Herr, sind es nur wenige, die Gott in seinem Heil'gen Bunde eint?«
39 Und Jesus gibt zur Antwort: »Gott kennt alle, welche reinen Herzens sind. Die Lüsternen sind lediglich Geschöpfe ihrer niederen Natur. Sie können weder eins sein miteinander noch mit Gott.«
40 »So ist es wohl für uns am besten«, meint Nathanael, »wenn wir das Band der Ehe meiden.«
41 Jesus sagt: »Kein Mensch ist rein, nur weil er ledig ist. Der Lüstling ist ein Ehebrecher, gleichviel, ob im Bund der Ehe oder nicht.«
42 Dann wendet sich der Meister allen zu und sagt: »Gar manches lernt der Mensch durch Menschenmund. Doch vieles bleibt ihm unbekannt, bis sich die Tore seines höheren Bewußtseins öffnen.
43 Ein Geheimnis, dessen Sinn ihr jetzt noch nicht versteht, will ich euch sagen. Einmal werdet ihr es fassen.
44 Fremd ist dem Eunuchen die Begierde. Manche sind geborene Eunuchen, manche sind Eunuchen durch des Menschen Hand, und manche sind Eunuchen durch den Heil'gen Odem, der sie für den Himmel frei macht durch den Christus.
45 Wer die Worte, die ich sprach, verstehen kann — verstehe.«

Der verlorene Sohn.

144 Am Ende ihrer Wanderung durch Galiläas Städte kommen Jesus und die Jünger nach Tiberias. Sie treffen dort mit einigen zusammen, die den Namen Christi ehren.
2 Und der Meister spricht zu ihnen über das Verborgene im Inneren des Menschen. Als die Menge kommt, um ihn zu hören, redet er ein Gleichnis:
3 Jesus sagt: »Ein reicher Gutsherr hat zwei Söhne. Seines Lebens auf dem väterlichen Gutshof wird der jüngere der beiden überdrüssig.
4 ›Vater‹, sagt er, ›bitte teile deinen Reichtum, gib mir meinen Anteil, und ich suche mir mein Glück in einem fremden Land.‹
5 Der Vater gibt ihm das gewünschte Erbe, und der junge Mann zieht fort.
6 Er ist jedoch ein Taugenichts und hat nur allzubald den ganzen Reichtum in der Sünde Sold verschwendet und verpraßt.
7 Wie nichts mehr übrig ist, verdingt er sich als Schweinehirt auf eines Bauern weit entferntem Feld.
8 Dort kümmert sich kein Mensch um ihn, und wenn er hungrig ist, ernährt er sich vom Futter aus dem Schweinetrog.
9 Nach vielen Tagen sagt er zu sich selbst: ›Mein Vater ist ein reicher Gutsherr. Viele Knechte hat er, welche satt sind, während ich, sein Sohn, vom Schweinefutter leben muß.

10 Ich kann natürlich nicht erwarten, daß man mich als Sohn des Hauses wieder aufnimmt. Dennoch will ich mich ermannen, will zurück zu meinem Vater gehen, will ihm meine Schuld bekennen und will sagen:
11 ›Vater, nun bin ich zurückgekommen, doch ich bin ein Taugenichts und habe meine Erbschaft in der Sünde Sold verpraßt. Ich bin nicht wert, dein Sohn genannt zu werden.
12 Gib mir unter deinen Knechten einen Platz, allwo ich Obdach finde vor den Stürmen und genug zu essen habe.‹
13 Nach diesem Selbstgespräch erhebt er sich und macht sich auf den Weg nach Hause. Seine Mutter sieht ihn schon von weitem kommen,
14 denn der Mutter Herz fühlt ihres Kindes Heimweh längst voraus.
15 Der Vater kommt, und beide Eltern gehen Hand in Hand dem Sohn entgegen. Groß ist ihre Freude.
16 Reuevoll erfleht der Sohn die Gnade seiner Eltern und ersucht um Obdach bei den Knechten; doch die elterliche Liebe triumphiert.
17 Das Tor steht offen, und die Eltern heißen ihren Sohn willkommen.
18 Nunmehr ruft der Vater seine Diener. ›Geht‹, sagt er, ›und bringt für meinen Sohn die schönsten Kleider und die besten Schuhe, wie für seinen Finger einen Ring aus purem Gold.
19 Dann geht und schlachtet unser bestes Kalb, wir wollen feiern.
20 Unser totgeglaubter Sohn ist heimgekehrt. Das Kleinod, das verloren schien, ist uns zurückgegeben worden.‹
21 Dann beginnt das Fest, und alle sind vergnügt. Am späten Abend kommt der ältere der beiden Söhne von der Arbeit auf dem Feld nach Hause.
22 Wie er hört, daß man zu Ehren seines Bruders, der als Taugenichts zurückgekommen ist, ein großes Fest bereitet, ist er tief gekränkt und weigert sich, ins Haus zu gehen.
23 Unter Tränen bitten ihn die Eltern, seinem Bruder zu verzeihen, doch er will davon nichts hören.
24 ›All die vielen Jahre bin ich nun daheim geblieben‹, sagt er, ›habe Tag um Tag gedient und euren strengsten Anweisungen bin ich nachgekommen.
25 Niemals ist für mich ein Kalb geschlachtet, niemals nur das kleinste Fest gefeiert worden.
26 Aber jetzt, da euer Sohn, der Taugenichts, der fortgegangen war, sein Erbe in der Sünde zu vertun, zurückgekommen ist, laßt ihr das fetteste der Kälber schlachten, um ein großes Fest zu feiern.‹
27 ›Mein geliebter Sohn‹, sagt da der Vater, ›was ich habe, ist doch dein, und bist stets dabei, wenn wir uns freuen.
28 Deshalb ist es richtig, daß wir unsrer Freude Ausdruck geben bei der Heimkehr deines Bruders, den wir zu den Toten zählten.
29 Mag er sich mit Dieben und mit Dirnen abgegeben haben, er ist dennoch unser Sohn und immer noch dein Bruder.‹«
30 Dann sagt Jesus, so daß alle es vernehmen: »Wer ein Herz besitzt zu fühlen und wer Ohren hat zu hören, wird den Sinn des Gleichnisses verstehen.«
31 Hiernach geht der Meister mit den Jüngern nach Kapernaum.

Jesu prophetische Worte. Gleichnis vom Richter und der Witwe. Gleichnis vom Pharisäer und vom Sünder in der Synagoge.

145 Eine Gruppe Pharisäer kommt zu Jesus, und der Sprecher sagt: »Rabboni, ihr habt oft gesagt, das Königreich ist nah.
2 Bei Daniel lesen wir, daß Gott ein Königreich begründen wird. Meint ihr dasselbe Königreich wie der Prophet? Wenn das so ist, wann wird es kommen?«
3 Jesus gibt zur Antwort: »Alle unsere Propheten haben Gottes Königreich geweissagt. Wahrlich, es ist nah genug. Doch Menschenaugen können es nicht sehen.
4 Unsichtbar bleibt es dem Auge, denn es ist im Inneren.
5 Fürwahr, ich habe es gesagt und sage es erneut: Nur der, der reinen Herzens ist, wird seinen König schauen. Alle Menschen reinen Herzens sind des Königs Diener.
6 Ändert euch und laßt von euren Sünden ab. Macht euch bereit, oh ja, macht euch bereit, das Königreich ist nah.«
7 Dann wendet er sich seinen Jüngern zu und sagt: »Die Zeit des Menschensohnes geht zur Neige.
8 Nicht mehr ferne ist der Tag, an welchem ihr euch sehnen werdet nach der Zeit, da ich noch bei euch war. Doch diese Zeit kommt nicht zurück.
9 Viele werden sagen: ›Hier ist Christus – dort ist Christus.‹ Laßt euch nicht beirren und folgt nicht dem trügerischen Ruf.
10 Wenn er, der Sohn des Menschen, wiederkommt, wird niemand mehr im Zweifel sein, denn wie der Blitz die Nacht beleuchtet, wird der Menschensohn den Himmel und die Erde hell erstrahlen lassen.
11 Ich sage euch, Geschlechter geh'n und kommen, eh der Menschensohn in seiner ganzen Macht erscheinen wird, und niemand wird dann sagen: ›Hier ist Christus – dort ist Christus.‹
12 Wie es vor der Flut zu Noahs Zeiten war, so wird es wieder sein. Sie aßen, tranken, waren heiter und vergnügt und sangen Lieder voller Lust und Fröhlichkeit.
13 Sie ahnten nichts von ihrem Unheil, bis die Arche fertig war und Noah sie betrat. Dann kam die Flut und schwemmte sie hinweg.
14 Nicht anders war es in den Tagen Lots. Man aß und trank, man kaufte und verkaufte, pflanzte, erntete, vergnügte sich in Sinnenlust und kümmerte sich nicht um seinen Nächsten.
15 Als der gerechte Lot von dannen ging, da bebte ihre Stadt, und Feuer fiel vom Himmel.
16 Dann tat sich der Schlund der Erde auf, verschlang die Stadt mit ihrem Reichtum und den Menschen, um sich nie mehr zu erheben.
17 Also wird es sein, wenn einst der Sohn des Menschen wiederkommt in seiner ganzen Macht.
18 Ich sage euch, ihr Männer, und ich werde es den Menschen später wiederholen: Wenn euch euer Leben lieb ist, lasset Hab und Gut zurück und flieht. Schaut euch nicht um nach dem zusammenstürzenden Gemäuer, das die Sünde birgt. Laßt euch Lots Weib als Warnung dienen.
19 Wer sein Leben retten will, wird es verlieren. Wer sein Leben läßt im Dienst am Leben, wird es retten.

20 In der Zeit des Sichtens wird von zwei Männern, die zur Nachtzeit schlafen, einer weggeholt – der andre nicht. Zwei Frauen schaffen Hand in Hand, die eine wird hinweggeholt, die andre nicht.«
21 Die Jünger bitten nun den Meister: »Herr, erkläre uns das Gleichnis oder ist es keines?«
22 Jesus sagt: »Die Weisen werden es verstehen. Wo das Brot des Himmels ist, da findet man die Menschen reinen Herzens. Wo die Leichen liegen, sind die Geier.
23 Ich aber sage euch, eh diese Tage kommen, wird der Menschensohn von einem unter euch verraten werden, und er gibt sein Leben hin für euch und für die Menschheit.
24 Mehr noch! Machtvoll kommt der Heil'ge Odem und erfüllt euch mit der Weisheit der Gerechten.
25 Die Geschichte meines Lebens sollt ihr dann in Galiläa, in Samaria und in der ganzen Welt berichten.«
26 Um die Wichtigkeit des unentwegten Betens zu erläutern, spricht der Meister dieses Gleichnis:
27 »Es lebte einst ein Richter, welcher weder Gott noch Menschen fürchtete,
28 und eine Witwe, die ihn immer wieder anging, ihre Feinde zu verderben, um das Unrecht, das ihr widerfahren war, zu sühnen.
29 Erst will sie der Richter gar nicht sehen, doch nach vielen Tagen sagt er:
30 ›Weder Gott noch Menschen fürchte ich, doch ehe diese Frau mit ihrem unentwegten Bitten mich zermürbt, will ich sie hören.«
31 Als die Jünger bitten, ihnen dieses Gleichnis zu erklären, sagt der Meister: »Weise können es verstehen, Narren kümmert's nicht.«
32 Sodann spricht er ein neues Gleichnis, weil er einigen von denen, die ihm folgen, die sich besser dünken als die anderen, die Wahrheit sagen will.
33 »Zwei Männer«, sagt er, »gehen in die Synagoge, um zu beten. Einer ist ein Pharisäer und der andere ein Sünder.
34 Der Pharisäer stellt sich hin und sagt: O Gott, ich danke Dir, daß ich nicht bin wie jener Sünder, daß ich keinen Wucher treibe, keinen Ehebruch begehe und kein Unrecht tue.
35 Zweimal faste ich die Woche und den Zehnten gebe ich von allem, was ich habe.‹
36 Der Sünder stellt sich nicht in Positur und blickt auch nicht zum Himmel auf. Er schlägt sich an die Brust und sagt:
37 ›Oh sei mir gnädig Herr, ich bin ein Sünder und vor Dir entehrt.‹
38 Ich sage euch, ihr Männer Israels, der Sünder wußte, wie man beten soll, und Gott hat ihm verziehen.
39 Doch der Pharisäer, der sich selber gerne reden hört, verläßt die Synagoge, und gerichtet und verurteilt geht er seines Weges.
40 Wer sich rühmt, der wird erniedrigt, und wer sich erniedrigt, wird im Angesicht des Herrn erhöht.«

Miriams Gesang. Himmlische und irdische Regentschaft.

146 Jesu Werk in Galiläa geht zu Ende. Boten schickt der Meister durch das Land, und viele

kommen, um aus seiner Hand den Abschiedssegen zu empfangen.
2 Unter ihnen ist ein Arzt mit Namen Lukas, ein gebildeter Assyrer aus Antiochien, ein gerechter, ehrenwerter Mann.
3 Theophilus, griechischer Senator und Prälat an Cäsars Hof, und viele andere von Ruf und Rang sind auch zugegen.
4 Miriam singt, und dies ist ihr Gesang:
5 »Heil dem Tagesstern des Höchsten! Heil dem Christus, der da war und ist und ewig sein wird!
6 Heil der Dunkelheit des Schattens! Heil den Menschen guten Willens!
7 Heil dir, triumphaler König, der du mit dem Tode ringst, ihn siegreich überwindest und Unsterblichkeit den Menschen bringst.
8 Heil dem überwund'nen Kreuz, der Lanze, die zersplittert!
9 Heil der triumphalen Seele! Heil dem leeren Felsengrab!
10 Heil dir, den die Menschen schmähen, den die Menge von sich stößt, erhoben wirst du auf den Thron der Macht.
11 Heil! Du hast die Menschen, welche reinen Herzens sind, zu dir auf deinen Thron berufen.
12 Heil dem Schleier, der zerreißt, damit der Weg zur höchsten Himmelspforte allen Menschen offensteht.
13 So freut euch denn, ihr Menschen, und frohlocket.
14 Bringt herbei die Harfe, schlagt die Saiten an und bringt herbei die Flöte mit den höchsten Tönen.
15 Der Mensch, der in der Tiefe liegt, wird nunmehr hoch erhoben. Jener, der im Dunkel und im Tal des Todes geht, wird auferstehen. Gott und Mensch sind eins geworden.
16 Halleluja! Lobt den Herrn in Ewigkeit.«
17 Jesus blickt zum Himmel auf und sagt:
18 »Mein Vater-Gott, der Segen Deiner Liebe, Deiner Weisheit, Deiner Gnade möge immerfort auf diesen Männern ruhen.
19 Aus ihrer Mitte wird die Lampe weggenommen. Wenn das Licht der Seele nicht mehr leuchtet, müssen sie allein den Weg des Todes und der Finsternis beschreiten.«
20 Hiernach sagt er allen Lebewohl.
21 Der Meister geht nun mit Maria, seiner Mutter, Miriam und den Jüngern, wie auch mit Maria, Mutter von Jakobus und Johannes, nach Jerusalem.
22 Man will zum Fest, und viele, welche Jesus lieben, gehen mit.
23 Unterwegs gelangen sie zur Enon-Quelle, nah bei Salem, wo der Täufer lehrte.
24 Als sie bei der Quelle lagern, wendet sich Maria, Mutter des Johannes und Jakobus, an den Meister:
25 »Herr«, sagt sie, »das Königreich ist nah. Ich möchte dich um eine Gunst ersuchen. Lasse diese meine beiden Söhne mit dir auf dem Thron zu deiner Rechten und zu deiner Linken sitzen.«
26 Jesus sagt zu ihr: »Du weißt nicht, Weib, was du verlangst.«
27 Dann wendet er sich zu Johannes und Jakobus: »Seid ihr auch gewillt und stark genug«, fragt er, »den Kelch, der mir bestimmt ist, einstmals selbst zu leeren?«
28 »Ja Herr«, sagen beide, »wir sind stark genug und willens, dir, wohin du gehst, zu folgen.«

29 Jesus sagt: »Fürwahr, ihr sollt aus meinem Becher trinken. Aber ich bin nicht der Richter, der bestimmt, wer mir zur Rechten und zur Linken sitzen wird.
30 Nur solche, die den Glauben haben und das Leben Gottes wahrhaft leben, sitzen auf dem Thron der Macht.«
31 Wie nun die Jünger hören, was die Mutter sich erbat und daß Johannes und Jakobus sich vom Meister eine ganz spezielle Gunst erhoffen, sind sie ungehalten.
32 »Wem kann man noch trauen«, sagen sie, »wir meinten doch, Johannes und Jakobus wären solcher Selbstsucht längst entwachsen.«
33 Jesus sagt: »Wie schwierig ist es für das Kind der Welt, den Wesenskern des Seelenreiches zu begreifen.
34 Diese beiden Jünger scheinen nicht zu wissen, daß Regentschaft in den Himmeln nichts zu tun hat mit Regentschaft auf der Erde.
35 Die Herrscher dieser Erde, die sich selbst zur Macht erhoben haben, zeigen gerne ihre Stärke und regieren mit Gewalt.
36 Doch ihr sollt wissen, daß die Wesen, die im Licht regieren, jene sind, die keine Macht erstreben, sondern in des Menschen Dienst ihr Leben opfern.
37 Der wirklich Große ist der Diener aller. Und der höchste Sitz im Himmel steht zu Füßen dessen, der auf Erden der Geringste war.
38 Ich stand in Gottes Herrlichkeit, noch eh die Welt erschaffen ward. Und dennoch komme ich, um aller Welt zu dienen, um mein Leben für die Menschen hinzugeben und die Erde zu erlösen.«
39 Hiernach bricht man auf und wandert weiter nach Jerusalem.

Weigerung der Pharisäer, Jesu Sendung anzuerkennen. Zweimaliger Versuch, ihn zu steinigen.

147 Viele Juden aus Judäa, Galiläa und Samaria sind in Jerusalem beim Fest.
2 Magister des Gesetzes und des Rechtes wie auch Pharisäer wandeln mit dem Meister in der Halle Salomons.
3 Ein Schriftgelehrter nähert sich und fragt: »Rabboni, sagt, warum laßt ihr das Volk im ungewissen? Wenn ihr wirklich der Messias seid, von welchem die Propheten kündeten, dann sagt es uns.«
4 Der Herr entgegnet ihm: »Fürwahr, ich habe es euch oft genug gesagt, jedoch ihr glaubt mir nicht.
5 Niemand kann die Werke tun, wie ich sie tue. Niemand kann die Wahrheit bringen, so wie ich sie bringe – außer Gott hat ihn gesandt.
6 Die Werke, die ich tat, die Worte, die ich sprach, sind meine Zeugen.
7 Gott hat mich gerufen, und wer Ohren hat, des Himmels Stimme zu vernehmen, hat den Ruf gehört und glaubt an mich. Gott selber ist mein Zeuge.
8 Ihr jedoch hört nicht die Stimme Gottes. Eure Ohren sind verschlossen, seine Werke könnt ihr nicht begreifen, denn vom Ich ist euer Herz erfüllt.
9 Ihr Heuchler, Unruhstifter, Störenfriede wollt die Männer, die mir Gott gegeben hat, in eure Fallen locken.

Ihr versucht sie spitzfindig mit Lügen zu vergiften, um sie Gottes Armen zu entreißen.
10 Diese Männer aber sind geprüft, und keinen könnt ihr mir entwinden,
11 denn mein Vater, der sie mir gegeben hat, ist größer als ihr alle, Er und ich sind eins.«
12 Bei diesen Worten nehmen einige der Juden Steine auf und rufen: »Nunmehr haben wir genug gehört. Hinweg mit ihm! Er soll gesteinigt werden!«
13 Joseph von Arimathia, einer aus dem Sanhedrin, ist auch zugegen.
14 »Männer Israels, vergreift euch nicht an ihm zu dieser Stunde«, ruft er, »legt die Steine weg und laßt Vernunft die Oberhand gewinnen über eure Leidenschaft.
15 Ihr wißt ja nicht, ob ihr im Recht seid. Sollte er beweisen, daß er der Messias ist, und sollte er von euch gesteinigt werden, müßte Gottes Zorn für immer auf euch lasten.«
16 Jesus sagt: »Fürwahr, ich tat die Werke meines Vaters. Eure Kranken habe ich geheilt, die Blinden können wieder sehen, Taube wieder hören, Lahme wieder gehen, und aus euren Freunden habe ich Dämonen ausgetrieben.
17 Sagt mir denn, für welche dieser Taten habe ich den Tod verdient?«
18 Sie aber rufen: »Nicht der Taten wegen wollen wir dich töten, sondern wegen deiner Gotteslästerung. Du bist doch nur ein Mensch, behauptest aber dennoch, eins zu sein mit Gott.«
19 Da entgegnet Jesus: »Einer unserer Propheten sagte zu den Menschensöhnen, ›ihr seid Götter‹.
20 Hört denn, Männer Israels, wenn einer der Propheten solches sagte, wie könnt ihr mir Gotteslästerung zum Vorwurf machen, weil ich mich als Gottes Sohn bezeichne?
21 Meinen Worten glaubt ihr nicht, doch meines Vaters Wirken solltet ihr in meinen Werken sehen. Wissen müßtet ihr daher, daß ich im Vater bin und Er in mir.«
22 Da nehmen sie die Steine wieder auf und hätten ihn zu Tod gesteinigt. Doch der Herr entzieht sich ihren Blicken und verläßt den Tempel.
23 Mit den Jüngern wandert er nach Jericho. Dann überqueren sie den Jordan, um nach Bethabara zu gelangen.

Die Erweckung des Lazarus.

148 Eines Tages, als der Herr in Araba mit seinen Jüngern eine stille Andacht hält, erscheint ein Bote aus dem Hause Lazarus und sagt:
2 »Dein Freund, Rabbonni, ist erkrankt und liegt im Sterben. Seine Schwestern bitten dich, du mögest eilends zu ihm kommen.«
3 Jesus sagt zu seinen Jüngern: »Wahrlich, Lazarus ist eingeschlafen, und ich werde nach Bethanien gehen, ihn zu wecken.«
4 Doch die Jünger meinen: »Weshalb zu ihm gehen? Wird er nicht von selbst erwachen?«
5 Jesus aber sagt: »Es ist der Schlaf des Todes. Lazarus ist tot.«
6 Jedoch der Herr beeilt sich nicht. Er bleibt in Araba zwei Tage. Hiernach sagt er zu den Jüngern: »Nunmehr ist die Stunde da, wir wollen nach Bethanien gehen.«

7 Doch die Jünger bitten ihn zu bleiben. »Herr, die Juden warten nur auf deine Rückkehr«, sagen sie, »um dich zu töten.«
8 Jesus aber sagt: »Die Menschen können mich nicht töten, bis ich mich in ihre Hände gebe.
9 Wenn die Stunde meines Todes kommt, dann werde ich mein Leben selber niederlegen. Nahe ist die Zeit, und alles liegt in Gottes Hand. So sei es denn — der Menschensohn muß gehen.«
10 Thomas sagt: »Dann gehen wir mit ihm. Wir wollen unser Leben wagen und, wenn nötig, mit ihm sterben.« Sie erheben sich und folgen ihrem Meister nach Bethanien.
11 Maria, Ruth und Martha, wie auch viele ihrer Freunde trauern um den toten Lazarus. Ein Diener kommt und sagt: »Der Herr ist da.«
12 Die weinende Maria hört die Worte nicht, doch Ruth und Martha stehen auf und gehen ihm entgegen, da er sie am Gartentor erwartet.
13 Kaum hat Martha ihn begrüßt, sagt sie: »Du bist zu spät gekommen — Lazarus ist tot. Oh wärest du bei uns geblieben, unser Bruder wäre nicht gestorben.
14 Trotzdem könntest du noch jetzt den Tod bezwingen, könntest mit dem Wort der Macht erneut den Leib beseelen, dessen bin ich sicher.«
15 Jesus sagt: »Dann freue dich, denn Lazarus wird leben.«
16 »Ich weiß«, entgegnet sie, »daß unser Bruder auferstehen wird, wenn alle Toten auferstehen.«
17 »Ich bin die Auferstehung und das Leben,« sagt der Herr. »Wer an mich glaubt, sogar im Tod, wird ewig leben.
18 Wer am Leben ist und an mich glaubt, wird nimmer sterben. Glaubst du auch, was ich dir sage?«
19 Martha sagt zu ihm: »Ich glaube Herr, daß du gekommen bist, den Christusgeist zu offenbaren.«
20 »Gehe denn und rufe mir Maria, deine Schwester«, sagt er, »die Prophetin Miriam, wie auch meine Mutter. Sage ihnen, daß ich hier an dieser Stelle auf sie warten werde.«
21 Ruth und Martha folgen seiner Weisung, und nach kurzer Weile trifft man sich beim Gartentor.
22 Maria sagt: »Warum bist du nicht gleich gekommen, Meister, unser Bruder Lazarus wär nicht gestorben.«
23 Hiernach geht der Meister mit der kleinen Schar zum Haus, und wie er sieht, daß alle weinen, ist er selbst von Schmerz bewegt und fragt: »Wo ist das Grab, in dem er liegt?«
24 Man sagt: »Komm, Herr, und sieh.« Da weint auch Jesus.
25 Flüsternd sagen manche: »Seht, wie er ihn liebte.
26 Hätte er nicht auch den Bruder retten können, da er Blindgeborenen das Augenlicht verlieh?«
27 Bald steht die Schar der Trauernden beim Grabmal, das aus einem großen Felsblock ausgehauen ist. Ein schwerer Stein verschließt den Eingang.
28 Jesus bittet: »Hebt den Stein beiseite.«
29 Martha aber meint: »Rabboni, ist es ratsam, ihn zu sehen? Ist es doch bereits der vierte Tag, und die Verwesung muß begonnen haben.«
30 Jesus aber sagt zu ihr: »Hast du vergessen, Martha, was ich meinte, als wir uns beim Gartentor getroffen haben? Sagte ich dir nicht, daß du die

Herrlichkeit des Herrn erleben wirst?«
31 Nun rollen sie den Stein beiseite, die Verwesung hat noch nicht begonnen. Jesus hebt den Blick zum Himmel auf und sagt:
32 »Mein Vater, der Du immer mein Gebet erhörst, ich danke Dir. Auf daß die Völker wissen sollen, wer mich sandte, wissen mögen, daß wir eins sind, Du und ich – gib Kraft dem Wort der Macht.«
33 Sodann spricht er das Wort. Mit einer Stimme, welche Seelen hören, sagt er: »Lazarus erwache!«
34 Da erhebt sich Lazarus. Er schreitet aus dem Felsengrab. Die Leichentücher sind noch fest um ihn gewunden.
35 Jesus sagt: »Befreit ihn von den Tüchern, und dann laßt ihn gehen.«
36 Alle sind erstaunt, und viele aus dem Volk bekennen sich nach dieser Wundertat zu Christus.
37 Die Kunde von des Lazarus Erweckung wird den Pharisäern überbracht.
38 Die Oberpriester sind bestürzt und fragen sich: »Was sollen wir beginnen? Mächtig sind die Werke dieses Mannes. Wenn wir ihm nicht Halt gebieten, wird die Menge ihn zum König machen. Mit der Hilfe Roms wird er den Thron besteigen, und vorbei ist unsre Macht.«
39 Die Hohenpriester und die Pharisäer schmieden daher Pläne, wie sie ihn dem Tode überliefern könnten.
40 Kaiphas, der zur Zeit der Hohepriester ist, läßt sich vernehmen:
41 »Männer Israels, ihr kennt doch das Gesetz und solltet wissen, daß zur Zeit des Passahfestes einer die Verfehlungen des ganzen Volkes auf sich nehmen kann, um die Nation zu retten.«
42 Kaiphas weiß es nicht, daß er wie ein Prophet in diesem Augenblick die Wahrheit spricht.
43 Er kann nicht wissen, daß die Zeit gekommen ist, in welcher Jesus sich für Juden, Griechen, ja für alle Menschen opfert und die ganze Welt erlösen wird.
44 Von dieser Stunde an beraten sich die Juden täglich, wie sie Jesus töten könnten.
45 Jesus und die Jünger bleiben nicht im Hause Lazarus. Sie wandern in das Hügelland von Ephraim, wo sie für kurze Zeit ein Obdach finden.

Das Gleichnis von den Talenten.

149 Das große Passahfest ruft jeden treuen Juden nach Jerusalem.
2 Zehn Tage vor dem Fest verlassen Jesus und die Zwölf das Hügelland von Ephraim und wandern durch das Jordantal nach Jericho.
3 Als sie die Stadt betreten, eilt ein Mann herbei, ein reicher Zöllner, welcher Jesus sehen möchte. Doch der Mann ist klein und das Gedränge groß, so daß er ihn nicht sehen kann.
4 Am Wegrand steht ein Baum, der Mann erklettert ihn und findet einen Sitzplatz im Geäst.
5 Als Jesus kommt, erblickt er ihn und sagt: »Zachäus komm herab. Ich möchte heute bei dir wohnen.«
6 Und Zachäus steigt vom Baum herab, um voller Freude Jesus zu begrüßen. Doch die Männer strengen Glaubens sind empört und meinen:

7 »Welche Schande ist es doch, daß er bei Zöllnern und bei Sündern wohnt.«
8 Doch Jesus achtet nicht auf ihr Gerede. Mit Zachäus, einem Mann des Glaubens, unterhält er sich im Weitergehen, und Zachäus sagt:
9 »Ich habe stets versucht, das Richtige zu tun. Den Armen gebe ich die Hälfte meines Reichtums, und wenn je ich einen Menschen übervorteilt habe, mache ich das Unrecht wieder gut, indem ich ihm das Vierfache zurückerstatte.«
10 Jesus sagt zu ihm: »Dein Leben und dein Glaube sind dem Himmel wohl bekannt, und Gottes Segen ruht auf dir und deinem Haus zu jeder Zeit.«
11 Zu allen spricht dann Jesus dieses Gleichnis: »Ein Vasall des Kaisers ward zum König ausgerufen und begibt sich in sein Reich, um dieses in Besitz zu nehmen.
12 Vorher aber ruft er zehn getreue Diener und gibt jedem ein Talent.
13 ›Geht hin‹, sagt er, ›und nützt das Geld, wie sich Gelegenheiten bieten, daß es sich zu meinen Gunsten mehre und ich Nutzen davon habe.‹ Dann erst geht er seines Weges.
14 Nach geraumer Zeit kehrt er zurück und fordert Rechenschaft von ihnen.
15 Der erste kommt und sagt: ›Ihr gabt mir ein Talent, ich habe neun hinzugewonnen, Herr, und hier sind zehn.‹
16 Der König sagt: ›Sehr gut, mein braver Knecht. Da du erfolgreich und getreu gehandelt hast in kleinen Dingen, wirst du auch im Großen ein getreuer Diener sein.
17 Fürwahr, ich mache dich zum Herrscher über neun bedeutungsvolle Städte meines Reiches.‹
18 Der zweite kommt und sagt: ›Ihr gabt mir ein Talent. Ich habe vier hinzugewonnen, Herr, und hier sind fünf.‹
19 Der König sagt zu ihm: ›Auch du hast treu gehandelt, sieh, ich mache dich zum Herrscher über vier bedeutungsvolle Städte meines Reiches.‹
20 Und der dritte kommt und sagt: »Ihr gabt mir ein Talent. Ich habe es verdoppelt, Herr, und hier sind zwei.«
21 Der König sagt: ›Auch du bist treu. Ich mache dich zum Herrscher über eine meiner großen Städte.‹
22 Nun kommt einer, der zum König sagt: ›Ich gebe euch zurück, was ihr mir gabt, wohl wissend, daß ihr ein gestrenger König seid, der oftmals erntet, wo er nicht gesät hat. Angstvoll war ich und versteckte das Talent in einem sicheren Gewahrsam. Hier ist es zurück.‹
23 Der König ruft: ›Du fauler Knecht, du wußtest, was von dir erwartet ward, und daß ein jeder Mann sein Bestes herzugeben hätte.
24 Du warst ängstlich, dein Talent im Handel zu erproben. Hättest du das Geld für Zinsen angelegt, es hätte sich vermehrt.‹
25 Dann wendet sich der König seinem Schatzverwalter zu und sagt: ›Gib das Talent des faulen Knechtes dem, der neun durch seinen Fleiß hinzugewonnen hat.‹
26 Fürwahr, ich sage, wer gewinnerzielend einsetzt, was er hat, dem wird hinzugegeben. Doch wer sein Talent zurückhält, der verwirkt, was er besitzt.«

Der blinde Bartimäus. Wachsamkeit der Priester gegen Jesus.

150 In Jericho, am Wege nach Bethanien, sitzt ein blinder Bettler namens Bartimäus.
2 Wie er hört, daß eine große Menschenschar vorüberzieht, fragt er: »Wer geht vorbei?«
3 Die Menschen, welche um ihn stehen, sagen: »Jesus ist's, der Nazarener.«
4 Da ruft Bartimäus laut: »Sohn Davids, bleibe stehen, habe Mitleid mit dem armen blinden Bettler.«
5 »Schweig und halte deinen Mund«, ermahnt man ihn.
6 Doch Bartimäus ruft noch lauter: »Du, Sohn Davids, hör mich an und habe Mitleid mit dem armen Blinden.«
7 Jesus sagt: »Bringt ihn herbei.«
8 Die Leute führen ihn zum Meister: »Freu dich, Bartimäus«, sagen sie, »der Herr hat dich gerufen.«
9 Schnell wirft Bartimäus seinen Umhang weg und eilt zu Jesus, der am Wegrand steht.
10 Und dieser fragt: »Was möchtest du von mir?«
11 Der Bettler sagt: »Rabboni, öffne meine Augen, daß ich wieder sehen kann.«
12 »Schau auf, empfang dein Augenlicht, dein Glaube war es, der dich heilte«, sagt der Meister.
13 Augenblicklich kann der Blinde wieder sehen. Freudig ruft er aus: »Gelobt sei Gott!«
14 Und alle wiederholen seinen Ruf: »Gelobt sei Gott!«
15 Dann gehen Jesus und die Jünger nach Bethanien. Noch sechs Tage sind es bis zum Fest.
16 Die Kunde, daß der Nazarener in Bethanien ist, verbreitet sich. Man kommt von nah und fern und will ihn sehen, will ihn reden hören.
17 Vor allem aber möchte man mit Lazarus, dem von den Toten Auferweckten, sprechen.
18 Auf der Hut sind in Jerusalem die Priester, Pharisäer und Gelehrten. »Dieser Jesus«, sagen sie, »wird doch beim Passahfest zugegen sein, und diesmal darf er uns auf keinen Fall entwischen.«
19 Größte Wachsamkeit für jeden Mann wird angeordnet, denn man will ihn überführen und beseitigen.

Jesu Einzug in Jerusalem.

151 Es ist am Tag des jüdischen Kalendermonats Nasan, einen Tag vor Sabbath, als der Meister nach Bethanien kommt.
2 Am Sabbath geht er in die Synagoge und belehrt das Volk.
3 Am nächsten Tag, am Sonntag, ruft er seine Jünger.
4 »Heute geh'n wir nach Jerusalem«, sagt er zu ihnen, »doch befürchtet nichts, denn meine Stunde ist noch nicht gekommen.
5 Zwei aus eurer Mitte mögen in das Dorf Bethphage gehen, wo sie eine Eselin an einen Baum gebunden finden werden. In der Nähe weilt ihr Füllen neben einer Hütte, deren Türe offensteht.
6 Löst die Eselin vom Baum und bringt sie mir. Wenn jemand fragen sollte, ›weshalb tut ihr dies?‹, dann sagt: ›Der Herr benötigt sie.‹ So-

dann wird euch der Eigentümer jenes Tieres folgen.«
7 In besagtem Dorfe angekommen, finden Jesu Jünger wie vorausgesagt die Eselin samt Füllen. Wie sie näher treten, um das Tier vom Baum zu lösen, kommt ein Mann und fragt: »Warum wollt ihr mein Tier?«
8 Die Jünger sagen: »Unser Herr benötigt es«. Und jener meint, »dann ist es gut.«
9 Die Jünger breiten nunmehr ihre Mäntel auf des Tieres Rücken aus und bringen es dem Meister. Dieser setzt sich auf die Eselin und reitet nach Jerusalem.
10 Eine große Menschenmenge strömt herbei und füllt die Straßen. Jesu Jünger preisen Gott und rufen:
11 »Gesegnet sei der König, der im Namen Gottes kommt. Gepriesen sei der Herr und Friede allen Menschen, welche guten Willens sind.«
12 Viele legen ihre Mäntel und Gewänder auf den Weg, und manche reißen Zweige von den Palmen, um sie vor dem Meister hinzulegen.
13 Kinder kommen und bekränzen Jesus mit Girlanden, streuen Blumen auf den Weg und singen: »Heil dem König! Lange soll der König leben!
14 Davids Thron soll neu errichtet werden. Hosiannah sei dem Herrn der Himmelsweiten.«
15 Unter jener Menge sind auch Pharisäer. Diese warnen den Vorüberreitenden, indem sie sagen: »Weise sie zurecht, denn es ist eine Schande, in den Straßen so etwas zu rufen.«
16 »Fürwahr, ich sage euch«, entgegnet Jesus, »wären jene still, die Steine selber würden schreien.«
17 Daraufhin beraten sich die Pharisäer: »Unsere Ermahnung schlägt er in den Wind, die ganze Welt scheint ihm zu folgen.«
18 Als Jesus näher an die Stadt kommt, hält er an und weint. »Jerusalem«, sagt er, »Jerusalem, du heil'ge Stätte Israels. Du warst die Herrlichkeit des Herrn, doch hast den Herrn vergessen.
19 Deine Augen sind geschlossen, und den König siehst du nicht. Das Königreich des Herrn der Himmel und der Erde ist gekommen – du jedoch begreifst es nicht.
20 Fürwahr, es kommt die Zeit, da fremde Heere dich belagern, dich umschließen und bedrohen.
21 Dich und deine Kinder werden sie erschlagen, deine Mauern niederreißen,
22 deine Tempel und Paläste schleifen, und kein Stein wird auf dem andern bleiben, weil du jetzt das Angebot des Herrn mißachtest.«
23 Wie Jesus und das viele Volk die Stadt betreten, herrscht Begeisterung und Freude.
24 Viele fragen: »Wer ist dieser Mann?« und andere entgegnen: »Dieser ist der Mann aus Galiläa, ist der König, der Prophet und Priester Gottes.«
25 Jesus aber eilt zum Tempel, dessen Eingang dicht belagert ist mit Menschen, die den König sehen wollen.
26 Blinde, Lahme, Kranke und Verkrüppelte sind unter ihnen, und der Meister heilt sie mit dem heil'gen Wort.
27 In den Säulenhallen warten Kinder auf den Meister, preisen Gott und rufen: »Davids Sohn ist König! Hosiannah unserm König! Lob sei Gott!«
28 Die Pharisäer sind erfüllt mit

Zorn, wie sie die Kinder hören. »Hörst du, was sie rufen?« fragen sie den Meister.
29 »Ich höre«, sagt der Herr, »doch habt ihr nie vernommen, was der Dichter sagte —
30 Aus dem Munde kleiner Kinder spricht die Wahrheit?«
31 Als der Abend anbricht, gehen Jesus und die Jünger wieder nach Bethanien.

Der unfruchtbare Feigenbaum. Zweite Austreibung der Händler aus dem Tempel.

152 Am nächsten Tag, am Montag, geht der Meister mit den Jüngern wieder nach Jerusalem.
2 Auf ihrem Wege kommen sie an einem Feigenbaum vorbei, der viele Blätter, aber keine Früchte hat.
3 Und Jesus sagt zum Feigenbaum: »Du nutzloser Schmarotzer, schön bist du, doch deine Schönheit trügt.
4 Du nimmst dir aus der Luft und aus der Erde jene Nahrung, die den Früchtetragenden gebührt.
5 Zurück zur Erde, werde selber Nahrung für die anderen.«
6 Als Jesus so zum Feigenbaum gesprochen hatte, geht er weiter.
7 Im Tempel sind die Händler, welche Opfertiere mannigfacher Art verkaufen. Gottes Weihestätte haben sie zum Markt entwürdigt.
8 Wie Jesus in den Tempel tritt, ruft er empört: »Ihr Männer Israels, o welche Schande, unser Heiligtum des Betens ist zum Räubernest entweiht. Hinweg mit eurem Plunder!«
9 Doch die Händler lachen nur und sagen: »Von der Obrigkeit, die hier regiert, ist unsre Tätigkeit genehmigt. So sind wir im Recht und weichen nicht.«
10 Da knüpft sich Jesus eine Peitsche, so wie ehedem, bedroht damit die Händler, stößt die Tische um, so daß ihr Geld zu Boden rollt,
11 befreit die Tauben aus den Käfigen und bindet Opferlämmer los.
12 Dann treibt er alle Händler aus dem Gotteshaus und säubert es mit einem neuen Besen.
13 Oberpriester, Schriftgelehrte und Magister wagen nicht, ihn anzurühren und zurechtzuweisen, denn die Menge steht auf seiner Seite.
14 Jesus lehrt das Volk den ganzen Tag und heilt die Kranken.
15 Wie der Abend kommt, geht er mit seinen Jüngern wieder nach Bethanien zurück.

Der verdorrte Feigenbaum. Kraft und Ohnmacht des Gebetes.

153 Am Dienstag früh des Morgens gehen Jesus und die Seinen nach Jerusalem.
2 Auf ihrem Wege sehen sie den Feigenbaum, zu welchem Jesus tags zuvor gesprochen hatte, doch die Blätter sind verdorrt, als wären sie von Glut versengt.
3 »Oh, schaut den Baum«, ruft Petrus, »seine Blätter sind verwelkt, es scheint, als sei er tot.«
4 Und Jesus sagt: »So wird es sein mit allen jenen, welche keine Früchte tragen. Wenn der Herr sie ruft und Rechenschaft von ihnen fordert, bläst er über sie mit Seinem Hauch, und

ihre Blätter — ihre leeren Worte — werden schrumpfen und verdorren.
5 Gott gestattet nicht, daß unfruchtbare Lebensbäume gutes Erdreich überwuchern. Er entfernt sie alle aus dem Feld und wirft sie weg.
6 Ihr aber könnt die Macht des Vaters demonstrieren. Glaubt an Gott und ihr könnt Berge bitten, sich hinwegzuheben, um vor euren Füßen zu zerbröckeln.
7 Und ihr könnt mit Wind und Wellen reden — sie verstehen euch und werden tun, was ihr befehlt.
8 Gott erhört das gläubige Gebet, denn wer im Glauben bittet, der erhält.
9 Erbittet nicht, was übel und was unrecht ist, denn das Gebet des Übeltäters hört Gott nicht.
10 Wer neidische Gedanken hegt und keine Liebe für den Bruder fühlt, kann ewig beten — Gott erhört ihn nicht.
11 Nur so viel gibt euch Gott, wie ihr dem Nächsten gebt.«
12 Wieder wandelt Jesus in des Tempels Säulengang.
13 Die Priester und die Schriftgelehrten waren dreist geworden durch die Reden, welche Kaiphas und die Oberpriester in der Ratsversammlung hielten. Deshalb fragen sie den Meister:
14 »Wer gab dir das Recht zu tun, was du getan hast, und warum hast du die Händler gestern aus dem Gotteshaus gejagt?«
15 Und Jesus sagt: »Wenn ihr mir Antwort gebt auf meine Frage, werde ich auf eure Frage Antwort geben. War Johannes, welchen man den Täufer nennt, ein Abgesandter Gottes oder ein Rebell?«
16 Die Schriftgelehrten zögern mit der Antwort und beraten sich.
17 Wenn wir Johannes einen Abgesandten Gottes nennen, wird er uns entgegnen:
18 »Der Täufer hat bezeugt, daß ich Sohn Gottes bin. Warum schenkt ihr ihm keinen Glauben?«
19 Nennen wir Johannes aber einen Ketzer, wird das Volk verärgert, denn es hält ihn für den Abgesandten und Propheten Gottes.«
20 Deshalb sagen sie zu Jesus: »Wer Johannes war, das können wir nicht sagen.«
21 »Dann will ich euch auch nicht sagen, wer mir die Erlaubnis gab, die Händler aus dem Gotteshaus zu jagen.«
22 Nun erzählt er ihnen dieses Gleichnis: »Einstens gab ein Mann ein Fest und lud die Reichen und die Angesehenen des Landes ein.
23 Als diese kamen, fanden sie die Türe in den Festsaal derart niedrig, daß sie ihre Häupter beugen und auf ihre Knie niedergehen mußten, um hindurchzukommen.
24 Doch sie waren nicht gesonnen, Haupt und Knie zu beugen. Deshalb gingen sie hinweg und waren nicht beim Fest.
25 Der Hausherr sandte nunmehr Boten aus und bat die Menschen aus dem Volk, zu seinem Fest zu kommen.
26 Diese kamen gerne, beugten ihre Häupter, gingen auf die Knie nieder und gelangten in den Saal, der bis zum letzten Platz gefüllt war. Große Freude herrschte überall.«
27 Nach diesem Gleichnis sagt der Meister: »Hört ihr Priester, Schriftgelehrte und Magister. Gott der Herr

des Himmels und der Erde hat ein großes Fest bereitet, euch bat Er zuerst, zu seinem Fest zu kommen.
28 Ihr jedoch habt vor der Türe haltgemacht, weil sie zu niedrig war. Ihr wolltet nicht die Häupter beugen, nicht auf eure Knie niedergehen – und so seid ihr wieder fortgegangen.
29 Nunmehr ruft der Herr das Volk. Die Menschen kommen scharenweise, beugen Haupt und Knie und freuen sich am großen Fest.
30 Ich sage euch, ihr Männer – Diebe, Dirnen und Verbrecher gehen durch das Tor ins Königreich des Himmels, ihr jedoch bleibt ausgesperrt.
31 Johannes kam zu euch und brachte euch die Wahrheit, doch ihr wolltet ihm nicht glauben.
32 Diebe, Dirnen und Verbrecher glaubten ihm, er taufte sie, und sie sind eingegangen in den Saal des Festes.
33 Ich sage euch, wie ich es oftmals sagte: Viele sind berufen, doch wenige sind auserwählt.«

Das Gleichnis vom Weinberg und den bösen Winzern. Das Gleichnis vom Hochzeitsfest und dem Gast ohne Festkleid.

154 Das Volk will hören, was der Meister redet. Deshalb baut man eine Plattform in des Tempels Säulenhalle. Jesus lehrt in Form von Gleichnissen.
2 Er sagt: »Ein Mann besitzt ein großes Gut mit einem Weinberg. Um den Weinberg pflanzt er eine Hecke. Ferner baut er einen Turm und richtet eine Presse ein, um Wein zu keltern.
3 Dann vertraut er seinen Weinberg Winzern an und reist in ferne Lande.
4 Nach der Traubenlese schickt der Gutsherr einen Diener, der ihm seinen Anteil an der Ernte bringen soll.
5 Die Winzer aber legen Hand an diesen Diener, prügeln ihn mit vierzig Hieben und verjagen ihn.
6 Da schickt der Gutsherr einen zweiten Diener, seinen Anteil anzufordern. Doch auch dieser wird geschlagen, und verwundet bleibt er vor dem Weinberg auf der Straße liegen.
7 Nunmehr schickt der Gutsherr einen dritten Mann. Auch dieser wird ergriffen. Man durchbohrt sein Herz mit einer Lanze und verscharrt den Leichnam außerhalb der Hecke.
8 Der Gutsherr ist betrübt und denkt bei sich: Was soll ich tun? Dann sagt er: ›Dieses will ich tun – ich sende meinen Sohn zu ihnen.
9 Meinem Sohne werden sie doch Achtung zollen und mir meinen Anteil überlassen.‹
10 So schickt er seinen Sohn. Die Winzer, die ihn kommen sehen, sagen zueinander: ›Jener ist der Erbe. Wenn wir ihm das Leben nehmen, ist das große Erbgut unser.‹
11 Deshalb töten sie den Sohn und werfen seinen Leichnam aus dem Weinberg.
12 Doch die Zeit der Abrechnung wird kommen, da der Gutsherr jeden Einzelnen ergreift und ihn in Feuersgluten wirft, wo er zu bleiben hat, bis seine Schuld gesühnt ist.
13 Seinen Weinberg wird er dann in ehrenwerte Hände legen.«
14 Zu den Schriftgelehrten, Pharisäern und Doktoren sagt der Meister

nun: »Hat einer unserer Propheten nicht gesagt:
15 Der Baustein, den die Bauleute verwarfen, ward zum Eckstein auserwählt?
16 Ihr Männer, die ihr euch als Priester Gottes ausgebt, habt die Boten Gottes, Seher und Propheten stets gesteinigt und getötet. Jezt versucht ihr Hand an Seinen Sohn zu legen.
17 Ich sage euch: Das Königreich wird euch genommen werden und dem Volk und der Nation gegeben, die es heute noch nicht gibt.
18 Und Wesen, deren Sprache ihr nicht redet, stehen zwischen Toten und Lebendigen und weisen euch den Weg zum wahren Leben.«
19 Dieses Gleichnis ärgert und erzürnt die Hohenpriester und die Pharisäer. Gerne hätten sie den Meister festgenommen und getötet, doch sie fürchten, daß die Menge ihn beschützt.
20 Und Jesus spricht ein zweites Gleichnis: »Gottes Himmelreich«, sagt er, »läßt sich vergleichen mit dem König, der ein Fest zu seines Sohnes Hochzeit gibt.
21 Er sendet seine Boten aus zu denen, die geladen sind.
22 Doch diese kommen nicht.
23 Da schickt der König nochmals seine Boten aus. ›Gedeckt ist meine Tafel‹, läßt er sagen. ›Meine besten Ochsen sind gebraten.
24 Meine saftigsten Gerichte und die edelsten der Weine stehen auf den Tischen. Kommt zum Hochzeitsschmaus.‹
25 Die Gäste aber lachen nur und weisen seine Boten ab. Die einen gehen ihrem Handel nach, die anderen begeben sich auf ihre Felder.
26 Wieder andere mißhandeln ohne Scham des Königs Boten. Einige von ihnen töten sie sogar.
27 Nun schickt der König seine Krieger aus, bestraft die Mörder und läßt ihre Städte niederbrennen.
28 Wieder schickt er Boten aus und sagt zu ihnen: ›Geht und stellt euch an die Straßenecken, Kreuzungen und Plätze, wo man Handel treibt und sagt:
29 ›Wer immer kommen will zum Fest des Königs, ist willkommen.‹
30 Die Boten gehen, und der Festsaal ist nach kurzer Zeit gefüllt mit Gästen.
31 Als der König kommt, sie alle zu begrüßen, sieht er einen Mann, der ohne Festgewand erschienen ist. Da ruft er ihn und sagt:
32 ›Mein Freund, warum trägst du kein Festgewand? Willst du auf diese Weise meinen Sohn beleidigen?‹
33 Der Mann ist sehr beschämt und gibt dem König keine Antwort.
34 Da befiehlt der König seiner Wache: ›Bindet ihn und werft ihn in die Dunkelheit hinaus.‹
35 Viele sind berufen, aber keiner wird erwählt, der nicht sein Festkleid trägt.«

Jesus und des Kaisers Münze. Der Sadduzäer und das Weiterleben nach dem Tode. Heuchelei der Pharisäer.

155 Wie Jesus redet, kommen Pharisäer, welche ihm durch schlaue Fragen eine Falle stellen wollen, und erwarten, daß er sich ins Unrecht setzt durch seine Antwort.
2 Einer von den königstreuen Phari-

säern sagt: »Mein Herr, ihr seid ein Mann der Wahrheit und ihr zeigt dem Volk den Weg zu Gott. Ihr achtet nicht des Menschen Ruf noch Rang.

3 So sagt uns denn, ob wir, die Nachkommen des Abraham, Tribut an Cäsar zahlen sollen oder nicht.«

4 Doch Jesus sieht im Herzen dieses Mannes die Verschlagenheit und sagt: »Warum kommst du daher und willst mir eine Falle stellen? Zeige mir das Steuergeld, von dem du sprichst.«

5 Da weist der Mann ihm eine Münze vor, auf der ein Bild geprägt ist.

6 Jesus fragt: »Wes Bildnis und wes Name trägt die Münze?«

7 »Cäsars Bild und Cäsars Name«, meint der Pharisäer.

8 Jesus sagt: »So gib dem Kaiser, was des Kaisers ist — und Gott, was Gott gehört.«

9 Da meinen jene, welche um ihn stehen: »Das ist gut gesagt.«

10 Die Sadduzäer glauben nicht an eine Auferstehung von den Toten. Einer dieser Sadduzäer fragt den Herrn: »Rabboni, Moses hat verordnet, daß die Frau, sofern sie keine Kinder hat und Witwe ist, dem Bruder des Verstorbenen zum Eheweib gegeben wird.

11 Es waren einmal sieben Brüder. Als der älteste von ihnen starb, da wurde seine kinderlose Witwe Eheweib des zweiten Bruders. Doch auch dieser starb.

12 Und aus demselben Grund bekam nun einer nach dem anderen die Frau zum Weib. Zuletzt starb auch die Frau.

13 Nun sagt mir, Meister, welcher dieser sieben Männer wird die Frau zum Eheweib erhalten, wenn der Tag der Auferstehung kommt?«

14 Und Jesus gibt zur Antwort: »Auf der Erde heiraten die Menschen, um sich zu vermehren oder ihrem selbstsüchtigen Ich zu frönen. In der Welt, die uns erwartet nach der Auferstehung, gibt es keine Ehen mehr.

15 Den Engeln und auch anderen Geschöpfen Gottes gleich, vereinigt man sich nicht mehr zum Vergnügen oder um sich zu vermehren.

16 Der Tod ist nicht des Lebens Ende, und das Grab ist nicht des Menschen Ziel, sowenig wie der Same in der Erde stirbt.

17 Das Leben ist die Folge auf den Tod. Der Same scheint zu sterben, doch aus seinem Grab erwächst ein neuer Baum zum Leben.

18 Gleichermaßen scheint der Mensch zu sterben, doch in Wirklichkeit erhebt er sich aus seinem Grab zu neuem Leben.

19 Könntet ihr das Wort verstehen, welches Moses sprach, als er vor jenem Dornbusch stand, der brannte, ohne zu verbrennen, ihr verstündet auch, warum der Tod das Leben nicht zerstören kann.

20 Und Moses sagte, Gott ist auch der Gott von Abraham, von Isaak und von Israel.

21 Gott ist nicht ein Gott der Toten, sondern der Lebendigen.

22 Ich sage euch, ihr Männer Israels, der Mensch sinkt in sein Grab. Doch er wird wiederum zum Leben auferstehen.

23 Jedes Leben ist mit Christus in Gott-Vater tief verborgen, und solange Gott lebt, lebt der Mensch.«

24 Die Pharisäer und die Schriftgelehrten, die den Meister reden hören, meinen: »Was er sagt, ist wahr.« Im übrigen erfreut sie sehr des Sadduzäers Niederlage.

25 Nach dieser Episode kommt ein Schriftgelehrter, der es ehrlich meint, und sagt zu Jesus:

26 »Herr, ihr sprecht wie einer, welchen Gott gesandt hat. Darf ich fragen, welches ist das erste und das wichtigste der jüdischen Gebote?«

27 Jesus sagt: »Das erste der Gebote ist, o höre Volk der Juden, unser Gott, der Herr ist eins, und du sollst Gott den Herrn mit deinem ganzen Verstand und deinem ganzen Herzen lieben, wie mit ganzer Seele und mit ganzer Kraft.

28 Den Nächsten sollst du lieben wie dich selbst.

29 Dies ist das größte der Gebote, und an diesem hängen das Gesetz, die Psalmen und Propheten.«

30 »Meine Seele fühlt, daß ihr die Wahrheit redet«, sagt der Schriftgelehrte, »denn es ist die Liebe, welche das Gesetz erfüllt und welche über jede Opferung und jedes Opfer triumphiert.«

31 Und Jesus sagt zu ihm: »Fürwahr, du hast das größte der Geheimnisse gelöst. Du bist im Königreich, und Gottes Königreich befindet sich in dir.«

32 Dann spricht der Meister zu den Jüngern, aber so, daß alle ihn verstehen: »Hütet euch«, sagt er, »vor Pharisäern und vor Schriftgelehrten, die in langen, reichverzierten Kleidern stolz einhergehn,

33 die es lieben, auf dem Markt gegrüßt zu werden, die den Ehrenplatz bei Festen suchen, die den hartverdienten Lohn der Armen schmälern, um die Selbstsucht zu befriedigen, und die in Synagogen laut und lange beten.

34 Wölfe sind es, die im Schafspelz gehen.«

35 Dann sagt Jesus, sich an alle wendend: »Moses hat die Schriftgelehrten und die Pharisäer eingesetzt, und diese dürfen das Gesetz erläutern.

36 Deshalb tut, was sie euch sagen, aber handelt nicht wie sie.

37 Sie reden über das, was Moses lehrte, tun jedoch, was Beelzebub sie heißt.

38 Sie reden von Gefühl und Mitleid, häufen aber schwere Bürden auf die Schultern anderer.

39 Sie reden über Hilfsbereitschaft, rühren aber selber keine Hand, um ihrer Brüder Los zu bessern.

40 Sie gaukeln Emsigkeit und Taten vor, doch selber tun sie nichts, als ihre bunten Roben und verzierten Amulette vorzuführen. Und sie lächeln, wenn man sie mit ›hochverehrter Meister der Gesetze‹ tituliert.

41 Sie laufen stolz einher und fühlen sich geschmeichelt, wenn man sie mit ›Vater Soundso‹ begrüßt.

42 So hört ihr Männer, hier soll niemand Vater heißen denn der Gott des Himmels und der Erde, Er allein ist Vater aller Menschen.

43 Christus ist der hohe und erhabene Hierarch der Menschensöhne.

44 Wer erhöht sein will, der setze sich zu seines Meisters Füßen, um zu dienen. Wer am besten dient, der ist der Größte.«

Letzte Rede im Tempel. Der Witwe Opferpfennig. Stimme vom Himmel. Abschiedsworte.

156 Nach diesen Worten Jesu sind die Pharisäer und die Schriftgelehrten zornentbrannt. Und Jesus sagt zu ihnen:

2 »Wehe euch, ihr Pharisäer und ihr Schriftgelehrten, Heuchler seid ihr! Ihr versperrt den Weg, und ihr blokkiert das Tor. Ihr selber wollt nicht in das Königreich gelangen und verwehrt den Eintritt jenen, welche reinen Herzens sind.
3 Wehe euch, ihr Pharisäer und ihr Schriftgelehrten, Heuchler seid ihr! Ihr macht Reisen über Land und Meer, um einen zu bekehren. Habt ihr ihn bekehrt, dann ist er nicht viel mehr als ihr — ein Sohn der Hölle.
4 Wehe euch, die ihr euch Menschenführer nennt, denn ihr seid blind.
5 Für jedes Küchenkraut gebt ihr den Zehnten, doch ihr laßt die wichtigsten Gesetze der Gerechtigkeit, des Glaubens und des Richtens außer acht.
6 Und wenn ihr trinkt, fischt ihr die Mücken aus dem Wein und achtet nicht des Unrats, welchen ihr verschluckt.
7 Wehe euch, ihr Pharisäer und ihr Schriftgelehrten, Heuchler seid ihr! Ihr poliert des Bechers Außenseite, bis sie glänzt, der Inhalt aber ist Erpressung, Ausschweifung und Unrat.
8 Gehet hin und säubert ihn von diesem Unrat, und das Gift wird seine Außenseite nicht mehr trüben.
9 Wehe euch, ihr Pharisäer und ihr Schriftgelehrten, Heuchler seid ihr! Ihr seid wie verzierte Marmorgräber. Schön sind die Skulpturen, doch das Innere ist angefüllt mit modernden Gebeinen.
10 Ihr verbreitet einen Schein von Heiligkeit in eurer Umwelt, doch in euren Herzen nährt ihr Lust, Verwerflichkeit und Heuchelei.
11 Wehe euch, ihr Pharisäer und ihr Schriftgelehrten, Heuchler seid ihr! Ihr errichtet und vergoldet Monumente zum Gedenken heil'ger Männer und verkündet:
12 Hätten wir zu dieser Zeit gelebt, wir hätten sie beschützt und nicht gehandelt, wie es unsre Väter taten, die sie schlugen und zu Tode quälten.
13 Ihr jedoch seid Söhne jener Mörder und um keines Haares Breite besser.
14 Geht und krönt die Werke eurer Väter, die sich im Verbrechen übten.
15 Wie könnt ihr, die Nachkommen von Vipern, anders sein als Schlangen, die im Staube kriechen?
16 Gott hat euch erneut Propheten, Heilige und Seher zugeführt. Ihr aber steinigt sie in euren Straßen, foltert sie in euren Synagogen, und ihr nagelt sie ans Kreuz.
17 Wehe euch! Auf eure Häupter kommt das Blut der vielen Heiligen, die hier auf Erden hingemartert wurden.
18 Abel war der erste in der Reihe, die sich hinzieht bis zu Zacharias, Sohn des Bacharias, der zu Füßen des Altars im Heiligtum erschlagen worden ist.
19 Ich sage euch, daß alle diese Greueltaten auf das Volk der Juden und Jerusalems Bewohner kommen werden.«
20 In die Runde blickend, sagt der Meister: »O Jerusalem, Jerusalem du grauenvolle Stadt! Erschlagen hast du die Propheten in den Straßen, und getötet hast du jene heil'gen Männer, welche Gott dir sandte.
21 Wahrlich, oftmals wollt ich deine Kinder in die Hürden Gottes führen, doch sie wollten nicht.
22 Immer hast du Gott verstoßen, und dein Haus ist nun verödet. Nicht mehr sehen wirst du mich, bis daß du sagen kannst:

23 Gesegnet sei der Menschensohn – als Gottessohn ist er zurückgekehrt.«

24 Jesus geht und setzt sich nieder bei der Schatzkammer des Tempels. Er beobachtet die Menschen, welche ihren Zehnten zahlen.

25 Reiche kommen und spendieren aus dem Überfluß, den sie besitzen. Dann kommt eine arme, brave Witwe und wirft einen Pfennig in die Truhe.

26 Da sagt Jesus zu den Jüngern, welche um ihn stehen: »Wahrlich, diese arme Frau hat ihren letzten Pfennig hergegeben. Damit tat sie mehr als all die anderen.

27 Die Reichen aber gaben wenig im Vergleich zu ihrem Reichtum.«

28 Aus Griechenland ist eine Gruppe Juden anläßlich des Passahfestes in Jerusalem. Philippus kann mit ihnen griechisch reden, und sie fragen ihn, ob sie den Meister sehen dürfen – diesen Jesus, den man Christus nennt.

29 Philippus führt sie hin zu Jesus. Dieser sagt:

30 »Die Stunde ist gekommen, da der Menschensohn verherrlicht wird. Es soll nicht anders sein.

31 Ein Weizenkorn, das nicht im Akkerboden keimt, bleibt Weizenkorn. Doch wenn es keimt, dann trägt es hundertfache Frucht.

32 Meine Seele ist betrübt«, sagt er und blickt zum Himmel auf.

33 »Mein Vater-Gott, ich bitte nicht, von Bürden, die ich tragen muß, befreit zu werden. Doch ich bitte Dich um Kraft und Gnade, sie zu meistern, gleich, wie schwer sie sind.

34 Für diese Stunde bin ich in die Welt gekommen. Vater-Gott, verherrlicht werde nun Dein Name!«

35 Nach diesen Worten Jesu ist der Ort in Licht getaucht – ein Licht, das heller als die Mittagssonne strahlt. Und furchtsam weicht das Volk zurück.

36 Eine Stimme, die vom Himmel herzukommen scheint, ertönt:

37 »Ich habe unser beider Namen stets verherrlicht – meinen, wie auch deinen – und es soll erneut geschehen.«

38 Alle hören diese Stimme, und die einen sagen, »fernes Donnergrollen«, während andere der Ansicht sind, »ein Engel spricht zu ihm«.

39 Doch Jesus sagt zu allen: »Diese Stimme sprach zu euch, und nicht zu mir, damit ihr wissen sollt, daß ich vom Vater komme.

40 Nah ist die Stunde des Gerichtes für die Welt. Der Prinz der Finsternis enthüllt sein Angesicht.

41 Der Menschensohn wird nun erhoben und wird alle Menschen zu sich ziehen.«

42 Aus der Menge werden Stimmen laut: »Es steht doch im Gesetz, daß Christus ewig bei uns bleibt. Wie kannst du sagen, daß der Menschensohn erhoben wird? Wer ist der Menschensohn?«

43 Und Jesus sagt: »Das Licht scheint jetzt. So geht im Licht, derweil es scheint.

44 Das Dunkel kommt, und wer im Dunkeln wandelt, findet nicht den Weg.

45 Ich sage euch erneut: ›So geht im Licht, derweil das Licht noch bei euch ist, damit die Menschen wissen, daß ihr Söhne dieses Lichtes seid.‹«

46 Jesus geht nun zum Portal und richtet seine letzten Worte an die Menge:

47 »Wer an mich glaubt«, sagt er,

glaubt auch an Gott, der mich gesandt hat, seinen Willen auszuführen, und wer mich sieht, sieht den Vater.
48 Fürwahr, ich kam als Licht der Welt, und wer an mich glaubt, wird im Licht des Lebens wandeln.
49 Wer mich hört, doch meinen Worten keinen Glauben schenkt, wird nicht von mir gerichtet.
50 Ich bin nicht gekommen, um die Welt zu richten, sondern um die Welt zu retten.
51 Gott allein ist Richter. Meine Worte aber stehen wider euch am Tage des Gerichtes.
52 Die Worte, die ich spreche, kommen nicht aus mir. Es sind die Worte, welche Gott mir eingibt.«
52 Dann sagt er: »Jerusalem, mit deiner Herrlichkeit und deiner Schande – Lebewohl!«

Jesu Voraussage auf dem Ölberg. Untergang Jerusalems. Wiederkunft Christi.

157 Nun verlassen Jesus und die Zwölf den Tempel, steigen auf den Ölberg, der dem Stadttor gegenüber liegt, und lagern dort.
2 »Oh, seht die schöne Stadt Jerusalem«, begeistern sich die Jünger. »Ihre Häuser sind so herrlich, ihre Tempel so bewundernswert.«
3 Und Jesus sagt: »Jerusalem, du bist fürwahr die Krone meines Volkes Israel. Doch kommen wird die Zeit, da jeder Stein vom andern fällt und da dein Name für die Völker dieser Erde zum Gespött und Schimpfwort wird.«
4 Die Jünger fragen: »Wann wird dies geschehen?«
5 Und der Meister sagt zu ihnen: »Kaum vorübergehen wird ein Menschenleben, und die feindlichen Armeen donnern an die Tore dieser Stadt. Die Mauern werden fallen, und wie Wasser fließt das Blut in ihren Straßen.
6 Alle Kostbarkeiten ihrer Tempel und Paläste werden eingeäschert oder fortgeschleppt, um die Paläste fremder Könige zu schmücken.
7 Wahrlich, diese Tage sind noch fern, und eh sie kommen, werdet ihr von Schriftgelehrten, Pharisäern, Oberpriestern und Doktoren des Gesetzes unverdient mißhandelt.
8 Ohne Grund schleppt man euch vor Gericht. Man schlägt euch in den Synagogen, und man steinigt euch auf öffentlichem Grund. Verurteilt steht ihr vor den Herrschern dieser Welt, und Könige verdammen euch zum Tod.
9 Ihr aber werdet standhaft bleiben und für Recht und Wahrheit sterben.
10 Seid nicht ängstlich, was ihr sagen sollt, wenn ihr vor euren Richtern steht.
11 Der Heil'ge Odem wird euch führen, und ihr werdet Seine Worte sprechen.
12 Dann jedoch wird das Gemetzel weitergehen, denn die Menschen glauben Gottes Wohlgefallen zu erringen, wenn sie euch das Leben nehmen. Und Nationen nah und ferne werden euch um Christi willen hassen.
13 Eure eigenen Verwandten hassen und verleumden euch und überliefern euch dem Tode.
14 Brüder werden gegen Brüder strei-

ten, Väter klagen wider ihre Söhne vor Gericht, und Kinder werden ihre Eltern auf den Scheiterhaufen treiben.
15 Wenn der Adler im Winde flattert, wenn Legionen durch die weite Landschaft stürmen, wisset, daß der Untergang Jerusalems bevorsteht.
16 Dann soll ungesäumt der Kluge fliehen. Wer auf seiner Zinne weilt, soll nicht hinuntergehen, Schätze aufzuraffen, sondern fliehen.
17 Wer auf seinem Felde steht, soll nicht nach Hause gehen, sondern alles liegen lassen und sein Leben retten.
18 Wehe allen Müttern, welche kleine Kinder haben, denn sie werden nicht dem Schwert entgehen.
19 Die Schrecknisse und Leiden jener Tage kann man nicht in Worte fassen, denn seit Gott den Menschen schuf, ward solches nicht erlebt.
20 Und als Gefangene wird der Eroberer die Söhne Abrahams in ferne Länder führen. Fremde Menschen, welche nicht zum Gott der Juden beten, ziehen durch die Straßen, bis die antijüdischen Jahrhunderte vorüber sind.
21 Doch wenn die Menschensöhne für ihr böses Tun bestraft sind, enden ihre Schmerzenstage. Eine Zeit wird kommen, da sich alle Welt erheben wird. Und Gladiatoren gleich in der Arena, werden alle gegen alle kämpfen um des Blutvergießens willen.
22 Unvernünftig ist der Menschen Handeln. Teilnahmslos begehen sie Verwüstung, Schlächterei und Raub und kämpfen grundlos gegen Freund und Feind.
23 Die Lüfte sind erfüllt mit Todeshauch, und auf das Kämpfen folgt die Pest.
24 Und Zeichen, welche nie zuvor gesehen waren, zeigen sich am Himmel und auf Erden wie an Sonne, Mond und Sternen.
25 Grollen wird das Meer, und Töne, die der Mensch nicht deuten kann, vernimmt man aus den Himmeln. Wirrnis und Bestürzung herrscht in jedem Volk.
26 Des stärksten Mannes Herz erzittert, fürchtend, daß noch Schrecklicheres folgen könnte.
27 Während die Konflikte auf dem Land und auf den Meeren toben, wird der Prinz des Friedens über Himmelswolken stehen und erneut verkünden:
28 Friede, Friede auf der Erde. Guter Wille allen Menschen! Jeder wirft die Waffe weg, und die Nationen lernen ohne Krieg zu leben.
29 Dann wird der Wasserträger einen Himmelsbogen weiter schreiten. Das Signet des Menschensohnes wird im Osten stehen.
30 Die Weisen werden ihre Häupter heben, wissen werden sie, daß die Erlösung naht.
31 Noch ehe diese Tage kommen, stehen falsche Christuskandidaten auf in aller Welt.
32 Sie weisen sich durch Zeichen aus und können große Wunder tun. Die vielen, die nicht weise sind, werden sich irreleiten lassen; und viele Weise werden arg getäuscht.
33 Laßt euch warnen, wenn die Menschen sagen: »In der Wildnis ist der Christus«, folget ihnen nicht.
34 Und wenn sie meinen: »In der heil'gen Stätte ist der Christus«, glaubt es nicht. Denn wenn er kommt, dann weiß die Welt, daß er gekommen ist.
35 So wie das Morgenlicht im Osten aufgeht und gen Westen strahlt, so

wird das Kommen einer neuen Zeitepoche und die Wiederkehr des Menschensohnes sein.
36 Die Bösen dieser Erde werden heulen, wenn der Menschensohn in seiner ganzen Macht auf Himmelswolken niedersteigt.
37 Seid wachsam, oh, seid wachsam, denn ihr kennt den Tag nicht noch die Stunde, da der Menschensohn erscheinen wird.
38 Belastet nicht das Herz mit Sinnesfreuden noch mit Alltagsmüh und Not, daß jene Stunde euch nicht überrasche.
39 Haltet Wacht zu jeder Jahreszeit und bittet, daß ihr eurem Herrn mit Freude, nicht mit Bangen gegenübertreten könnt.
40 Eh diese Tage kommen, schickt der Vater seine Boten durch die ganze Welt.
41 Sie sagen: »Seid bereit, oh, seid bereit! Der Prinz des Friedens wird nunmehr auf Himmelswolken kommen.«
42 Nach diesen Worten kehren Jesus und die Jünger nach Bethanien zurück.

Gleichnisse von den faulen Dienern, dem sorglosen Mann, den klugen und törichten Jungfrauen und der Sichtung der Gerechten von den Ungerechten.

158 Am Mittwoch nimmt der Herr die Jünger auf den Ölberg, um zu beten. Sieben Stunden sind sie im Gebet vertieft.
2 Dann ruft der Meister seine Jünger nah an sich heran und sagt zu ihnen: »Heute weicht der Schleier. Wir betreten Gottes heilige Gefilde.«
3 Nun erklärt er seiner kleinen Schar den Sinn des unsichtbaren Pfades, der Geheimnisse des Heil'gen Odems und des Lichtes, welches ewig strahlt.
4 Er spricht vom Buch des Lebens, von den Pergamenten Graphaels und von der Chronik der Erinnerungen, wo der Menschen Worte und Gedanken aufgezeichnet sind.
5 Er spricht nicht laut zu ihnen, sondern er enthüllt mit leiser Stimme die Geheimnisse der Meister. Fällt der Name Gottes, dann herrscht eine halbe Stunde Stille in den Himmeln, denn mit leisem Odem reden Engel.
6 »Diese Dinge«, sagt der Meister, »dürfen niemals laut verkündet und nicht aufgeschrieben werden. Botschaft ist es aus dem Land der Stille, Atemzüge sind es aus dem Herzen Gottes.«
7 Dann lehrt Jesus seine Jünger, wie sie andere belehren sollen. Oftmals redet er in Gleichnisform.
8 »Erinnert ihr euch an die Worte von der Wiederkunft des Menschensohnes, die ich gestern sagte? Teilt der Menge mit, was ich berichtet habe und berichten werde.
9 Lehrt sie beten, so daß keiner strauchelt. Lehrt sie jederzeit bereit sein. Wenn sie es am wenigsten erwarten, kommt der Herr.
10 Ein Mann zog in ein fernes Land und überließ sein Haus und all sein Gut der Obhut seiner Diener. Fünf von ihnen sollten über seinen Wohnsitz wachen, und fünf andere die Obhut über seine Herden, Scheunen und Gefilde übernehmen.
11 Lange warteten die Diener auf die Rückkehr ihres Meisters, doch er

kam nicht, und sie wurden sorglos. Einige vertrieben sich die Zeit mit Rauferei und Trinken, andere hingegen schliefen ein auf ihrem Posten.
12 Nacht für Nacht erschienen Räuber, trugen Hab und Gut aus Haus und Hof und holten sich die besten Tiere aus den Herden.
13 Als die Diener endlich merkten, daß ein großer Teil des Reichtums fortgekommen war, ereiferten sie sich und sagten:
14 ›Unser Herr ist schuld an allem. Hätten wir die Stunde und den Tag gewußt, an welchem er nach Hause kommt, wir hätten seinen Gutshof scharf bewacht, und niemand hätte unsern Herrn bestohlen.‹
15 Eines Tages aber kam der Herr zurück, und als er von dem Unglück hörte, rief er seine Diener.
16 ›Weil ihr eure Pflicht versäumtet und die Zeit mit Rauferei und Schlaf vergeudet habt, seid ihr in meiner Schuld.
17 Was ich durch euch verloren habe, schuldet ihr nun mir.‹ Dann fesselte er sie an ihren Arbeitsplatz, an dem sie bleiben mußten, bis sie alle Schuld beglichen hatten.
18 Ein anderer verschloß den Reichtum, welchen er besaß, in seiner Wohnung und ging schlafen. In der Nacht erschienen Räuber, brachen ein, und als sie keinen Wächter fanden, stahlen sie ihm alles, was er hatte.
19 Wie der Mann am Morgen aufwachte, seine Wohnungstüre offen fand und Hab und Gut gestohlen war, da sagte er: ›Oh hätte ich gewußt, zu welcher Stunde in der Nacht die Räuber kommen; selber hätte ich gewacht und aufgepaßt.‹
20 Seid wachsam, meine Freunde, oh seid wachsam und bereit zu jeder Stunde! Sollte euer Herr um Mitternacht erscheinen oder früh des Morgens, gleichviel wann — er finde euch bereit, ihn zu empfangen.«
21 Jesus spricht ein drittes Gleichnis: »Eine Hochzeitsfeier«, sagt er, »war verkündet worden. Zum Empfang des Bräutigams erwählte man zehn Jungfrauen.
22 Sie hüllten sich in passende Gewänder, brachten ihre Lampen mit und setzten sich, um auf den Bräutigam zu warten.
23 Fünf von ihnen waren klug. Sie hatten Öl in ihren Lampen. Fünf von ihnen waren töricht. Ihre Lampen waren leer.
24 Der Bräutigam kam nicht zu der erhofften Stunde, und die Jungfrauen ermüdeten und schliefen ein.
25 Um Mitternacht vernahmen sie den Ruf: ›Der Bräutigam ist da.‹
26 Die Jungfrauen erhoben sich. Die Klugen zündeten die Lampen an und gingen ihm entgegen.
27 Die Törichten jedoch erklärten: ›Unsre Lampen brennen nicht.‹
28 Und sie versuchten von den Klugen Öl zu borgen. Diese aber hatten keines übrig. ›Geht zum Händler‹, riefen sie, ›laßt eure Lampen füllen und kommt rasch zurück.‹
29 Doch als die Törichten zum Händler eilten, kam der Bräutigam. Die Klugen, deren Lampen brannten, gingen mit ihm in den Saal zum Hochzeitsfest.
30 Und als die Törichten nach einer Weile kamen, fanden sie die Tür verschlossen. Alles Klopfen, alles Rufen war vergebens. Niemand öffnete das Tor.
31 Der Hausherr rief: ›Ich kenn' euch

nicht!‹ Und tief bekümmert gingen die fünf Törichten nach Hause.
32 Nochmals sage ich, und ihr sollt meine Worte jenen wiederholen, die euch folgen:
33 »Seid bereit in jedem Augenblick bei Tag und Nacht, denn wenn ihr ihn am wenigsten erwartet, kommt der Herr.
34 Und wenn er kommt mit allen seinen Engeln, wird das Buch des Lebens und die Chronik der Erinnerungen aufgeschlagen, wo der Menschen Taten, Worte und Gedanken aufgezeichnet sind.
35 Ein jeder kann die Worte lesen, die er selber niederschrieb. Und jeder kennt sein Schicksal, ehe noch der Richter spricht. Das ist die Zeit des Sichtens.
36 Je nachdem, was in der Chronik steht, erhält der Einzelne, was ihm gebührt.
37 Der Richter ist gerecht und König über alle Welt. Er wird die Menschenmassen trennen, wie der Hirte seine Herden trennt.
38 Die Schafe finden ihren Platz zu seiner Rechten, und die Böcke finden ihn zu seiner Linken. Jeder Mensch kennt seinen Platz.
39 Dann sagt der Richter zu den Menschen, die zu seiner Rechten stehen: ›Tretet euer Erbe an, ihr Segensreichen, denn bereitet ist es euch von alters her.
40 Ihr wart die Dienenden der Menschheit. Als ich hungrig war, gabt ihr mir Brot, und als ich durstig war, gabt ihr mir Wasser. Als ich fror, gabt ihr mir Kleidung.
41 Als ich krank war, habt ihr mich gepflegt. Als ich gefangen war, kamt ihr zu mir und gabt mir Worte der Ermunterung. Als ich ein Fremder war, fand ich bei euch ein Heim.‹
42 Dann werden die Gerechten fragen: ›Herr, wann warst du hungrig, durstig, krank, gefangen und ein Fremder, den wir pflegten?‹
43 Und der Richter sagt: ›Ihr dientet doch dem Nächsten, und was ihr für diesen tatet, habt ihr mir getan.‹
44 Der Richter sagt nunmehr zu denen, die zu seiner Linken sind: ›Hinweg von mir. Ihr habt dem Nächsten nicht gedient.
45 Denn als ich hungrig war, gabt ihr mir nicht zu essen, als ich durstig war, gabt ihr mir nicht zu trinken. Als ich fremd war, triebt ihr mich von eurer Schwelle. Als ich im Gefängnis war und krank darniederlag, habt ihr mich nicht gepflegt.‹
46 Da rufen jene: ›Herr, wann haben wir dich solchermaßen schlecht behandelt? Sage uns, wann warst du hungrig, durstig, fremd, gefangen, krank und keiner pflegte dich?
47 Der Richter sagt: ›Ihr dientet eurem Selbst, und nicht dem Nächsten. Euer Leben war erfüllt vom Ich. Und als ihr euren Bruder Mensch mißachtet habt, da habt ihr mich mißachtet‹
48 Die Gerechten werden dann das Königreich und alle Macht erhalten, und die Ungerechten gehen hin, um ihre Schulden zu begleichen. Was sie anderen getan, das müssen sie nun selbst erdulden.
49 Wer Ohren hat zu hören und ein Herz, das fühlt, wird diese meine Worte auch verstehen können.«
50 Als Jesus alle diese Gleichnisse beendet hatte, sagt er: »In zwei Tagen ist das große Passahfest. Dann wird der Menschensohn verraten und

den Händen seiner Feinde übergeben
werden.
51 Sein Leben gibt er hin am Kreuz,
auf daß die Welt erkennen soll – der
Menschensohn ist Gottessohn.«
52 Dann gehen Jesus und die Jünger
nach Bethanien zurück.

TEIL XVIII

TZADDI

Verrat und Gefangennahme Jesu

Jesu Salbung in Bethanien. Wie Judas bestochen wird.

159 Bar-Simon, der durch Jesu Wort vom Aussatz frei geworden ist, wohnt in Bethanien.
2 Er gibt ein Fest zu Ehren Jesu. Lazarus ist auch geladen. Seine Schwestern Ruth und Martha helfen beim Bedienen.
3 Nach dem Essen, als die Gäste sich erheben, nimmt Maria Magdalena einen kleinen Krug mit duftender Essenz und gießt das Öl auf Jesu Haupt und Füße.
4 Nunmehr kniet sie vor ihm nieder, trocknet mit den Haaren seine Füße, und der Wohlgeruch erfüllt den ganzen Raum.
5 Doch Judas, der in allen Dingen nur den Nutzen sieht, ruft aus: »O Schande, solch ein teures Öl auf diese Weise zu verschwenden!
6 Für dreimal hundert Silberlinge hätten wir das Öl verkaufen können, für den eigenen Bedarf und um die Armen zu betreuen.«
7 Judas ist der Säckelmeister, der das Gut der Jüngerschar verwaltet.
8 Einige der Gäste rufen aus: »Maria, du Verschwenderin! Man wirft doch solche Kostbarkeiten nicht so einfach weg.«
9 Doch Jesus spricht: »Ihr Männer, schweigt. Laßt ab von ihr. Ihr wißt nicht, was ihr sagt.
10 Die Armen werden immer bei euch sein, und für sie sorgen könnt ihr allezeit. Ich aber werde nicht mehr lange bei euch weilen.
11 Doch Maria weiß darum und kennt die Trübsal jener Tage, die im Kommen sind. Sie hat mich jetzt schon für mein Grab gesalbt.
12 Das Evangelium des Christus wird in aller Welt verkündet werden. Wer von mir berichtet, wird von diesem Tag erzählen. Was Maria tat in dieser Stunde, wird für sie die schönste der Erinnerungen bleiben.«
13 Nach der Festlichkeit nimmt Lazarus den Freund mit sich nach Hause.
14 Der Hohepriester Kaiphas ruft die Klügsten in den Rat und sagt: »Wir müssen heimlich ihn gefangennehmen.
15 Es muß geschehen, wenn die Menge nicht zugegen ist. Sonst könnte es zum Aufstand kommen, denn das Volk verteidigt ihn, und unser Heiligtum darf nicht mit Menschenblut geschändet werden.
16 Was wir tun, das müßte vor dem Fest geschehen.«
17 Hannas sagt: »Ich habe einen guten Plan. Der Nazarener geht mit seinen Jüngern jeden Tag an einen ganz bestimmten Ort zum Beten.

18 Jener Ort ist leicht zu finden. Dort kann man ihn fassen, ohne Aufsehn zu erregen.
19 Einer von den Zwölfen ist bestechlich. Er ist mir bekannt. Ich denke, daß er uns für gutes Silber jenen Ort, wo Jesus betet, zeigen wird.«
20 Und Kaiphas meint: »Wenn du den Mann, von dem du sprichst, bestechen willst, so daß er hilft, den Nazarener unbemerkt zu fangen, sollst du hundert Silbermünzen aus dem Tempelschatz erhalten.«
21 »Gut«, sagt Hannas und begibt sich nach Bethanien.
22 Dort, im Haus des Simon, findet er die Jünger. Judas auf die Seite winkend, sagt er:
23 »Wenn du eine Summe Silber haben möchtest, hör mich an.
24 Der Hohepriester und die anderen Regenten von Jerusalem ersuchen um die Möglichkeit, mit deinem Herrn allein zu reden, denn sie wollen von ihm selber hören, wer er sei.
25 Wenn er beweisen kann, daß er der Christus ist, dann werden sie auf seiner Seite stehen.
26 Führst du uns zu jener Stelle, wo dein Meister morgen abend weilt und kann ein Priester ungestört mit ihm allein sich unterhalten, wollen wir dir dreißig Silbermünzen geben.«
27 Judas überlegt das Angebot und sagt zu sich: »Es wäre gut, dem Meister die Gelegenheit zu geben, den Beweis zu bringen, daß er Christus ist.
28 Und sollte er bedroht sein, hätte er die Macht, aus der Gefahr sich unsichtbar zu lösen, wie es früher schon geschehen ist. Und dreißig Silbertaler sind nicht zu verachten.«
29 So verspricht er Hannas, ihm den Weg zu weisen und, indem er Jesus küßt, ihm anzuzeigen, wer der Meister ist.

Vorbereitung zum Abendmahl. Die Fußwaschung. Hinweis auf Judas' Verrat. Austeilung von Brot und Wein.

160 Am Donnerstag zur Morgenstunde sagt der Meister zu den Jüngern: »Heute ist der Tag, an dem man sich an Gott erinnern soll. Wir wollen heute unter uns das Abendmahl verzehren.«
2 Zu Johannes, Petrus und Jakobus sagt er: »Geht nun nach Jerusalem und trefft die Vorbereitung.«
3 Petrus fragt den Meister: »Wohin sollen wir uns wenden, und wo sollen wir das Mahl bereiten?«
4 Jesus gibt zur Antwort: »Geht zum Brunnentor. Dort trefft ihr einen Mann mit einem Krug in seiner Hand. Geht hin und sagt zu ihm: ›Es ist der erste Tag der Brote ohne Sauerteig.
5 Der Meister wünscht, daß ihr ihm eure Halle überlaßt, damit er mit den Zwölfen seinen letzten Abend ungestört verbringen kann.‹
6 Der Mann, den ihr am Brunnen treffen sollt, heißt Nikodemus. Er ist einer der Regenten und ist gottesgläubig. Scheut euch nicht, ihn anzureden.«
7 Die Jünger finden Nikodemus, wie der Meister es vorausgesagt, und dieser eilt, das Fest zu rüsten in der Halle, die im Dachgeschosse seines Hauses liegt.
8 Am Nachmittag begibt sich Jesus

mit den Zwölfen nach Jerusalem. Das Mahl ist zubereitet.
9 Wie die Stunde für die Mahlzeit näherrückt, beginnen sich die Jünger um den Ehrenplatz zu streiten.
10 Jesus sagt zu ihnen: »Meine Freunde, wollt ihr wegen egoistischer Motive euch entzweien, jetzt, wo sich die Schatten dieser Nacht des Unheils nahen?
11 In den Himmeln gibt es keinen Ehrenplatz, es sei denn für den Demutsvollen, der auf Erden stets bescheiden auf dem niedersten der Plätze saß.«
12 Nach diesen Worten nimmt der Meister einen Krug mit Wasser und ein Leinentuch, und kniend wäscht und trocknet er die Füße seiner Jünger.
13 Über diese hauchend, sagt er: »Mögen eure Füße immer nur auf Wegen der Gerechtigkeit und Güte wandeln.«
14 Nun kommt er zu Petrus. Dieser ruft bestürzt: »O Meister, willst du wirklich mir die Füße waschen?«
15 Jesus sagt: »Was ich mit dieser Handlung sagen will, begreifst du jetzt noch nicht. Du wirst es aber bald verstehn.«
16 Petrus sagt: »Mein Meister, nein, du sollst nicht niederknien, um die Füße mir zu waschen.«
17 Da entgegnet ihm der Meister: »Freund, so ich sie dir nicht wasche, hast du nichts mit mir zu schaffen.«
18 Petrus sagt: »Dann wasche mir die Füße und die Hände und das Haupt.«
19 »Wer sich zuvor gebadet hat, ist rein«, sagt Jesus. »Doch das Füßewaschen hat noch eine andere Bedeutung.
20 Die Füße sind Symbol für menschliches Verstehen, und wer rein sein möchte, muß sein menschliches Verstehen jeden Tag erneut im Strom des Lebens waschen.«
21 Dann sitzt Jesus mit der Schar der Zwölf beim Abendmahl und sagt: »So hört nun die Bedeutung dieser Handlung.
22 Meister nennt ihr mich – und wahrlich bin ich euer Meister. Wenn nun euer Herr und Meister vor euch kniet und euch die Füße wäscht, müßt ihr nicht dann auch gegenseitig euch die Füße waschen, um auf diese Weise die Bereitschaft zu bekunden, daß ihr dienen wollt?
23 Ihr wißt um diese Dinge. Tut sie – und ihr seid gesegnet über alle Maßen.«
24 Weiter sagt er: »Dieses ist die Stunde, da ich wahrlich Gottes Namen preisen darf, denn sehnlichst habe ich gewünscht, das Abendmahl mit euch zu essen, eh ich scheide.
25 Nimmer speisen werde ich mit euch, eh wir uns wiedersehen und das Mahl im Königreiche unsres Vaters miteinander teilen werden.«
26 Hiernach singen sie die Festgesänge, welche alle Juden vor dem Passahmahle singen.
27 Im Verlauf der Mahlzeit sagt der Meister: »Einer wird sich heute abend von mir wenden. Er wird mich verraten und den Händen meiner Feinde überliefern.«
28 Jesu Jünger sind bestürzt. Verwundert schauen sie einander an, und jeder fragt den Meister: »Herr – bin ich es?«
29 Petrus raunt Johannes, der dem Herrn am nächsten sitzt, ins Ohr: »Wen meint der Meister?«

30 Da berührt Johannes seines Meisters Hand und sagt: »Wer ist so niederträchtig, seinen Meister zu verraten?«
31 Judas fragt: »Bin ich es, Herr?«
32 Und Jesus sagt zu allen: »Dieser ist es, dessen Hand zusammen mit der meinen in der Schale ruht.« Da schauen alle auf und sehen Judas' Hand mit der des Meisters in der Schale.
33 »Die Propheten irren nicht«, sagt er. »Verraten wird des Menschen Sohn, doch wehe dem, der seinen Herrn verrät.«
34 Und rasch steht Judas auf, denn seine Stunde ist gekommen.
35 Jesus sagt zu ihm: »Was du zu tun hast, tue bald.« Und Judas geht.
36 Die Mahlzeit ist beendet. Jesus und die Elf verharren eine Weile, in Gedanken tief versunken.
37 Dann nimmt Jesus eines der noch unberührten Brote und erläutert: »Dieses Brot ist ein Symbol für meinen Leib, denn Brot symbolisiert das Brot des Lebens.
38 Wie das Brot, das ich nun breche, wird mein Leib gebrochen werden. Dieses soll als Beispiel dienen, denn der Mensch muß seinen Leib aus freiem Willen für den Nächsten opfern.
39 Wenn ihr dieses Brot verzehrt, dann eßt ihr ›Lebensbrot‹ und werdet nimmer sterben.« Nunmehr bricht der Herr das Brot und gibt es seinen Jüngern.
40 Dann nimmt Jesus einen Becher Wein und sagt zu ihnen: »Blut ist Leben. Dieses ist das Lebensblut der Traube und Symbol des Lebens dessen, der sein Leben hingibt für die Menschen.
41 Wer vom Wein aus diesem Becher trinkt und gläubig trinkt, der trinkt das Leben Christi.«
42 Nunmehr trinkt er aus dem Kelch und reicht ihn seinen Jüngern. Jeder trinkt daraus, und Jesus sagt: »Es ist das große Fest des Lebens – Passahmahl des Menschensohnes – Abendmahl des Herrn. So eßt das Brot und trinkt den Wein, sooft es euch danach verlangt.
43 Von heute an soll dieses Brot und dieser Wein Erinnerung an mich, den Christus, sein. Und wenn ihr solches Brot und solchen Wein gemeinsam zu euch nehmt, dann denkt an mich.«

Die Flucht der Jünger und Petri Verleugnung. Vom Weinstock und den Reben.

161 Während Judas geht, die Sendlinge der Priester aufzusuchen, um den Meister zu verraten, sagt der Herr:
2 »Die Stunde ist gekommen, daß der Menschensohn verherrlicht werde.
3 Meine Lieben, nur noch kurze Zeit bin ich bei euch. Bald werdet ihr mich suchen, aber finden werdet ihr mich nicht. Denn dort, wohin ich gehe, könnt ihr mir nicht folgen.
4 Seht, ein neues, heiliges Gebot will ich euch geben: So wie ich euch liebe und mein Leben für euch gebe, so sollt ihr die Menschen lieben und sollt euer Leben opfern, um die Welt zu retten.
5 Liebt einander, so wie ihr euch selber liebt. Dann weiß die Welt, daß ihr des Menschensohnes Jünger wie auch Gottes Söhne seid.«

6 Und Petrus sagt: »Mein Meister
und mein Herr, ich folge dir, wohin
du gehst. Mein Leben geb' ich hin für
dich.«
7 Doch Jesus sagt zu Petrus: »Prahle
nicht mit Mut, mein Freund. Du bist
nicht stark genug, mir heute nacht
zu folgen.
8 Wahrlich Petrus, dreimal wirst du
mich verleugnen, eh der Hahn des
Morgens kräht.«
9 Dann schaut er einen nach dem
andern an und sagt: »Ihr alle wer-
det heute nacht die Flucht ergreifen.
10 Sagte nicht schon der Prophet:
›Er wird den Hirten schlagen, und die
Schafe fliehen und verbergen sich.‹
11 Doch wenn ich von den Toten auf-
erstanden bin, dann werdet ihr er-
neut zusammenkommen, und ich gehe
euch voran nach Galiläa.«
12 Petrus sagt: »Mein Meister, soll-
ten alle dich verlassen, ich will blei-
ben.«
13 Und Jesus sagt: »O Simon Pe-
trus, wahrlich, größer als die Kraft
der Seele ist dein Eifer. Siehe, Satan
kommt, um zu sichten, wie man
Weizen sichtet. Doch ich betete für
dich, daß du nicht wanken mögest
und daß du nach dieser Prüfung stark
bist wie ein Turm.
14 Da überbieten sich die Jünger
und versichern Jesus: »Keine Macht
auf Erden wird uns trennen. Nichts
kann uns bewegen, unsern Meister
zu verleugnen.«
15 Jesus sagt zu ihnen: »Seid nicht
traurig. Wie ihr alle an den Vater
glaubt, so glaubt an mich.
16 In meines Vaters Haus sind viele
Räume. Wenn es nicht so wäre, hätte
ich es euch gesagt.
17 Ich gehe nun in meines Vaters
Haus. Dort will ich einen Platz für
euch bereiten. Denn wo ich bin, sollt
auch ihr sein. Doch den Weg dahin
kennt ihr noch nicht.«
18 Und Thomas sagt: »Wir wissen
nicht, wohin du gehst, wie sollte uns
der Weg bekannt sein?«
19 Jesus sagt: »Ich bin der Weg, die
Wahrheit und das Leben. Ich bin
Christus, eingesetzt von Gott, und
niemand kommt zum Vater denn
durch mich.
20 Oh, hättet ihr mich doch verstan-
den und erkannt, ihr würdet meinen
Vater kennen.«
21 Und Philippus sagt: »So zeige uns
den Vater, und wir sind zufrieden.«
22 Jesus meint: »So lange bin ich
schon bei euch, und immer habt ihr
mich noch nicht erkannt.
23 Wer mich sieht, der sieht den
Vater, denn im Sohn hat sich der
Vater offenbart.
24 Wie viele Male habe ich gesagt,
die Worte, die ich spreche und die
Werke, die ich tue, seien nicht die
Worte und die Werke eines Men-
schen.
25 Es sind die Worte und die Werke
Gottes, der in mir lebt, so wie ich in
Ihm.
26 So hört mich an, getreue Freunde:
Wer an mich glaubt und an Gott, der
spricht die Worte, welche ich gespro-
chen habe und vollbringt die Werke,
welche ich vollbrachte.
27 Mehr noch, Größeres, als ich tat,
wird er tun. Ich gehe nun zu Ihm,
dem Vater, dessen Werk wir tun.
Dann kann ich euch in Hilfsbereit-
schaft meine Hand entgegenstrecken.
28 Und wenn ihr in meinem Namen,
durch den Christus, Gott um etwas
bittet, wird Er es gewähren.

29 Glaubt ihr, was ich sage? Ja, ihr glaubt, und wenn ihr Christus liebt und mir getreulich folgt, dann werdet ihr die Worte, die ich sprach, behalten.
30 Ich bin der Weinstock, ihr die Reben, und mein Vater ist der Winzer.
31 Jene Reben, welche keine Früchte tragen, wird der Winzer in das Feuer werfen und verbrennen.
32 Jene aber, welche Früchte tragen, wird der Winzer sachgemäß beschneiden, und sie werden reiche Ernte bringen.
33 Wer von mir sich trennt, kann keine Früchte tragen, wie die Rebe keine Früchte trägt, wenn sie vom Weinstock abgeschnitten ist.
34 So bleibt in mir und tut die Werke, welche Gott durch mich euch lehrte. Eure Ernte wird an Früchten reich sein. Gott wird euch erkennen, wie Er mich erkannt hat.
35 Ich gehe nun und bitte meinen Vater, daß Er einen sende, welcher bei euch bleiben wird.
36 Und jener eine ist der Heil'ge Odem, Teil der Gottheit, den die Menschheit nicht empfangen kann, weil sie ihn weder kennt noch sieht.
37 Doch ihr, ihr kennt ihn, und ihr werdet ihn noch besser kennen, denn er wird in eurer Seele wohnen.
38 Und ich lasse euch auch nicht verwaist zurück. In Christus, der die Liebe Gottes ist, verbleibe ich bei euch für alle Zeit.«

Jesu letzte Abschiedsworte und Hinweis auf die nächsten Ereignisse.

162 Johannes ist durch Jesu Worte: »Dort, wohin ich gehe, könnt ihr mir nicht folgen«, tief betrübt.
2 Er weint und sagt: »Mein Meister, lasse mich durch jede Prüfung bis zum Tode mit dir gehen.«
3 Jesus sagt: »Du wirst mir folgen, Freund, durch Prüfungen und Tod. Doch jetzt kannst du noch nicht den Weg betreten, welchen ich beschreiten muß. Du wirst mir später folgen.«
4 Dann wendet Jesus sich erneut zu seinen elf Getreuen: »Seid nicht traurig, daß ich von euch gehe, so ist es am besten. Ging' ich nicht, der Heil'ge Odem käme nicht zu euch.
5 Diese Dinge sage ich, derweil ich bei euch bin im Fleisch. Doch wenn der Heil'ge Odem kommt mit voller Macht, fürwahr, dann wird er euch noch weitere Belehrung bringen und euch alle Worte ins Gedächtnis rufen, die ich sagte.
6 Noch so vieles wäre zu berichten, Dinge, die verschwiegen bleiben müssen, weil der Mensch von heute sie noch nicht versteht.
7 Fürwahr, ich sage euch, bevor der große Tag des Herrn herannaht, wird der Heil'ge Odem die Mysterien enthüllen.
8 Die Mysterien der Seele, der Unsterblichkeit, des Lebens und des Todes. Auch die Einheit aller Menschen und die Einheit zwischen Gott und Mensch wird er enthüllen.
9 Dann wird die Welt zur Wahrheit hingeführt, und Mensch und Wahrheit werden eins.
10 Wenn der Heil'ge Odem kommt,

wird er die Menschheit überzeugen, daß sie sündig ist, und daß die Worte, die ich spreche, Wahrheit sind, und daß das Urteil der Gerechten richtig ist. Dann wird der Fürst der Welt verbannt.

11 Und wenn der Heil'ge Odem bei euch ist, dann braucht ihr meine Hilfe nicht, denn ihr seid auserwählt, und Gott kennt euch so gut wie mich.

12 Die Stunde eurer Leiden naht. Die bösen Mächte triumphieren, weil ich gehe. Doch ich komme wiederum zurück, und euer Schmerz verwandelt sich in Freude.

13 Fürwahr, ihr werdet glücklich sein wie einer, welcher seinen Bruder, der vom Tode auferstanden ist, willkommen heißt.«

14 Die Jünger bitten: »Meister, rede nicht mit uns in solch geheimnisvollen Worten. Rede klar und aufschlußreich. Wir wissen, daß du weise bist und alle Dinge kennst.

15 Was meinst du mit dem Wort: »Ich gehe, doch ich komme wieder?«

16 Jesus sagt: »Die Stunde naht, da ihr zersprengt seid und euch fürchten werdet.

17 Jeder Einzelne von euch wird fliehen, und ich bleibe ganz allein zurück. Doch einsam bin ich nicht, denn Gott ist allezeit mit mir.

18 Böse Menschen schleppen mich vor arge Richter, und inmitten einer großen Menge gebe ich mein Leben hin – als Vorbild für die Menschen.

19 Doch ich werde auferstehen, und ihr seht mich wieder.

20 Alle diese Dinge sage ich voraus, damit sich euer Glaube festige, wenn es geschieht.

21 Den Haß der Welt müßt ihr ertragen und demselben dornenvollen Pfade folgen, den ich gehen muß.

22 Seid nicht betrübt. Seid guten Mutes. Seht, ich habe diese Welt des Fleisches überwunden, und so sollt auch ihr sie überwinden.«

23 Seinen Blick zum Himmel wendend, sagt der Meister: »Vater, meine Stunde ist gekommen.

24 Nunmehr muß der Menschensohn erhoben werden. Laß ihn standhaft sein, damit die Welt die Macht des Opfers klar erkennen möge.

25 Denn wie ich mein Leben für die Menschheit gebe, so muß jeder Mensch sein Leben für den Nächsten geben.

26 Deinen Willen auszuführen, Gott, bin ich gekommen, und in Deinem heil'gen Namen werde ich verherrlicht, um den Menschen zu beweisen, daß der Christus Leben, Liebe, Licht und Wahrheit ist,

27 und daß sie selbst zu Leben, Liebe, Licht und Wahrheit werden können durch den Christus.

28 Herr, Dein Name sei gelobt, um derer willen, die Du mir gegeben hast. Fürwahr, sie haben Dich verehrt und werden Dich auch fürderhin verehren.

29 Keiner ging verloren, keiner ist hinweggegangen, außer jenem blinden Sohn der Habsucht, welcher ging, den Meister zu verraten.

30 Vergib ihm, Vater, denn er weiß nicht, was er tut.

31 Und nun, o Herr, komm ich zu Dir, vom Erdenleib befreit. Behüte meine Jünger, Herr. Ich habe ihnen Deine Liebe, Deine Weisheit mitgegeben.

32 So wie sie an mich und meine Worte glauben, möge alle Welt an sie und ihre Worte glauben.

33 Wie Du mich hinausgesandt hast in die Welt, so habe ich, Herr, meine Jünger ausgeschickt. Ich bitte Dich, daß Du sie führen mögest, wie Du mich geführt hast.
34 Nimmer bitte ich, Du wollest sie der Welt entziehen, doch ich bitte Dich, daß Du sie vor der Bosheit dieser Welt, wie auch vor allzu großer Prüfung schützen mögest.
35 Sie gehörten einst der Welt, doch jetzt gehören sie nicht mehr zu ihr, wie ich nicht mehr zur Welt gehöre.
36 Vater-Gott, Dein Wort ist Wahrheit, und in dieser Wahrheit sollen sie geheiligt sein.
37 Ich bete nicht allein für meine Jünger, sondern auch für alle, welche an mich glauben und in ihrem Tun und Reden Christus ehren. Diese alle mögen eine Einheit werden.
38 Wie ich eine Einheit bin mit Dir und Du mit mir, so seien alle eins mit uns.
39 Damit die ganze Welt es weiß, daß Du mich sandtest, Deinen Willen stets zu tun, und daß Du sie genauso liebst wie mich.«
40 Nach diesen Worten Jesu singen sie die Lobgesänge Israels, wie es der Brauch ist, und erheben sich.

Geheime Unterredung zwischen Christus und Pilatus. Das Ringen Christi in Gethsemane.

163 Wie Jesus und die Elf ins Freie treten, nähert sich ein römischer Soldat: »Ist einer unter euch der Mann aus Galiläa?«
2 Petrus sagt: »Wir alle sind aus Galiläa. Welcher ist es, den du suchst?«
3 Der Römer gibt zur Antwort: »Jesus suche ich, den man den Christus nennt.«
4 Und Jesus sagt: »Ich bin es, den du suchst.«
5 »Ich komme nicht in offizieller Form«, meint der Soldat. »Ich habe eine Botschaft von Pilatus.
6 Jerusalem ist voller Juden, die auf Rache sinnen und euch nach dem Leben trachten. Pontius Pilatus möchte mit euch reden, ohne Aufschub sollt ihr zu ihm kommen.«
7 Jesus sagt zu Petrus und den andern Jüngern: »Geht ins Tal hinab und wartet dort beim Kidron, zu Pilatus möchte ich alleine gehen.«
8 Jesus folgt dem Römer zum Palast. Am Eingang des Palastes steht Pilatus, welcher auf ihn wartet.
9 »Junger Mann«, sagt er, »ich muß etwas mit dir besprechen, das zu deinem Wohl gereichen könnte. Auf dein Werk und deine Worte habe ich drei Jahre lang geachtet.
10 Oftmals hab' ich dich verteidigt, wenn die Juden dich am liebsten als Verbrecher abgeurteilt und gesteinigt hätten.
11 Doch die Priester, Pharisäer und Doktoren haben nun das Volk in einen Zustand toller Wut und kalter Grausamkeit hineingesteigert, ja man will sogar dein Blut.
12 Du wolltest ihren Tempel niederreißen, meinen sie, du wolltest die Gesetze Moses' ändern, ihre Priester in Verbannung schicken und dich selber auf den Thron des Königs setzen.
13 Sie behaupten außerdem, du habest dich mit Rom verbündet.
14 Horden wilder Männer streifen durch die Straßen von Jerusalem, und

alle trachten sie nach deinem Leben.
15 Deine Sicherheit liegt nur noch in der Flucht. So warte länger nicht. Du kennst die Wege zu den Grenzen. Fliehe aus dem Land, dem fluchbeladenen.
16 Ich will dir einen gut berittenen und gut bewehrten Trupp Soldaten geben, der dich schützen wird.
17 So säume nicht, ergreife die Gelegenheit und fliehe.«
18 Jesus lächelt und entgegnet: »Einen edlen Prinzen hat der Kaiser in Pilatus, und vom irdischen Gesichtspunkt aus betrachtet, ist dein Ratschlag weise. Doch von hoher Warte aus gesehen, ist er falsch.
19 Der Feigling flieht vor der Gefahr. Doch der, der kommt, um die Verlorenen zu retten, muß sein Leben opfern für die vielen, die er retten will.
20 Bevor das Passahfest zu Ende geht, ist dieses Volk durch Blut, das unschuldig vergossen wird, verflucht. Schon stehen meine Mörder vor den Toren.«
21 Doch Pilatus sagt: »Das darf nicht sein. Das Schwert von Rom beschützt dein Leben.«
22 »Nein, Pilatus, nein«, ruft Jesus, »auf der ganzen Welt ist keine Kriegsmacht stark genug, mein Leben zu bewahren.«
23 Und Pilatus seinen Gruß entbietend, geht der Meister. Dieser sendet eine Doppelwache, daß der Nazarener nicht in jene Hände falle, die nach seinem Leben trachten.
24 Doch nach kurzer Zeit entzieht er sich den Blicken seiner Wächter und begibt sich unsichtbar zum Kidronbach, wo seine Jünger auf ihn warten.
25 Jenseits liegt ein Garten. Dort befindet sich das Heim des Messalian, bei welchem Jesus oftmals weilte.
26 Dieser ist ein Freund des Meisters und ist überzeugt, daß Jesus der von den Propheten lang vorausgesagte Christus ist.
27 In jenem Garten ist ein heil'ger Ort, genannt Gethsemane.
28 Die Nacht ist dunkel, und im Garten ist es beinah finster. Jesus bittet acht von seinen Jüngern, bei dem Bach zu warten.
29 Mit Johannes, Petrus und Jakobus geht er in den Garten, um zu beten.
30 Dort, zu Füßen eines Baumes, schildert er den drei Erwählten die Mysterien des Lebens.
31 Er erklärt: »Der Geist der Ewigkeit ist eins. Es ist die Gottheit Vater-Mutter-Sohn in einem.
32 Im Bereich des Lebens aber treten diese drei Aspekte in Erscheinung. Vater-Gott ist Macht, Mutter-Gott ist Weisheit und Gott-Sohn ist Liebe.
33 Vater ist die Macht im Himmel und auf Erden. Mutter ist der Heil'ge Odem, die Gedankenwelt im Himmel und auf Erden, und der Sohn, der Christus, ist die Liebe.
34 Ich kam, als Mensch den Menschen diese Liebe nahezubringen.
35 Als Mensch, den Menschen gleich, war ich der Prüfung und Versuchung ausgesetzt, doch habe ich das Fleisch mit allen seinen Leidenschaften und Genüssen überwunden.
36 Was ich getan, das können alle Menschen tun.
37 Ich will nun zeigen, wie des Menschen Macht den Tod bezwingen kann, denn göttlich ist der Mensch.
38 Verlieren werde ich mein Leben

und erneut gewinnen, daß ihr die Mysterien von Leben, Tod und Auferstehung voll erkennen könnt.
39 Den Körper will ich niederlegen und im Geiste machtvoll auferstehen, so daß ich für Menschenaugen wieder sichtbar werde.
40 In drei Tagen will ich das Mysterium von Tod und Leben und den Sinn der Auferstehung demonstrieren.
41 Und was ich vollbringen werde, können alle Menschen tun.
42 Ihr drei, die ihr den engen Kreis der Kirche Christi bildet, sollt den Menschen die drei Attribute Gottes zeigen.
43 Petrus soll die Macht, Jakobus soll die Weisheit und Johannes soll die Liebe Gottes offenbaren.
44 Fürchtet nicht die Menschen. Ihr seid ausgesandt, das große Gotteswerk zu tun.
45 Und keine Erdenmacht kann euch gefährden bis das Werk vollendet ist.
46 Ich lasse euch und gehe nun, um in der Dunkelheit allein mit Gott zu reden.
47 Schmerz droht mich zu übermannen — wacht mit mir!«
48 Dann geht er einen Steinwurf weit gen Osten, fällt auf sein Gesicht und betet:
49 »Vater, gibt es einen Weg, den Schrecknissen der nächsten Stunden zu entkommen? Stark ist meine Seele, doch mein Körper schreckt zurück. Allein — Dein Wille soll geschehen, nicht der meine.«
50 Verzweifelt betet er. Gewaltig ist der Kampf. Die Adern bersten, und die Stirne blutet.
51 Nun kommt er zurück und findet seine Jünger schlafend.
52 »Simon, Simon«, ruft er, »schläfst du? Konntest du nicht eine Stunde mit mir wachen? Bleibe wachsam, harre aus und bitte Gott, daß deine Prüfung nicht zu schwer sei.
53 Wach und willig ist der Geist, doch schwächlich ist das Fleisch.
54 Er geht erneut und betet: »Vater-Gott, da ich den Kelch der Bitternis nun trinken muß, verleihe meinem Leib dieselbe Kraft, die meiner Seele innewohnt. Dein Wille, Herr, und nicht der meine soll geschehen.«
55 Wiederum kommt er zurück, und wieder findet er die Jünger schlafend, weckt sie auf, und zu Jakobus sagt er:
56 »Während ich gerungen habe mit dem größten Feind des Menschen, bist du eingeschlafen. Konntest du nicht eine Stunde mit mir wachen?«
57 Wieder geht er hin und betet: »Vater-Gott, ich füge mich. Dein Wille soll geschehen.«
58 Dann, zum dritten Mal kehrt er zurück, und wieder schlafen sie.
59 Er weckt Johannes auf und sagt: »Trotz all der großen Liebe, welche du für mich empfindest, konntest du nicht eine Stunde mit mir wachen?«
60 Und er fügt hinzu: »Es ist genug. Die Stunde ist gekommen, der Verräter naht. Steht auf und laßt uns gehen.«
61 Angekommen bei den acht, die er am Bach zurückgelassen hatte, findet er sie schlafend. Jesus ruft: »Wacht auf, ihr Jünger, der Verräter ist gekommen!«

Der Judaskuß. Flucht der Jünger und Gefangennahme Jesu.

164 Während Jesus und die Jünger noch im Garten weilen, naht sich eine Schar von Männern mit Laternen, Schwertern und mit Spießen.

2 Jesus sagt: »Oh seht, die Sendlinge des Bösen, hergeführt von Judas.«

3 »Laßt uns fliehen«, ruft die Schar der Jünger.

4 Doch der Meister sagt: »Warum denn fliehen? Dies ist die Erfüllung der Prophetenworte.«

5 Und er geht den Männern ganz allein entgegen. Wie sie näher kommen, fragt er sie: »Warum seid ihr gekommen, und wer ist es, den ihr sucht?«

6 Sie geben ihm zur Antwort: »Nach dem Nazarener sind wir ausgeschickt. Wir suchen Jesus, der sich Christus nennt.«

7 Der Meister sagt zu ihnen: »Ich bin's, den ihr sucht.«

8 Dann hebt er seine Hände, und mit mächtiger Gedankenkraft bringt er die Ätherschwingung bis zum Punkt des Leuchtens, und der ganze Garten ist in Licht getaucht.

9 Die Männer taumeln rückwärts. Einige von ihnen fliehen voller Furcht bis nach Jerusalem. Zu Boden stürzen andere und bleiben liegen.

10 Nur die tapfersten und härtesten der Männer halten stand. Das Licht verblaßt, und Jesus fragt erneut: »Wer ist es, den ihr sucht?«

11 Und Hannas gibt zur Antwort: »Jesus suchen wir, den Nazarener, der sich Christus nennt.«

12 »Ich sagte es bereits und wiederhole nun, daß ich es bin«, entgegnet ihm der Meister.

13 Judas, der bei Hannas steht, geht schnell zur Seite und kommt dann von hinten auf den Meister zu. »Mein Meister«, redet er ihn an und gibt ihm den Erkennungskuß.

14 Und Jesus fragt: »Kommst du mit einem Kuß, Iskariot, den Meister zu verraten?

15 Aber es muß sein. Doch wehe dem, der seinen Herrn verrät.

16 Deine Gier nach irdischem Besitz hat dich verwirrt, du weißt nicht, was du tust. In Kürze wird sich dein Gewissen regen, und in tiefer Reue wirst du dir das Leben nehmen.«

17 Zornig kommen alle Jünger rasch heran. Sie packen Judas in der Absicht, ihm ein Leid zu tun. Doch Jesus sagt:

18 »Laßt ab von ihm, ihr habt kein Recht, den Mann zu richten. Sein Gewissen richtet ihn, und Judas wird das Urteil selbst vollstrecken.«

19 Unter Malchus' Führung, der ein Diener Kaiphas ist, ergreift die Menge jetzt den Herrn und fesselt ihn.

20 Und Jesus sagt: »Warum kommt ihr bei Nacht mit Schwert und Spieß, mich hier an heil'ger Stätte zu ergreifen?

21 Habe ich denn nicht im Tempel zu Jerusalem gesprochen? Habe ich denn eure Kranken nicht geheilt? Die Augen eurer Blinden nicht geöffnet? Eure Lahmen können wieder gehen und die Tauben hören. Täglich hättet ihr mich finden können.

22 Jetzt versucht ihr mich zu binden. Was sind Fesseln anderes als Illusion?« Dann hebt er seine Hände, und die Fesseln fallen.

23 Malchus fürchtet, Jesus könnte ihm entfliehen, und mit seinem Spieß will er ihn treffen.

Petrus aber wehrt den Angriff ab, und mit dem Schwert verwundet er den Mann.

25 Da ruft der Herr: »Halt inne, Petrus, steck das Schwert in seine Schei-

de. Dir obliegt es nicht, mit Schwert und Spieß zu kämpfen. Wer das Schwert ergreift, wird durch das Schwert getötet.

26 Den Schutz der Menschen brauch' ich nicht. Ich könnte zwölf Legionen Gottesboten rufen, und sie wären hier. So soll es aber nicht geschehen.«

27 Dann sagt er zu Malchus: »Mann, ich möchte nicht, daß du zu leiden hast.« Er legt die Hand auf seine Wunde, und sie ist geheilt.

28 Sodann sagt Jesus: »Fürchtet nicht, daß ich entkomme. Flucht ist nicht mein Wunsch. Tut, was ihr wollt, mit mir.«

29 Da stürzt die Meute vorwärts, um die Elf als Mitverschworene des Meisters vor den Richterstuhl zu schleppen.

30 Doch die Jünger lassen ihren Herrn im Stich und fliehen.

31 Nur Johannes zögert noch, gerät ins Handgemenge, und die Kleider werden ihm vom Leib gerissen. Nackt entkommt er den Verfolgern.

32 So wird er von Messalian gefunden. Dieser nimmt ihn mit nach Hause, gibt ihm neue Kleider, und Johannes folgt dem Haufen, der den Herrn hinwegführt.

33 Petrus ist verzweifelt über seine Feigheit. Als er sich gefaßt hat, folgt er mit Johannes dicht der Menge. So gelangen sie mit dieser nach Jerusalem.

TEIL XIX

KOPH

Verurteilung und Kreuzigung Jesu

Petrus verleugnet den Herrn. Jesus unter Anklage.

165 Der Hohepriester zu Jerusalem ist Kaiphas. Das Gericht ist einberufen, und man führt den Nazarener in die Residenz des Kaiphas.
2 Deren Halle ist zum Bersten überfüllt mit Schriftgelehrten, Pharisäern und der Priesterschaft. Vereidigt sind sie, gegen Jesus auszusagen.
3 Der Eingang des Palastes wird von einer Magd betreut. Johannes, Jünger Jesu, kennt die Magd und bittet sie um Einlaß.
4 Petrus aber fürchtet sich und bleibt im Hof zurück.
5 Da wendet sich die Magd an Petrus: »Bist du nicht ein Jünger jenes Mannes, welcher in der Halle vor Gericht steht?«
6 »Nein«, sagt Petrus, »ich gehöre nicht zu ihm.«
7 Im Vorhof brennt ein Feuer, denn die Nacht ist kalt. Die Mäner, welche Jesus betrachten, sitzen um die Glut, und Petrus tritt zu ihnen.
8 Eine zweite Magd bemerkt den fremden Mann und sagt zu ihm: »Du bist doch auch, wie der Gefangene, aus Galiläa, denn du redest wie ein Galiläer. Sicher bist du einer seiner Jünger.«
9 Da entgegnet er: »Ich weiß nicht, was du meinst, ich kenne jenen Menschen nicht.«
10 Ein Knecht des Oberpriesters, der am Feuer sitzt, wird aufmerksam auf Petrus, wendet sich zu ihm und sagt:
11 »Ich sah dich doch im Garten neben jenem Nazarener stehen. Ich bin sicher, du bist einer seiner Jünger.«
12 Da erhebt sich Petrus voller Zorn und schwört bei allem, was ihm heilig ist, daß er den Mann nicht kennt.
13 Johannes aber hat mitangehört, wie Petrus dreimal seinen Herrn verleugnete. In äußerstem Erstaunen schaut er Petrus an.
14 Zur selben Stunde kräht ein Hahn, und Petrus denkt mit Schrekken an die Worte Jesu:
15 »Wahrlich Petrus, dreimal wirst du mich verleugnen, eh der Hahn des Morgens kräht.«
16 Und weinend geht er in die Nacht hinaus, denn sein Gewissen läßt ihm keine Ruhe.
17 In der Halle sitzt der Oberpriester Kaiphas im Ornat, und Jesus steht vor ihm.
18 »Ihr Männer von Jerusalem«, sagt Kaiphas, »wer ist dieser Mann, der vor mir steht, und was ist seine Schuld?«
19 Sie geben ihm zur Antwort: »Diesen Jesus, diesen Mann aus Galiläa,

stellen wir im Namen aller treuen Juden vor Gericht. Er ist ein Feind Jehovahs und der Menschen, denn er maßt sich an, er sei der Juden König.«
20 Kaiphas wendet sich zu Jesus: »Mann, nun rede du, und unterbreite dem Gericht der Juden deine Lehre und Doktrinen, wie auch deinen Anspruch auf den Königstitel.«
21 Jesus sagt: »Du Priester dieser Welt, warum soll ich vor eurem Rat von meinem Wort und Werk Bericht erstatten?
22 Offen habe ich das Volk belehrt. Ich heilte eure Kranken, eure Blinden, eure Tauben, eure Lahmen — und die Toten habe ich zum Leben auferweckt.
23 Ich tat dies niemals im geheimen, sondern in den Synagogen und auf öffentlichen Plätzen.
24 Gehe hin und bitte unser Volk, das nicht mit Gold und vielerlei Versprechungen bestochen wurde, über mich und meine Werke auszusagen.«
25 Nach diesen Worten tritt ein Söldner auf ihn zu und schlägt ihm ins Gesicht. »Wie wagst du es, zu ihm, dem Hohenpriester, so zu reden?«
26 Doch der Herr erwidert ihm: »Wenn das, was ich hier sagte, nicht die Wahrheit ist, beweise es. Doch wenn es wahr ist, weshalb schlägst du mich?«
27 Und Kaiphas sagt: »Was immer hier geschieht, soll nach Gesetz und Recht geschehen, denn wir schulden Rechenschaft für alles, was wir tun, und reden einem höheren Gericht.
28 Laßt nun die Kläger ihre Klageschrift in formgerechter Weise unterbreiten.«
29 Da erhebt sich einer der Gesetzeskundigen und sagt: »Die Klage gegen Jesus ist in formgerechter Weise abgefaßt und unterzeichnet von den Schriftgelehrten, Pharisäern und der Priesterschaft.«
30 Jetzt bittet Kaiphas um Gehör, damit die Klage vorgelesen werden könne, und der Schriftgelehrte nimmt ein Pergament, entfaltet dieses und beginnt zu lesen:
31 »An den Sanhedrin der Juden und an Kaiphas, Hohepriester zu Jerusalem.
32 Die beste Art, dem Vaterland zu dienen, ist es, die Nation vor Feindesmacht zu schützen.
33 Unser Volk ist sich bewußt, daß ein gar großer Feind in seiner Mitte weilt.
34 Es ist ein Mann mit Namen Jesus, der behauptet, daß er erbberechtigt sei auf König Davids Thron.
35 Er ist ein Feind und ein Betrüger, und im Namen aller Juden unterbreiten wir dem Hohen Rat die nachgenannten Klagen, welche wir beweisen können.
36 Jesus lästert Gott, indem er sich als Gottes Sohn bezeichnet und behauptet, er sei eins mit Ihm.
37 Er schändet unsre Feiertage, denn er heilt und wirkt am Sabbath.
38 Er ruft sich aus zum König Israels als Nachfolger von König David und von Salomon.
39 Er sagt, daß er den Tempel niederreißen will, und in drei Tagen werde er ihn neu erbauen, herrlicher und schöner als zuvor.
40 Er will die Menschen aus Jerusalem vertreiben, so wie er die Händler aus dem Tempel trieb. Er will gestatten, daß sich fremde Völker, welche Gott nicht kennen, auf den Hügeln unsres Landes niederlassen.

41 Und er droht, die Pharisäer, Sadduzäer, Schriftgelehrten und Doktoren ins Exil zu schicken ohne Möglichkeit der Rückkehr.«
42 Diese Klageschrift ist unterzeichnet und gesiegelt mit den Namen: Hannas, Simon, Abinadab, Annanias, Joash, Azaniah, Hezekiah.
43 Kaum war diese Schrift gelesen, wird nach Jesu Blut geschrien, und man hört die Worte: »Dieser Übeltäter muß gesteinigt und gekreuzigt werden.«
44 Da erhebt sich Kaiphas: »Männer«, ruft er, »wer beschwört die Richtigkeit der Klagen?«
45 Hundert Priester, die bestochen worden waren, stehen auf und sagen unter Eid, daß jeder Punkt der Klage wahr sei.
46 Kaiphas wendet sich erneut an Jesus: »Was hast du zu diesen vielen Klagepunkten vorzubringen? Bist du wirklich Gottes Sohn?«
47 Da gibt der Meister ihm zur Antwort: »Du hast es gesagt.« Und weiter sagt er nichts.

Jesus vor dem Sanhedrin. Nikodemus plädiert für Gerechtigkeit. Die Verurteilung und erste Mißhandlung Jesu.

166 Da Jesus weiterhin beharrlich schweigt, erhebt sich Kaiphas und befiehlt:
2 »Man binde den Gefangenen. Er muß sich vor dem großen Sanhedrin der Juden heute noch verantworten.
3 Kein Urteil darf vollzogen werden, ohne daß der hier ermittelte Befund von diesem hohen Rat bestätigt worden ist.«
4 Bei Tagesanbruch ist der große Sanhedrin versammelt. Jesus und die Kläger stehen vor den Schranken des Gerichtes.
5 Kaiphas führt den Vorsitz. Er steht auf und sagt: »Die Kläger mögen ihre Klageschrift dem hohen Rate präsentieren und die Zeugen bringen.«
6 Zum zweiten Mal wird jetzt die Klageschrift verlesen, die mit Siegel und mit Namen derer, die den Herrn des Hochverrats bezichtigen, versehen ist.
7 Die Zeugen treten nun hervor und schwören, daß die Einzelheiten dieser Klageschrift der Wahrheit voll entsprechen.
8 Die Rechtsgelehrten prüfen die Beweise. Nikodemus steht bei ihnen, hebt die Hand und sagt:
9 »Gerechtigkeit soll hier den Vorrang haben, selbst wenn jeder Priester, Schriftgelehrte, Pharisäer, Sadduzäer und der Angeklagte Jesus sich der Lüge schuldig machen würde.
10 Kann bewiesen werden, daß der Nazarener ein Verräter ist an Volk und Land und unserem Gesetz, dann soll er als Verbrecher abgeurteilt werden und der Strafe nicht entgehen.
11 Kann jedoch bewiesen werden, daß die Kläger falsch geschworen haben, sollen sie verurteilt werden, und der Nazarener wäre freizusprechen.«
12 Nikodemus bringt nunmehr die Aussagen der Zeugen vor die Richter. Man stellt fest, daß keine mit der nächsten übereinstimmt. Gierig nach Profit und in der Fiebereile, Jesus zu verdammen, waren sie geschrieben worden.
13 Gerne hätte man den Galiläer als Verbrecher abgeurteilt, doch man wagt es nicht, in Anbetracht der vielen Widersprüche.

14 Kaiphas wendet sich erneut an Jesus: »Mann aus Galiläa«, sagt er, »ich befehle dir im Namen Gottes, des Lebendigen, zu reden. Sage, bist du Christus, bist du Gottes Sohn?«
15 Und Jesus gibt zur Antwort: »Sag' ich ja, du würdest mir nicht glauben.
16 Sag' ich nein, dann stünde ich als Lügner da vor Gott und Mensch, wie eure Zeugen.
17 Aber dieses will ich sagen: Kommen wird die Zeit, da ihr den Menschensohn erblicken werdet auf dem Thron der Macht — wie er auf Himmelswolken kommt.«
18 Nach diesen Worten, welche Jesus klar und deutlich sprach, zerreißt der Hohepriester sein Gewand und sagt: »Wir haben nun genug gehört. Ist das nicht Gotteslästerung? Was brauchen wir noch Zeugen? Sagt, was soll mit ihm geschehen?«
19 Die Menge schreit: »Er hat den Tod verdient!« Es herrscht Tumult. Die Männer speien in sein Angesicht und schlagen auf ihn ein.
20 Dann binden sie ein Tuch vor seine Augen, schlagen ihn erneut und rufen höhnisch: »Sage, wer es war, der dich soeben schlug! Du bist doch ein Prophet.«
21 Doch Jesus schweigt. Und wie ein Lamm, wenn es geschoren wird, rührt er sich nicht.
22 Der Oberpriester Kaiphas steht nun auf und sagt: »Ein Todesurteil darf von uns nur dann vollzogen werden, wenn es durch den Statthalter von Rom bestätigt worden ist.
23 So führt den Angeklagten ab. Pilatus wird bescheinigen, was wir beschlossen haben.«
24 So geschieht es, daß der Herr von Kaiphas' Residenz zu dem Palast des Statthalters von Rom gebracht wird.

Jesus vor Pilatus, der ihn für unschuldig erklärt. Jesus vor Herodes. Zweite Mißhandlung. Rückkehr zu Pilatus. Die Vision der Gattin des Pilatus.

167 Kein Jude will den römischen Palast betreten, denn er glaubt, er würde sich beflecken. Unrein dürfte er das Passahfest nicht feiern. Deshalb führt man Jesus bis zum Eingang des Palastes, wo Pilatus wartet.
2 Dieser sagt: »Was soll der Lärm am frühen Morgen, und was bringt euch her?«
3 Die Juden geben ihm zur Antwort: »Einen üblen und verbrecherischen Menschen bringen wir.
4 Man hat ihn vor das oberste Gericht, den Sanhedrin, gestellt. Er ist des Hochverrats an Rom, an unseren Gesetzen und am Staat der Juden überführt.
5 Wir bitten euch, daß ihr den Mann zum Tod am Kreuz verurteilt.«
6 Pontius Pilatus aber sagt: »Warum bringt ihr den Mann zu mir?
7 Ihr habt doch ein Gesetz, wonach mit Roms Bewilligung ihr selber richten und vollstrecken könnt.«
8 Die Juden geben ihm zur Antwort: »Uns steht nicht das Recht zu, einen Mann ans Kreuz zu schlagen. Da er ein Verräter ist an Rom, wünscht unser hoher Rat, daß er den Tod der Schmach am Kreuz erleiden soll.«
9 Pilatus sagt: »Nach römischem Gesetz darf niemand hingerichtet werden, ohne daß er vor dem Richter an-

geklagt ist, seine Schuld erwiesen wurde, und daß ihm Gelegenheit gegeben wird, sich zu verteidigen.
10 So will ich eure Klageschrift entgegennehmen, die Beweise prüfen und den Angeklagten richten, wie nach römischem Gesetz gerichtet wird.«
11 Die Juden hatten eine Abschrift ihrer Klage in der Sprache Roms erstellt und hatten beigefügt:
12 »Wir klagen Jesus ferner an, daß er die Menge aufgewiegelt hat, dem Kaiser Roms die Steuern zu verweigern.«
13 Pontius Pilatus nimmt die Schrift entgegen. Seine Söldner führen den Gefangenen die Stufen zum Palast empor.
14 Der Nazarener steht nun vor Pilatus, welcher ihm die Klageschrift der Juden vorliest.
15 »Was ist deine Antwort«, fragt er. »Sind die Klagen wider dich berechtigt oder unberechtigt?«
16 Jesus fragt: Warum steh' ich vor einem weltlichen Gericht? Die Zeugen sind bestochen. Was vermag ich noch zu sagen?
17 Ja, ich bin ein König. Doch der Erdenmensch kann weder diesen König noch sein Königreich begreifen, denn es ist das Königreich der Seele.
18 Wäre ich ein König dieser Erde, meine Diener hätten mich verteidigt, und ich hätte mich dem hohen Rat der Juden nicht gebeugt.
19 Von Menschen kann ich nichts erwarten. Gott im Himmel ist mein Zeuge. Auch mein Wirken und die Worte, die ich spreche, legen von der Wahrheit Zeugnis ab.
20 Wer meinen Worten lauscht, erkennt die Wahrheit, und in seiner Seele steht er für mich ein.«
21 Pilatus ist erschüttert. »Was ist Wahrheit?« fragt er, und der Meister sagt:
22 »Die Wahrheit liegt bei Gott, dem ewig Wissenden. Der Heil'ge Odem ist die reine Wahrheit — unveränderlich und unvergänglich.«
23 Pontius Pilatus geht erneut hinaus und redet mit den Juden: »Keine Schuld kann ich an diesem Menschen finden«, sagt er, »und die Todesstrafe hat er nicht verdient.«
24 Bei diesen Worten wird die Menge dreist und ruft: »Der hohe Rat der Juden weiß das besser, denn die Weisesten der Weisen unsres Landes haben ihm Verbrechen um Verbrechen nachgewiesen.
25 Die Nation will er verderben, die Regierung stürzen und sich selbst zum König krönen. Ein Verbrecher ist er. Außerdem stammt er aus Galiläa. Wir verlangen, daß er sterben soll am Kreuz!«
26 Da wirft Pilatus ein: »Wenn er aus Galiläa stammt, ist er ein Untertan Herodes' und Herodes muß ihn richten.«
27 Dieser aber war vor kurzem erst von Galiläa mit dem ganzen Hofstaat nach Jerusalem gekommen.
28 So geschieht es, daß Pilatus den Gefangenen in Ketten zu Herodes schickt. Er übergibt die Klageschrift der Juden und das Dokument der Zeugen seiner Wache und ersucht Herodes, über Jesus zu Gericht zu sitzen.
29 »Vieles«, sagt Herodes, »hab' ich über diesen Mann gehört. Es wird mich freuen, ihn vor mein Gericht zu stellen.«
30 Schnell wird das Gericht berufen, und Herodes fragt den Herrn nach

seinen Lehren, seinen Zielen und nach seinem Anspruch.
31 Jesus aber schweigt und sagt kein Wort. Da wird Herodes zornig, herrscht ihn an und sagt: »Warum beleidigst du den Herrscher dieses Landes durch dein Schweigen?« Jesus aber schweigt beharrlich.
32 Wütend ruft Herodes seine Söldner und befiehlt, daß man den Meister foltern soll, bis er ihm Red' und Antwort stehe.
33 Die Soldaten führen nun den Herrn hinweg. Sie schlagen ihn und spotten seiner, kleiden ihn in einen roten Mantel, drücken eine Dornenkrone auf sein Haupt, und ein geknicktes Rohr bekommt er in die Hand.
34 Dann knien sie vor ihm und rufen höhnisch: »Heil dir, König! Wo ist deine Wache, wo dein Heer und wo sind deine Untertanen, wo die Freunde?«
35 Jesus aber schweigt. Dann schickt Herodes ihn zurück zu Pontius Pilatus, und ein höflich abgefaßtes Schreiben gibt er mit. Es lautet:
36 »Hochgeschätzter Statthalter von Rom! Ich habe alle Klagen samt den eidesamtlich abgefaßten Aussagen der Zeugen, mit Bezug auf jenen Galiläer, eingesehen.
37 Obwohl ich diesen Mann im Sinn der Klage richten könnte, trete ich euch gerne meine Rechte ab, da ihr mir überlegen seid an Rang und Macht. Wie immer euer Urteil lauten wird, es wird von mir gebilligt.«
38 Pontius Pilatus und Herodes waren sich bisher nicht gut gesinnt. Doch die Erfahrung dieser Stunde wandelt ihr Verhältnis zueinander. Fortan sind sie Freunde.
39 Jesus steht erneut vor Pontius Pilatus. Dieser aber geht hinaus und redet zu den Juden:
40 »Mangelhaft sind die Beweise für die Todesstrafe«, sagt er, »und ich finde keine Schuld an diesem Menschen. Deshalb werde ich ihn peitschen lassen, und dann mag er gehen.«
41 Die Juden aber rufen aufgebracht: »Es geht nicht an, daß ein gefährlicher Verbrecher wie der Angeklagte weiterhin am Leben bleibt. Er muß gekreuzigt werden!«
42 »Wartet eine kleine Weile«, sagt Pilatus und begibt sich in ein inneres Gemach, um nachzudenken.
43 Wie er so in tiefem Sinnen sitzt, tritt seine Gattin, eine gottesfürchtige und schöne Gallierin, herein und sagt zu ihm:
44 »Pilatus, bitte hör mich an. Was du in dieser Stunde tust, das überlege wohl. Vergreif dich nicht an diesem Mann. Wenn du ihn peitschen läßt, dann hast du Gottes Sohn gepeitscht. Ich hatte ein Gesicht die letzte Nacht, und alles war so deutlich, so lebendig, daß ich es nicht abtun kann als eitlen Traum.
46 Ich sah den Nazarener auf des Meeres Wogen gehen, und ich hörte ihn mit Wind und Wetter reden. Ich war Zeuge, wie er einen Sturm beschwichtigte, und sah ihn fliegen auf des Lichtes Schwingen.
47 Dann sah ich Jerusalem in Blut und sah die Statuen Cäsars fallen, sah die Sonne sich verfinstern, und der Tag war dunkel wie die Nacht.
48 Die Erde schwankte unter mir wie Schilf im Wind. Ich sage dir, Pilatus, wenn du deine Hände mit des Nazareners Blut besudelst, wirst du Cäsar fürchten lernen, und der Fluch der

Senatoren Roms ergießt sich auf dein Haupt.«
49 Mit diesen Worten eilt sie aus dem inneren Gemach. Pilatus senkt das Haupt und weint.

Pilatus' letzter Versuch zur Rettung Jesu. Auf dem Weg nach Golgatha.

168 Die Juden haben einen Glauben von den Götzendienern eines fremden Volkes übernommen.
2 Zufolge dieses Glaubens meinen sie, am Ende jeden Jahres könnten ihre Sünden auf die Schultern eines einzelnen geladen werden.
3 Dieser Einzelne wird so zum Sündenbock für die Nation. Sie glauben außerdem, daß sie der Sünden ledig sind, wenn sie den Sündenbock in fremde Länder jagen oder in die Wildnis treiben.
4 Deshalb wird vor jedem Passahfest aus den Gefängnissen des Landes ein Verbrecher ausgesucht, dem durch ein Ritual die Sündenlast des ganzen Volkes aufgebürdet wird.
5 In den Gefängnissen Jerusalems sind unter anderen drei Männer, Führer einer räuberischen Bande. Diese Männer sind für Diebstahl, Raubmord und Gewalt zum Tod am Kreuz verurteilt worden.
6 Barabbas bar Jezia ist einer von den dreien. Er ist reich, und von den Priestern hat er sich die Gunst erkauft, der Sündenbock zu sein. So wartet er denn ängstlich auf die Stunde der Entscheidung.
7 Pontius Pilatus überlegt bei sich, wie er mit Hilfe dieses Glaubens Jesus retten könne. Wieder tritt er vor die Juden hin und sagt:
8 »Ihr Männer Israels, wie es der Brauch ist vor dem Passah, will ich einen der Gefangenen entlassen, um ihn euch zu übergeben.
9 Ihr habt mich um Barabbas gebeten, der des Mordes schuldig ist an einem Dutzend Menschen.
10 Hört mich an, ihr Männer. Laßt den Nazarener frei und laßt dafür den Barabbas am Kreuz für seine Frevel büßen.«
11 Doch die Juden wollen von dem Tausch nichts wissen. Sie ereifern sich und drohen, den Palast zu stürmen und Pilatus samt dem Hofstaat und der Wache aus der Stadt zu jagen.
12 Als Pilatus merkt, daß Krieg und Blutvergießen drohen, wenn er nicht der aufgebrachten Menge nachgibt, nimmt er eine Schale Wasser, und vor aller Augen wäscht er sich die Hände.
13 »Jener Nazarener, den ihr töten wollt«, sagt er, »ist Gottes Sohn. Ich will an seinem Tod nicht schuldig sein.
14 Wenn ihr sein Blut vergießen wollt, dann komme es auf euch, und nicht auf mich.«
15 Bei diesen Worten brüllt das Volk: »So laß sein Blut auf uns und unsre Kinder kommen.«
16 Da erschrickt Pilatus, und gleich einem Blatt im Winde zittert er vor Furcht. Dann gibt er Barabbas den Juden frei. Als Jesus vor der Menge steht, sagt Pontius Pilatus: »Das ist euer König. Wollt ihr wirklich euren König töten?«
17 Doch die Juden rufen: »Nie und nimmer ist er unser König! Unser König ist allein Tiberius, der Kaiser Roms.«

18 Pilatus aber gibt sein Einverständnis nicht, daß römische Soldaten sich mit unschuldigem Blut besudeln. Kaiphas und die Ältesten beraten deshalb, was mit Jesus nun geschehen soll.
19 »Wir dürfen ihn nicht kreuzigen«, sagt Kaiphas, »lassen wir ihn steinigen.«
20 Da ruft das Volk: »Das soll sogleich geschehen.« Deshalb führt man ihn zur Stadt hinaus, auf jenen Hügel, wo von altersher Verbrecher hingerichtet werden.
21 Doch die Menge kann es nicht erwarten, bis die Schädelstätte Golgatha erreicht ist. Kaum hat man die Stadt verlassen, stürzt die Meute sich auf Jesus, schlägt ihn, speit ihm ins Gesicht und steinigt ihn, bis er zusammenbricht.
22 Da tritt ein Mann zu ihnen und zitiert Jesaias Wort: »Er ward verwundet wegen unsrer Missetat, und durch seine Striemen werden wir geheilt.«
23 Als Jesus blutend nah der Stadt am Boden liegt, erhebt ein Pharisäer seine Stimme: »Haltet ein, ihr Männer«, sagt er, »seht, Herodes' Wache kommt. Die wird den Nazarener kreuzigen.«
24 Am Stadttor lehnt das Kreuz des Barabbas. Es schreit die leidenschaftlich aufgebrachte Menge: »Kreuzigt Jesus! Kreuzigt ihn!«
25 Da geben Kaiphas und die Pharisäer hierzu die Genehmigung.
26 Herodes Söldner drängen durch die Menge, zwingen Jesus aufzustehen. Mit den Spitzen ihrer Schwerter treiben sie ihn vorwärts.
27 Simon von Cyrene, einer von des Meisters Freunden, ist zugegen. Da der wunde, schmerzgequälte Jesus nicht imstande ist, die schwere Last zu tragen, legen sie das Kreuz des Barabbas auf Simons Schultern, der es bis hinauf zum Hügel trägt.

Judas Ende.

169 In der Menschenmenge ist auch Judas, welcher seinen Herrn verriet. Er denkt die ganze Zeit daran, daß Jesus endlich seine Macht gebrauchen müßte und die Gotteskraft, die er besitzt, vor aller Augen demonstrieren sollte, daß er nun die haßerfüllte Menge niederschlagen und sich selbst befreien werde.
2 Wie er aber seinen Herrn aus vielen Wunden blutend auf dem Boden liegen sieht, denkt er bei sich:
3 »O Gott, was habe ich getan. Ich habe meinen Herrn, den Gottessohn, verraten. Gottes Fluch wird nun auf meiner Seele lasten.«
4 Jählings wendet er sich ab und rennt zurück zum Tempel, findet dort den Priester, welcher ihm die dreißig Silberlinge gab und ruft:
5 »Das Schandgeld nimm zurück. Es ist der Kaufpreis meiner Seele, denn ich habe Gottes Sohn verraten.«
6 »Das ist deine Sache«, gibt der Priester ihm zur Antwort.
7 Schmerzerfüllt wirft Judas seine Silberlinge auf die Fliesen und verläßt den Ort mit gramgebeugtem Haupt. An einem Felsen vor der Stadt hängt er sich auf und stirbt.
8 Im Lauf der Zeit zerreißt die Schlinge, und der tote Körper fällt hinab ins Hinnontal. Nach vielen Tagen findet man den Leichnam dort.

9 Die Priester wollen nicht den Preis des Blutes in die Tempeltruhen legen. Deshalb kaufen sie mit jenen dreißig Silberlingen eines Töpfers Feld.
10 Dort sollen alle jene liegen, die nicht in geweihter Erde ruhen dürfen.
11 Hier begraben sie den Leichnam jenes Jüngers, welcher seinen Herrn verriet.

Jesus am Kreuz. Seine Worte an den Übeltäter. Er gibt die Frauen in Johannes' Obhut.

170 Die Menschenmenge drängt und stößt hinauf zur Schädelstätte. Eng um Jesus scharen sich die Frauen. Viele sind es. Auch Maria Magdalena, Miriam und Maria, Jesu Mutter sind dabei.
2 Sie jammern laut und weinen. Jesus aber tröstet sie und sagt:
3 »Weint nicht um mich. Obgleich ich euch verlasse und durchs Tor des Kreuzes schreite, werden eure Herzen jubeln, denn am Tag nach Sabbath sehen wir uns wieder bei der Felsengruft.«
4 Die große Prozession erreicht nun Golgatha. Die römischen Soldaten hatten dort die beiden Übeltäter schon ans Kreuz gebunden.
5 Diese waren nicht genagelt, sondern nur gebunden worden.
6 Vier römischen Soldaten aus der Wache des Herodes war befohlen worden, hier auf Golgatha das Urteil des Gerichtes zu vollstrecken.
7 Es sind dieselben Männer, welche im Palaste des Herodes Jesus folterten, um so von ihm ein Schuldgeständnis zu erpressen.
8 Sie hatten ihm die Dornenkrone auf das Haupt gedrückt, das Schilfrohr in die Hand gelegt, den Königsmantel umgehängt und dann vor ihm mit Spott und Hohn gekniet.
9 Sie nehmen jetzt den Nazarener in Empfang, entkleiden ihn und legen ihn aufs Kreuz, um ihn zu binden. Doch das ist den Juden nicht genug.
10 Mit Hammer und mit Nägeln eilen sie herbei und rufen: »Keine Stricke! Nagelt ihn ans Kreuz und treibt die Nägel tief ins Holz.«
11 Und so geschieht es, daß der Herr ans Kreuz geschlagen wird.
12 Ein Trank aus Essig und aus Myrrhe, der die Schmerzen lindern soll, wird ihm geboten; doch er will nicht trinken.
13 Zwischen den zwei Übeltätern hatten die Soldaten einen Platz für Barabbas bereitet. Hier nun richten sie das Kreuz mit Jesus auf, den man den Christus nennt.
14 Dann lagert sich die Menge auf dem Hügel, denn sie will verfolgen, wie der Meister stirbt.
15 Und Jesu Stimme tönt vom Kreuz: »Vater-Gott verzeihe ihnen, denn sie wissen nicht, was hier geschieht.«
16 Pilatus hatte eine Tafel für das Kreuz des Nazareners richten lassen. In hebräisch, griechisch und lateinisch steht darauf geschrieben: »JESUS, der CHRISTUS – KÖNIG der JUDEN.«
17 Diese Tafel wird am Keruz befestigt. Doch die Priester sind verärgert.
18 Sie ersuchen Pontius Pilatus, nicht zu schreiben, daß der Nazarener Christus sei, der Judenkönig, sondern daß er vorgibt, Christus, König der Juden zu sein.

19 Pontius Pilatus aber sagt: »Was ich geschrieben habe, habe ich geschrieben. Laßt es so.«

20 Die Menschenmenge, die den Herrn ans Kreuz geschlagen sieht, ist freudetrunken. Viele rufen: »Heil dir, falscher König!

21 Du, der du den Tempel niederreißen wolltest, um ihn in drei Tagen wieder aufzubauen, hilf dir selbst!

22 Wenn du der Christus bist und Gottes Sohn, so steig herab vom Kreuz – dann wollen wir an deine Sendung glauben.«

23 Priester, Pharisäer und Doktoren schauen mit Verachtung auf die Szene. »Andere hat er gerettet«, sagen sie, »sich selber aber kann er nicht befreien.«

24 Nah am Kreuz ereifern sich die jüdischen und römischen Soldaten durch ihr lautes Hohn- und Spottgerede.

25 Einer der zwei Übeltäter spottet ebenfalls und sagt: »Wenn du der Christus bist, dann sprich das Wort und rette dich und mich.«

26 Der andere hingegen schilt den ersten: »Hast du keine Furcht vor Gott, du Lump!

27 Der Mensch, der zwischen uns gekreuzigt hängt, ist ohne Fehl. Doch du und ich sind schuldig und bezahlen unsre Missetaten mit dem Leben.«

28 Sich zu Jesus wendend, sagt er: »Herr, ich weiß, dein Königreich wird kommen, jenes Königreich, das diese Menschheit nicht begreifen kann.

29 Gedenke mein, wenn du im Himmel bist.«

30 Und Jesus sagt zu ihm: »Fürwahr, du wirst schon bald mit mir im Königreich der Seele sein.«

31 Viele Frauen aus Judäa und aus Galiläa stehen nah dem Kreuz.

32 Unter ihnen sind Maria, Jesu Mutter, Miriam, Salome, Maria, Mutter von Jakobus und Johannes, außerdem Maria Magdalena, Ruth und Martha.

33 Wie der Meister seine Mutter, Miriam und Johannes nahe beieinander stehen sieht, sagt er zu seinem Jünger:

34 »Meine Mutter wie auch meine Schwester Miriam gebe ich in deine liebevolle Obhut und in deinen Schutz.«

35 Worauf Johannes sagt: »Solange sie leben, soll mein Heim das ihre sein.«

36 Nach altem Brauch gehören die Gewänder der zum Tod Verurteilten den Männern, die das Urteil zu vollstrecken haben.

37 So verteilen nun die römischen Soldaten Jesu Kleidungsstücke unter sich.

38 Doch wie sie sein Gewand betrachten, sehen sie, daß es aus einem Stück gewebt und wertvoll ist.

39 Deshalb würfeln sie um das Gewand.

40 So ward die Schrift erfüllt: »Sie teilen meine Kleider unter sich, um mein Gewand jedoch entscheiden ihre Würfel.«

Finsternis auf Golgatha. Die Stimme aus dem Licht. Grablegung.

171 Es ist die sechste Stunde, und obgleich die Sonne hoch am Himmel steht, wird es so dunkel wie die Nacht.

2 Man holt Laternen, und es werden Feuer auf dem Hügel angezündet.

3 Als die Sonne nicht mehr sichtbar ist, ruft Jesus: »Heloi! Heloi! Lama sabachthani!« Das bedeutet: »Sonne, Sonne, warum hast du mich verlassen.«

4 Doch das Volk versteht den Sinn der Worte nicht und meint, er rufe nach Elias in der Stunde seiner Not.

5 »Nun werden wir ja sehen«, meinen viele, »ob Elias kommt.«

6 Nach einer Weile sagt der Herr: »Mich dürstet.« Einer der Soldaten taucht nun einen Schwamm in ein Gemisch von Essig und von Myrrhe und hält diesen an des Nazareners Lippen.

7 Zur neunten Stunde fängt die Erde an zu beben. In der Finsternis des sonnenlosen Tages flutet plötzlich eine Fülle gold'nen Lichtes auf das Kreuz.

8 Aus diesem Licht tönt eine Stimme: »Seht, es ist vollbracht!«

9 Und Jesus spricht: »Mein Vater-Gott, in Deine Hände will ich meine Seele legen.«

10 Einer der Soldaten ist von Mitleid tief bewegt und sagt: »Er soll nicht länger leiden.« Und mit einer Lanze sticht er ihm ins Herz. Es ist getan – der Menschensohn ist tot.

11 Die Erde bebt erneut. Jerusalem wird stark erschüttert. Hügel bersten, Gräber öffnen sich.

12 Und viele glauben, Tote seien auferstanden – in den Straßen habe man sie wandeln sehen.

13 Auch der Tempel schwankt und zittert, und der Vorhang vor dem Heiligtum zerreißt. Bestürzung herrscht im ganzen Land.

14 Die römischen Soldaten, welche den Gekreuzigten betrachten, meinen: »Es ist wahrlich Gottes Sohn, der hier gestorben ist.«

15 Die Menschenmassen auf dem Hügel eilen nun hinab, der Stadt entgegen. Priester, Pharisäer und Doktoren sind von Furcht erfüllt.

16 Sie flüchten in die Synagoge und in ihre Häuser. »Weh, es ist der Zorn Jehovahs«, rufen sie.

17 Das Passahfest ist nah. Nach dem Gesetz der Juden darf am Sabbath kein Verbrecher mehr am Kreuze hängen.

18 Deshalb fragen sie Pilatus, ob man die Gekreuzigten herunternehmen dürfe.

19 Und Pilatus schickt Soldaten aus, um nachzusehen, ob die Männer tot sind.

20 Kurz danach erscheinen am Palast zwei alte Juden, die Pilatus sprechen wollen.

21 Es sind Mitglieder des hohen Rates, trotzdem sind sie überzeugt, daß Jesus ein von Gott Gesandter ist.

22 Der eine ist Rabbiner Joseph, Ratsherr von Arimathäa, ein gerechter Mann und gottesfürchtig.

23 Nikodemus ist der andere.

24 Sie fallen vor Pilatus nieder mit der Bitte, ihnen Jesu Leichnam auszuhändigen, um diesen in ein Felsengrab zu legen.

25 Pontius Pilatus gibt sein Einverständnis.

26 Joseph hatte eine teure Mischung vorbereitet, gegen hundert Pfund von Aloe und Myrrhen, um den Leib des Herrn zu balsamieren. Damit eilen sie nach Golgatha.

27 Die Wache kommt zurück und meldet, daß der Nazarener tot, die Übeltäter aber noch am Leben seien.

28 Sie erhält den Auftrag, die Lebendigen zu töten, ihre Körper zu verbrennen und den Leib des Nazareners den Rabbinern auszuhändigen.
29 Und so geschieht es.
30 Die Rabbiner nehmen Jesu Leichnam mit und bereiten ihn fürs Grab.
31 In Josephs neu erbautes Grabmal, das aus einem großen Felsblock ausgehauen wurde, legen sie den Herrn.
32 Sie rollen vor den Eingang einen großen schweren Stein.
33 Die Hohenpriester aber fürchten, daß die Freunde Jesu heimlich in der Nacht den Leichnam stehlen könnten, um dann zu behaupten, daß der Christus auferstanden sei, wie er es sagte.
34 So ersuchen sie Pilatus, eine Wache auszusenden, um das Grabmal zu bewachen.
35 Doch Pilatus sagt: »Ich will euch keine Römer senden, ihr habt eigene Soldaten. Hundert Mann mit einem Hauptmann will ich euch gestatten.«
36 So begibt es sich, daß jüdische Soldaten vor dem Grabmal Wache halten.

TEIL XX

RESH

Auferstehung Jesu

Die Stille Bruderschaft. Jesus in der Seelenwelt. Umwandlung des Leibes

172 Das Felsengrab, in welchem Jesu Leichnam liegt, befindet sich in einem blumenreichen Garten, Siloam genannt, und Josephs Heim ist in der Nähe.

2 Vor Beginn der Wache sendet Kaiphas eine Schar von Priestern in den Garten, denn er will sich vergewissern, daß der Leichnam Jesu wirklich in der Felsenkammer liegt.

3 Die Priester wälzen nun den schweren Stein zur Seite, überzeugen sich, daß dies so ist und rollen dann den Stein zurück.

4 Pilatus sendet seinen Schreiber. Dieser siegelt nun das Grab auf solche Art, daß jemand, der den Stein bewegt, das Siegel bricht.

5 Die Todesstrafe müßte der erleiden, der das Siegel Roms verletzt.

6 Die jüdischen Soldaten werden daraufhin vereidigt. Dann beginnt die Wache vor dem Grab.

7 Bis Mitternacht ist alles ruhig. Doch plötzlich wird das Grab von Licht umflutet, und den Gartenweg herab kommt eine Truppe weißgekleideter Soldaten, Mann für Mann.

8 Am Grabmal angelangt, marschiert die Truppe auf und ab im Marsch und Gegenmarsch.

9 Die hundert Mann sind alarmiert. Sie meinen, daß es Jesu Freunde wären, die gekommen seien, um den Leichnam ihres Herrn zu holen.

10 »Vorwärts!« kommandiert der Hauptmann, und sie greifen an. Doch nicht ein einziger der weißen Krieger fällt. Sie gehen ruhig weiter auf und ab im Marsch und Gegenmarsch inmitten der verwirrten, furchterfüllten Männer.

11 Sie treten auf das Siegel Roms. Sie sprechen nicht. Sie ziehen ihre Schwerter nicht – es ist die Stille Bruderschaft.

12 Die jüdischen Soldaten fliehen schreckensbleich.

13 Sie stürzen auf den Boden, sammeln sich erneut und warten abseits stehend, bis die Weißgekleideten gegangen sind.

14 Das Leuchten um das Grab vermindert sich, und einer nach dem andern kommt zurück. Der Stein ist noch an seinem Platz, das Siegel unversehrt, man setzt die Wache fort.

15 Der Herr schläft nicht in seinem Grab. Der Körper ist die sichtbare Erscheinungsform der Seele. Seele lebt auch ohne Körper.

16 In dem unsichtbaren Reich der Seele lehrt und wirkt der Meister.

17 Kerkertore öffnet er, und die Gefangenen sind frei.

18 Er sprengt die Ketten der Gefes-

selten und führt die Seelen aus der Finsternis ins Licht.
19 Er sitzt mit Patriarchen und Propheten im Konzil. Er redet mit den Meistern aller Rassen, aller Zeiten.
20 Und im Großen Rat der Himmelswelt erzählt er die Geschichte seines Erdenlebens und des Todes, der ein Opfer für die Menschheit war.
21 Er erläutert sein Versprechen, sich in Fleischesform zu hüllen, um den Jüngern zu erscheinen – alles, um des Menschen große Möglichkeiten aufzuzeigen.
22 Und um ihm den Schlüssel für das Leben, für den Tod und für die Auferstehung in die Hand zu geben.
23 In den Seelensphären spricht man von den Offenbarungen der Neuen Zeit.
24 Der Heil'ge Odem wird dann alle Welt erfüllen und der Menschheit Wege zu Vollkommenheit und ew'gem Leben öffnen.
25 Am Sabbath ist es still im Garten. Die Soldaten halten Wache. Niemand nähert sich dem Grab. Doch in der Nacht vom Sabbath auf den Sonntag ändert sich das Bild.
26 Um Mitternacht vernimmt man eine Stimme: »Adon maschiach cumi«, das bedeutet: »Herr Christus – erhebe dich!«
27 Wieder meinen die Soldaten, daß die Freunde Jesu in der Nähe seien, um den Leib des Herrn zu holen.
28 Mit gezückten Schwertern stehen sie bereit, und wiederum vernehmen sie dieselben Worte.
29 Überall im Garten tönt die Stimme, dennoch ist kein Mensch zu sehen.
30 Bleich vor Schrecken sind die Männer. Aber Flucht aus Feigheit würde Tod bedeuten. Deshalb bleiben sie auf ihrem Posten, ängstlich in die Runde spähend.
31 Dann geschieht es. Kurz vor Sonnenaufgang flammt der Himmel auf in hellem Licht, und fernes Donnerrollen hört man wie vor einem Sturm.
32 Die Erde bebt. Im Strahlenglanz des Lichtes sehen die Soldaten eine weißgekleidete Gestalt vom Himmel schweben. Ängstlich flüstern sie sich zu: »Ein Engel kommt.«
33 Zum dritten Mal ertönt die Stimme: »Adon maschiach cumi!«
34 Jetzt zertritt die weißgekleidete Gestalt das Siegel Roms, zerreißt es, nimmt den großen Stein, als wäre er ein Kiesel aus dem Bach, und wirft ihn leicht zur Seite.
35 Jesus öffnet seine Augen, setzt sich auf und grüßt die Sonne, »Heil dir, Sonne«, ruft er, »heil dir, Morgenröte der Gerechtigkeit!«
36 Nun faltet er die Tücher wie das Stirnband und das Grabgewand zusammen, legt sie auf die Seite und erhebt sich.
37 Dann steht Jesus eine Weile neben der Gestalt in Weiß.
38 Die ängstlichen Soldaten stürzen hin und bergen das Gesicht in ihrer Hand. Die mutigen hingegen bleiben stehen und verfolgen wachsam, was geschieht.
39 Sie sehen, wie der Leib des Nazareners transmutiert. Sie sehen, wie sein Körper sich von sterblicher Substanz in die Unsterblichkeit der Seelenwelt verwandelt. Dann verschwindet die Gestalt des Meisters.
40 Jetzt vernimmt man eine Stimme, die von irgendwoher, nein von überall ertönt:
41 »Friede allen Menschen, welche guten Willens sind!«

42 Sie schauen hin — das Grab ist leer — der Herr ist auferstanden, wie er sagte.
43 Eilends kehren die Soldaten nach Jerusalem zurück.
44 Sie melden, daß der Nazarener auferstanden sei, wie er es prophezeite, daß das Grabmal leer sei, und daß sie nicht sagen könnten, wo der Leichnam ist. Danach berichten sie den Priestern von den Wundern dieser Nacht.
45 Im Großen Rat sagt Kaiphas: »Die Nachricht, daß der Nazarener auferstanden sei, darf keinesfalls verbreitet werden.
46 Würde es bekannt, das Volk behauptete, der Nazarener wäre Gottes Sohn gewesen, und die Zeugen hätten falsch geschworen.«
47 Jetzt ruft man die Wache in den Saal und Kaiphas sagt:
48 »Ihr wißt nicht, wo der Leib des Nazareners ist? So geht denn hin und sagt dem Volk, daß Jesu Freunde in der Nacht gekommen seien und den Leichnam holten, während ihr geschlafen habt.
49 Und wir belohnen jeden einzelnen von euch mit einer Silbermünze. Mit Pilatus werden wir die Sache des zerstörten Siegels schon in Ordnung bringen.«
50 Die Soldaten tun, wofür man sie bezahlt.

TEIL XXI

SCHIN

Verstofflichung des Geistkörpers Jesu

Jesus erscheint den Frauen und den drei Jüngern im Garten Siloam.

173 Maria, Mutter Jesu, Miriam und Maria Magdalena waren bei der Grablegung dabei gewesen.
2 Gleich danach begaben sie sich in das Heim des Joseph von Arimathäa, wo sie eine Zeitlang bleiben konnten.
3 Weder wußten sie, daß jüdische Soldaten Wache standen vor dem Grab des Herrn, noch daß der Eingang mit dem Siegel Roms versiegelt worden war.
4 Am Sonntag morgen eilen alle drei mit Spezereien in den Garten, um den Leib des Herrn zu salben.
5 Wie sie sich dem Grabmal nähern, sehen sie die jüdischen Soldaten bleich vor Schrecken durcheinanderrennen.
6 Dann entdecken sie das leere Grab und sind bestürzt.
7 Von den Soldaten können die drei Frauen nicht erfahren, wer den Leichnam weggetragen hat.
8 Da läuft Maria Magdalena nach Jerusalem, um Petrus und den anderen die Nachricht vom Verschwinden ihres Herrn zu bringen.
9 Unterwegs begegnen ihr Johannes, Petrus und Jakobus. »Jemand«, ruft sie, »hat den Stein vom Felsengrab hinweggerollt und hat den Leichnam fortgetragen.«
10 Nun beeilen sich die Jünger, doch Johannes ist der schnellste und erreicht zuerst das Grab. Er schaut hinein – das Grab ist leer, der Leib des Herrn ist nicht mehr da.
11 Nun kommt auch Petrus, geht ins Felsengrab hinein und sieht die Leichentücher schön gefaltet auf der Seite liegen.
12 Die Jünger können nicht begreifen, was sich hier ereignet hat. Sie haben nicht verstanden, was der Meister meinte, als er kurz vor seinem Tode sagte, daß er auferstehen werde.
13 Sie gehen in die Stadt zurück, doch Miriam und Maria, Mutter Jesu, bleiben.
14 Nach einer Weile schaut Maria in das Grab und sieht zwei Meister im Gewölbe sitzen. »Weshalb weinst du«, fragen sie.
15 Maria sagt: »Ich weine, weil der Leichnam nicht mehr da ist. Jemand hat ihn weggetragen, ich weiß nicht wohin.«
16 Sodann schaut sie umher. Ein Mann steht in der Nähe. »Weshalb bist du traurig, und wen suchst du«, fragt er.
17 Maria, welche meint, es sei der Gärtner, sagt zu ihm: »Wenn du den Leichnam weggetragen hast, verrate

mir wohin, damit ich ihn in heil'ge Erde legen kann.«
18 Da sagt der Mann im Nähertreten: »Meine Mutter.« Und Maria ruft: »Mein Meister!«
19 Nunmehr werden Miriams Augen aufgetan, und sie erkennt den Herrn.
20 Und Jesus meint: »Fürwahr, ich sagte doch auf unserm Weg nach Golgatha, daß wir am ersten Wochentag uns wiedersehen werden bei der Felsengruft.«
21 Maria Magdalena sitzt ein wenig abseits. Jesus tritt zu ihr und sagt:
22 »Maria, suche nicht das Leben, wo die Toten sind, denn auferstanden ist dein Meister, wie er sagte. Blicke mir ins Angesicht.«
23 Maria schaut ihn an und weiß sogleich, daß es der Meister ist, der von den Toten auferstanden ist.
24 Auch Salome, Johanna und Maria, Mutter des Johannes und Jakobus, so wie alle Frauen, die zur Gruft gekommen sind, erkennen ihn und reden mit dem Herrn.
25 Maria Magdalena ist erfüllt mit Jubel. Wiederum sucht sie Johannes, Petrus und Jakobus auf und ruft:
26 »Ich habe unsern Herrn gesehen, Miriam und Maria, Mutter Jesu auch, und viele Frauen haben ihm ins Angesicht geschaut, denn er ist wirklich von den Toten auferstanden.«
27 Doch die Jünger meinen, daß Maria Magdalena lediglich in der Vision den Herrn gesehen habe, denn sie können es nicht glauben, daß er auferstanden ist.
28 Nun geht Maria Magdalena zu den anderen Aposteln und berichtet ihnen von der Auferstehung; aber keiner will ihr glauben.
29 Johannes, Petrus und Jakobus weilen noch im Garten Siloam und reden mit dem Gärtner über die Geschehnisse des Tages, als Johannes einen Fremden sieht, der auf sie zukommt.
30 Dieser hebt die Hand und sagt: »ICH BIN!« Da wissen die Apostel, daß es Jesus ist.
31 Er sagt: »Fürwahr, des Menschen Leib kann transmutiert, kann umgewandelt werden in den Zustand höherer Frequenz. Dies Höhere ist Meister über alles Irdische und kann durch Anwendung des Willens jegliche Gestalt annehmen.
32 Deshalb komme ich in der Gestalt, die euch bekannt ist.
33 Geht, und redet nun mit Thomas und den anderen Aposteln, welche ich berufen habe.
34 Sagt, daß jener, den sowohl die Juden wie die Römer totgeglaubt, im Garten Siloam verweilt,
35 daß er sodann im Tempel zu Jerusalem vor Priestern und Doktoren stehen werde
36 und den Weisen dieser Welt erscheinen wird.
37 Sagt ferner, daß ich euch voran nach Galiläa gehen werde.«
38 Da gehen die drei Jünger hin und finden ihre Brüder. »Wahrlich«, rufen sie, »der Herr ist von den Toten auferstanden, denn wir haben ihn von Angesicht zu Angesicht gesehen.«
39 Alle sind erstaunt, doch was sie von Johannes, Petrus und Jakobus hören, nehmen sie nicht ernst und schenken ihren Worten keinen Glauben.

Der Gang nach Emmaus.

174 Gegen Abend jenes Tages gehen Cleophas und Zachus, Freunde Jesu, heimwärts nach Emmaus, sieben Meilen von Jerusalem entfernt.
2 Wie sie im Weitergehen über all die Dinge reden, die sich zugetragen haben, kommt ein Fremder, holt sie ein und sagt zu ihnen:
3 »Meine Freunde, ihr scheint traurig und entmutigt. Hat ein Unglück euch ereilt?«
4 Und Cleophas entgegnet ihm: »Bist du ein Fremder in Judäa? Hast du nicht vernommen, was sich zugetragen hat?«
5 »Was ist geschehen«, fragt der Fremdling, »wovon redest du?«
6 »Hast du denn nichts gehört«, sagt Cleophas, »von jenem Mann aus Galiläa, der in Worten und in Taten Mächtiges vollbrachte?
7 Viele dachten doch, daß er gekommen sei, die Römer aus Jerusalem zu jagen und das Königreich der Juden wieder aufzurichten.«
8 Und der Fremde sagt: »Erzähle mir von jenem Mann.«
9 Cleophas berichtet: »Jesus war sein Name. Bethlehem war sein Geburtsort, und in Galiläa hatte er sein Heim. Er liebte alle Menschen wie sich selbst.
10 Er war wahrhaftig ein von Gott gesandter Meister, denn er hatte ungeahnte Kräfte. Kranke, Taube, Blinde heilte er, und auch die Toten konnte er zum Leben auferwecken.
11 Aus Eifersucht auf seinen Ruhm und seine außerordentlichen Kräfte ließ die Obrigkeit den Mann verhaften, und mit falschen Zeugen klagten ihn die Priester mehrerer Verbrechen an.
12 Am Freitag wurde er nach Golgatha geführt und dort gekreuzigt.
13 Er starb und ward im Garten Siloam in eines reichen Mannes Felsengrab gelegt.
14 Als seine Freunde heute morgen zu dem Grabmal gingen, fanden sie es leer. Der Leib des Herrn war nicht mehr da.
15 Und jetzt verbreitet sich die Kunde, daß er von den Toten auferstanden sei.«
16 Der Fremde sagt: »Ich habe wohl von diesem Mann gehört. Es ist erstaunlich, daß nach allem, was die jüdischen Propheten über ihn geweissagt haben, viele Menschen den Messias nicht erkannten, als er kam.
17 Der Galiläer wurde doch gesandt, der Welt die Christuskraft zu demonstrieren. Deshalb ist es richtig, wenn man diesen Jesus den Messias nennt.
18 Nach alten Prophezeiungen war er dazu bestimmt, durch Menschenhand zu leiden und sein Leben hinzugeben, denn der Menschheit sollte er als Beispiel dienen.
19 Er ist auferstanden, daß der Mensch den Weg vom Tod zum Leben kennen lerne.«
20 Dann erzählt der Fremde jenen beiden Männern weiter alles über die Gesetze, die Propheten und die Psalmen und erläutert ihnen vieles, was dort über diesen Mann aus Nazareth geschrieben steht.
21 In der Zwischenzeit sind sie zu Hause in Emmaus angelangt und bitten nun den Fremden, über Nacht zu bleiben.
22 Wie sie um den Tisch zum Abendmahle sitzen, nimmt er ein Stück

Brot und segnet es im Namen Christi.

23 Augenblicklich werden ihre Augen aufgetan. Da wissen sie, daß er, der Fremde, jener Mann aus Galiläa ist, der Herr, der wahrlich von den Toten auferstanden ist. Danach verschwindet die Gestalt des Herrn vor ihren Augen.

24 Cleophas und Zachus sind nach dem Verschwinden Jesu höchst erstaunt und meinen: »Schlugen unsre Herzen nicht vor lauter Freude, als er mit uns auf der Straße redete und uns die Schrift, die Psalmen und die Prophezeihungen erläuterte?«

25 Dann laufen sie in Eile nach Jerusalem zurück und sagen überall: »Wir sahen unsern Herrn.

26 Er ging mit uns in unser Heim. Er aß mit uns das Abendmahl und brach für uns das Brot des Lebens.«

Jesus erscheint den Jüngern, danach dem Lazarus und seinen Schwestern.

175 Zehn von Jesu Jüngern sind am Sonntag abend in Bethanien und in Simons Heim versammelt. Thomas ist bei diesem Anlaß nicht dabei.

2 Verschlossen und verriegelt sind die Türen, denn die Juden hatten angedroht, die Jünger aus dem Land zu jagen.

3 Wie sie miteinander reden, steht der Herr in ihrer Mitte. »Friede, Friede!« sind die ersten Worte, die er an sie richtet.

4. Furcht jedoch befällt die Jünger, denn sie meinen, ein Phantom zu sehen.

5 Jesus sagt: »Warum seid ihr erschrocken? Was befürchtet ihr? Ich bin der Herr, der von den Toten auferstanden ist — und kein Phantom.

6 Ich sagte euch doch oftmals, daß ich auferstehen werde, doch ihr wolltet mir nicht glauben. Kommt nun her und überzeugt euch selber. Ein Phantom hat weder Fleisch noch Blut noch Knochen.

7 Kommt und reicht mir eure Hand, betastet meine Füße und legt eure Hände auf mein Haupt.«

8 Und jeder Jünger geht zu ihm, gibt ihm die Hand, betastet seine Füße und legt ihm die Hände auf sein Haupt.

9 Der Meister fragt sie: »Habt ihr etwas Eßbares im Haus?«

10 Da bringen sie ein Stückchen Fisch, das er in ihrer Gegenwart verzehrt. Jetzt glauben sie.

11 Nathanael spricht aus, was alle denken: »Nunmehr sind wir sicher, daß du von den Toten auferstanden bist. Fürwahr, du hast es uns bewiesen.« Dann entzieht sich Jesus ihren Blicken.

12 Lazarus, Maria, Ruth und Martha sind in ihrem Heim. Sie hatten das Gerücht gehört, daß Jesus von den Toten auferstanden sei, und Martha sagt:

13 »Das kann nicht sein, denn solches ist noch nie geschehen seit die Welt besteht.«

14 Maria aber meint: »Hat nicht der Meister unsern Bruder von den Toten auferweckt? Warum sollt' er nicht selber auferstehen können?«

15 Wie sie miteinander reden, steht der Herr in ihrer Mitte.

16 »Heil«, sagt er zu ihnen, »wahrlich, ich bin von den Toten auferstanden, und es ist die erste Gabe, die ich bringe.«

17 Martha eilt und bringt den Stuhl, auf welchem Jesus oft zu sitzen pflegte.
18 Während vieler Stunden reden sie von der Gefangennahme, vom Verhör, der Kreuzigung und von der Auferstehung.
19 Nunmehr sagt der Meister: »Fürchtet nichts, denn ich bin bei euch alle Tage.« Dann entzieht sich Jesus ihren Blicken.

Jesus erscheint bei den Weisen in Indien und Persien.

176 Ravanna von Orissa, Prinz von Indien, gibt ein Fest. Die Weisen Asiens pflegen sich in seinem Prunkpalast zu treffen.
2 Prinz Ravanna nahm vor vielen Jahren Jesus aus dem Elternhaus in Nazareth nach Indien mit.
3 Zu Ehren der erwähnten Weisen wird das Fest gegeben.
4 Unter ihnen sind Lamaas, Meng-tse und Vidiapati.
5 Um die Tafel sitzend, reden sie von Dingen, welche Indien und die Welt betreffen.
6 Die Eingangstüre in die Halle liegt im Osten, und ein leerer Stuhl steht an der Tafel nahe dieser Türe.
7 Wie die Weisen miteinander reden, tritt ein Fremder ungemeldet in den Raum. Er hebt die Hand zum Segensgruß und sagt: »Euch allen Heil!«
8 Ein Glanz umgibt sein Haupt, und Licht, das nicht das Licht der Sonne ist, erfüllt die Halle.
9 Da erheben sich die Weisen, beugen ihre Häupter und erwidern seinen Segensgruß.
10 Der Fremde setzt sich in den leeren Stuhl. Da wissen alle, daß es der Prophet aus Israel, der Nazarener ist.
11 Der Meister sagt zu ihnen: »Von den Toten bin ich auferstanden. Seht auf meine Hände, meine Füße und auf meine Seite.
12 Römische Soldaten nagelten mich an das Kreuz, und dann stach einer mir ins Herz.
13 Ich wurde in ein Felsengrab gelegt. Dann rang ich mit dem Tod, den ich besiegte.
14 Ich zertrat ihn und erhob mich, demonstrierte die Unsterblichkeit und malte für die Menschen einen Regenbogen an die Wand der Zeit. Was ich tat, werden alle Menschen tun.
15 Die Botschaft von der Auferstehung ist nicht nur den Griechen und den Juden vorbehalten. Nein, sie ist das Erbe jedes Menschen, jeder Zeit und jeden Volkes. Ich bin hier, ein lebender Beweis, welch große Macht der Mensch besitzt.«
16 Danach erhebt er sich und reicht den Weisen und Ravanna seine Hand, indem er sagt:
17 »Fürwahr, ich bin kein Phantasiegebilde, sondern Fleisch und Blut und Knochen. Doch ich kann mit meinem Willen jederzeit das Grenzland überschreiten.«
18 Nunmehr reden sie zusammen während einer langen, langen Zeit, und Jesus sagt zum Schluß:
19 »Ich gehe meines Weges. Ihr jedoch sollt in der ganzen Welt die Botschaft von der Macht des Menschen, von der Kraft der Wahrheit und der Auferstehung predigen.
20 Wer an das Evangelium des Men-

schensohnes glaubt, wird nimmer sterben, und die Toten werden wieder leben.«
21 Dann verschwindet Jesus, doch die Saat war ausgestreut, das Wort war in Orissa ausgesprochen worden, und ganz Indien hört.
22 Die Magierpriester Persiens halten ihre Andacht in Persepolis, und Kaspar, wie auch jene, die das Jesuskind in Bethlehem besuchten, sind bei ihnen.
23 Jesus kommt hinzu. Ein Kranz aus Licht umspielt sein Haupt.
24 Die Andacht ist vorüber. Kaspar sagt: »Ein Meister aus dem Rat der Stillen Bruderschaft ist hier. Wir wollen ihn willkommen heißen.«
25 Da erheben sich die Magier, grüßen ihn und fragen: »Welche Botschaft bringst du uns?«
26 Der Meister sagt: »Ihr Weisen von der Stillen Bruderschaft, der Friede sei mit euch und guter Wille allen Menschen!
27 Das Problem, das seit Jahrtausenden besteht, ist jetzt gelöst. Ein Menschensohn ist von den Toten auferstanden und hat aller Welt bewiesen, daß des Menschen Erdenkörper umgewandelt werden kann in göttliche Substanz.
28 Vor vieler Augen wurde dieser Leib, in welchem ich vor euch erscheine, mit der Schnelligkeit des Lichtes transmutiert – und deshalb bin ich selbst die Botschaft, die ich bringe.
29 Ich bin zu euch gekommen, als der erste aller Menschen, der zum Bildnis des ICH BIN, zum Ebenbilde Gottes, umgewandelt wurde.
30 Was ich tat, das werden alle Menschen tun, und was ich bin, das werden alle Menschen sein.«
31 Doch mehr sagt Jesus nicht; dafür vermittelt er in einem kurzen Atemzug den Magiern die Geschichte seines Wirkens auf der Erde und entzieht sich ihrem Blick.
32 Die Magier sagen unter sich: »Vor langer Zeit entnahmen wir dem Zifferblatt der Sternenwelt die Botschaft, welche jetzt verwirklicht worden ist.
33 Und später sahen wir das Kind von Bethlehem, das jetzt als Mann die Macht des Menschen demonstriert und seinen Leib aus Fleisch und Blut in einen Gottesleib verwandelt hat.
34 Nach vielen Jahren kam er, um in dieser Grotte Tage der Gemeinschaft mit uns zu verbringen.
35 Er erzählte uns von seinem Leben, seinen Prüfungen und seiner Bitternis.
36 Er ging den dornenreichen Pfad des Lebens, bis er auferstanden war und Gottes und des Menschen Feinde überwunden hatte. Jetzt ist er der große Meister aller Menschen, dessen Erdenleib in göttliche Substanz verwandelt ward.
37 Er ist der Gottmensch dieser Tage. Jeder Mensch auf Erden wird das Böse überwinden und ein Gottmensch werden, so wie er.«

Jesus erscheint im Tempel zu Jerusalem. Der ungläubige Thomas wird überzeugt.

177 Im Tempel zu Jerusalem sind viele Priester, Pharisäer und Magister beieinander. Es ist Sabbath, und auch Kaiphas, Annas und noch andere aus der Regierung sind dabei.

2 Ein Fremder in der Tracht der Fischer kommt herein und fragt: »Was ist aus Jesus, welchen man den Christus nennt, geworden? Lehrt er nicht mehr hier im Tempel?«
3 Und die Juden geben ihm zur Antwort: »Dieser Mann aus Galiläa ist gekreuzigt worden, eine Woche ist es her. Er war gefährlich, listig und rebellisch.«
4 Der Fremde fragt: »Und wohin brachte man den Leichnam dieses Galiläers? Wo ist er begraben?«
5 »Das weiß niemand. Seine Jünger kamen in der Nacht und nahmen seinen Leichnam aus dem Grab, in dem er lag. Sie trugen ihn hinweg, und jetzt behaupten sie, er sei von den Toten auferstanden.«
6 Weiter fragt der Fremde: »Wie denn wollt ihr wissen, daß die Jünger seinen Leib entwendet haben? Wer war Zeuge dieser Tat?«
7 Die Juden geben ihm zur Antwort: »Eine Hundertschaft Soldaten hielt beim Grabmal Wache. Jeder dieser Männer schwört, die Jünger hätten Jesu Leichnam weggetragen.«
8 Und der Femde fragt nun: »Würde einer dieser hundert Mann bereit sein auszusagen, daß er selbst gesehen habe, wie der Leichnam aus dem Grabmal weggetragen wurde?«
9 Da erwidern ihm die Priester: »Es sind alles ehrenwerte Männer, und wir haben keinen Grund, an ihrem Wort zu zweifeln.«
10 »Hört mich an«, sagt nun der Fischer, »ich bin Zeuge, denn ich war im Garten Siloam.
11 Ich stand bei den Soldaten und ich weiß, daß keiner dieser hundert Männer sagen wird, er hätte es gesehen.
12 Ich bezeuge vor dem Gott der Himmel und der Erde, daß der Leichnam nicht entwendet wurde, denn der Galiläer, welchen man den Christus nennt, ist von den Toten auferstanden.«
13 Bei diesen Worten stürzen sich die Priester, Schriftgelehrten und Magister auf den Fremden, um ihn zu ergreifen und hinauszuwerfen.
14 Da geschieht es, daß der Mann zur strahlenden Gestalt aus Licht wird, und die Juden taumeln schreckensbleich zurück. Sie haben ihn erkannt — es ist der Nazarener.
15 Jesus schaut auf die verwirrten Männer rings um sich und sagt: »Dies ist der Leib, den ihr beim Tor der Stadt gesteinigt und auf Golgatha gekreuzigt habt.
16 Kommt und seht euch meine Hände, meine Füße und die Seite an, und schaut die Wunden, welche die Soldaten schlugen.
17 Wenn ihr meint, ich sei nur ein Phantom, so rührt mich an. Phantome haben weder Fleisch noch Blut.
18 Ich bin gekommen, um die Auferstehung von den Toten, die Verwandlung fleischlicher in göttliche Substanz zu demonstrieren.«
19 Nun hebt Jesus seine Hand und sagt: »Der Friede sei mit jedem Einzelnen von euch und guter Wille allen Menschen.« Dann verschwindet er.
20 Thomas ist der einzige der Jünger, der den Auferstandenen noch nicht gesehen hat. Und als die Jünger ihm berichten, daß sie mit dem Herrn geredet hätten, sagt er:
21 »Eh ich nicht die Wundmale an seinem Körper selbst gesehen habe, und bevor ich nicht mit ihm gespro-

chen habe so wie früher, kann ich nicht an seine Auferstehung glauben.«

22 Am Abend jenes Tages trifft man sich im Hause Simons in Bethanien. Alle, die am nächsten Morgen heim nach Galiläa wandern sollen, sind zugegen.

23 Verschlossen und verriegelt sind die Türen, doch der Meister kommt herein und sagt: »Der Friede sei mit euch!«

24 Dann wendet er sich Thomas zu: »Mein Freund, du willst nicht glauben, daß ich von den Toten auferstanden bin. Fürwahr, die Zeit ist da, daß du es wissen sollst.

25 Komm her zu mir, betrachte meine Wunden und dann sprich mit mir, wie du es früher tatest.

26 Thomas kommt und sieht. Dann ruft er aus: »Mein Meister und mein Herr, jetzt glaube ich nicht nur, jetzt weiß ich, daß du wirklich von den Toten auferstanden bist.«

27 Und Jesus sagt zu ihm: »Du glaubst, weil du mich siehst, und Segen ruht auf deinen Augen.

28 Vermehrter Segen aber liegt auf jenen Menschen, welche, ohne mich zu sehen, dennoch glauben.«

29 Dann entzieht sich Jesus ihren Blicken, doch die Jünger sind in ihrem Glauben an den Herrn gestärkt.

Jesus erscheint in Delphi und Heliopolis und rettet Claudius und Julia.

178 In einem Hain zu Delphi weilt Apollo mit der Stillen Bruderschaft der Griechen. Das Orakel hatte lang und laut gesprochen.

2 Die Priester sind im Heiligtum versammelt. Plötzlich leuchtet das Orakel auf. Es scheint, als ob es brenne und zum Raub der Flammen würde.

3 Delphis Priester sind von Furcht erfüllt; sie meinen, daß ein großes Unglück kommen müsse. »Unsre Götter zürnen und zerstören das Orakel«, rufen sie.

4 Doch als die Flammen weichen, steht ein Mann auf des Orakels Piedestal und sagt:

5 »Gott spricht nicht durch ein Orakel, das aus Holz und Gold geschaffen wurde, sondern durch des Menschen Stimme.

6 Bisher sprachen eure Götter zu den Völkern Griechenlands durch Bildnisse von Menschenhand. Doch jetzt spricht Gott der Eine durch den Christus, Seinen Sohn, der war und ist und ewig sein wird.

7 Griechenlands Orakel wird sich irren, doch das lebende Orakel Gottes irrt sich nicht.«

8 Apollo kennt den Mann. Es ist der Nazarener, welcher einst in der Akropolis die weisen Männer lehrte und die faulen Beter rügte, weil sie am Gestade von Athen den sturmbedrängten Fischern nicht zu Hilfe eilten.

9 Dann steht unversehens Jesus vor Apollo und der Stillen Bruderschaft und sagt:

10 »Fürwahr, Geschenke für die Menschheit bringe ich, denn ich bin auferstanden von den Toten, ich verleihe euch die Vollmacht über euer großes Erbe.

11 Mein ist alle Macht im Himmel und auf Erden. Und so bringe ich die Macht des Himmels und der Erde euch.

12 Geht hin und predigt allen Völkern dieser Welt das Evangelium der

Auferstehung; lehrt sie wahrhaft leben durch den Christus und berichtet ihnen von der Liebe Gottes, die den Menschen sichtbar wurde.«
13 Dann reicht er Apollo seine Hand und sagt: »Mein Fleisch und Blut ist durch die Liebe Gottes transmutiert, ist umgewandelt worden in Substanz von höherer Frequenz. Ich kann mich jederzeit nach meinem Willen im Gewand der Erde oder in dem lichten Kleid der Himmelswelten zeigen.
14 Was ich vermag, das werden alle Menschen tun. Geht hin und überbringt der Welt die Botschaft von des Menschen großer Macht.«
15 Sodann verschwindet Jesus, doch die Griechen und die Völker dieser Erde horchen auf.
16 Claudius und Julia, seine Gattin, leben auf dem Palatin in Rom, denn sie gehören zu den Dienern des Tiberius.
17 Sie hatten sich in Galiläa aufgehalten, waren mit dem Meister am Gestade auf und ab gegangen, hatten seine Worte aufgenommen, seine Macht erlebt und glauben, daß er Christus ist.
18 Claudius und Julia rudern auf dem Tiber, als ein Sturm daherbraust und das kleine Boot versenkt. Es scheint, daß sie verloren sind.
19 Da kommt der Meister, nimmt die Sinkenden bei ihrer Hand und sagt zu ihnen: »Kommt und wandelt mit mir auf dem Wasser.«
20 Und sie gehen mit dem Meister auf den Wellen.
21 Tausend Menschen sehen jene drei Gestalten auf dem Wasser schreiten, sehen sie das Land erreichen und sind höchst verwundert.
22 Jesus sagt: »Ihr Menschen Roms, ich bin die Auferstehung und das Leben. Jene, welche tot sind, werden leben. Viele, welche leben werden, sterben nimmer.
23 Durch den Mund von Göttern und von Halbgöttern sprach Gott zu Menschen seit Jahrtausenden. Doch heute redet Er zu euch durch den Vollkommenen.
24 Er sandte Seinen Sohn, den Christus, in Gestalt des Menschensohnes, um die Welt zu retten.
25 Wie ich Claudia und Julia aus dem feuchten Grab des Tiber hob und rettete, so wird der Christus alle Menschen, wahrlich jeden Einzelnen von ihnen, aus der Finsternis und aus dem Moder irdischer Genüsse, in das Licht und in das ew'ge Leben führen.
26 Ich bin die Verwirklichung der Liebe — auferstanden von den Toten. Schaut die Wunden an den Händen, an den Füßen und an meiner Seite, die mir Erdenmenschen schlugen.
27 Claudius und Julia, welche ich dem Tod entriß, sind meine Botschafter in Rom.
28 Sie zeigen euch den Weg und predigen das Evangelium des Heil'gen Odems und der Auferstehung.«
29 Das ist alles, was er sagt, doch Rom und ganz Italien hört.
30 Die Tempelpriester von Heliopolis im Land Ägypten haben sich versammelt, um den Nazarener ehrenvoll zu feiern, denn sie wissen, daß er von den Toten auferstanden ist.
31 Auf einem Piedestal, auf welchem nie zuvor ein Mensch gestanden hat, erscheint der Meister.
32 Dieser Ehrenplatz war jenem vorbehalten, der zum ersten Mal die Auferstehung demonstrieren sollte.

33 Jesus ist der erste aller Menschen, welcher diese Tat vollbrachte.

34 Wie der Nazarener auf dem Piedestal erscheint, erheben sich die Priester und begrüßen ihn mit: »Heil!« Die großen Tempelglocken läuten, und der ganze Tempel ist erfüllt mit Licht.

35 Und Jesus sagt: »Den Meistern dieses Sonnentempels alle Ehre.

36 Im Fleischesleib liegt die Essenz der Auferstehung. Wird nun durch den Heil'gen Odem die Essenz belebt, so wird des Körpers Schwingung auf ein höheres Niveau gebracht,

37 wodurch die Stofflichkeit des Körpers gleich den Körpern jener Wesen wird, die in den unsichtbaren Sphären leben.

38 Im Tod vollzieht sich eine heil'ge Handlung. Die Essenz des Leibes kann vom Heil'gen Odem nicht beschleunigt werden, ehe sich das Feste auflöst und in formbare Substanz verwandelt. Physische Materie wird zersetzt — das ist der Tod.

39 Doch dann haucht Gott den Odem über diese formbare Substanz, so wie Er über Chaostiefen hauchte, als Er Welten schuf.

40 Und Tod verwandelt sich in Leben. Fleischsubstanz wird umgeformt in göttliche Substanz.

41 Des Menschen Wille erst ermöglicht diese Tat des Heil'gen Odems. Ist des Menschen Wille eins geworden mit dem Willen Gottes, ist die Auferstehung Wirklichkeit.

42 Hier haben wir die Alchemie der Sterblichkeit, des Todes heil'ge Handlung, das Mysterium des Gotteslebens.

43 Mein ganzes Erdenleben gab ich hin, um Einklang zwischen meinem Willen und dem Willen Gottes zu erlangen. Als ich dieses Ziel erreichte, war mein Werk vollbracht.

44 Und ihr, geliebte Brüder, kennt die Feinde, die ich überwinden mußte, wißt um meinen Sieg im Garten von Gethsemane, habt die Kenntnis von der Schmach, die ich erlitt durch menschliche Gerichte, wißt um meinen Tod am Kreuz.

45 Ihr wißt auch, daß mein ganzes Leben ein dramatisches Geschehen und ein Vorbild für die Menschensöhne war. Ich lebte, um des Menschen Möglichkeiten aufzuzeigen.

46 Das, was ich tat, können alle Menschen tun, und das, was ich bin, werden alle Menschen sein.«

47 Jesu Worte sind verhallt. Die Brüder schauen hin, doch die Gestalt auf dem erhöhten Piedestal ist nicht mehr da. Und alle Tempelpriester, alle Wesen sagen: »Gott sei Preis und Ehre!«

Das Morgenmahl am See Genezareth.

179 Die Apostel sind zurückgekehrt nach Galiläa, doch die Frauen bleiben in Judäa bis zum Pfingstfest.

2 Petrus und Johannes, Jakobus und Andreas, Philippus und Nathanael sind in Kapernaum. Mit Jonas und mit Zebedäus fahren sie zum Fischen.

3 Doch obgleich sie sich die ganze Nacht bemühten, hatten sie beim Morgengrauen nichts gefangen.

4 Wie sie sich dem Ufer nähern, steht ein Mann am Strand und fragt: »Wieviel habt ihr gefangen?«

5 Petrus sagt: »Nicht einen Fisch.«

6 Da ruft der Mann: »Ein großer

Schwarm von Fischen schwimmt zur Rechten eures Bootes. Dorthin werft das Netz.«
7 Da werfen sie ihr Netz und ziehen es mit Fischen schwer gefüllt heraus. Johannes ruft: »Es ist der Herr, der am Gestade steht!«
8 Da wirft sich Petrus in den See und schwimmt an Land, derweil die anderen den Fang ans Ufer bringen. Hundertdreiundfünfzig Fische birgt das Netz, und es ist nicht gerissen.
9 Jesus sagt zu ihnen: »Meine Kinder, laßt uns hier das Frühstück zubereiten.«
10 Am Gestade brennt ein Kohlenfeuer. Petrus bringt die Fische, bereitet sie und teilt die Brote aus.
11 Wie alles zubereitet ist, beginnen sie das Mahl, und Jesus speist mit ihnen.
12 Nach der Mahlzeit sitzen sie noch beieinander. Jesus wendet sich an Petrus: »Liebst du Gott den Herrn von ganzem Herzen?« fragt er. »Liebst du deinen Nächsten wie dich selbst?«
13 Und Petrus gibt zur Antwort: »Ja, ich liebe Gott den Herrn von ganzem Herzen und den Nächsten wie mich selbst.«
14 Der Meister sagt: »Dann weide meine Schafe.«
15 Nunmehr wendet er sich an Jakobus: »Liebst du ihn, den Heil'gen Odem, mit dem ganzen Herzen? Liebst du deinen Nächsten wie dich selbst?«
16 Jakobus gibt zur Antwort: »Ja, ich liebe ihn, den Heil'gen Odem, mit dem ganzen Herzen und den Nächsten wie mich selbst.«
17 Der Meister sagt: »Beschütze meine Schafe.«
18 Dann wendet er sich an Johannes: »Liebst du Christus, Gottes Liebe in Gestalt, von ganzem Herzen? Liebst du deinen Nächsten wie dich selbst?«
19 Johannes gibt zur Antwort: »Ja, ich liebe Christus mit dem ganzen Herzen und den Nächsten wie mich selbst.«
20 »Dann weide meine Schafe«, sagt der Meister.
21 Nun steht Jesus auf und sagt zu Petrus: »Folge mir.« Und Petrus folgt dem Herrn.
22 Als Petrus merkt, daß auch Johannes folgt, sagt er zum Meister: »Siehe Herr, Johannes folgt dir ebenfalls, was ist mit ihm?«
23 Petrus hatte nicht gehört, daß Jesus gleichermaßen zu Johannes sagte: »Weide meine Schafe.«
24 Und so sagt der Herr zu ihm: »Mein Freund, es ist nicht deine Sache, was Johannes tut. Auch dann nicht, wenn ich wünschte, daß er bliebe, bis ich wiederkomme.
25 Tue deine Pflicht und folge mir.«
26 Der Meister geht — sie sehen nicht wohin.
27 Rasch verbreitet sich die Nachricht in Kapernaum, daß Jesus von den Toten auferstanden ist, daß er die Jünger am Gestade traf und dort das Morgenmahl mit ihnen teilte. Eine Menge Menschen strömt herbei und will den Meister sehen.
28 Petrus und die Jünger steigen zum Gebet auf einen Hügel bei Kapernaum.
29 Derweil sie beten, steht der Meister mitten unter ihnen, und sie reden miteinander.
30 Jesus sagt: »Das Pfingstfest naht, geht nach Jerusalem, wo ich euch treffen werde.«

31 Wie er mit den Jüngern redet, kommt die Menge, sieht den Auferstandenen und sagt:
32 »Fürwahr, nun wissen wir, daß er, der Nazarener, von den Toten auferstanden ist. Wir sehen ihn von Angesicht zu Angesicht.«

Jesus erscheint den Jüngern in Jerusalem. Hinweis auf Pfingsten. Jesu Himmelfahrt.

180 Auf Geheiß des Meisters haben sich die elf Apostel in Jerusalem in einem großen Raum versammelt.
2 Beim Gebet erscheint der Herr und sagt zu ihnen:
3 »Friede sei mit euch und guter Wille allem, was auf Erden lebt!« Dann redet er mit ihnen eine lange, lange Zeit.
4 Die Jünger fragen: »Wirst du nun das Königreich erneuern?«
5 Doch der Meister gibt zur Antwort: »Kümmert euch nicht allzusehr um die Regierungen der Welt. Die Meister lenken das Geschick der Erde.
6 Tut, was euch zu tun geboten wurde, wartet in Geduld und murret nicht.
7 Alle Macht im Himmel und auf Erden ist mir übertragen worden, und ich bitte euch, geht hin in alle Welt und lehrt das Evangelium des Christus, predigt über Gottes Einheit mit den Menschen, redet von der Auferstehung und vom ew'gen Leben.
8 Wenn ihr lehrend durch die Lande wandert, tauft das Volk im Namen Christi.
9 Wer getauft ist und den Glauben hat, erhebe sich zum neuen Ideal des Christuslebens. Doch wer nicht glaubt, wird sich nicht erheben können.
10 Die Macht, die ich euch gab, sollt ihr den Menschen weitergeben.
11 Wer getauft ist und den Glauben hat, wird Kranke, Blinde, Taube und Gelähmte heilen können.
12 Böse Geister kann er aus Besessenen vertreiben, Schlangenbisse werden ihn nicht töten können, durch das Feuer wird er gehen, ohne sich zu brennen, und nicht sterben muß er, wenn er Gift getrunken hat.
13 Ihr kennt das heil'ge Wort – das Wort der Macht.
14 Das geheime Wissen, welches ich euch anvertraute, das die Welt noch nicht vernehmen darf, sollt ihr an treue und gewissenhafte Menschen weitergeben.
15 Diese sollen es dann ihrerseits nur treuen und gewissenhaften Menschen anvertrauen, bis die Zeit gekommen ist, da alle Welt die Wahrheit hören und verstehen kann.
16 Nun werde ich zu meinem Vater gehen, wie auch ihr und alle Welt zu Gott gelangen werdet.
17 Seht, zu Pfingsten werdet ihr mit Macht aus höchster Höhe ausgestattet.
18 Deshalb bleibt bis dahin in Jerusalem, in heiligen Gedanken und Gebeten.«
19 Dann begibt sich Jesus auf den Ölberg, und die Jünger folgen ihm.
20 An einer Stelle unweit von Bethanien trifft er Lazarus und seine Schwestern, Miriam und Maria, seine Mutter, Salome und viele andere, die nach Jerusalem gekommen waren.
21 Jesus steht ein wenig abseits, hebt die Hand und sagt:

22 Der Segen des Allmächtigen, des Heil'gen Odems und der Heiligen sowie der Segen Christi, der die Liebe Gottes ist, sei mit euch alle Tage.

23 Bis ihr euch erhebt und mit mir sitzen werdet auf dem Thron der Macht.«

24 Nach diesen Worten sehen sie den Meister mit des Lichtes Flügeln aufwärts schweben. Licht umspielt sein Haupt. Dann ist er ihrem Blick entschwunden.

25 Wie sie weiterhin so in den Himmel schauen, stehen zwei in Weiß gekleidete Gestalten unter ihnen.

26 »Männer Galiläas«, sagen sie, »warum schaut ihr so ängstlich nach dem Auferstandenen. Fürwahr, er wird vom Himmel wiederkommen, so wie ihr ihn schwinden saht.«

27 Dann kehren Jesu Jünger, Lazarus und alle anderen aus Galiläa samt den Frauen nach Jerusalem zurück.

TEIL XXII

TAU

Gründung der Kirche Christi

Wahl eines neuen Apostels an Judas Stelle.

181 Die Tatsache von Jesu Auferstehung wird von vielen jüdischen Regenten nicht bestritten.
2 Pontius Pilatus gibt Befehl, daß im Bereiche seiner Amtsgewalt die Anhänger des Nazareners in der Ausübung des Gottesdienstes nicht belästigt werden dürfen.
3 Pfingsten war herangekommen, und gespannt erwarten alle eine Kundgebung von Geisteskräften.
4 In Jerusalem versammeln sich die elf Apostel, um an Stelle des Verräters Judas einen neuen Mann zu wählen.
5 Petrus sagt: »Der Herr ernannte für sein Lehramt zwölf Apostel, denn die Kirche Christi soll auf zwölf soliden Fundamenten ruhen.
6 Judas, welcher seinen Herrn verriet, verließ die Welt und ging an einen Ort, der seiner Tat entsprach.
7 Von ihm schrieb der Prophet: ›Sein Wohnort sei die Öde, niemand wird dort weilen. Seine Arbeit soll ein anderer verrichten.‹
8 Von allen jenen, welche uns von Gilgal, wo der Täufer taufte, bis hierher begleiteten, soll einer auserkoren werden, um den leeren Platz zu füllen, welchen Judas hinterließ.«
9 Nun verbringen die Apostel eine lange, lange Zeit in stiller Andacht und Gebet. Und wie sie ihre Lose ziehen, ist Matthias aus dem Tal des Nils gewählt.
10 Matthias ist durch Herkunft Jude, war in alle Weisheitslehren von Ägyptens Tempel eingeweiht, und hatte die Mysterien des Mizraim in Jericho gelehrt.
11 Er war der ersten einer, der den Täufer hörte und den Nazarener als Messias, als den Gottessohn erkannte.
12 All die Jahre war er mit den Freunden Jesu durch die Lande von Judäa, Galiläa und Samaria gezogen.
13 Den Erwählten aufzusuchen wird ein Bote ausgesandt. Matthias kommt, wird freudig aufgenommen, und für eine Weile sind die Zwölf in stille Andacht und Gebet versunken.
14 Mehr als hundert Freunde Jesu, die von Galiläa und Judäa nach Jerusalem gekommen waren, sind dabei, und Petrus schildert ihnen, wie Matthias durch das Los erkoren ward und zum Apostel wurde.
15 Alle sind beglückt, sie preisen Gott, und Miriam singt ein Lied des Lobes.
16 Dieses sind die Namen der Apostel: Johannes, Petrus und Jakobus, Nathanael, Philippus und Andreas.
17 Thomas, Simon der Zelot, Judas

und Jakobus (Söhne des Alphäus), Matthäus und Matthias.

Das Pfingstgeschehen. Petrus' Rede.

182 Am Pfingsttag selber ist Jerusalem mit frommen Juden und Bekehrten, die aus vielen Ländern kommen, überfüllt.
2 Die Freunde Jesu sind in voller Harmonie versammelt.
3 Wie sie so in stiller Andacht beieinander sind, vernimmt man einen Ton, ein fernes Brausen, wie beim Nahen eines Sturmes.
4 Lauter, immer lauter wird das Brausen, bis es Donnerschlägen gleich den Raum erfüllt, in welchem die Apostel sitzen.
5 Dann erscheint ein strahlend helles Licht, und viele meinen, daß das Haus in Flammen stehe.
6 Zwölf Feuerbälle fallen nieder, je ein Ball aus einem der zwölf Himmelszeichen, und erscheinen auf den Häuptern der Apostel.
7 Jeder Feuerball schickt sieben Flammenzungen himmelwärts, und jeder der Apostel spricht in sieben Sprachen dieser Welt.
8 Das Volk behandelt leichthin, was es sieht und hört, und viele sagen: »Diese Männer sind voll Wein und wissen nicht, von was sie reden.«
9 Die Gelehrten aber und Gebildeten verwundern sich. »Sind diese Männer denn nicht alles Juden«, fragen sie? »Wie kommt es nur, daß sie in allen Sprachen dieser Erde reden können?«
10 Und Petrus sagt: »Ihr Bürger von Jerusalem und ihr, die jenseits seiner Tore wohnt, Friede sei mit euch und aller Welt!
11 Was heil'ge Männer alter Zeiten sehnlichst wünschten, hat sich heute zugetragen. Diese Stunde haben sie durch ihre Glaubenskraft vorausgesehen; nun sind sie begeistert.
12 Joel, der Prophet, weissagte einstens, was ihr heute seht und hört. Aus seinem Munde sprach der Heil'ge Odem:
13 ›Und es wird geschehen in den Tagen, die noch kommen, daß ich über Menschensöhne hauche, um sie mit der Kraft des Segens auszurüsten.
14 Prophezeien werden eure Söhne, eure Töchter. Träume werden eure alten Männer träumen, und Gesichte werden eure jungen Männer haben.
15 Zeichen werden sein am Himmel, Wunder auf der Erde.
16 Töne kommen aus der Himmelswelt, und Stimmen wird man hören, die der Mensch nicht deuten kann.
17 Die Sonne scheint nicht mehr, und blutrot wird der Mond vor jenem großen Tag der Wiederkunft des Herrn.
18 Wer mit Glaubenskraft den Namen Gottes spricht, der wird erlöst.‹
19 Heute ist der Tag der Machtentfaltung Christi, des Verherrlichten.
20 Er ward in Bethlehem geboren. Früh schon trachteten die Herrscher dieser Welt nach seinem Leben.
21 Gott jedoch hielt schützend Seine Hände über ihn.
22 Jesus nennen ihn die Menschen, und zu Recht besteht sein Name, denn er war gesandt, Verlorene zu suchen und zu retten.
23 Jesus wuchs zum Mann heran und wurde allen Prüfungen und Anfech-

tungen unterworfen, welche Menschensöhne zu erdulden haben. Spüren sollte er die Lasten, die der Mensch zu tragen hat, und kennen sollte er den Weg des Trostes.

24 Ferne Länder sah er, heilte durch das Wort die Kranken, öffnete Gefängnisse und setzte die Gefangenen auf freien Fuß. Fürwahr, er ist Immanuel.

25 Doch böse Menschen stießen ihn zurück, verachteten den Herrn und überführten ihn, mit Hilfe falscher Zeugen, mehrerer Verbrechen.

26 In Gegenwart von vielen Menschen, welche diese meine Worte hören, nagelte man ihn ans Kreuz.

27 Des Todes Siegel stand auf seiner Stirn. Der Tod jedoch war viel zu schwach, um ihn im Grab zu halten. Als die Meister aus den unsichtbaren Welten riefen: ›Adon maschiach cumi‹ – brach er seine Todesbande und erhob sich, um erneut zu leben.

28 Auferstanden zeigte er sich nicht nur in Jerusalem den Herrschern, sondern auch gar manchen Menschen in entfernten Ländern dieser Erde.

29 Dann – vor den erstaunten Augen vieler Menschen, welche mich jetzt reden hören, stieg er auf zu Gottes Thron, umgeben vom Gefolge hoher Wesen aus der Engelwelt.

30 Von seiner hohen Warte aus, erfüllt vom Heil'gen Odem, haucht er über uns den Geist, den ihr nun seht und hört.

31 So wisset, Männer Israels, daß Gott den Mann aus Galiläa, welchen ihr geschändet und gekreuzigt habt, zum Herrn und Christus feierlich erhob.«

32 Nach diesen Worten fragt das Volk: »Was sollen wir nur tun?«

33 Und Petrus sagt: »Der Herr hat uns gesandt, das Tor der Morgenröte aufzutun. Durch Christus kann der Mensch ins Leben und ins Licht gelangen.

34 Die Kirche Christi stützt sich auf das Postulat, daß Jesus die Verwirklichung der Liebe Gottes und die Rettung aller Menschen ist.

35 Diese Kirche ist die sichtbare Verwirklichung von Gottes Königreich der Seelen.

36 Eröffnet ist mit diesem Tag die neue Kirche – und wer will, mag kommen, um durch Christi grenzenlose Gnade die Erlösung zu empfangen.«

37 Wieder fragt das Volk: »Wie können wir in diese Kirche kommen und durch Christi grenzenlose Gnade die Erlösung finden?«

38 Petrus gibt zur Antwort: »Ändert euren Sinn und laßt euch taufen, wendet euch von Sünden ab und führt ein Leben, das mit Christus tief in Gott geborgen ist. So könnt ihr in die Kirche kommen und Erlösung finden.«

39 Dreitausend Menschen wenden sich von ihren Sünden ab und unterziehen sich der Taufe. Nach dem neuen Leben streben sie, das durch den Christus tief in Gott geborgen ist.

40 Christi Kirche wird an diesem Tag zu einer Macht, und Christi Name wird zu einem Wort, das Menschen vieler Länder in Begeisterung versetzt.

Wer war Levi?

Da die Leser des englischen Originals »The Aquarian Gospel of Jesus the Christ« Interesse am Autor bezeugten, brachte der englische Verlag Fowler Ltd. London, die nachstehende, ins Deutsche übertragene kurze Lebensbeschreibung.

Es war stets Levis großer Wunsch, diese Botschaft möglichst unabhängig von seiner Person einem jeden Menschen zukommen zu lassen.

Levi (Levi H. Dowling) wurde am 18. Mai 1844 in Belleville, Ohio, geboren. Sein Vater, schottisch-walisischer Abstammung, war ein Pionierprediger der ›Disciples of Christ‹. Levi dachte schon früh über die tieferen Zusammenhänge des Lebens nach. Mit 13 Jahren übernahm er in seiner ersten öffentlichen Debatte mit einem älteren Presbyterianer den gegnerischen Standpunkt in der Frage der ›Ewigen Verdammnis‹. Mit 16 Jahren begann er zu predigen, und mit 18 Jahren wurde er Pastor einer kleinen Kirche. 20jährig trat er als Kaplan in die amerikanische Armee ein und diente daselbst bis zum Ende des Bürgerkrieges. 1866/67 war er Studierender in der ›Northwestern Christian University‹ von Indianapolis im Staate Indiana. Im folgenden Jahr fing er an, Sonntagsschulliteratur wie Gesangbücher, Lektionen und Sonntagsschulblätter für Kinder zu veröffentlichen. Viel Zeit widmete er der damaligen Prohibition. Da er auch Medizin studiert hatte, übte er während einiger Jahre den Beruf des praktizierenden Arztes aus. Dann zog er sich endgültig von dieser Tätigkeit zurück, um sich ganz der Literatur zuzuwenden.

Schon in frühen Jahren hatte er eine Vision, in welcher ihm bedeutet wurde, daß er eine ›Weiße Stadt‹ bauen müsse. Diese Vision wiederholte sich in Abständen von einigen Jahren 3 mal. Der Bau der Weißen Stadt bedeutet die Niederschrift des Wassermann-Evangeliums, eine Arbeit, die sich in den stillen Morgenstunden zwischen 2 und 6 Uhr vollzog. Levi starb am 13. August 1911.